l'as seul —

LA
CITÉ DE DIEU.

DE L'IMPRIMERIE DE J. B. C. SOUCHOIS.

LA
CITÉ DE DIEU

DE

SAINT AUGUSTIN,

TRADUITE EN FRANÇAIS.

NOUVELLE ÉDITION,

REVUE ET CORRIGÉE PAR DEUX HOMMES DE LETTRES.

TOME II.

A BOURGES,

CHEZ GILLE, LIBRAIRE, RUE DE PARADIS.

1818.

LA CITÉ DE DIEU.

LIVRE VII.

PRÉFACE.

Si je m'efforce d'arracher des esprits les opinions contraires à la véritable piété, qu'une longue et funeste erreur y a profondément enracinées, et que je coopère autant que je puis, avec le secours du Ciel, à la grace de celui qui peut le faire comme vrai Dieu, j'espère que les lecteurs qui, doués de plus d'esprit et de vivacité, trouvent que les livres précédens sont plus que suffisans pour cela, souffriront avec patience ce que j'ai encore à dire, et qu'en considération des personnes qui ont moins de lumières, ils ne jugeront pas absolument superflu ce qu'ils reconnaissent ne leur être pas nécessaire. Il n'est pas peu important de persuader aux hommes qu'il ne faut pas servir le vrai Dieu pour les biens de cette vie mortelle qui s'évanouissent comme une vapeur, quoiqu'il ne laisse pas de nous donner tout ce dont nous avons besoin ici-bas, mais pour la vie bienheureuse et éternelle.

CHAPITRE PREMIER.

Si le vrai Dieu n'est pas dans la théologie civile, peut-on espérer de le trouver parmi les dieux choisis?

Pour ceux que le sixième livre n'a pas achevé de convaincre que le vrai Dieu (1) ne se rencontre point dans cette théologie civile que Varron a expliquée en seize livres, c'est-à-dire qu'on ne parvient point au bonheur de la vie éternelle par le culte des dieux que les villes adorent, ils ne trouveront peut-être plus rien à désirer pour un parfait éclaircissement quand ils auront lu celui-ci. Je ne serais pas surpris qu'il y en eût encore qui s'imaginent qu'on doit au moins servir pour la vie éternelle les dieux choisis et principaux dont Varron a parlé dans son dernier livre, et dont nous avons dit peu de chose. Je n'alléguerai point à ce sujet ce que Tertullien dit avec peut-être plus d'agrément que de vérité, que si l'on choisit les dieux comme on fait des oignons, on condamne ceux que l'on ne choisit pas (2). Je n'emploirai point, dis-je, cette réponse, attendu que de ceux même auxquels on s'ar-

---

(1) Le latin a : *Que cette divinité, ou, pour parler ainsi, cette déité ; car les nôtres commencent déjà à se servir de ce mot pour exprimer avec plus d'énergie ce que les Grecs appellent* Theoteta, *etc.*

(2) Lib. 2 ad Nation., cap. 9.

rête on en peut choisir encore quelques-uns pour quelque fonction plus haute et plus excellente, comme entre les nouvelles recrues on choisit les plus braves soldats pour les entreprises les plus importantes. Ainsi lorsqu'on élit des prélats dans l'Église, on ne réprouve pas pour cela tous les autres, puisque tous les bons chrétiens sont appelés justement élus. De même dans un édifice on choisit les grosses pierres pour les angles, sans pour cela rejeter les autres qui peuvent servir dans le reste du bâtiment. On choisit des grappes de raisin pour manger, sans rebuter celles qu'on laisse pour faire du vin. Il n'est pas besoin d'en apporter plus d'exemples, vu que la chose est claire d'elle-même. C'est pourquoi, de ce qu'entre plusieurs dieux on en a choisi quelques-uns, il ne s'ensuit pas qu'on doive blâmer ou celui qui rapporte cela, ou ceux qui les servent, ou ces dieux même ; mais il faut plutôt considérer quels ils sont et pour quelle raison ils ont été choisis.

CHAPITRE II.

Quels sont les dieux choisis, et s'ils ont les mêmes fonctions que les petites divinités ?

Voici donc les dieux choisis que Varron a compris en un seul livre : Janus, Jupiter, Saturne, le Génie, Mercure, Apollon, Mars, Vulcain, Neptune, le Soleil, Pluton, Liber ou Bacchus, la Terre, Cérès,

Junon, la Lune, Diane, Minerve, Vénus et Vesta. Ils sont vingt en tout, douze mâles et huit femelles. C'est une question si ces divinités sont appelées choisies parce qu'elles ont des fonctions plus importantes dans le gouvernement des choses du monde, ou parce qu'elles ont été plus connues des hommes et qu'on leur a rendu de plus grands honneurs. Si elles ont été nommées ainsi à cause de la grandeur de leurs emplois, on ne devait pas les trouver mêlées dans cette populace d'autres divinités destinées à des ouvrages si bas et si minutieux. Pour commencer par Janus, il préside à la conception des enfans par où commencent toutes les fonctions de ces petits dieux. Saturne y est aussi à cause de l'intendance qu'il a sur la matière de la génération ; Liber, pour aider l'homme à engendrer, et Libéra, qui est aussi Vénus selon eux, pour rendre le même office à la femme. Tous ces dieux sont du nombre des dieux choisis. Mais Ména y est encore pour présider aux menstrues des femmes, déesse après tout peu connue, quoique fille de Jupiter. Cependant le même Varron, dans le livre des dieux choisis, assigne cet emploi à Junon, qui n'est pas seulement une divinité choisie, mais la reine de ces divinités ; et elle préside aux mois des femmes en qualité de Junon-Lucine conjointement avec Ména, sa belle-fille. Il y a encore là je ne sais quels deux autres dieux fort obscurs, Vitumne et Sentin, dont l'une donne la vie et l'autre le sentiment à l'enfant. Et véritablement, tout peu considérables qu'ils soient, ils lui donnent bien davantage que ne font ces autres divinités choisies ; car, sans la vie et le sentiment, qu'est-ce que la masse de chair qu'une femme porte dans son sein, sinon une chose extrêmement abjecte, très peu différente du limon et de la poussière?

CHAPITRE III.

On ne peut apporter de raison du choix qu'on a fait des dieux choisis, puisqu'entre les dieux inférieurs, il y en a plusieurs qui ont des fonctions plus considérables.

D'où vient que tant de dieux choisis se sont portés à de si petits emplois, où ils sont même surpassés par Vitumne et Sentin qui font si peu de bruit? Janus, ce dieu choisi, donne entrée à la semence; Saturne, autre dieu choisi, fournit la semence même; Liber aide l'homme à s'en délivrer; et Libéra, qui est Cérès ou Vénus, rend le même office à la femme. Junon, avec Ména, fille de Jupiter, donne les ordinaires aux femmes pour l'accroissement de leur fruit, tandis que Vitumne, qui est un dieu ignoble et inconnu, donne la vie, et Sentin, qui n'est pas plus renommé que lui, le sentiment : deux choses qui sont autant au-dessus de celles que donnent ces autres dieux, qu'elles sont au-dessous de l'entendement et de la raison. En effet, comme ce qui est doué d'intelligence et de raison est, sans contredit, beaucoup plus excellent que ce qui est privé de l'un et de l'autre et qui n'a que la vie et le sentiment comme les bêtes; ce qui est pourvu de vie et de sentiment est aussi plus noble que ce qui n'a rien de tout cela. Il était donc plus juste de mettre Vitumne et Sentin au rang des dieux choisis, que Janus, Saturne, et les autres dont je viens de parler (1), puisque la semence à laquelle ils président est une matière qui ne mérite pas seulement qu'on y pense, jusqu'à ce qu'elle ait reçu la vie et le sentiment : présens importans, qui toutefois ne sont point donnés par les dieux choisis, mais par je ne sais quelles divinités obscures et négligées au prix des autres. Que si l'on répond que Janus préside à tout ce qui commence, et qu'ainsi l'on peut justement lui attribuer la conception de l'enfant; que Saturne a pouvoir sur toutes les semences, et que c'est en cette qualité qu'il fournit celle de l'homme; que Liber et Libéra prennent le soin de les ménager, et que c'est pour cela qu'ils ont la direction de celle qui sert à la propagation des hommes; que Junon a l'œil sur tout ce qui naît ou est purifié, et que c'est à ce titre qu'elle veille aux purgations et à l'accouchement des femmes; que l'on nous réponde touchant Vitumne et Sentin, si l'on veut aussi qu'ils président à toutes les choses qui ont vie et sentiment. Si l'on accorde cela, combien ne les élève-t-on point? En effet, les semences naissent dans la terre, et de la terre, au lieu que les payens croient que les astres même, qu'ils prennent pour des dieux, ont la vie et le sentiment. Mais si l'on dit que le pouvoir de Vitumne et de

---

(1) Il y a ici au latin une ligne que je passe, comme ayant déjà été dite.

Sentin ne s'étend que sur les choses qui ont vie et sentiment dans une chair, pourquoi le dieu qui donne la vie et le sentiment à toutes choses, ne le donne-t-il pas aussi à la chair, et qu'est-il besoin pour cela de Vitumne et de Sentin ? S'il a commis à ces petits dieux, comme à ses serviteurs, ces emplois bas et charnels, est-il possible que les dieux choisis manquent tellement de suite et de valets, qu'ils n'aient pu trouver personne sur qui ils se déchargeassent aussi du soin de ces bagatelles, et qu'ils aient été obligés, avec toute leur noblesse, de vaquer aux mêmes fonctions que ces divinités méprisables et inconnues ? Junon, déesse choisie, reine des dieux, sœur et femme de Jupiter, est occupée à conduire les enfans, sous le nom d'Iterduque, avec des déesses de mille considérations, Abéone et Adéone. Ils y ont joint aussi la déesse Mens, afin de donner bon esprit (1) aux enfans, et néanmoins ils ne la mettent pas au nombre des divinités choisies, comme si l'on pouvait faire un plus grand présent à l'homme. Cependant Junon y est sous les noms d'Iterduque et de Domiduque, comme s'il servait de quelque chose de ne pas s'égarer de son chemin et de revenir chez soi, lorsqu'on n'a pas l'esprit comme il faut. Certes, la déesse qui le donne méritait bien d'être préférée à Minerve, à qui, parmi tant de menues fonctions, ils ont donné le soin de la mémoire des enfans. Qui peut douter qu'il ne vaille beaucoup mieux avoir l'esprit bien fait, que d'avoir bonne mémoire quelqu'excel-

---

(1) *Mens* veut dire esprit.

lente qu'elle soit ? Personne ne peut avoir l'esprit
bien fait et être méchant ; au lieu qu'il y a de très méchans hommes qui ont une mémoire admirable ; et
ils sont d'autant plus méchans, qu'ils peuvent moins
oublier leurs mauvaises pensées. Cependant Minerve
est du nombre des dieux choisis, tandis que Mens est
perdue dans la foule des petits dieux. Que dirai-je de
la Vertu et de la Félicité, dont j'ai déjà beaucoup
parlé au quatrième livre? Ils en ont fait des déesses,
et néanmoins ils n'ont point voulu les mettre au rang
des divinités choisies, quoiqu'ils y aient placé Mars
et Pluton, dont l'un fait des morts, et l'autre les
reçoit.

Ainsi, puisque nous voyons que les dieux choisis
sont mêlés dans ces menues fonctions avec les autres
dieux inférieurs, comme des magistrats avec le peuple ;
et que même quelques-uns des petits dieux font des
choses beaucoup plus grandes et plus considérables que
ceux qu'on appelle choisis, il s'ensuit qu'on ne les a
pas appelés ainsi à cause de la dignité de leurs emplois
dans le gouvernement du monde, mais parce qu'il est
arrivé qu'ils ont été plus connus des peuples. C'est ce
qui fait que Varron lui-même dit qu'il y a des dieux
et des déesses qui, bien que pères et mères de dieux
célèbres, sont tombés dans l'oubli et dans l'obscurité,
comme cela arrive quelquefois parmi les hommes. Si
donc la Félicité n'a peut-être pas dû être au nombre
des dieux choisis, attendu que ce n'est pas le mérite
mais le hasard qui les a élevés à ce rang; au moins y
devait-on mettre la Fortune, et même préférablement
aux autres, puisqu'on dit que c'est une déesse qui dis-

pense ses faveurs au hasard. Sans doute elle devait tenir le premier rang parmi les dieux choisis, lorsque c'est principalement envers ceux qu'elle a montré ce qu'elle pouvait, et que nous voyons qu'ils n'ont été choisis ni pour l'éminence de leur vertu, ni par un bonheur juste et raisonnable, mais par une puissance aveugle et téméraire de la Fortune, comme parlent ceux qui les adorent. Il se peut que Salluste, cet écrivain si éloquent, eût en vue les dieux même lorsqu'il a dit ; « qu'indubitablement la Fortune domine en » toute chose, et qu'elle relève ou rabaissse tout ce qu'il » lui plaît, plutôt par caprice que par raison. » En effet, ils ne sauraient dire pourquoi Vénus a été célèbre, et la Vertu inconnue, eux qui les ont mises toutes deux au rang des déesses, bien qu'il n'y ait point de comparaison entre le mérite de l'une et de l'autre. Ou si l'on dit que cela vient de ce qu'il y en a plus qui recherchent Vénus que la Vertu, pourquoi la déesse Minerve a-t-elle eu tant de réputation, et la déesse Pécune si peu, vu qu'il y en a bien plus qui sont attirés par l'avarice que par la science, et que parmi ceux même qui s'adonnent à quelque art, à peine en trouverez-vous qui ne s'y proposent le gain et la récompense ? Or, il est certain que l'on prend toujours plus garde à la raison pour laquelle on fait une chose, qu'à la chose même que l'on fait. Si donc ce choix des dieux s'est opéré par le jugement de la populace ignorante, pourquoi la déesse Pécune n'a-t-elle pas été préférée à Minerve, lorsqu'il y a tant de gens qui travaillent pour l'argent ? et si c'est un petit nombre de personnes sages qui l'a fait, pourquoi la

Vertu n'a pas été préférée à Vénus, vu que la raison lui donne une préférence si marquée? Du moins, si la Fortune, qui, au sentiment de ceux qui lui attribuent beaucoup, domine en toute chose, et relève et rabaisse tout ce qu'il lui plaît, plutôt par caprice que par raison, a eu tant de pouvoir sur les dieux même que de rendre célèbres ou inconnus ceux qu'il lui a plu; certainement, comme je l'ai déjà dit, elle devait avoir le premier rang parmi les dieux choisis. Mais ne serait-ce point aussi qu'elle a eu en cela la Fortune contraire? Elle a donc été contraire à soi-même.

CHAPITRE IV.

On fait mieux de s'adresser aux petits dieux, que n'avilit aucune infamie, qu'aux dieux choisis dont on célèbre tant de turpitudes.

Un homme ambitieux aurait sujet de féliciter ces dieux choisis et de les appeler heureux, s'il ne voyait que ce choix leur est plus honteux qu'honorable. L'obscurité même qui couvre les autres, les met à couvert des opprobres qu'on fait à ceux-ci. Il est vrai que nous avons envie de rire quand nous voyons cette troupe de petits dieux occupée aux différens emplois que la fantaisie des hommes a partagés entre eux, et qu'ils ne représentent pas mal cette multitude de petits receveurs des tributs, ou cette foule de petits ouvriers qui, dans la rue des Orfèvres, travaillent à un vase d'or ou d'argent, où chacun met quelque chose de sa façon, quoiqu'un seul pût suffire pour tout cela, s'il était assez habile homme; mais on a ainsi distribué entre plusieurs ouvriers les diverses parties d'un art, afin que n'en ayant chacun qu'une à apprendre, ils la sussent plutôt; de peur qu'ils n'eussent trop de peine et ne fussent trop long-temps, s'il leur en fallait savoir un en perfection et dans toutes les différentes parties qu'il embrasse. D'un autre côté, il y en a fort peu parmi ces dieux dont la réputation ne soit intacte, au lieu qu'à peine en trouvera-t-on parmi les dieux choisis qui ne soit diffamé par quelque crime. Ceux-ci sont descendus aux vils emplois des autres; et si ceux-là ne sont pas montés si haut qu'eux, du moins n'ont-ils point pris de part à la honte de leurs crimes. Pour Janus, je ne vois pas à la vérité qu'on dise rien de lui qui le déshonore, et peut-être a-t-il mené une vie plus innocente que les autres. On rapporte qu'il reçut fort humainement Saturne qui fuyait Jupiter, et qu'il partagea avec lui son royaume, de sorte même qu'ils bâtirent chacun une ville de leur nom, Janicule et Saturne; mais comme les payens, qui sont bien aises de souiller le culte des dieux, ont trouvé la vie de celui-ci moins vicieuse que celle des autres, ils l'ont déshonoré par une statue difforme et monstrueuse, à laquelle ils ont donné tantôt deux visages et tantôt quatre. N'est-ce point que, dès-lors que la plupart des dieux choisis ont été effrontés, ils ont voulu que ce dernier eût d'autant plus de front qu'il a été plus innocent?

CHAPITRE V.

De la doctrine secrète et des raisons physiques du paganisme.

Mais écoutons plutôt les explications physiques dont ils tâchent de couvrir leurs erreurs honteuses, comme si elles renfermaient une doctrine profonde. Varron, pour les relever, dit que l'antiquité a formé des statues des dieux, et leur a donné des habits et des ornemens, afin que ceux qui pénétreraient ces mystères pussent, à l'aspect de ces objets extérieurs, s'élever à la contemplation de l'ame du monde et de ses parties, c'est-à-dire à la connaissance des dieux même; que ceux qui les ont représentés sous une figure humaine semblent l'avoir fait parce que l'esprit qui anime le corps de l'homme est semblable à l'esprit immortel de la divinité; et que de même que si l'on mettait une cuve dans le temple de Bacchus, cela servirait à le faire reconnaître, parce que le vin lui est consacré : ainsi une statue qui a une figure humaine représente l'ame raisonnable, qui a coutume d'être enfermée dans un corps humain, et par conséquent l'ame de Dieu ou des dieux, qu'ils prétendent être de même nature. Voilà les mystères de doctrine que cet homme si savant avait pénétrés, et dont il a fait part au monde. Mais, dites-nous, je vous prie, vous qui êtes si subtil, qu'est devenue cette réflexion si sage que vous faisiez auparavant, que ceux qui ont introduit les premiers les statues des dieux, ont ôté aux peuples la crainte de la divinité et augmenté l'erreur, et que les anciens Romains, qui n'avaient point d'idoles, servaient les dieux plus purement? Ce sont en effet ces premiers Romains qui vous ont donné la hardiesse de parler ainsi de leurs descendans; et, s'ils eussent adoré des statues aussi bien que ceux-ci, peut-être la crainte vous aurait-elle engagé à dissimuler ce sentiment, et éleveriez-vous encore plus les mystères prétendus de votre doctrine. Cependant nous vous plaignons beaucoup de ce qu'avec tout votre génie vous n'avez pu parvenir à la connaissance du vrai Dieu, qui a créé votre ame, non comme une portion de lui-même, mais comme sa créature; qui n'est point l'ame de toutes choses, mais le créateur de toutes les ames; et qui seul rend l'ame bienheureuse par la lumière qu'il lui communique, lorsqu'elle n'est point méconnaissante de ses graces. Nous ferons voir dans la suite quels sont ces mystères et l'estime qu'on en doit faire. Néanmoins ce savant homme veut que l'ame du monde et ses parties soient de vrais dieux, tellement que toute sa théologie, je dis même la naturelle dont il fait tant d'estime, n'a pu aller que jusqu'à l'ame raisonnable. Il s'étend au reste fort peu sur cette théologie naturelle dans le livre où il en parle; et nous verrons si, par ses interprétations physiques, il peut rapporter à la théologie naturelle la théologie civile qui traite des dieux choisis. S'il peut y parvenir, toute la théologie sera théologie naturelle; et si cela est, quel besoin y avait-il de prendre tant de peine à en séparer la civile? Mais s'il a eu raison de les distinguer, la naturelle qui lui plaît si fort n'étant pas vraie, puisqu'elle ne va que jusqu'à l'ame et non jusqu'au vrai Dieu, créateur de l'ame, combien la civile est-elle plus fausse et plus méprisable, vu qu'elle ne s'élève point au-dessus de la nature des corps, comme on pourra le voir clairement par les explications si détaillées et si recherchées qu'ils en donnent, et dont je serai obligé de parler dans la suite.

CHAPITRE VI.

De l'opinion de Varron, que Dieu est l'ame du monde, laquelle comprend toutes les autres ames qui, selon cet auteur, sont de nature divine.

Le même Varron dit encore, à propos de la théologie naturelle, qu'il croit que Dieu est l'ame du monde (1), et que ce même monde est Dieu; mais que comme un homme sage est appelé ainsi à cause de son ame, quoiqu'il soit composé de corps et d'ame, ainsi le monde est nommé Dieu à cause de l'ame qui le gouverne, bien qu'il soit également composé d'une ame et d'un corps. Il semble qu'ici il reconnaisse en quelque sorte qu'il n'y a qu'un Dieu; mais, pour en introduire aussi plusieurs, il ajoute que le monde est divisé en deux parties, le ciel et la terre, qui sont

(1) Le latin ajoute : *Que les Grecs appellent* Cosmos.

encore divisés chacun en deux autres parties ; le ciel en éther et en air, et la terre en eau et en continent ; que la région de l'éther est la plus haute, l'air au-dessous, l'eau ensuite, et enfin la terre qui est la plus basse de toutes ; que ces quatre parties sont entièrement remplies d'ames, la région du feu et de l'air d'ames immortelles, l'eau et la terre de mortelles ; que celles qui sont depuis le plus haut des cieux jusqu'au globe de la lune, sont celles de l'éther, les astres et les étoiles, qu'on ne conçoit pas seulement, mais qu'on voit même être les dieux célestes ; et pour celles qui sont entre le globe de la lune et la moyenne région de l'air où se forment les orages et les tempêtes, on les conçoit bien, mais on ne les voit pas, et que c'est ce qu'on appelle Héros, Lares, Génies. Voilà la théologie naturelle que Varron propose en abrégé dans l'avant-propos de sa théologie civile, et que plusieurs philosophes ont approuvée aussi bien que lui. Nous l'examinerons à fond quand j'aurai achevé ce qui me reste à dire de la théologie civile, pour ce qui regarde les dieux choisis.

CHAPITRE VII.

Fallait-il faire deux dieux distincts de Janus et de Terme ?

Je demande d'abord quel est Janus, le premier dieu de cette théologie ? On me répond que c'est le monde ;

Voilà une réponse bien courte et bien claire. Mais pourquoi donc, dit-on, que le commencement des choses lui appartient, et que la fin appartient à un autre qu'on nomme Terme? Car c'est pour cela qu'ils disent qu'on a consacré à ces deux divinités deux mois de l'année, janvier à Janus, et février à Terme ; d'où vient que les Terminales se célèbrent au mois de février, et qu'il s'y fait une cérémonie expiatoire que l'on appelle *Februum*, du nom dont ce mois a pris le sien. Quoi! est-ce que le commencement des choses appartient au monde qui est Janus, et que la fin ne lui appartient pas, pour lui avoir ainsi assigné un autre dieu? Ne tombent-ils pas d'accord que tout ce qui commence en ce monde y prend aussi fin ? Quelle est cette inconstance de ne lui donner en effet que la moitié du pouvoir, et de donner un double visage à sa statue? N'expliqueraient-ils pas beaucoup mieux cet emblème en disant que le même est Janus et Terme, et en rapportant un de ses visages au commencement des choses, et l'autre à la fin, parce qu'on doit avoir ces deux vues en tout ce que l'on fait ? Quiconque en effet ne regarde pas le commencement de son action n'en prévoit pas non plus la fin ; en sorte qu'il faut avoir de la mémoire pour faire une chose, puisqu'on ne saurait la finir si l'on ne se souvient qu'on l'a commencée. Que s'ils croyaient que la vie bienheureuse commence en ce monde et s'achève en l'autre, et que ce fût pour cela qu'ils n'eussent donné à Janus, c'est-à-dire au monde, pouvoir que sur les commencemens, certainement ils lui auraient préféré le dieu Terme, qu'ils n'exclueraient pas du nombre des dieux choisis ; quoique même, dès cette vie, où l'on partage le commencement et la fin des choses temporelles entre ces deux divinités, on dût rendre plus d'honneur à ce dernier. Véritablement on a toujours plus de joie quand une chose est terminée. Les commencemens sont ordinairement accompagnés d'inquiétude, et l'on n'est point en repos qu'on ne voie la fin de son entreprise. C'est le but que se propose celui qui commence, c'est ce qu'il regarde, ce qu'il attend, ce qu'il désire ; et il ne se réjouit point de son travail qu'il ne le voie achevé.

CHAPITRE VIII.

Pourquoi les adorateurs de Janus ont donné à sa statue deux ou même quatre visages.

Mais voyons un peu comment ils expliquent cette statue à deux visages. On dit que Janus a deux visages, l'un devant et l'autre derrière, parce que la figure que fait notre bouche lorsque nous l'ouvrons a quelque ressemblance avec celle du monde, d'où vient que les Grecs appellent ογρανον, c'est-à-dire ciel, notre palais, aussi bien que quelques poètes latins (1). Voilà ce qui a divinisé le monde, un mot grec ou poétique qui si-

(1) Le latin ajoute : *Laquelle ouverture de la bouche donne passage du gosier aux dents et des dents au gosier.*

gnifie palais. Mais quel rapport cela a-t-il à notre ame et à la vie éternelle ? Qu'on adore ce dieu seulement pour la salive, puisque les deux portes de notre palais ne s'ouvrent que pour l'avaler ou pour la cracher. Est-il rien de plus absurde que de ne pouvoir trouver deux portes dans le monde opposées l'une à l'autre, par l'une desquelles il reçoive quelque chose au-dedans de soi et le rejète par l'autre ; et de vouloir cependant, de notre bouche et de notre gosier, auxquels le monde ne ressemble point du tout, former une image du monde sous la figure de Janus qui leur ressemble aussi peu ? Lorsqu'ils lui donnent quatre visages et qu'ils l'appellent double Janus, ils l'expliquent des quatre parties du monde, comme si le monde regardait quelque chose hors de soi de la même manière que Janus le regarde de tous ses visages. D'ailleurs, si Janus est le monde et que le monde ait quatre parties, la statue de Janus à deux visages est fausse ; ou si l'on dit qu'elle est vraie, parce que l'on a coutume d'entendre tout le monde par l'orient et l'occident, lorsque nous nommons ses deux autres parties, le septentrion et le midi, dira-t-on que le monde est double, comme ils appellent double Janus à quatre visages ? Au moins ne sauraient-ils trouver quatre portes auxquelles ils rapportent les quatre visages de Janus, ainsi qu'ils en ont trouvé deux dans la bouche de l'homme pour y rapporter les deux visages qu'ils donnent à ce dieu ; si ce n'est peut-être que Neptune vienne au secours, et présente un poisson, qui outre l'ouverture de la bouche et du gosier, en a encore une à droite et une à gauche. Et cependant tant de portes ouvertes ne suffisent pas pour sauver une ame de ses folles erreurs, à moins qu'elle n'écoute la vérité qui dit : *Je suis la porte.* (1)

CHAPITRE IX.

De la puissance de Jupiter, et comparaison de ce dieu avec Janus.

Je serais bien aise aussi d'apprendre quel est ce dieu qu'ils nomment Jupiter (2). « C'est un dieu, disent-ils, » de qui dépendent les causes de tout ce qui se fait au » monde. » Virgile exprime admirablement la grandeur de ce pouvoir quand il dit : « Heureux qui peut » connaître les causes des choses (3) ! » D'où vient donc qu'on lui préfère Janus ? Que le docte et profond Varron nous réponde là-dessus. « C'est, dit-il, que Janus » est maître des commencemens, et Jupiter de la per- » fection des choses. Il est donc juste que Jupiter soit » estimé le roi des dieux, attendu que les commence- » mens des choses sont moins importans que leur per- » fection, bien qu'ils la précèdent dans l'ordre du » temps ». Cela serait bon s'il s'agissait ici du commencement et de la fin d'une action. Comme partir est le

(1) Jean, 10, 9.
(2) Le latin a : *Quel est ce Jovis qu'ils nomment aussi Jupiter.*
(3) Georg., 2.

commencement d'une action, et arriver en est la fin ; commencer à apprendre est le commencement d'une action, et l'acquisition de la science en est la fin : et ainsi dans toutes choses les commencemens sont les premiers en ordre, et la fin est la perfection ; mais c'est un différend qui est déjà vuidé entre Terme et Janus. Pour les causes dont on prétend que Jupiter dispose, elles précèdent les commencemens même des choses et les produisent, parce que ce sont des causes efficientes, et que ce qui fait une chose est toujours avant la chose qui est faite. Ainsi, si les commencemens des choses appartiennent à Janus, ce n'est pas à dire pour cela qu'ils précèdent les causes efficientes qu'ils attribuent à Jupiter ; car rien n'est fait ni ne commence que la cause efficiente ne le précède. Si c'est donc ce dieu qui est l'arbitre des causes de tout ce qui se fait dans la nature, que les peuples appellent Jupiter, et qu'ils l'honorent par tant d'opprobres et d'infamies, certainement ils commettent une plus grande impiété que s'ils ne reconnaissaient point du tout de dieu. Dès-lors ils feraient mieux de donner le nom de Jupiter à quelqu'un qui fut digne de ces honneurs honteux et infames, et de supposer un fantôme qu'ils blasphémassent, comme on dit qu'on supposa une pierre à Saturne au lieu de son fils qu'il voulait dévorer, que de dire que ce dieu tonne et est adultère tout ensemble ; qu'il gouverne tout le monde et se plonge dans toutes sortes d'impudicités ; qu'il dispose de toutes les causes naturelles, et que les causes même de ses actions ne sont pas honnêtes.

Je demanderai ensuite si Janus est le monde, quel

rang Jupiter aura-t-il parmi les dieux, lorsque Varron affirme que les vrais dieux sont l'ame du monde et ses parties, et que par conséquent tout ce qui n'est pas cela, n'est pas vraiment dieu selon nos adversaires même ? Diront-ils que Jupiter est l'ame du monde, et que Janus est son corps, c'est-à-dire ce monde visible ? Si cela est, Janus ne sera point dieu, puisque, dans leur propre systême, ce n'est pas le corps du monde qui est dieu, mais son ame et ses parties ; ce qui a engagé Varron à déclarer clairement qu'il croit que Dieu est l'ame du monde, et que le monde même est Dieu ; mais que comme un homme sage est appelé ainsi à cause de son ame, quoiqu'il soit composé d'une ame et d'un corps, de même le monde est appelé dieu de l'ame qui le gouverne, bien qu'il soit composé d'un corps et d'une ame. Ainsi le seul corps du monde n'est pas Dieu, mais ou son ame seule, ou son ame et son corps ensemble, en sorte néanmoins que ce ne soit pas le corps, mais l'ame qui le constitue dieu. Si donc Janus est le monde, et que Janus soit dieu ; afin que Jupiter soit dieu aussi, diront-ils que c'est une partie de Janus, suivant leur coutume d'attribuer toutes choses à Jupiter, d'où vient ce mot (1) : « Toutes choses sont » pleines de Jupiter ? » S'ils veulent donc que Jupiter soit dieu, et surtout s'ils veulent qu'il soit roi des dieux, ils ne peuvent penser qu'il soit autre que le monde, pour régner sur les autres dieux, c'est-à-dire selon eux sur ses parties. Varron, dans un autre livre qu'il a composé sur le culte des dieux, rapporte quel-

(1) De Virgile.

ques vers de Valérius Soranus qui confirment cette opinion : « Jupiter tout-puissant, dit Soranus, père » et mère des dieux et des hommes, seul dieu, et toutes » choses. » Varron explique ces vers dans ce livre, et dit que Jupiter est mâle en ce qu'il répand les semences, et femelle en ce qu'il les reçoit, et que c'est le monde ; que c'est pour cela que Soranus l'appelle père et mère ; qu'il a aussi raison de dire qu'il est toutes choses, puisque le monde est un, et que toutes choses sont renfermées en lui.

CHAPITRE X.

A-t-on eu raison de séparer Janus de Jupiter ?

Puis donc que Janus est le monde, et que Jupiter l'est aussi, et que d'ailleurs il n'y a qu'un monde, pourquoi Janus et Jupiter sont-ils deux dieux ? Pourquoi ont-ils chacun leurs temples et leurs autels, leurs statues et leurs sacrifices ? Si l'on dit qu'autre est la vertu des commencemens, et autre celle des causes, et que c'est pour cela qu'on a appelé l'une Janus et l'autre Jupiter, y a-t-il ailleurs quelqu'exemple de cela ? Dit-on qu'un homme est deux juges ou deux artisans, parce qu'il a pouvoir sur deux différentes parties de la justice, ou parce qu'il sait deux métiers ? Pourquoi donc d'un seul dieu, qui dispose des commencemens et des causes, fera-t-on deux dieux distincts sous prétexte que les causes et les commencemens sont deux choses différentes ? Qu'ils disent donc aussi que Jupiter est autant de dieux qu'ils lui ont donné de noms à cause du pouvoir qu'ils lui attribuent, puisque les choses qui ont donné lieu à ces noms sont en grand nombre et fort différentes. Je vais en offrir un échantillon.

CHAPITRE XI.

Des surnoms de Jupiter que l'on ne rapporte pas à plusieurs dieux, mais toujours à lui seul.

Ils l'ont appelé Vainqueur, Invincible, Secourable, Moteur, Stator, Centipède, Supinal, Soliveau, Nourricier, Rumin, et d'autres titres qu'il serait trop long de rapporter ici. Or, ils ont imposé tous ces surnoms à un seul dieu pour des raisons et des puissances différentes; mais ils ne l'ont pas obligé pour cela d'être autant de dieux divers. Il l'ont surnommé Vainqueur, parce qu'il surmonte tout; Invincible, parce que personne ne peut le vaincre; Secourable, parce qu'il secourt ceux qui ont besoin d'assistance; Moteur, Stator, Centipède, et Supinal, parce qu'il a le pouvoir de pousser, d'arrêter, d'affermir et de renverser; Soliveau, parce qu'il soutient le monde comme une poutre soutient un édifice; Nourricier, parce qu'il nourrit toutes choses; Rumin, parce qu'il allaite tous les animaux. De ces choses, il est visible que les unes sont grandes et les autres petites, et cependant on dit qu'un seul les fait toutes. Je crois qu'il y a plus de rapport entre les causes des choses et leurs commencemens, pour lesquels ils ont voulu que le monde fût deux dieux, Jupiter et Janus, qu'il n'y en a entre soutenir le monde et donner à tetter aux animaux, double office néanmoins pour lequel ils n'en ont point établi deux, mais le seul Jupiter, avec le nom de Soliveau pour l'un et celui de Rumin pour l'autre. Je ne dirai pas qu'il était plus à propos de faire donner à tetter aux animaux par Junon que par Jupiter, surtout lorsqu'il y avait une déesse Rumine qui pouvait l'aider en cela ; car on pourrait me répondre que Junon même n'est autre que Jupiter, selon ces vers de Soranus que nous venons d'alléguer : « Jupiter tout-puissant, père et » mère des dieux et des hommes. » Mais pourquoi l'appelle-t-on Rumin, lorsque ceux qui y regarderont de plus près trouveront peut-être qu'il est aussi la déesse Rumine? S'il est en effet indigne de la majesté des dieux que, dans un même épi de bled, l'un ait soin des nœuds du tuyau et l'autre de la bourre ; combien est-il moins convenable qu'un emploi aussi misérable que d'allaiter les animaux, soit partagé entre deux dieux, dont l'un soit Jupiter lui-même ce roi de tous les dieux, et qu'il le remplisse non avec sa femme, mais je ne sais avec quelle Rumine ; à moins qu'il ne soit aussi cette Rumine aussi bien que Rumin ; Rumin peut-être pour donner à tetter aux mâles, et Rumine pour allaiter les femelles? Je ne dirais pas qu'ils ont voulu donner un nom de femme à leur Jupiter, s'il n'était appelé père et mère dans les vers de Soranus, et si je n'avais lu qu'entre autres surnoms il portait aussi celui de Pécune, qui est une de ces petites divinités dont nous avons parlé au quatrième livre. Mais puisque les hommes et les femmes ont de l'argent, pourquoi ne l'a-t-on pas appelé Pécune et Pécun, aussi bien que Rumine et Rumin ?

CHAPITRE XII.

Jupiter est aussi appelé Pécune.

Mais ne rendent-ils pas une raison admirable de ce nom ? Jupiter, disent-ils, s'appelle aussi Pécune, parce que tout est à lui. O la belle raison de ce nom divin ! N'est-ce pas au contraire faire injure à celui à qui tout appartient, que de le nommer Pécune ? Qu'est en effet ce que les hommes possèdent sous ce nom, en comparaison de tout ce qui est compris dans le ciel et dans la terre ? Il est évident que l'avarice seule a donné ce nom à Jupiter, afin de justifier ceux qui aiment l'argent, comme aimant non quelque dieu du commun, mais le roi même de tous les dieux. Il n'en serait pas de même si on l'appelait Richesses ; car autre chose sont les richesses, et autre chose l'argent. Nous appelons riches ceux qui sont sages, justes, gens de bien, quoiqu'ils n'aient point du tout d'argent, ou qu'ils en aient peu ; mais ils sont effectivement riches en vertus qui leur enseignent à se contenter de ce qu'ils ont, même lorsqu'ils manquent des commodités de la vie ; tandis que nous disons que les avares sont pauvres, parce que, quelques biens qu'ils possèdent, comme ils en désirent toujours davantage, ils sont toujours dans l'indigence. Nous disons encore fort bien que le vrai Dieu est riche, non en argent, mais par sa toute-puissance. Il est vrai que les hommes pécunieux passent aussi pour riches, et toutefois ils sont pauvres au-dedans, s'ils sont avides. Ceux au contraire qui n'ont point d'argent sont réputés pauvres, cependant ils sont riches intérieurement, s'ils sont sages. Quel cas peut donc faire un homme sage de cette théologie, qui donne au roi des dieux le nom d'une chose qu'aucun sage n'a jamais désirée? Combien était-il plus à propos, si cette science des payens pouvait servir à la vie éternelle, qu'ils eussent appelé le dieu qui gouverne le monde, non Pécune, mais Sagesse, dont l'amour purifie le cœur des souillures de l'avarice, c'est-à-dire de l'amour de l'argent?

CHAPITRE XIII.

Saturne et le Génie ne sont autre chose que Jupiter.

Mais à quoi bon parler davantage de ce Jupiter, à qui peut-être il convient de rapporter tous les autres dieux; de sorte que le polythéisme ne subsiste plus du moment qu'il les comprend tous, soit qu'on les regarde comme ses parties ou ses puissances, soit que l'on donne à l'ame du monde, qu'ils croient répandue partout, le nom de plusieurs dieux, à cause des diverses parties du monde et des différentes opérations de la nature? Qu'est en effet Saturne? « C'est, dit » Varron, l'un des principaux dieux, dont le pou- » voir s'étend sur toutes les semences. » Est-ce là son explication des vers de Soranus, que Jupiter est le monde, et qu'il répand hors de soi toutes les semences, et les reçoit toutes en soi? C'est donc lui dont le pouvoir s'étend sur toutes les semences. Qu'est-ce que le Génie? « Un dieu, répond-il, qui préside à » tout ce qui est engendré. » Mais à qui attribuent-ils ce pouvoir, si ce n'est au monde, que le même Soranus apostrophe sous le titre de « Jupiter tout-puis- » sant, père et mère de toutes choses? » Et quand Varron dit ailleurs que le Génie est l'ame de chaque homme, et qu'ainsi chacun a le sien, et d'un autre côté que l'ame du monde est dieu, ne donne-t-il pas à entendre que l'ame du monde est comme un Génie universel : c'est donc lui que l'on nomme Jupiter. Si tout Génie est réellement un dieu, et que l'ame de chaque homme soit un Génie, il s'ensuit que l'ame de chaque homme est un dieu; mais si cette pensée est tellement absurde que les payens même sont obligés de la rejeter, il n'y a plus qu'à appeler Génie par excellence ce dieu qu'ils disent être l'ame du monde, et par conséquent Jupiter.

CHAPITRE XIV.

Des emplois de Mercure et de Mars.

Quant à Mercure et à Mars, comme ils ne les rapportent à aucune partie du monde ni aux élémens, ils se sont contentés de les faire présider à quelques actions des hommes, et de leur donner puissance sur la parole et sur la guerre. Or, si le pouvoir de Mercure s'étend aussi sur la parole des dieux, il s'ensuit que Jupiter même lui est soumis, puisqu'il ne parle que quand Mercure y consent; ce qui est absurde. Que s'il n'est maître que du discours des hommes, il n'est pas croyable que Jupiter ait voulu s'abaisser jusqu'à allaiter non-seulement les enfans, mais les bêtes, d'où il a pris le nom de Rumin, et qu'il n'ait pas voulu prendre soin de la parole de l'homme, qui élève l'homme au-dessus des brutes; et par conséquent Jupiter est le même que Mercure. Que si la parole même s'appelle Mercure, comme son nom le témoigne (car il est nommé Mercure, comme qui dirait courant au milieu (1), parce que la parole court entre ceux qui parlent; et les Grecs l'appellent *Hermès*, c'est-à-dire interprète; ce qui a rapport à la parole qu'ils nomment ЕРМНΝΕΙΑ; d'où vient qu'il préside au com-

---

(1) *Mercurius, quasi medius currrens;* et, selon Arnobe, *l.* 3, *quasi medicurrius.*

merce, parce que ceux qui vendent et qui achètent
ne le font que par le moyen de la parole; d'où vient
encore qu'on lui met des ailes aux talons et à la tête
pour signifier que la parole s'envole; et qu'on l'appelle Messager, vu que la parole porte et annonce
nos pensées); si donc Mercure est la parole même,
il faut qu'ils avouent qu'il n'est pas un dieu. Mais,
comme ils se font des dieux qui ne sont que des démons, lorsqu'ils prient ces esprits impurs, ils sont
possédés non par des dieux, mais par des démons.
De même, dans l'impossibilité d'assigner à Mars aucun élément, ni aucune partie du monde, où il con-
tribuât à quelque ouvrage de la nature, ils en ont
fait le dieu de la guerre, qui est l'ouvrage des hommes, mais un ouvrage peu désirable poureux. Or, si
la Félicité donnait aux hommes une paix perpétuelle,
Mars n'aurait rien à faire. Que si Mars est la guerre
même comme Mercure est la parole, combien il serait à désirer qu'il fût aussi vrai qu'il n'y a point de
guerre, qu'il l'est que la guerre n'est point un dieu!

CHAPITRE XV.

De quelques étoiles auxquelles les payens ont donné
les noms de leurs dieux.

CES dieux sont peut-être les étoiles que les payens ont
appelées de leurs noms. Il y a en effet une étoile qu'ils
nomment Mercure, et une autre qu'ils appellent Mars;

mais il y en a une aussi qui porte le nom de Jupiter, et cependant ils estiment que Jupiter est le monde. Il y en a une qu'ils nomment Saturne, à qui toutefois ils attribuent toutes les semences. Il y en a une, et la plus éclatante de toutes, qu'ils appellent Vénus, et néanmoins ils veulent que Vénus soit aussi la lune, bien qu'ils s'accordent si peu entre eux à propos de cet astre que Junon et Vénus au sujet de la pomme d'or. Quelques-uns donnent l'étoile du jour à Vénus, et d'autres à Junon; mais Vénus l'emporte à son ordinaire, et a presque toutes les voix de son côté. Mais qui ne rirait de les entendre appeler Jupiter le roi des dieux, tandis que son étoile le cède tellement en clarté à celle de Vénus? L'étoile de ce roi du ciel ne devait-elle pas être d'autant plus brillante, que lui-même est plus puissant? Ils répondent qu'elle paraît moins lumineuse, parce qu'elle est plus haute et plus éloignée de la terre. Mais si elle est plus haute parce qu'elle appartient à un plus grand dieu, pourquoi celle de Saturne l'est-elle encore davantage? Est-ce que la Fable, qui a fait roi Jupiter, n'a pu monter jusqu'aux astres, et que ce que Saturne n'a pu obtenir dans son royaume ni dans le Capitole, il l'a obtenu dans le ciel? Et qui empêche que Janus ait une étoile? Si c'est parce qu'il est le monde, et qu'en cette qualité il comprend toutes les étoiles, Jupiter est le monde aussi, et cependant il en a une. Se serait-il arrangé de son mieux, et, au lieu d'une étoile qu'il devait avoir au ciel, s'est-il contenté d'avoir plusieurs visages sur terre? En outre, s'ils n'attribuent la divinité à Mars et à Mercure, comme à des parties du monde, qu'à cause de leurs étoiles, que n'ont-ils dressé des temples et des autels au bélier, au taureau, au cancer, au scorpion, et aux autres signes célestes, qui ne sont pas composés d'une seule étoile, mais de plusieurs, et sont placés au plus haut des cieux avec des mouvemens si réglés et si justes ? Que ne les ont-ils mis, je ne dis pas au rang des dieux choisis, mais au moins parmi tous ces dieux du dernier ordre ?

CHAPITRE XVI.

D'Apollon, de Diane, et d'autres dieux choisis, que les payens disent être des parties du monde.

Encore qu'ils prétendent qu'Apollon soit prophète et médecin, néanmoins, pour le placer dans quelque partie du monde, ils ont dit qu'il est aussi le soleil, et que Diane, sa sœur, est la lune et préside aux chemins. C'est pour cela qu'ils veulent qu'elle soit vierge, parce que le chemin ne produit rien ; et ils leur donnent des flèches à l'un et à l'autre à cause que ce sont deux astres qui lancent leurs rayons jusque sur la terre. Ils veulent que Vulcain soit le feu qui circule dans le monde, Neptune l'eau qui environne le monde, et Dis ou Pluton, la plus basse partie du monde. Ils préposent Liber et Cérès aux semences, le premier à celles des mâles, la seconde à celles des femelles, ou l'un à ce qu'elles ont de liquide, et l'autre à ce qu'elles ont de sec. Et ils rapportent tout cela au monde, c'est-à-dire à Jupiter, qui est appelé père et mère, comme répandant hors de soi toutes les semences et les recevant toutes en soi. Ils ajoutent encore que la Mère des dieux est la même que Cérès; et ils prétendent qu'elle n'est autre que la terre, et que c'est aussi Junon. Ils lui attribuent par ce motif les causes secondes des choses, quoique Jupiter ait été dit le père et la mère des dieux, attendu que dans leur sens le monde est Jupiter même. Pour Minerve, ils lui ont départi la surintendance des beaux-arts; et, dans l'impossibilité de trouver une étoile où la placer, ils ont dit qu'elle était l'éther, ou même la lune. Ils pensent aussi que Vesta est la plus grande de toutes les déesses, comme étant la terre; ce qui ne les a pas empêchés de lui départir le feu léger à l'usage des hommes, et non le feu plus violent, tel que celui de Vulcain. Ainsi ils veulent que tous ces dieux choisis soient le monde, les uns le monde entier, et les autres quelques parties du monde; le monde entier, comme Jupiter; ses parties, comme le Génie, la Mère des dieux, le soleil, la lune, ou plutôt Apollon et Diane. Quelquefois même ils font un dieu de plusieurs choses, et d'une choses plusieurs dieux. Un dieu est plusieurs choses, comme Jupiter qui est tout le monde, et de plus le ciel et une étoile. Junon de même est la reine des causes secondes, et elle est encore l'air et la terre, et serait en outre une étoile si elle l'emportait sur Vénus. De même Minerve est la plus haute région de l'air, et elle est encore la lune qui, dans leur système, confine à la plus basse région de l'air. Mais ils font plusieurs dieux d'une même chose, quand ils disent que

Janus est le monde et Jupiter aussi ; que Junon est la terre, et que Cérès et la Mère des dieux la sont pareillement.

CHAPITRE XVII.

Varron même n'a donné que comme douteuses les opinions qu'il avait des dieux.

Comme nos adversaires ne sauraient se démêler de ce que je viens de rapporter, ils sont aussi embarrassés à l'égard de tout le reste, qu'ils embrouillent plutôt qu'ils ne l'expliquent. Ils disent tantôt une chose et tantôt une autre à l'aventure, selon qu'ils sont portés par l'impétuosité d'une erreur vagabonde, tellement que Varron même a mieux aimé douter de tout que de rien affirmer. En effet, après avoir achevé le premier de ses trois derniers livres où il parle des dieux certains, voici ce qu'il dit au commencement du second qui traite des dieux incertains : « Si je rapporte
» dans ce livre des opinions douteuses des dieux, on
» ne doit point le trouver mauvais. Ceux qui croient
» qu'on peut et qu'on doit en parler positivement,
» pourront le faire eux-mêmes, s'ils le veulent, quand
» ils l'auront lu. Pour moi, je serais plus porté à ré-
» voquer en doute ce que j'ai dit dans le premier li-
» vre, qu'à donner pour certain tout ce que je dirai
» dans celui-ci. » De cette manière il a rendu incertain non-seulement ce qu'il dit des dieux incertains,

mais encore ce qu'il avait avancé des certains. Bien plus, dans le troisième livre qu'il consacre aux dieux choisis, après avoir parlé de la théologie naturelle, sur le point d'entrer dans les folies de la théologie civile, où il n'était pas conduit par la vérité des choses, mais pressé par l'autorité de la coutume : « Je parlerai, » dit-il, dans ce livre, des dieux du peuple romain » à qui ils ont dédié des temples et érigé des statues ; » mais, pour me servir des expressions de Xéno- » phane, je rapporterai plutôt ce que je pense que ce » que j'en voudrais soutenir ; car les hommes peuvent » bien se former une opinion sur ces choses, mais il » n'y a que Dieu qui les sache. » Il ne promet donc qu'en tremblant de parler de ces choses, comme n'étant ni comprises ni crues fermement, mais douteuses et incertaines et de l'institution des hommes. Il savait bien dans le fait qu'il y a un monde, un ciel et une terre ; que le ciel est orné d'astres étincelans, que la terre est fertile par ses semences, etc. ; de même qu'il croyait que cette grande machine de l'univers et toute la nature est conduite par une vertu secrète et puissante ; mais il ne pouvait pas assurer de même que Janus est le monde, ni dire comment Saturne est père de Jupiter, et cependant lui a été assujéti, et autres choses pareilles.

CHAPITRE XVIII.

Cause la plus vraisemblable de la propagation du paganisme.

Ce qu'on peut dire là-dessus de plus vraisemblable, c'est que les dieux du paganisme ont été des hommes à qui leurs flatteurs ont offert des fêtes et des sacrifices selon leurs mœurs, leurs actions, et les divers accidens de leur vie, et que ce culte sacrilège s'est glissé et établi peu-à-peu dans les esprits des hommes corrompus comme les démons et amoureux de ces nouveautés, et a encore été appuyé par les mensonges agréables des poètes et par les séductions des malins esprits. Il est en effet bien plus probable qu'un fils ambitieux et dénaturé, ou qui craignait d'être tué par un père dénaturé, ait chassé son père de son royaume, qu'il n'y a d'apparence, à ce que dit Varron, que Saturne ait été vaincu par son fils Jupiter, par la raison que la cause des êtres qui appartient à Jupiter précède les semences qui appartiennent à Saturne. Si cela était, jamais Saturne n'aurait été avant Jupiter, et il ne serait point son père, puisque la cause précède toujours la semence et n'en est jamais engendrée. Mais lorsqu'ils tâchent de faire honneur à de vaines fables ou aux actions des hommes, par des explications tirées de la nature, ceux même qui passent pour les plus profonds parmi eux se trouvent réduits à de telles extrémités, que leur égarement nous fait pitié.

CHAPITRE XIX.

Des interprétations alléguées en faveur du culte de Saturne.

« On dit de Saturne (c'est Varron qui parle), qu'il
» avait coutume de dévorer ses enfans, parce que les
» semences rentrent au lieu d'où elles sont sorties.
» Quant à la motte de terre qu'on lui offrit, dit-on,
» pour la dévorer au lieu de Jupiter, cela signifie
» qu'avant l'invention du labourage les hommes étaient
» dans l'usage de couvrir les bleds de terre avec leurs
» mains. » Il fallait donc dire que Saturne est la terre
même, et non les semences, puisque la terre dévore
en quelque sorte ce qu'elle a engendré, lorsque les semences qui sont nées d'elle r'entrent en elle. En ce
qui touche la glèbe qu'il prit pour Jupiter, quel rapport cela a-t-il à ce que les hommes couvraient d'abord
les semences de terre avec leurs mains? La semence
couverte d'une glèbe n'est-elle pas dévorée comme les
autres? Pour que cette explication fût satisfaisante, il
aurait fallu que celui qui couvrait avec la glèbe eût
emporté la semence, comme ils disent qu'on emporta
Jupiter lorsque l'on présenta à Saturne une motte de
terre; au lieu que quand on couvre un grain de bled

d'une motte de terre, cela ne sert qu'à le faire dévorer plus vîte. D'ailleurs, de cette façon Jupiter est la semence et non la cause de la semence, ce que pourtant Varron disait tout à l'heure. Mais que peuvent dire de raisonnable des gens qui veulent interpréter des folies? « Saturne, poursuit-il, a une faux à cause de » l'agriculture. » Certes, l'agriculture n'existait pas encore sous son règne, et c'est pour cette raison qu'on le fait régner dans les premiers temps, parce que, comme Varron l'explique encore, les premiers hommes vivaient de ce que la terre produisait d'elle-même. N'est-ce point qu'après avoir perdu son sceptre il a pris une faux, afin de n'être pas aussi oisif sous le règne de son fils qu'il l'avait été pendant le sien? Varron ajoute que quelques-uns, comme les Carthaginois, immolaient des enfans à Saturne, et d'autres, comme les Gaulois, des hommes faits, parce que de toutes les semences celle du corps humain est la plus excellente. Qu'est-il besoin de s'étendre davantage sur une cruauté si folle? Il suffit de remarquer que toutes ces explications ne se rapportent point au vrai Dieu, à cette nature vivante, immuable et incorporelle, à qui l'on doit demander une vie éternellement heureuse; mais qu'elles se terminent toutes à des choses temporelles, corruptibles, sujètes au changement et à la mort.
» De ce qu'on feint, dit encore Varron, que Saturne
» a mutilé le Ciel, son père, cela signifie que la se-
» mence divine n'appartient pas au Ciel, mais à Sa-
» turne, attendu que rien ne naît de semence dans le
» ciel. » Mais si Saturne est fils du Ciel, il est fils de Jupiter; car les payens assurent comme une chose

certaine que le ciel est Jupiter. C'est ainsi qu'ordinairement les faussetés se ruinent d'elles-mêmes, sans que personne se mette en peine de les détruire. Varron dit aussi qu'on l'appelle le Temps, parce que sans le temps les semences ne peuvent être fécondes ; on allègue encore beaucoup d'autres choses de Saturne, qui se rapportent toutes à la semence ; au moins Saturne avec une aussi grande puissance devrait-il suffire tout seul pour ce qui regarde les semences. Pourquoi faut-il donc que d'autres dieux s'en mêlent, comme Liber et Libéra, c'est-à-dire Cérès, dont Varron dit tant de choses au sujet des semences, comme s'il n'avait rien dit de Saturne ?

CHAPITRE XX.

Des mystères de Cérès Eleusine.

Entre les mystères de Cérès, les plus fameux sont ceux qui se célébraient à Éleusis, ville de l'Attique. Tout ce que Varron en dit ne regarde que l'invention du froment que l'on attribue à Cérès, et l'enlèvement par Pluton de sa fille Proserpine ; ce qui, selon lui, signifie la fécondité des semences. « Comme cette fécondité,
» ajoute-t-il, eût manqué pendant quelque temps, et
» que la terre fût devenue stérile, cela donna lieu à
» l'opinion que Pluton avait enlevé et retenu dans les
» enfers la fille de Cérès, c'est-à-dire la fécondité
» même qui a été nommée Proserpine. Mais comme

» après cette calamité, qui avait causé un deuil public,
» l'on vit revenir la fécondité, on crut que Pluton
» avait rendu Proserpine, et l'on institua des fêtes
» solennelles en l'honneur de Cérès. » Il dit ensuite
qu'on allègue beaucoup de raisons de ces mystères,
qui se rapportent toutes à l'invention des bleds.

CHAPITRE XXI.

De l'infamie des mystères consacrés à Liber ou Bacchus.

Pour les mystères de Liber qu'ils font présider aux semences liquides, c'est-à-dire non-seulement à la liqueur des fruits, entre lesquels le vin tient le premier rang, mais aussi aux semences des animaux; j'ai de la peine à aborder le long détail des infamies qui s'y sont introduites; il le faut néanmoins pour confondre l'orgueilleuse stupidité de nos adversaires. Entre autres choses que je suis obligé d'omettre sur ce sujet, parce qu'il y en a trop, Varron rapporte qu'en certains lieux d'Italie on célébrait des fêtes de Liber avec tant de licence, que l'on adorait un phallus en son honneur, non dans le secret pour épargner la pudeur, mais en public pour faire triompher l'iniquité. On le plaçait honorablement sur un chariot que l'on conduisait dans la ville après l'avoir d'abord promené à travers la campagne. Mais dans Lavinium, on consacrait un mois entier aux fêtes seules de Liber, pendant lequel on proférait les paroles les plus obscènes, jusqu'à ce que le chariot eût traversé la place publique, et fût arrivé au lieu destiné à recevoir ce qu'il portait. Il fallait ensuite que la plus honnête mère de famille allât couronner cette infame dépôt devant tout le monde. C'est ainsi que l'on rendait le dieu Liber favorable aux semences, et que l'on détournait des terres les charmes et les sortilèges, en obligeant une vertueuse matrone à faire en public, ce qu'il ne faudrait pas même permettre sur le théâtre à une courtisane en présence de femmes d'honneur. On n'a pas jugé par cette raison que Saturne suffît pour les semences, afin que l'ame impure eût occasion de multiplier les dieux, et que justement abandonnée du vrai Dieu, et misérablement prostituée à un grand nombre de fausses divinités, elle appelât mystères ces sacrilèges, et s'abandonnât aux violations et aux souillures de cette foule exécrable de démons.

CHAPITRE XXII.

De Neptune, de Salacie et de Vénilie.

Neptune avait déjà pour femme Salacie, qu'ils disent être l'eau la plus basse de la mer; à quoi bon lui donner encore Vénilie, si ce n'est que l'ame prostituée à l'idolâtrie ait voulu par là multiplier sans nécessité le culte et l'invocation des démons? Mais écoutons l'interprétation que l'on donne de cette belle théologie, et qui

la mettra peut-être à couvert de notre censure. « Véni-
» lie, dit Varron, est l'eau qui vient jusqu'au rivage,
» et Salacie celle qui s'en retourne dans la mer. »
Pourquoi donc en faire deux déesses, lorsque c'est la
même eau qui vient et qui s'en retourne? Il faut avouer
que la fureur du polythéisme est encore plus agitée que
la mer elle-même. Bien que l'eau du flux et du reflux
ne constitue pas deux eaux différentes, néanmoins,
sous le vain prétexte de ces deux mouvemens, l'ame
qui s'en va et ne revient plus (1) invoque deux démons
pour se souiller encore davantage. Je vous prie, Varron, ou vous tous qui avez lu les écrits de ces hommes
si savans, et vous vantez d'y avoir appris de grandes
choses, prenez la peine d'expliquer ceci, je ne dis pas
selon cette nature éternelle et immuable qui est Dieu
seul, mais au moins selon l'ame du monde et ses parties que vous tenez pour de vrais dieux. C'est une erreur en quelque façon supportable d'avoir mis au rang
de vos dieux, sous le nom de Neptune, cette partie
de l'ame du monde qui s'étend dans la mer; mais l'eau
qui vient battre contre le rivage et qui s'en retourne
dans la mer, sont-elles deux parties du monde ou deux
parties de l'ame du monde? Y a-t-il quelqu'un parmi
vous assez extravagant pour le croire? Pourquoi donc
vous en a-t-on fait deux déesses, sinon parce que vos
ancêtres, qui étaient des hommes fort sages, ont eu
soin, non que vous fussiez conduits par plusieurs
dieux, mais possédés par plusieurs démons qui se ré-

(1) Il fait allusion à ces paroles du pseaume 77, 44 : *Spi-
ritus vadens et non rediens.*

jouissent de ces vanités et de ces mensonges? Mais à quelle fin, par cette explication, dépouillez-vous Salacie de la plus basse partie de la mer où elle était soumise à son mari? En effet, quand vous dites qu'elle est le flux et le reflux, vous la placez à la superficie. Ne serait-ce point qu'elle a chassé son mari de la plus haute partie de la mer, par vengeance de ce qu'on lui a donné Vénilie pour rivale?

CHAPITRE XXIII.

De la Terre, que Varron regarde comme une déesse, parce que l'ame du monde qu'il répute dieu associe cette partie inférieure du monde à la puissance divine, en la pénétrant.

Il n'y a qu'une seule terre, que nous voyons remplie de plusieurs animaux, pourquoi veulent-ils faire une déesse de cette partie la plus basse du monde et qui est toutefois un grand corps parmi les élémens? Est-ce à cause de sa fécondité? Il y aurait alors bien plus de raison à ce que les hommes fussent des dieux, puisque ce sont eux qui la rendent féconde, en la cultivant et non pas en l'adorant? Mais, disent-ils, cette partie de l'ame du monde qui la pénètre l'associe à la puissance divine : comme si l'ame des hommes ne se manifestait pas plus évidemment; et cependant ils ne sont pas des dieux. Ce qu'il y a de plus déplorable, c'est qu'ils sont assez aveugles pour adorer ceux qui ne sont pas des dieux et s'assujétir au pouvoir d'êtres qui ne les valent pas. Varron, dans ce même livre des dieux choisis, dit qu'il y a trois sortes d'ames dans toute la nature : la première, qui se répand dans toutes les parties d'un corps vivant, et qui n'a point de sentiment, mais seulement le principe de la vie : c'est celle, selon lui, qui dans notre corps se coule dans les os, dans les ongles et dans les cheveux, comme nous voyons que les plantes croissent, se nourrissent, et vivent à leur manière sans avoir de sentiment; la seconde est l'ame sensitive, et réside dans les yeux, les oreilles, le nez, la bouche, le toucher; la troisième est l'ame raisonnable, qui est douée de connassance. Il ajoute que, de toutes les créatures mortelles, il n'y a que l'homme qui en ait une de la sorte ; que dans le monde cette ame s'appelle Dieu, et en nous Génie. Il ajoute aussi que les pierres et la terre que nous voyons privées de sentiment sont comme les ongles et les ossemens de Dieu; que ses sens consistent dans le soleil, la lune et les étoiles que nous sentons; et que l'éther est l'ame de ce dieu, dont l'influence, qui pénètre jusqu'aux astres, fait des dieux à son tour, et que quand elle passe dans la terre elle fait la déesse Tellus, et le dieu Neptune lorsqu'elle pénètre la mer.

Que Varron quitte donc pour quelque temps cette théologie qu'il appelle naturelle, vers laquelle il s'était détourné, et qu'il revienne à la civile, où je suis bien aise de l'arrêter encore. Je pourrais lui dire en passant que si la terre et les pierres sont semblables à nos os et à nos ongles, elles n'ont point de raison ni de sentiment; à moins qu'il n'y eût quelqu'un d'assez extravagant pour prétendre que nos os et nos ongles ont de la raison parce qu'ils sont des parties de l'homme qui en a; et qu'ainsi il y a autant de folie à dire que la terre et les pierres sont des dieux, qu'à vouloir que les os et les ongles des hommes soient des hommes. Mais ce sont des choses que nous aurons peut-être à démêler avec les philosophes; j'ai encore affaire maintenant à un politique. Bien qu'il semble avoir voulu un peu lever la tête et se donner quelque liberté à la faveur de la théologie naturelle, il se peut en effet que, comme il parlait encore des dieux choisis et de la théologie civile, il n'ait dit tout ce que je viens de rapporter de la naturelle, que dans la crainte de laisser croire que l'ancienne Rome et d'autres villes ont vainement adoré Tellus et Neptune. Je demande donc pourquoi Varron, puisqu'il n'y a qu'une terre, n'a-t-il pas fait une seule divinité qu'il appelle Tellus, de cette partie de l'ame du monde qui la pénètre? Et, s'il l'a fait, que deviendra Pluton, frère de Jupiter et de Neptune, qu'il appelle Dis? que deviendra sa femme Proserpine, qui, selon une autre opinion rapportée dans ces mêmes livres, n'est pas la fécondité de la terre, mais sa plus basse partie? Que s'ils disent que l'ame du monde, en s'insinuant dans la partie supérieure de la terre, fait le dieu Dis, et la déesse Proserpine lorsqu'elle en pénètre sa partie inférieure, que deviendra Tellus? Elle est dans le fait tellement divisée entre ces deux parties et ces deux divinités, qu'on ne sait plus ce qu'elle est ni où elle est; à moins qu'on ne dise que Pluton et Proserpine sont ensemble la déesse Tellus, et que ce ne sont plus trois dieux, mais un, ou deux au plus. Cependant on s'obstine à en compter trois, on les adore tous trois; tous trois ont leurs temples, leurs autels, leurs statues, leurs sacrifices, leurs prêtres; c'est-à-dire que ce sont autant de démons à qui une ame est misérablement prostituée. Que l'on nous indique encore quelle partie de la terre est pénétrée par l'ame du monde qui en fait le dieu Tellumon. Ce n'est pas cela, dira Varron, mais c'est que la même terre a deux vertus, l'une masculine pour produire les semences, et l'autre féminine pour les recevoir et les nourrir; de celle-ci elle a été nommée Tellus, et de l'autre Tellumon. Pourquoi alors, selon Varron même, les pontifes y en ajoutent-ils encore deux autres, et sacrifient-ils à Tellus, à Tellumon, à Altor et à Rusor? Il a déjà dit la raison quant aux deux premiers; mais pourquoi à Altor? Parce que, dit-il, la terre nourrit toutes choses. Pourquoi à Rusor (1)? C'est, répond-il encore, que toutes choses retournent en terre.

(1) *Rusor quasi Rursor, quòd rursùs cuncta eodem revolvuntur* (Note de Lombert.); ou peut-être aussi *à rure*, parce que ce sont les champs qui reçoivent les semences et les nourrissent jusqu'à leur parfaite maturité. Mais il y a une déesse Rusine; à quoi bon faire un dieu Rusor dans ce dernier sens? Il y a bien une déesse Rumine, et on n'en a pas moins fait un dieu Rumin. (*Note des nouveaux éditeurs.*)

CHAPITRE XXIV.

Explication des divers noms de la terre, qui, bien qu'appliqués à diverses vertus, ne devraient pas en faire différentes divinités.

Ces quatre vertus de la Terre devaient lui faire donner quatre noms, mais non pas en faire quatre divinités; de même que les divers surnoms significatifs des différentes vertus de Jupiter et de Junon ne les ont pas divisés pour cela en plusieurs dieux ou plusieurs déesses. Mais comme nous voyons de misérables prostituées se dégoûter quelquefois de la foule de leurs galans, ainsi il arrive qu'une ame, après s'être abandonnée aux esprits impurs, s'ennuye de cette multitude de faux dieux dont elle avait recherché avidement les infames caresses. Et Varron lui-même, comme s'il avait honte de cette foule de divinités, veut que Tellus ne soit qu'une déesse. « On l'appelle encore, dit-il, la Mère
» des dieux. Le tambour qu'elle porte est une figure
» du globe de la terre; les tours qui couronnent sa
» tête représentent les villes; les sièges dont elle est
» environnée signifient que, tandis que toutes choses
» se meuvent autour d'elle, elle seule demeure immobile. Les Galles qui la servent montrent que,
» pour avoir des grains et des semences, il faut cultiver la terre, attendu que tout se trouve dans son
» sein. De ce qu'ils s'agitent et se tourmentent en sa

» présence, c'est pour apprendre aux cultivateurs à
» ne pas demeurer oisifs, vu qu'ils ont toujours quel-
» que chose à faire. Le son des cymbales indique le
» bruit que font les outils du labourage ; et elles sont
» d'airain, parce que ces outils étaient autrefois de
» ce métal, avant que l'on eût trouvé le fer. Le lion
» délié et apprivoisé marque qu'il n'y a point de terre
» si sauvage et si stérile qui ne puisse être domptée
» et cultivée. » Il ajoute que les différens noms et surnoms qui ont été donnés à Tellus l'ont fait prendre
pour plusieurs dieux. « Ils croient, dit-il, que Tellus
» est la déesse Ops (1), parce qu'elle s'amende par le
» travail ; la Mère des dieux, parce qu'elle engendre
» beaucoup de choses ; la Grande Mère, parce qu'elle
» produit les alimens ; Proserpine, parce que les bleds
» sortent de son sein ; Vesta, parce qu'elle se revêt
» d'herbes et de gazons. C'est ainsi qu'ils rapportent
» plusieurs déesses à celle-ci, et avec quelque fonde-
» ment. » Mais si c'est une seule déesse, elle qui dans
la vérité n'est pas même une déesse, qu'était-il besoin
d'en feindre tant d'autres ? Que ce soient les noms
d'une seule, à la bonne heure ; mais que des noms ne
soient pas des déesses. Cependant l'autorité d'une vieille
erreur a tant de pouvoir sur l'esprit de Varron, qu'a-
près ce qu'il vient de dire, il tremble encore, et ajoute:
« Cette opinion n'est pas contraire à celle de nos an-
» cêtres, qui ont cru que c'étaient plusieurs divinités. »
Comment ne lui est-elle point contraire, lorsqu'il y
a tant de différence entre attribuer plusieurs noms à

---

(1) *Ab opere.*

une déesse, et prétendre que ce sont plusieurs déesses ? « Mais il se peut, dit-il, qu'une chose soit une et » qu'elle ait en soi plusieurs choses. » J'accorderai bien, par exemple, qu'il y a plusieurs choses en un homme ; mais s'ensuit-il de là que ce soit plusieurs hommes ? Ainsi, de ce qu'il y a plusieurs choses en une seule déesse, s'ensuit-il que ce soit plusieurs déesses ? Qu'ils en usent au surplus comme il leur plaira, qu'ils les divisent, qu'ils les réunissent, qu'ils les multiplient, qu'ils les mêlent et les confondent à leur fantaisie.

Voilà quels sont les beaux mystères de Tellus et de la Grande Mère, qui se rapportent tous à des semences mortelles et à l'Agriculture. Est-ce donc à ce point qu'aboutissent ces tambours, ces tours, ces Galles, ces folles agitations de membres, ce bruit des cymbales, ces lions apprivoisés ; et y a-t-il rien de tout cela qui promette à quelqu'un la vie éternelle ? Comment peut-on dire que des eunuques servent cette grande déesse, pour marquer que ceux qui ont besoin de semence doivent cultiver la terre, lorsqu'eux-mêmes s'en sont privés précisément à cause du service qu'ils lui rendent. Lequel est le plus vrai que ceux qui ont besoin de semence en acquerront en suivant cette déesse, ou que ceux qui en ont la perdront sans retour ? Est-ce là expliquer des mystères, ou en découvrir l'abomination ? Cependant on ne considère point ici à quel point est montée la malignité des démons, d'avoir promis si peu de choses aux hommes dans ces mystères, et néanmoins de les avoir portés à exercer contre eux-mêmes une si horrible cruauté. Si l'on ne prenait point la terre pour une déesse, les hommes dirigeraient leurs efforts contre elle pour en tirer des semences, mais ils ne les tourneraient point contre eux-mêmes pour s'en priver; ils la rendraient féconde, et ne deviendraient point stériles. Ce qui se passait dans les fêtes de Bacchus où une chaste matrone couronnait un phallus en présence de tout le monde, et peut-être même de son mari qui en suait et en rougissait de honte, pour peu qu'il lui restât de pudeur; et ce qui se pratiquait dans les cérémonies nuptiales, où l'on faisait asseoir la nouvelle mariée sur les genoux de Priape; tout cela n'est rien en comparaison de ces mystères également cruels et infames, où l'artifice des démons déshonore les deux sexes sans toutefois les détruire entièrement. Là on craint qu'un charme ne corrompe les biens de la terre, et ici l'on ne craint point de retrancher à des hommes le signe de la virilité. Là on blesse la modestie de la nouvelle mariée, mais sans lui ravir sa fécondité, ni même sa virginité; et ici l'on mutile un homme de sorte qu'il ne devient point femme, et qu'il cesse néanmoins d'être homme.

CHAPITRE XXV.

Explication que donnent les philosophes Grecs de la mutilation d'Atys.

VARRON ne dit rien d'Atys, et ne cherche point à expliquer pourquoi les Galles se mutilent en mémoire de l'amour que lui porta Cybèle. Mais les savans et les sages de la Grèce n'ont pas négligé un trait aussi célèbre et aussi saint. Porphyre, philosophe renommé, y trouve un emblême du printemps, qui est la plus agréable saison de l'année; il nous apprend qu'Atys représente les fleurs, et qu'on feint qu'il se mutile, parce que la fleur tombe avant le fruit. Ce n'est pas un homme, ou une manière d'homme qui portait le nom d'Atys, mais son sexe, qu'ils ont comparé à une fleur; car ce fut son sexe qui tomba, lui demeurant vivant; ou, pour mieux dire, il ne tomba pas, mais il fut arraché et mis en pièces. Cependant, loin que la perte de cette fleur fit place à aucun fruit, elle fut suivie de stérilité. Que signifie donc ce qui demeura de lui après cette violence? A quoi le rapporte-t-on? Quelle interprétation lui donne-t-on? Certainement les efforts que l'on fait sans succès pour en trouver une, montrent bien qu'il faut s'en tenir à ce qu'on en a écrit et que la renommée en publie, c'est-à-dire, que ce fut un homme véritablement mutilé. Aussi Varron n'a-t-il pas été du sentiment de ce philosophe, comme son silence le témoigne assez; car un homme aussi savant que lui ne pouvait ignorer cette explication.

CHAPITRE XXVI.

Infamies des mystères de la Mère des dieux.

Quand à ces hommes efféminés, consacrés à la Mère des dieux par une profanation qui blesse également la pudeur des hommes et des femmes, et que l'on a vus encore de nos jours par les rues de Carthage, les cheveux parfumés, le visage fardé, avec une démarche molle et lascive, demander de quoi soutenir une vie si honteuse; je ne me rappelle pas avoir lu aucun auteur qui en ait parlé, non plus que Varron. Les sens mystiques ont manqué à ce sujet, la raison en a eu honte, le silence a été le parti le plus honnête. La Mère des dieux a surpassé tous ses enfans par la grandeur, non de sa divinité, mais de son crime. La monstruosité de Janus n'est pas comparable à celle de cette déesse; sa difformité n'existe que dans ses statues, au lieu que la hideuse cruauté de Cybèle passe jusque dans ses mystères. Celui-là a des membres superflus dans ses images, et celle-ci fait perdre aux hommes les membres nécessaires. Rien n'est si honteux dans toutes les débauches de Jupiter; au milieu de toutes ses intrigues avec des mortelles, il n'a déshonoré le ciel que du seul Ganimède; mais elle a souillé la terre et outragé le ciel par cette multitude d'efféminés, qui font profession publique d'impudicité. Il nous serait peut-être permis de lui comparer, ou même lui préférer Saturne en ce qui touche cette infame cruauté; car on dit qu'il mutila son père; mais dans les mystères de Saturne les hommes ont plutôt péri par les mains des autres, qu'ils ne se sont offensés eux-mêmes. Il dévora ses enfans selon les poètes, ce que les philosophes expliquent comme ils veulent; mais la vérité est qu'il les tua. Les Carthaginois lui sacrifiaient leurs enfans, mais les Romains n'ont pas approuvé cette coutume. La Mère des dieux au contraire a introduit ses eunuques dans les temples même des Romains; et cette coutume cruelle s'est conservée parmi eux, comme si celle qui énervait leurs corps eût pu accroître leur courage. En comparaison d'un si horrible désordre, que sont les larcins de Mercure, les débauches de Vénus, les adultères et les impudicités des autres dieux, que nous prouverions par leurs livres si on ne les représentait tous les jours sur les théâtres? Qu'est-ce que tout cela en comparaison d'un mal si grand, qu'il était réservé à la grandeur de la Mère des dieux? On prétend d'ailleurs que ces autres crimes sont feints par les poètes : comme si les poètes avaient feint aussi que les dieux aiment à les voir représenter. Que ce soit donc un effet de l'audace ou de l'étourderie des poètes, si ces crimes sont écrits et chantés; mais en faire, par l'ordre des dieux, une partie des honneurs qui leur sont rendus, n'est-ce pas le crime des dieux même, ou plutôt un aveu qu'ils ne sont que des démons, et un piège qu'ils ont tendu à des malheureux? Mais ces consécrations d'eunuques à Cybèle ne sont point des fictions; et quoiqu'elles ne soient que trop réelles, les poètes en ont eu tant d'horreur, qu'ils n'ont pas voulu seulement les décrire. Qui pourrait se consacrer à ces dieux choisis afin de vivre heureusement après cette vie, lorsque celui qui leur est consacré ne peut pas même vivre honnêtement ici-bas? « Mais tout cela, » dit Varron, se rapporte au monde. » Qu'il prenne garde que ce ne soit plutôt aux esprits immondes. D'ailleurs qu'y a-t-il de tout ce qui existe au monde qui ne puisse se rapporter au monde? Ce n'est pas au reste ce que nous cherchons. Nous demandons une ame qui, affermie dans la vraie religion, n'adore pas le monde comme son Dieu, mais le loue pour l'amour de lui comme son ouvrage, et se dégage de toutes les souillures du monde, afin d'arriver pure à Dieu qui a créé le monde.

CHAPITRE XXVII.

Des raisons physiques alléguées par certains philosophes, qui ne connaissent ni le vrai Dieu, ni le culte qu'il faut lui rendre.

Nous voyons à la vérité que ces dieux choisis ont été plus célèbres que les autres; mais leur célébrité n'a servi qu'à faire éclater davantage leur honte; ce qui rend plus croyable l'opinion qu'ils ont été des hommes, comme non-seulement les poètes, mais les historiens même le déclarent. Quant à ce que dit Virgile (1) : « Saturne quitta le premier le ciel pour se soustraire » aux armes de Jupiter qui l'avait détrôné, » et le reste, Evémère en rapporte l'histoire tout au long, et Ennius l'a traduite en latin. Mais comme ceux qui, avant nous, ont combattu les erreurs du paganisme, tant grecs que latins, ont dit beaucoup de choses là-dessus, je n'ai pas cru m'y devoir arrêter plus long-temps.

Lorsque je considère les raisons physiques qu'ap-

(1) Eneid., 8.

portent des hommes adroits et savans pour tâcher de changer en choses divines ces choses purement humaines, je n'y vois rien qu'on ne puisse rapporter à des ouvrages terrestres et temporels, et à une nature corporelle ou muable quoiqu'invisible, ce qui n'est point du tout le vrai Dieu. Du moins si ces emblêmes avaient quelque rapport convenable à la Religion, bien que ce fût toujours une chose déplorable qu'ils ne servissent pas à faire connaître le vrai Dieu, il y aurait pourtant sujet de se consoler de ce que tant de choses impures et honteuses ne seraient ni prescrites ni exécutées. Mais comme c'est un crime d'adorer le corps ou l'ame au lieu du vrai Dieu, qui seul peut rendre l'ame heureuse; combien en est-ce un plus grand de les adorer de telle sorte, que cette adoration ne contribue ni au salut, ni même à l'honneur humain de celui qui la rend? C'est un péché de consacrer des temples et des prêtres, et de faire des sacrifices à quelqu'élément du monde, ou à quelqu'esprit créé que ce soit, quand il ne serait point immonde ni méchant, non que les choses dont on se sert à ce culte soient mauvaises, mais parce qu'elles ne doivent servir qu'à honorer celui à qui ce culte est dû : c'est encore un grand péché d'adorer le vrai Dieu, c'est-à-dire, le créateur de toute ame et de tout corps, par des statues ridicules et monstrueuses, par des sacrifices inhumains, par des couronnemens infames, par le prix de l'impudicité, par des incisions et des mutilations cruelles, par la consécration de gens efféminés, par des spectacles impurs et déshonnêtes; non qu'on ne doive adorer celui qu'on adore de la sorte, mais parce que ce n'est pas de la sorte qu'il le faut adorer. Mais d'adorer une créature quelle qu'elle soit, quoique non vicieuse, soit l'ame ou le corps, soit l'ame et le corps ensemble, au lieu du vrai Dieu, c'est-à-dire, au lieu du créateur de l'ame et du corps (1); et de l'adorer par ce culte infame et détestable, c'est pécher doublement contre Dieu, en ce que l'on adore un autre que lui, et en ce que l'on se sert pour l'adorer d'un culte dont il n'est pas permis de se servir, ni pour lui, ni pour quelqu'autre que ce puisse être. Pour le culte des payens, il est aisé de voir combien il est honteux et abominable ; mais il ne serait pas si aisé de connaître quels sont ceux à qui ils le rendent, si leurs histoires ne nous apprenaient que ceux-là les ont obligés, sous de grandes menaces, à le leur rendre. Ainsi, il paraît clairement que toute cette théologie civile n'est que pour attirer les démons et les esprits impurs dans des statues grotesques, et s'emparer par ce moyen des cœurs de ceux qui les adorent.

CHAPITRE XXVIII.

Contradictions de Varron dans sa doctrine théologique.

QUE sert-il au savant Varron de faire tant d'efforts pour rapporter avec adresse tous ces dieux au ciel et

---

(1) Saint Augustin insiste particulièrement sur l'ame et sur le corps, parce qu'il combat ceux qui disaient que Dieu est l'ame du monde et que le monde est Dieu.

à la terre ? Il travaille inutilement. Ils lui échappent des mains, ils s'écoulent, ils glissent et tombent par terre. En effet, avant que de parler des déesses, il s'exprime en ces mots : « Comme les dieux ont deux » principes, ainsi que je l'ai dit au premier livre, en » parlant des lieux, savoir le ciel et la terre, ce qui » fait qu'il y des dieux célestes et des dieux terrestres, » après avoir parlé des premiers dans les livres précé» dens, et placé à leur tête Janus, que les uns ont dit » être le ciel et les autres le monde ; pour suivre mon » dessein de traiter des seconds dans celui-ci, je com» mencerai par la déesse Tellus. » Je vois bien l'embarras où se trouve ce grand et vaste génie. Il a quelque raison en effet de croire que le ciel agit sur la terre, et que la terre reçoit son action et ses influences; et c'est pour cela qu'il attribue à l'un une vertu masculine, et à l'autre une vertu féminine; mais il ne prend pas garde que celui qui a créé ces deux grands corps est la seule cause véritable de leurs effets. Il a expliqué de la même manière les célèbres mystères des dieux de Samothrace dans le livre précédent, où il promet d'écrire des choses inconnues à ses concitoyens, et s'engage solennellement à les leur envoyer. Il dit qu'il a observé dans ces mystères plusieurs choses qui lui font connaître que, de ces statues des dieux, l'une signifie le ciel, l'autre la terre, et une autre les types des choses que Platon nomme idées ; or, il prétend que le ciel est Jupiter, la terre Junon, et les idées Minerve. Il ajoute que le ciel est ce qui fait les choses, la terre la matière dont elles se font, et les idées le modèle d'après lequel elles se font. Je laisse de côté l'importance que Platon donne à ces idées, jusqu'à soutenir que le ciel même a été fait sur leur modèle, et non que le ciel ait fait quelques choses sur ces idées : je dis seulement que Varron, dans le livre des dieux choisis, abandonne ce qu'il établit ici touchant ces trois divinités, dans lesquelles il a presque compris toutes choses. Véritablement il y attribue au ciel les dieux et à la terre les déesses, parmi lesquelles il range Minerve, qu'il avait mise auparavant au-dessus du ciel même. De plus, Neptune qui est un dieu est dans la mer, laquelle néanmoins appartient plutôt à la terre qu'au ciel. Enfin Pluton, qui est aussi un dieu, et frère de Jupiter et de Neptune, occupe la plus haute partie de la terre, comme sa femme Proserpine la plus basse. Comment donc peuvent-ils rapporter les dieux au ciel et les déesses à la terre ? Qu'y a-t-il de solide et de raisonnable en tout ce qu'ils avancent ? En outre, Tellus est le commencement des déesses, je veux dire cette Grande Mère autour de laquelle s'agite cette troupe insensée d'hommes sans sexe et sans force qui se déchirent en l'honneur de la déesse. Qui donc les porte à dire que Janus est le chef des dieux, et Tellus le chef des déesses ? Certes, l'erreur ne permet pas que le premier soit un seul chef, et la fureur qui domine dans les mystères de l'autre empêche qu'on n'en puisse faire un chef qui ait de la raison. Pourquoi essayent-ils vainement de rapporter ces choses au monde, puisque, quand ils y parviendraient, une personne vraiment pieuse n'adorera jamais le monde pour le vrai Dieu, ni la créature pour le Créateur ? Et cependant on voit clairement qu'ils ne sauraient en venir à bout.

Qu'ils les rapportent plutôt à des hommes morts et aux démons, et nous serons d'accord.

CHAPITRE XXIX.

On peut aisément rapporter au vrai Dieu tout ce que la théologie des payens rapporte au monde ou à ses parties.

En effet, il est aisé de démontrer que tout ce que leur théologie rapporte au monde par des raisons physiques, ils pourraient fort bien le rapporter au vrai Dieu qui a créé le monde, sans crainte de tomber dans aucune opinion sacrilège. Voici comme nous le prouverions : Nous adorons Dieu, et non le ciel ni la terre, qui sont les deux parties dont se compose le monde, ni l'ame ou les ames répandues dans tous les corps vivans, mais Dieu qui a créé le ciel et la terre et tout ce qu'ils comprennent, aussi bien qu'il a fait toutes les ames quelles qu'elles soient, végétatives, sensitives et raisonnables.

CHAPITRE XXX.

Nécessité de distinguer le Créateur des créatures, pour ne pas adorer autant de dieux qu'il existe d'œuvres de ses mains.

Pour commencer à parcourir les ouvrages admirables de ce Dieu unique et véritable, qui ont donné lieu aux payens de se forger plusieurs faux dieux dont ils s'efforcent d'expliquer honnêtement les cérémonies infames et détestables, nous déclarons adorer ce Dieu qui a donné aux objets qu'il a créés le commencement et la fin de leur mouvement et de leur durée; qui renferme en soi les causes de toutes choses, les connaît et en dispose à sa volonté; qui est l'auteur de la vertu des semences; qui a doué d'une ame raisonnable les créatures qu'il lui a plu, qui leur a donné l'usage de la parole, qui communique à qui bon lui semble le don de prophétie et la grace des guérisons; qui règle le commencement, le progrès et la fin des guerres même, lorsqu'il trouve à propos de châtier les hommes par ce fléau; qui a créé le feu élémentaire si violent et si actif, et le tempère autant qu'il faut pour le bien de toute la nature; qui a produit toutes les eaux et qui les gouverne; qui a fait le soleil le plus brillant de tous les corps lumineux, et lui a donné une vertu et un mouvement convenables; qui étend sa puissance jusque dans les enfers; qui a communiqué aux semences et aux alimens, tant liquides que solides, destinés à la nourriture de l'homme, les propriétés qui leur conviennent ; qui a fondé la terre et la rend féconde; qui distribue libéralement aux hommes et aux animaux les fruits qu'elle produit ; qui connaît et règle également les causes premières et les secondes; qui a donné à la lune son cours et son mouvement; qui ouvre des routes dans le ciel et sur la terre pour le passage des corps d'un lieu à un autre ; qui a accordé à l'esprit humain qu'il a créé les sciences et les arts pour le soulagement et la conservation de la vie; qui a établi la conjonction du mâle et de la femelle pour la propagation des espèces; qui a fait don aux sociétés du feu terrestre pour plusieurs usages. Voilà tout ce que le docte Varron s'est efforcé de distribuer entre ses dieux choisis, par je ne sais quelles explications physiques, qu'il a empruntées des autres, ou qu'il a inventées de lui-même. Mais le Dieu unique et véritable fait et gouverne toutes ces choses; et comme il est tout entier partout, en sa qualité de Dieu, sans être enfermé dans aucun lieu, ni retenu par quoi que ce soit, qu'il est indivisible et immuable, et qu'il remplit le ciel et la terre de son pouvoir et de son essence, il gouverne aussi de telle sorte tout ce qu'il a créé, qu'il permet à chaque chose d'agir par les mouvemens qui lui sont propres. Encore que rien ne puisse être sans lui, rien néanmoins n'est ce qu'il est. Il fait aussi plusieurs choses par le ministère des anges, mais il fait seul la félicité des anges. De même, quoiqu'il envoie quelquefois des anges aux hommes, il ne s'en sert pas pourtant pour rendre les hommes heureux, mais lui-même les rend heureux aussi bien que les anges. C'est de ce Dieu unique et véritable que nous attendons la vie éternelle.

CHAPITRE XXXI.

De quels bienfaits de Dieu jouissent spécialement les chrétiens.

Outre les biens qu'il dispense aux bons et aux méchans dans ce gouvernement général de la nature dont nous venons de parler, nous avons encore une grande preuve de l'amour qu'il porte exclusivement aux bons. Quoique nous ne puissions en effet le remercier assez de ce qu'il nous a donné, avec l'être, la vie et la faculté de contempler le ciel et la terre, une raison et un entendement qui nous élèvent à la connaissance du Créateur; si nous venons à considérer qu'étant chargés et accablés du poids de nos péchés et éloignés de la vue de sa lumière, c'est-à-dire, aveuglés par l'amour de l'iniquité, il ne nous a pas toutefois entièrement abandonnés en cet état, et nous a au contraire envoyé son Verbe, qui est son fils unique, pour nous apprendre, par son incarnation et la mort qu'il a soufferte pour nous, combien l'homme est précieux à Dieu; pour nous purifier de tous nos péchés par ce singulier sacrifice, et répandre son amour dans nos cœurs par l'infusion de son saint Esprit, afin de nous faire surmonter toutes les difficultés, et arriver au repos éternel et à la jouissance de sa vision bienheureuse ; quels cœurs et quelles langues peuvent suffire pour lui rendre les actions de graces qui lui sont dues ?

CHAPITRE XXXII.

Le mystère de l'incarnation du Verbe a été annoncé dans tous les temps.

Ce mystère de la vie éternelle a été annoncé par les anges, dès le commencement du monde, à ceux qu'il a fallu, par des signes et des sacremens convenables à ces temps-là. Ensuite le peuple hébreu a été réuni en corps de nation pour représenter ce mystère : et c'est parmi ce peuple que tout ce qui s'est accompli jusqu'à cette heure touchant l'avènement de Jésus-Christ, et ce qui s'en accomplira dans la suite, a été prédit par des hommes dont les uns comprenaient et les autres ne comprenaient pas ce qu'ils prédisaient. Après, il a été dispersé par toute la terre, pour servir de témoin aux Écritures qui annoncent le salut éternel en Jésus-Christ. En effet, non-seulement toutes les prophéties et tous les préceptes pour les réglemens des mœurs, qui sont contenus dans ces saints livres, mais encore les choses sacrées, les prêtres, le tabernacle, le temple, les autels, les sacrifices, les cérémonies, les fêtes, et généralement tout ce qui appartient au culte d'adoration qui est dû à Dieu, étaient des figures ou des prédictions de celles que nous croyons s'être accomplies, que nous voyons s'accomplir, ou dont nous espérons l'accomplissement, et qui concernent toutes la vie éternelle, dont les fidèles jouiront par Jésus-Christ.

CHAPITRE XXXIII.

La fourberie des démons, qui se réjouissaient de l'erreur des hommes, n'a pu être démasquée que par la Religion chrétienne.

La Religion chrétienne, la seule véritable, est aussi la seule qui a pu découvrir que les dieux des payens sont des démons impurs, dont le but est de se faire passer pour dieux, sous le nom de quelques hommes morts ou de quelques autres créatures, afin qu'on leur rende des honneurs divins qui satisfont leur orgueil, et auxquels on mêle des turpitudes et des infamies si conformes à leur humeur. Ces esprits immondes empêchent par jalousie, autant qu'ils le peuvent, que le genre humain ne se convertisse au vrai Dieu; mais l'homme est affranchi de leur domination cruelle et impie, lorsqu'il croit en celui qui lui a donné pour se relever l'exemple d'une humilité aussi grande, qu'est grand l'orgueil qui les a fait tomber. De ce nombre sont, non-seulement ceux dont nous avons déjà beaucoup parlé, et les autres semblables à eux adorés par les autres nations, mais aussi ceux dont nous parlons maintenant, qui ont été choisis comme pour composer le sénat des dieux, et qui ont dû ce choix, non à l'éclat de leurs vertus, mais à l'énormité de leurs crimes. Ce sont ces dieux dont Varron s'efforce de justifier les mystères impurs, en les rapportant aux choses naturelles ; mais il ne saurait les y ajuster, par la raison que les causes de ces mystères ne sont pas telles qu'il les croit, ou qu'il veut les faire croire. Si elles étaient telles en effet, et qu'il fût possible d'en donner une explication naturelle quelle qu'elle fût, ce qui serait au reste inutile pour le service du vrai Dieu et pour la vie éternelle à laquelle tend la Religion, cette interprétation diminuerait au moins un peu le scandale que causent certaines pratiques qui paraissent obscènes ou absurdes parce qu'on ne les entend pas. Varron a procédé de cette manière à l'égard de quelques représentations de théâtre, lorsqu'il les a expliquées comme les mystères qui se font dans les temples ; et bien qu'en cela il n'ait pas tant justifié les théâtres par les temples, que condamné les temples par les théâtres, il n'a toutefois rien négligé pour adoucir, par des explications favorables, l'aversion qu'inspirent tant de choses horribles et honteuses.

LIVRE VII.

CHAPITRE XXXIV.

Des livres de Numa que le sénat fit brûler, pour ne point divulguer les raisons des mystères du paganisme.

Mais tant s'en faut qu'il soit possible de couvrir les abominations de ces mystères par les causes qui les ont introduites, qu'au contraire, comme Varron lui-même nous l'apprend, on ne put souffrir les livres de Numa Pompilius où ces causes étaient rapportées; non-seulement on ne les jugea pas dignes d'être lus, mais on ne crut pas même devoir les garder. Il est à propos que je dise ici ce que j'avais promis dans mon troisième livre (1) de rapporter en son lieu. Voici donc ce que l'on trouve dans le traité de Varron sur le culte des dieux : « Un certain Térentius, dit-il,
» possédait un héritage près du Janicule. Comme son
» laboureur passait la charrue auprès du tombeau de
» Numa, il déterra les livres où ce prince avait écrit
» les raisons de l'institution des mystères. Térentius
» les porta aussitôt au préteur, qui, en ayant lu le
» commencement, jugea que la chose était assez im-
» portante pour en donner avis au sénat. Les princi-
» paux sénateurs, après les avoir parcourus, ne vou-
» lurent point toucher aux réglemens de Numa, mais

---

(1) Chap. 9.

» ils crurent de l'intérêt de la religion de faire brûler
» ces livres par le préteur. » Que chacun en pense ce
que bon lui semble, ou plutôt que quelque habile défenseur d'une si grande impiété en dise tout ce que
l'amour de la dispute pourra lui suggérer ; il me suffit
de remarquer que ce que Numa avait écrit des causes
des mystères institués par lui, ne devait être su ni du
peuple, ni du sénat, ni même des prêtres ; et que ce
prince, par une curiosité illicite, avait pénétré les secrets des démons, qu'il mit par écrit pour son usage et
pour s'en souvenir, mais qu'il n'osa jamais, tout roi
qu'il était et n'ayant personne à craindre, ni enseigner
à personne, ni effacer ou brûler, de peur d'irriter ses
dieux ; et qu'alors il les enterra dans un lieu qu'il estimait sûr, ne croyant pas que la charrue dût jamais
approcher de son tombeau. Quant au sénat, quoiqu'il
craignît de condamner la religion de ses ancêtres, et
qu'il fût obligé par là d'approuver les établissemens de
Numa, il jugea néanmoins ces livres si pernicieux,
qu'il ne voulut point qu'on les remît en terre, de peur
que la curiosité des hommes ne se portât encore davantage à chercher ce qui avait déjà été découvert, et il
ordonna en conséquence qu'ils fussent brûlés : il pensa
à la vérité qu'il n'était plus temps d'abolir ces mystères ;
mais il crut aussi qu'il valait mieux laisser les hommes
dans l'erreur en leur en cachant les causes, que de
mettre le trouble et le désordre dans la république en
les leur découvrant.

LIVRE VII.

CHAPITRE XXXV.

De l'hydromancie, dont les démons se servaient pour tromper Numa.

Comme aucun prophète de Dieu, ni aucun ange ne fut envoyé à Numa, il eut recours à l'hydromancie pour voir dans l'eau les images des dieux, ou plutôt les illusions des démons, et apprendre d'eux les mystères qu'il devait établir. Varron dit que ce genre de divination a été trouvé par les Perses, et que le roi Numa, et après lui le philosophe Pythagore, s'en sont servis. Il ajoute qu'on y évoque aussi les ames en répandant du sang, et que c'est ce que les Grecs appellent nécromancie: mais soit hydromancie ou nécromancie, c'est toujours la même chose, puisqu'en l'une et en l'autre on se sert des morts pour deviner. C'est à ceux qui s'adonnent à ces secrets de magie à voir comment cela se fait. Pour moi, je n'affirmerai pas que ces sortes de divinations étaient défendues sous de grandes peines par les lois de tous les peuples, même avant l'avènement de Jésus-Christ; car peut-être étaient-elles permises en ce temps-là. Je dirai seulement que Numa apprit par ce moyen les mystères qu'il établit, mais dont il cacha les causes, tant il avait peur lui-même de ce qu'il avait appris, et que le sénat fit depuis brûler les livres où elles étaient contenues. A qui en a donc Varron, d'apporter de ces mystères d'autres causes tirées de la nature? Si les livres de Numa n'en avaient allégué que de cette espèce, on ne les eût pas condamnés au feu, ou le sénat y aurait aussi condamné ceux que Varron adresse à César, souverain pontife. Parce que Numa puisait de l'eau (1) pour son hydromancie, on dit qu'il épousa la nymphe Égérie, comme le même Varron le rapporte. Qui ne reconnaît là cette malheureuse coutume de fabriquer des fables avec des choses vraies, en y mêlant des faussetés? C'est donc dans cette hydromancie que ce roi curieux apprit les mystères qu'il consigna dans les livres des pontifes, et les causes de ces mystères dont il se réserva à lui seul la connaissance. De sorte qu'en les enfouissant en terre comme il fit, on peut dire qu'il les fit mourir en quelque façon avec lui. Il faut assurément que ces livres continssent des désordres si énormes et si monstrueux de la part des démons, que toute théologie civile parût exécrable à ceux même qui en avaient reçu beaucoup d'infamies dans leurs mystères; ou qu'ils fissent connaître que toutes ces divinités prétendues n'étaient que des hommes morts depuis long-temps, qui, par suite d'une vieille erreur, avaient été adorés des peuples comme des dieux : ce qui se peut d'autant mieux que les démons se plaisaient à ce culte, et se faisaient adorer eux-mêmes, par leurs prestiges supposés, à la place de ces morts qu'ils avaient fait passer pour des dieux. Mais il est arrivé, par une secrète providence de Dieu, que, par le moyen de l'hydromancie, ils ont avoué toutes ces choses à Numa, leur protégé, et que

---

(1) *Quòd aquam* EGESSERIT.

néanmoins ils ne l'ont pas averti de brûler ses livres en mourant, plutôt que de les enterrer. Ils n'ont pu même empêcher qu'ils n'aient été découverts par un laboureur, et que Varron n'ait fait passer cette aventure jusqu'à nous. Ils ne peuvent après tout que ce que Dieu leur permet; et Dieu, par un jugement aussi profond qu'équitable, ne leur donne pouvoir que sur ceux qu'il est juste qu'ils affligent ou qu'ils trompent. Ce qui montre au reste à quel point ces livres étaient dangereux et contraires au culte du vrai Dieu, c'est que le sénat passa par-dessus la crainte de Numa, et les fit brûler, ce que ce prince n'avait osé faire. Que ceux donc qui ne se soucient pas d'être pieux, même en cette vie, cherchent la vie éternelle par de tels mystères; pour ceux qui ne veulent point avoir de société avec les démons, qu'ils ne craignent point la superstition dont on les honore, et embrassent la vraie Religion qui les découvre et les surmonte.

REMARQUES

SUR

LE LIVRE VII.

Page 8, ligne 21. « Cependant le même Varron.... as-
» signe cet emploi à Junon. » Je lis *provinciam* avec tous
les manuscrits ; les imprimés ont *providentiam*, qui est visiblement une faute.

Page 28, l. 3. « Qu'il n'y en a entre soutenir le monde, et
» donner à tetter aux animaux. » Le latin est ici corrompu,
et les manuscrits ne le rétablissent point. Le sens veut qu'on
lise, *quàm continere mundum, et mammam dare anima-
libus*. Les imprimés ont *quem continere dicunt mundum*, etc.
Je pense donc qu'il faut changer ce *quem* là en *quàm*, ad-
verbe, et ôter tout-à-fait *dicunt*.

Page 28, l. 31. « Qui est une de ces petites divinités, etc. »
Lombert lit *minuscularios* pour *munuscularios*, où, dit-il,
il ne voit point de sens. Il se peut qu'en effet le texte porte
minuscularios, mot au reste d'une assez mauvaise latinité ;
mais nous ne voyons pas de raison pour rejeter *munuscularios*, qui signifie ou *indigens*, ou *exerçant de petits emplois,
munuscula* ; tels qu'étaient les dieux obscurs dont parle ici
saint Augustin. (*Note des nouveaux éditeurs.*)

Page 34, l. 11. « Mais qui ne rirait de les entendre appe-
» ler Jupiter le roi des dieux, tandis que son étoile le cède
» tellement en clarté à celle de Vénus ? » Ou, « mais qui ne

» rirait de voir que, pendant qu'ils disent que Jupiter est le
» roi de tous les dieux, son étoile le cède tellement en clarté
» à celle de Vénus? » C'est le même sens, mais traduit en
mettant *quòd stella ejus* avec les onze manuscrits, au lieu de
cum stella qui est dans nos livres, mais pas si bien, ce me
semble.

Page 35, l. 16. « C'est pour cela qu'ils veulent qu'elle soit
» vierge, parce que le chemin ne produit rien. » Je lis avec
tous nos manuscrits et les éditions communes, *quòd via nihil
pariat,* au lieu que les docteurs de Louvain lisent, *quia nihil
pariat,* mais sans aucun sens à mon avis.

Page 47, l. 15. « Il n'y a que l'homme qui en ait une de
» la sorte. » J'omets avec tous nos manuscrits ces mots enfermés entre des crochets dans l'édition de Plantin : *in qua,
quoniam homines Deo videntur esse similes.*

Page 47, l. 17. « Il ajoute aussi que les pierres et la terre
» que nous voyons, etc. » Lombert avait rejeté dans les notes
cette leçon que nous avons adoptée avec les bénédictins,
parce qu'elle nous semble rendre raison du système des
payens, dans lequel Dieu était l'ame du monde; système que
combat saint Augustin, et dont par conséquent il doit rendre
compte aux lecteurs. Dans la leçon suivie par Lombert, on
trouve une nouvelle distinction de l'ame en trois espèces :
végétative, sensitive, et céleste ou divine. Outre que cette
division rentre dans celle qui a été exposée quelques lignes
plus haut, il nous a semblé assez étrange de voir figurer des
pierres entre les corps doués de l'ame végétative. La végéta-
tion s'opère par l'intus-susception, tandis que l'accroissement
des pierres a lieu par superposition. Cette considération, et
surtout l'autorité des PP. de la congrégation de saint Maur,
nous a fait préférer la leçon que le traducteur avait rejetée.
(*Note des nouveaux éditeurs.*)

Page 48, l. 8. « J'ai encore affaire maintenant à un poli-
» tique. » J'omets avec nos manuscrits l'*id est civilem* mis
entre des crochets dans nos livres.

Page 49, l. 12. « De celle-ci elle a été nommée Tellus,
» etc. » Je lis *indè* avec nos manuscrits au lieu d'*undè*.

Page 55, l. 14. « Celui-là a des membres superflus dans
» ses images. » Je lis *ille* avec nos manuscrits, pour *illa*,
qui est aux imprimés, et visiblement une faute.

Page 58, l. 12. « Mais comme c'est un crime d'adorer le
» corps et l'ame au lieu du vrai Dieu, qui seul peut rendre
» l'ame heureuse. » Lisez ainsi le latin avec tous nos manuscrits : *At nunc cùm pro Deo vero, quo solo anima se inha-
bitante fit felix*, etc.

Page 61, l. 27. « Puisque quand ils y parviendraient, etc. »
Je suis la leçon de nos manuscrits.

Page 64, l. 25. « Qu'il permet à chaque chose d'agir par
» les mouvemens qui lui sont propres. » Tous nos manuscrits, hors deux, ont *exerere* au lieu d'*exercere*; et une ligne
plus bas, *non tamen sunt quod ipse*, et ôtent l'*ulla* des imprimés. Toutes ces corrections sont bonnes, mais ne changent
rien au sens. En ce même chapitre, un peu plus haut, au lieu
de *sic itaque*, je croirais qu'il faudrait *sic ita*, etc., et j'ôte-
rais le point qui est avant *sic*, il n'y faut qu'un point et une
virgule; car ce *sic ita* se rapporte au membre précédent :
sed sicut idem Deus, etc. « Mais comme le même Dieu est
» tout entier partout, etc.; ainsi, il gouverne tellement tout
» ce qu'il a créé, etc. » Nos manuscrits toutefois n'y changent rien; mais, sans ce changement, le membre *sed sicut*
demeure suspendu.

Page 73, l. 12. « Que ceux donc qui ne se soucient pas
» d'être pieux, même en cette vie, cherchent la vie éternelle
» par de tels mystères. » Je suis la leçon de nos manuscrits

qui portent, ce me semble avec raison : *Qui ergò vitam nec modò vult habere pium, talibus sacris quœrat œternam.* Les imprimés ont : *Qui ergò nec felicem in futuro vitam, nec modò habere vult piam, talibus sacris mortem quœrat œternam.*

LA CITÉ DE DIEU.

LIVRE VIII.

CHAPITRE PREMIER.

De la théologie naturelle, contre les platoniciens.

Maintenant qu'il n'est plus question de la théologie fabuleuse ou de la théologie civile, c'est-à-dire, de la théologie des théâtres ou de la ville, dont l'une publie les crimes des dieux, et l'autre apprend les désirs encore plus criminels de ces dieux, qui par conséquent sont plutôt de malicieux démons que des divinités; maintenant, disons-nous, nous avons besoin de beaucoup plus de force et d'application qu'il n'en a fallu jusqu'ici. Nous avons à traiter de la théologie qu'on nomme naturelle avec les philosophes dont le nom même est vénérable, puisqu'il prend son origine de l'amour de la sagesse. Si, selon l'Écriture et la vérité, la sagesse est Dieu même qui a créé toutes choses, il s'ensuit que le vrai philosophe est celui qui aime Dieu; mais comme tous ceux qui se glorifient de ce nom n'en possèdent pas pour cela la chose, et que tous ceux qui s'appellent philosophes ne sont pas amoureux de la vraie sagesse; de tous les philosophes dont j'ai pu connaître l'opinion par la lecture de leurs ouvrages, je veux choisir ceux avec lesquels il est le plus convenable d'examiner cette question. Loin que je prétende réfuter ici toutes les vaines opinions des philosophes, je m'occuperai exclusivement de celles qui regardent la théologie, c'est-à-dire, des questions touchant la divinité. Je n'ai pas non plus dessein de m'arrêter aux sentimens de tous ceux qui en ont parlé, mais seulement de ceux qui, demeurant d'accord qu'il y a un Dieu et qu'il prend soin des choses humaines, n'estiment pas néanmoins que le culte d'un seul Dieu suffise pour obtenir une vie bien heureuse après la mort, mais croient qu'il en faut servir plusieurs, qui tous cependant ont été créés par un seul. Ces philosophes approchent bien plus près de la vérité que Varron, puisqu'il n'a pu porter la théologie naturelle plus loin que le monde ou que l'ame du monde, au lieu que ceux-ci reconnaissent que Dieu est au-dessus de l'ame, de quelque nature qu'elle soit ; que non-seulement il a créé ce monde visible, mais aussi toutes les ames; et qu'il rend heureuse l'ame raisonnable et intellectuelle, telle qu'est l'ame de l'homme, par la participation de sa lumière incorporelle et immuable. Tout le monde sait que ces philosophes sont les platoniciens, appelés ainsi de Platon leur maître. Je dirai donc de Platon ce qui se rattachera au sujet que je traite, après avoir parlé de ceux qui l'ont précédé dans l'étude de la philosophie.

CHAPITRE II.

Des deux sectes de philosophes, l'Italique et l'Ionique.

Entre les monumens de la langue grecque, qui passe pour la plus belle de toutes les langues des gentils, on trouve deux sectes de philosophes; l'une nommée italique, de cette partie d'Italie, connue autrefois sous le nom de grande Grèce, et l'autre ionique, du pays qu'on appelle encore aujourd'hui la Grèce. La secte italique a eu pour auteur Pythagore de Samos, de qui l'on dit que vient le nom même de philosophie. Auparavant, ceux qui faisaient profession d'une manière de vivre plus louable que celle du commun des hommes, s'appelaient sages; Pythagore, enquis de ses sentimens, répondit qu'il était philosophe, c'est-à-dire amateur de la sagesse, dans l'opinion qu'il y avait de l'arrogance à en faire profession. Thalès de Milet, l'un des sept sages, fut chef de la secte ionique. Les six autres se rendirent recommandables par leur conduite extérieure et par quelques préceptes de morale; mais Thalès s'adonna particulièrement à l'étude de la physique, où il acquit beaucoup de réputation, et il mit ses leçons en écrit, afin de propager sa doctrine. Ce qui lui valut le plus de suffrages, c'est que, par le moyen de l'astrologie, il prédisait les éclipses de soleil et de lune. Il crut néanmoins que l'eau était le principe de toutes choses, des élémens du monde, du monde même et de tout ce qu'il produit, et ne donna la conduite de l'admirable systême de l'univers à aucune nature intelligente. Anaximandre, l'un de ses disciples, lui succéda, mais ne le suivit pas en tout. Il ne pensa pas en effet comme lui que l'eau fût le principe de toutes choses; son opinion était que chaque chose avait son principe particulier; qu'ainsi les principes des choses étaient infinis et engendraient une infinité de mondes qui mouraient et renaissaient successivement, après avoir achevé le temps de leur durée. Il n'attribuait non plus aucune part à Dieu dans l'univers. Il eut pour disciple et pour successeur Anaximène, qui établissait un air infini comme la cause de tout ce qui est. Il ne niait ni ne dissimulait l'existence des dieux; mais il les croyait engendrés de l'air. Anaxagoras, sorti de l'école d'Anaximène, sentit qu'un esprit divin et immortel était la cause de tout ce que nous voyons. Il disait que toutes ces choses étaient faites, chacune selon son espèce, d'une matière infinie composée de particules homogènes, mais que l'esprit de Dieu était l'agent qui les faisait. Diogène (1), autre disciple d'Anaximène, soutenait qu'à la vérité l'air était la matière de toutes choses, mais qu'il était doué d'une intelligence divine sans laquelle il ne pouvait rien produire. Archelaüs, successeur d'Anaxagoras, disait aussi que toutes choses étaient tellement

(1) L'Apolloniate. (Voyez Cicéron, liv. 1.er de la nature des dieux, et Minucius Félix.)

formées de particules homogènes, qu'il y avait une intelligence qui joignait ensemble et disposait ces corps éternels, c'est-à-dire ces particules, pour en composer tout ce qui existe. Socrate fut son disciple et maître de Platon, en considération duquel j'ai rapporté succinctement tout ceci.

CHAPITRE III.

De la philosophie de Socrate.

Socrate a rapporté le premier toute la philosophie au réglement et à l'épuration des mœurs; car avant lui les philosophes s'appliquaient plutôt à la recherche de la nature. On ne sait si ce fut par dégoût des questions naturelles, qui sont obscures et incertaines, qu'il s'appliqua à l'étude de la morale comme à une chose plus certaine, plus claire, et même nécessaire au bonheur de la vie, que tous les philosophes semblent s'être proposé pour unique fin de leurs veilles et de leurs travaux; ou si, comme le pensent quelques-uns qui en jugent plus favorablement, il ne voulait pas que des esprits encore esclaves de leurs passions aspirassent à la connaissance des choses divines. Il les voyait s'adonner à la recherche des causes premières qu'il croyait dépendre de la seule volonté souveraine du vrai Dieu, et il ne jugeait pas qu'elles pussent être comprises par d'autres que par des ames pures. C'est pourquoi il estimait qu'il fallait travailler d'abord à se purifier par une bonne vie, afin que l'esprit, affranchi des passions qui le tiennent courbé vers la terre, s'élevât, par sa vigueur naturelle, jusqu'aux choses éternelles, et pût contempler la nature de cette lumière incorporelle et immuable, où les causes de toutes les natures créées ont un être stable et vivant. Il est constant néanmoins qu'il attaqua, par des railleries fines et délicates, ceux qui s'imaginaient savoir quelque chose, en confessant son ignorance, ou dissimulant la science sur les questions même de morale auxquelles il paraissait s'être appliqué tout entier. Cette conduite lui suscita quelques ennemis, qui, sur des accusations fausses et calomnieuses, le firent condamner à mort; mais Athènes, qui l'avait condamné publiquement, le regretta depuis par un deuil public; et tout le monde conçut une telle indignation contre ses accusateurs, que l'un fut mis en pièces par le peuple, et l'autre obligé de se bannir volontairement, pour se garantir de la même peine. Ce philosophe, également célèbre par sa vie et par sa mort, laissa plusieurs sectateurs qui traitèrent à l'envi les questions de morale où il s'agit du souverain bien, sans lequel l'homme ne peut être heureux. Comme on ne voit pas clairement quelle a été là-dessus son opinion, parce que sa méthode était d'agiter plusieurs questions, et de ne rien établir, il arriva que chacun d'eux en prit ce que bon lui sembla; et ils s'accordèrent si peu pour ce qui regarde le souverain bien, que, ce qui semble presqu'incroyable des disciples d'un même maître, les uns le firent consister dans la volupté, comme Aristippe, les autres dans la vertu, comme

Antisthène, et les autres en d'autres choses qu'il serait trop long de rapporter ici (1).

CHAPITRE IV.

Division de la philosophie en trois parties par Platon, le principal disciple de Socrate.

De tous les disciples de Socrate, Platon fut le plus célèbre, et effaça tous les autres par l'éclat de sa réputation. Il sortait d'une honnête famille d'Athènes, et surpassait de bien loin tous ses condisciples par l'élévation de son génie. Dans l'idée que ses talens et les leçons de Socrate ne suffisaient pas pour le perfectionner dans l'étude de la philosophie, il résolut de voyager, et alla partout où la renommée lui promettait quelques connaissances à recueillir. Il apprit de cette manière ce qui s'enseignait de plus rare et de plus curieux en Égypte ; et de là, passant dans cette contrée d'Italie où les pythagoriens étaient en grande réputation, il se rangea parmi les auditeurs des plus savans d'entre eux, et comprit aisément tout ce qu'il y avait de meilleur dans la secte italique. Par suite de l'attachement qu'il portait à Socrate, son maître, il l'introduit dans presque tous ses livres, où il mêle ce qu'il avait appris des autres et ce qu'il avait trouvé de lui-même, avec la grace et la douceur qui accompagnaient

(1) Voyez Cic., liv. 2 des fins.

les discours de ce grand homme et ses entretiens de morale. Or, comme l'étude de la sagesse consiste dans l'action et dans la spéculation, d'où vient que l'on peut appeler active celle de ses parties qui regarde la conduite de la vie et le réglement des mœurs, et spéculative celle dont l'emploi est de contempler les causes physiques et la vérité toute pure, on dit que Socrate a excellé dans la première, et Pythagore dans la seconde. Platon, en les joignant toutes deux ensemble, s'est acquis la gloire d'avoir porté la philosophie à sa dernière perfection. Il l'a divisée en trois parties : la morale, qui consiste principalement dans l'action; la physique, qui s'occupe de la spéculation ; et la logique, qui sert à distinguer le vrai du faux. Encore que celle-ci soit nécessaire à l'action et à la spéculation, il appartient néanmoins plus spécialement à la spéculation de contempler la vérité; d'où il résulte que cette division de la philosophie en trois n'est point contraire à la précédente qui la divise en action et en spéculation. Savoir ce qu'a pensé Platon de ces trois parties, c'est-à-dire, où il a mis la fin de toutes les actions, la cause de tous les êtres et la lumière de toutes les raisons, cela serait trop long à rechercher, et j'estime qu'il y aurait même de la témérité à vouloir prononcer là dessus. Son affectation constante à suivre la méthode de son maître Socrate, qu'il introduit dans ses livres, et qui, comme on sait, avait coutume de cacher sa science et ses opinions, ne permet pas de s'assurer aisément de celles de Platon. Il nous faudra pourtant citer de ses ouvrages, où il rapporte, soit ce que d'autres ont dit, soit ses propres sentimens, quelques passages qui favorisent la vraie Religion, ou qui y semblent contraires en ce qui touche la question de la pluralité des dieux et le Dieu unique, que notre Religion soutient qu'il faut adorer pour la vie vraiment bien heureuse qui doit arriver après la mort. Peut-être en effet ceux qui ont la réputation d'avoir le mieux compris Platon, et de l'avoir suivi de plus près, ont ce sentiment de Dieu, qu'en lui se trouve la cause des êtres, le principe de l'intelligence, et la fin de toutes les actions : trois choses, dont l'une appartient à la physique, la seconde à la logique, et la troisième à la morale. Et véritablement, si l'homme a été créé pour s'élever, parce qu'il y a de plus excellent en lui, à la connaissance de ce qu'il y a de plus excellent au monde, c'est-à-dire du seul vrai Dieu souverainement bon, sans lequel il n'existe ni êtres, ni doctrine, ni ordre, cherchons celui qui est notre soutien, contemplons celui qui est notre lumière, aimons celui qui est notre règle et notre guide.

CHAPITRE V.

Comme l'opinion des platoniciens est la plus raisonnable de toutes celles des payens, il vaut mieux disputer de théologie avec eux qu'avec les autres philosophes.

Or, si Platon a dit que le sage est celui qui imite, qui connaît et qui aime ce Dieu dont la participation fait son bonheur, qu'est-il besoin d'examiner les autres philosophes, puisqu'aucun n'a approché autant de notre doctrine que les platoniciens? Que la théologie fabuleuse, qui repaît les yeux des impies des crimes de leurs dieux, cède donc aux platoniciens aussi bien que cette théologie civile où des démons impurs, habiles à se couvrir du nom des dieux pour mieux séduire les peuples attachés aux plaisirs terrestres, ont exigé que l'erreur fût consacrée, et que leurs adorateurs regardassent des jeux dans lesquels on représente leurs crimes, afin que les spectateurs leur fussent un spectacle encore plus agréable que les jeux même; cette théologie civile, dis-je, où ce que les temples ont d'honnête est corrompu par les infamies de théâtre, et ce que le théâtre a d'infame, justifié par les abominations des temples. Qu'elles cèdent aussi à ces philosophes, les explications de Varron, qui a voulu rapporter toutes ces cérémonies aux choses de la nature, puisque tous ces rapports sont faux, et que, quand ils seraient vrais, il ne faudrait pas que l'ame raisonnable adorât comme son Dieu ce qui est au-dessous d'elle dans l'ordre de la nature, ni qu'elle se préférât comme des dieux des choses auxquelles le vrai Dieu l'a préférée. Qu'ils cèdent encore aux platoniciens, les écrits que Numa consacra de fait à ces cérémonies, mais qu'il enfouit dans terre, et qui furent ensuite brûlés par l'ordre du sénat; qu'ils leurs cèdent; et, pour traiter plus favorablement Numa, mettons au même rang les choses qu'Alexandre le Grand écrivit à sa mère lui avoir été révélées par Léon, grand-prêtre d'Égypte, et qui démontraient, non que Picus, Faune, Énée, Romulus, ou même Hercule, Esculape, Liber, fils de Sémèlé, les Tyndarides, et d'autres que les payens adorent, mais que les plus grands d'entre les dieux dont Cicéron parle dans ses Tusculanes sans les nommer, Jupiter, Junon, Vulcain, Vesta, et plusieurs autres que Varron s'efforce de rapporter aux parties ou aux élémens du monde, n'avaient été que des hommes; de sorte que ce prêtre égyptien, craignant que ces mystères ne vinssent à être divulgués, pria Alexandre de recommander à sa mère de jeter au feu les lettres qu'il lui écrivait à ce sujet. Que non-seulement donc cette théologie civile et cette théologie fabuleuse cèdent aux platoniciens, qui ont reconnu le vrai Dieu pour l'auteur de la nature, pour le maître de la vérité, et pour le dispensateur de la béatitude; mais même les autres philosophes, dont les esprits asservis aux corps, n'ont donné à la nature que des principes corporels, comme Thalès l'eau, Anaximène l'air, les stoïciens le feu, Épicure les atômes, c'est-à-dire des corpuscules indivisibles, et tous les autres, quels qu'ils soient, qui ont estimé que des corps simples ou composés, sans vie ou vivans, mais toujours des corps, étaient la cause et le principe des choses. En effet, quelques-uns, comme les épicuriens, ont cru que des choses sans vie pouvaient produire des choses vivantes; d'autres, que cela n'appartient qu'à des choses vivantes, mais pourtant à des corps. Ainsi, les stoïciens ont pensé que le feu, c'est-à-dire un corps, et l'un des quatre élémens dont ce monde visible est composé, est doué de vie et de sagesse, qu'il a créé le monde et tout ce qu'il contient, en un mot que c'est Dieu. Ces philosophes et d'autres semblables n'ont pu porter leur esprit au-dessus des sens, auxquels ils étaient assujétis; cependant ils avaient en eux les espèces de ce qu'ils avaient vu, lors même qu'ils ne le voyaient plus; et ces espèces n'étaient pas des corps, mais leur image. Mais ce qui représente à l'esprit ces idées, n'est ni un corps, ni l'image d'un corps, et ce qui nous fait juger de leur beauté ou de leur difformité est sans doute plus excellent que ces images dont nous jugeons. Or, c'est ce qu'on appelle la pensée et l'ame raisonnable, qui assurément n'est point un corps, attendu que les images des corps qu'elle voit et dont elle juge ne sont pas même des corps; ce n'est donc ni de la terre, ni de l'eau, ni de l'air, ni du feu, qui sont les quatre corps ou les quatre élémens dont se compose ce monde matériel. Que si notre ame n'est pas un corps, comment Dieu, créateur de l'ame, serait-il un corps? Que ces philosophes cèdent donc aussi aux platoniciens, comme nous l'avons déjà dit; et que ceux-là leur cèdent encore qui ont à la vérité en honte de dire que Dieu est un corps, mais qui l'ont cru de même nature que nos ames. Se peut-il qu'ils n'aient point été frappés de cette étrange inconstance de l'ame humaine; et s'ils en ont été touchés, comment ont-ils osé l'attribuer à Dieu? Mais, disent-ils, c'est le corps qui rend l'ame changeante, car d'elle-même elle est immuable. Que n'ajoutent-ils tout de suite que ce sont les corps qui blessent la chair, vu que d'elle-même elle est invulnérable? Dans le fait, ce qui est immuable ne peut être changé par quoi que ce soit; et ce qui peut être changé par un corps peut aussi changer à raison de quelque chose, et dèslors ne saurait être qualifié d'immuable.

CHAPITRE VI.

Sentiment des platoniciens, en ce qui concerne cette partie de la philosophie qui porte le nom de physique.

CES philosophes, qui l'emportent avec raison en gloire et en renommée sur tous les autres (1), ont bien vu

---

(1) Saint Augustin tempéra ainsi dans la suite cet éloge des platoniciens : *Laus quoque ipsa quâ Platonem vel platonicos philosophos tantùm extuli, quantùm ipsos impios homines non oportuit, non immeritò mihi displicuit, præsertim quorum contrà errores magnos deffendenda est christiano doctrina.* L. 1 Retr., c. 1.

qu'aucun corps n'est Dieu ; et c'est pour cela qu'ils se sont élevés au-dessus de tous les corps. Ils ont vu de même que tout ce qui est muable n'est pas Dieu ; et dès-lors ils se sont élevés au-dessus des ames muables et de tous les esprits créés. Ils ont vu encore que toutes les formes des choses muables qui les rendent ce qu'elles sont, ne peuvent venir que de celui qui est vraiment, parce que son être est immuable. Qu'ainsi, le corps du monde entier, avec ses figures, ses qualités, ses mouvemens, ses élémens, et que toute ame ou végétative, ou sensitive, ou raisonnable, ou spirituelle (1), que toutes ces choses, dis-je, n'ont point d'autre auteur de leur être que celui dont l'être est parfaitement simple, parce qu'en lui l'être et la vie ne sont point deux choses différentes, comme s'il pouvait être et ne vivre pas; ni l'intelligence autre chose que la vie, ou la béatitude autre chose que l'intelligence; mais la vie, l'intelligence, et la béatitude un seul et même être. Ils ont connu par cette immutabilité et cette simplicité que c'est lui qui a fait toutes choses, et qu'il n'a pu être fait par aucune chose. Ils ont considéré que tout ce qui est, est corps ou ame, et que l'ame est plus excellente que le corps ; que la forme du corps est sensible, et celle de l'ame intelligible ; ce qui les a con-

---

(1) Le texte entre ici dans des détails que Lombert a écartés avec raison, et que nous n'avons pas jugé devoir reproduire, attendu qu'ils roulent sur la distinction des ames, suffisamment établie dans le chap. 23 du livre précédent. (*Note des nouveaux éditeurs.*)

duits à préférer l'ame au corps. Nous appelons sensible ce qui tombe sous la vue ou sous le toucher, et intelligible ce qui peut être compris par l'esprit. En effet, il n'y a point de beauté corporelle, soit qu'elle consiste dans l'état des corps, comme la figure, ou dans leur mouvement, comme une chanson, dont l'esprit ne juge; et certainement il ne pourrait pas en juger, si la forme des choses sensibles ne se trouvait en lui d'une manière plus noble qu'elle n'est dans les choses même, c'est-à-dire sans masse, sans bruit, sans espace de lieu ou de temps. Mais, d'autre part aussi, si elle n'y était d'une manière muable, l'un n'en jugerait pas mieux que l'autre, l'esprit le plus actif que l'esprit le plus lent, le plus habile que le plus ignorant, le plus expérimenté que celui qui l'est le moins, ni le même esprit perfectionné, mieux qu'il ne l'aurait fait avant d'avoir atteint à cette perfection. Or, ce qui est capable du plus et du moins est sans difficulté sujet au changement. De là ces savans et ingénieux philosophes, qui avaient approfondi cette matière, ont conclu aisément que la première forme n'est point là, où il est certain qu'il y a quelque chose de muable. Lors donc qu'ils ont vu que les corps et les esprits ont plus ou moins de beauté, et que s'ils n'en avaient point du tout ils ne seraient point, ils ont reconnu qu'il y a une beauté première et immuable, et qui par conséquent ne saurait être comparée à aucune autre, et que c'est elle qui est le principe des choses, principe qui n'a point été fait, et qui a fait tout ce qui est. C'est ainsi que Dieu leur a découvert ce qu'il est possible de connaître de lui par les créatures (1), et qu'ils se sont élevés par la considération des choses visibles à la connaissance de ses grandeurs invisibles, de la puissance éternelle et de la divinité de celui qui a créé toutes les choses visibles et temporelles. Voilà pour ce qui regarde cette partie de la philosophie qu'on appelle physique.

CHAPITRE VII.

Les platoniciens sont préférables, pour la logique, à tous les autres philosophes.

Quant à la logique, ou philosophie rationnelle, Dieu nous garde de comparer aux platoniciens ceux qui ont fait les sens juges de la vérité des choses, et ont cru que l'on doit rapporter toutes nos connaissances à une règle si fautive et si trompeuse, comme les épicuriens et autres semblables philosophes; sans en excepter les stoïciens même, qui, dans l'excès de leur amour pour la science de disputer, qu'ils nomment dialectique, ont estimé qu'il fallait la tirer des sens. C'est de là qu'ils assurent que viennent toutes les notions de l'esprit, nommées par eux ENNOIAΣ, c'est-à-dire, les notions des choses qu'ils expliquent en les définissant, et que se forme toute la méthode d'apprendre et d'enseigner. J'admire souvent à ce sujet comment ils peuvent accorder cette assertion avec

(1) Rom., I, 19.

ce qu'ils disent, qu'il n'y a que les sages qui soient beaux; et je leur demanderais volontiers de quels sens du corps ils se sont servis pour découvrir cette beauté de la sagesse, et avec quels yeux ils l'ont vue. Mais ceux que nous préférons justement aux autres ont distingué ce que l'on voit par l'esprit, d'avec ce que l'on connaît par les sens, sans ôter toutefois aux sens ce qui leur appartient, et sans leur accorder aussi plus qu'il ne leur appartient. Ils ont dit que cette lumière d'esprit, qui nous rend capables de comprendre toutes choses, est Dieu même qui a créé toutes choses.

CHAPITRE VIII.

Les platoniciens l'emportent encore sur tous les autres philosophes pour la morale.

Il ne reste plus que la morale que les Grecs appellent Éthique, cette autre partie de la philosophie où l'on traite du souverain bien auquel nous rapportons toutes nos actions, et que nous recherchons uniquement pour lui-même; de sorte que du moment que nous l'avons acquis, nous n'avons plus rien à désirer pour être heureux. C'est pour cette raison qu'il est aussi nommé la fin, parce que c'est pour lui que nous souhaitons toutes les autres choses, et que nous ne le désirons lui-même que pour lui-même. Quelques philosophes ont dit que ce bien, qui rend l'homme heureux vient du corps; les autres, de l'esprit, et d'autres, de tous les deux. Comme ils voyaient que l'homme est composé d'ame et de corps, ils jugeaient que l'une de ces parties, ou toutes deux ensemble, pouvaient en effet les rendre heureux, et que c'était la fin à laquelle ils devaient rapporter toutes leurs actions, et non à autre chose. De là, ceux qui ont ajouté une troisième sorte de biens, que l'on appelle extérieurs, comme l'honneur, la gloire, les richesses, ne les ont point regardés comme des choses qu'on dût rechercher pour elles-mêmes, mais pour un autre bien qui fait qu'elles sont un bien pour les bons et un mal pour les méchans. Quoiqu'il en soit, ceux qui ont fait dépendre le souverain bien de l'homme de son ame, ou de son corps, ou de tous les deux ensemble, n'ont point cru qu'il fallût le chercher ailleurs que dans l'homme même. Il est vrai que ceux qui l'ont cherché dans le corps l'ont mis dans une partie de l'homme beaucoup moins noble que ceux qui l'ont cherché dans l'ame, ou dans l'ame et dans le corps ensemble; mais enfin, les uns et les autres ne l'ont cherché que dans l'homme. Or, bien que cette division n'ait que trois membres, elle n'a pas produit seulement trois sectes de philosophes, mais une infinité, parce qu'ils ne se sont point accordés sur ce qui fait véritablement le bien du corps, ou de l'esprit, ou de tous les deux. Que tous ceux-ci donc le cèdent à ceux qui n'ont pas dit que l'homme est heureux lorsqu'il jouit du corps ou de l'esprit, mais lorsqu'il jouit de Dieu, et qu'il en jouit, non comme l'esprit jouit du corps ou de lui-même, ou comme un ami jouit de son ami, mais comme l'œil jouit de la lumière. S'il est besoin d'ajouter encore quelque autre chose pour éclaircir cette comparaison, nous tâcherons de le faire ailleurs, s'il plaît à Dieu. Il suffit maintenant de remarquer que Platon met le souverain bien à vivre selon la vertu, et dit que celui-là seul le peut faire, qui connaît et imite Dieu, et qu'autrement il ne saurait être heureux. Sur ce fondement, il ne fait point difficulté de dire que philosopher c'est aimer Dieu, dont la nature est incorporelle. Il suit de là que l'ami de la sagesse, c'est-à-dire le philosophe, sera heureux lorsqu'il commencera à jouir de Dieu. Encore que l'on ne soit pas toujours heureux pour jouir de ce qu'on aime (car plusieurs sont malheureux par cela seul qu'ils aiment ce qu'on ne doit pas aimer, et le sont d'autant plus qu'ils en jouissent), personne néanmoins n'est heureux qu'il ne jouisse de ce qu'il aime; et véritablement, ceux même qui aiment ce qu'il ne faut pas aimer ne se croient pas heureux quand ils l'aiment, mais quand ils en jouissent. Ainsi, qui serait assez misérable pour ne pas réputer heureux quiconque aime le souverain bien et jouit de ce qu'il aime? Or, Platon dit que Dieu est ce vrai et souverain bien, et il veut pour cette raison que le philosophe soit celui qui aime Dieu, afin que, comme la fin de la philosophie consiste à être heureux, celui qui aime Dieu soit heureux en jouissant de Dieu.

CHAPITRE IX.

De la philosophie qui approche le plus de la vérité du christianisme.

Tous les philosophes donc, quels qu'ils soient, qui ont eu ces sentimens de Dieu, et qui ont dit qu'il est l'auteur de tous les êtres, le principe de toutes nos connaissances et la fin de toutes nos actions, et que c'est de lui que nous tenons le principe de la nature, la vérité de la doctrine et la félicité de la vie, soit qu'on les appelle platoniciens ou qu'on leur donne un autre nom, soit que les principaux de la secte ionique aient seuls tenu ces opinions comme le même Platon et ceux qui l'ont bien entendu, ou que ceux de la secte italique les aient tenues aussi, à cause de Pythagore et des pythagoriciens, ou même qu'elles aient été suivies par ceux qui ont été appelés sages ou philosophes dans d'autres nations, comme parmi les Atlantiques, les Libyens, les Égyptiens, les Indiens, les Perses, les Chaldéens, les Scythes, les Gaulois, les Espagnols et les autres; ces philosophes, disons-nous, nous les préférons à tous les autres, et nous avouons qu'ils ont approché de plus près de notre croyance.

CHAPITRE X.

Un religieux chrétien est bien au-dessus de toute la science des philosophes.

Quoiqu'un chrétien, qui ne s'est appliqué qu'à la lecture des livres sacrés, ignore peut-être le nom des platoniciens, et ne sache pas qu'il y a eu parmi les Grecs deux sectes de philosophes, l'ionique et l'italique, il n'est pas toutefois si étranger à ce qui se passe dans le monde, qu'il ne sache que les philosophes font profession de l'étude de la sagesse, ou de la sagesse même. Il se donne pourtant garde de ceux qui font tout dépendre des élémens du monde, et non de Dieu qui est le créateur du monde ; averti par ce précepte de l'apôtre qu'il observe fidèlement : « Prenez garde » que personne ne vous surprenne par les raisonne- » mens artificieux d'une philosophie qui attribue tout » aux élémens du monde (1). » Mais afin qu'il ne s'imagine pas que tous les philosophes ressemblent à ceux-là, il entend le même apôtre qui lui dit de quelques-uns : « Ils ont connu ce qui se peut connaître de » Dieu naturellement, et Dieu le leur a découvert. » Car depuis la création du monde, ce qui ne peut se » voir de lui se voit en quelque sorte dans ses ouvra- » ges, où éclatent sa puissance éternelle et sa divi-

(1) Coloss., 2, 8.

nité (1). » Ainsi, dans son discours aux Athéniens, après avoir dit de Dieu une grande chose, et que peu de personnes pouvaient entendre, que « c'est en lui » que nous vivons, que nous nous mouvons et que » nous sommes (2), » il ajoute : « comme l'ont dit » quelques-uns même de vos philosophes. » Un chrétien sait donc connaître les erreurs où ceux-là même sont tombés, et s'en donner garde. Car au même endroit où il est dit que Dieu leur a fait voir et comprendre, par les choses créées, ce qui ne peut se voir de lui, il est dit aussi qu'ils n'ont pas servi Dieu comme il faut, parce qu'ils ont rendu à d'autres choses les honneurs divins qui ne sont dus qu'à lui seul. « Ils » ont connu Dieu, dit l'apôtre, et ils ne lui ont pas » rendu l'honneur et les louanges qu'ils lui devaient ; » mais ils se sont perdus en de vains raisonnemens, » et leur esprit superbe a été couvert des ténèbres. » Lorsqu'ils voulaient passer pour sages, ils sont » devenus fous, et ils ont violé la gloire qui n'est » due qu'au Dieu incorruptible, en la donnant à des » images de l'homme corruptible et à des figures d'oi- » seaux, de quadrupèdes et de serpens (3). » Saint Paul a désigné par là les Romains, les Grecs et les Égyptiens qui se sont glorifiés d'être plus sages que les autres. Mais nous discuterons cela avec eux dans la suite de cet ouvrage. Nous disons seulement ici que nous les préférons aux autres, en ce qu'ils conviennent avec

---

(1) Rom., 1, 19.

(2) Act., 17, 28.

(3) Rom., 1, 21, etc.

nous d'un seul Dieu créateur de l'univers, qui n'est pas seulement incorporel et au-dessus de tous les corps, mais incorruptible et au-dessus de toutes les ames, en un mot, qui est notre principe, notre lumière et notre bien.

Que si un chrétien, qui ne connaît pas leurs livres, ne se sert pas dans la dispute des termes qu'il n'a point appris, et n'appelle pas naturelle avec les Latins, ou physique avec les Grecs, cette partie de la philosophie qui traite des choses naturelles, rationnelle ou logique celle où l'on donne des règles pour connaître la vérité; morale ou éthique celle qui concerne les mœurs et le souverain bien, ce n'est pas à dire pour cela qu'il ne sache que nous tenons du seul vrai Dieu la nature par laquelle nous avons été créés à son image, la doctrine par laquelle nous le connaissons et nous nous connaissons nous-mêmes, et la grace qui nous unit à lui pour nous rendre heureux. C'est pour cela que nous préférons ceux-ci aux autres philosophes; parce que les autres ont employé tout leur esprit et toute leur étude à chercher les causes naturelles des choses, la méthode d'apprendre, et des règles pour se conduire; au lieu que les platoniciens ont trouvé, dès qu'ils ont connu Dieu, la cause de tous les êtres, le principe de toutes les connaissances et la source de toute la félicité. Que ce soit donc ces platoniciens ou d'autres qui aient ces sentimens de la divinité, nous disons qu'en cela ils sont de notre sentiment. Mais j'aime mieux discuter cette cause avec les platoniciens, attendu que leur doctrine est plus connue. En effet, les Grecs, dont la langue est la plus répandue de toutes, lui ont donné des éloges magnifiques; et les Latins, touchés de son excellence ou de sa réputation, l'ont apprise plus volontiers qu'aucune autre, et lui ont encore donné un nouvel éclat en la traduisant dans leur langue.

CHAPITRE XI.

D'où Platon a appris les choses qui se rapprochent de notre doctrine.

Quelques-uns qui nous sont unis dans la grace de Jésus-Christ sont surpris quand on leur dit, ou qu'ils lisent, que Platon a eu de Dieu des sentimens, qu'ils voient être si conformes à la vérité de notre Religion. Cette ressemblance a fait croire à plusieurs que, dans son voyage d'Egypte, il entendit le prophète Jérémie, ou qu'il lut les livres des prophètes : j'ai moi-même suivi cette opinion dans quelques-uns de mes ouvrages; mais depuis j'ai reconnu, par la chronologie, que Platon ne vint au monde qu'environ cent ans après les prophéties de Jérémie, et que la version grecque de Septante ne fut faite par l'ordre de Ptolémée, roi d'Égypte, que près de soixante ans depuis la mort de Platon, qui en vécut quatre-vingt-un. De sorte qu'il n'a pu ni voir Jérémie mort tant de temps auparavant, ni lire les écritures qui n'étaient point encore traduites en grec: à moins qu'on ne prétende que, comme il était fort studieux, il a eu soin de se les faire interpréter, ainsi qu'il avait fait pour les livres égyptiens, non dans une traduction écrite comme Ptolémée, ce qui n'appartenait qu'à un roi, mais de vive voix et dans ses conversations avec quelques juifs. Ce qui favorise cette conjecture, c'est que le livre de la Genèse commence ainsi : « Au commencement Dieu fit le » ciel et la terre. Or, la terre était une masse confuse » et informe, et les ténèbres étaient répandues sur la » face de l'abîme, et l'esprit de Dieu était porté sur » les eaux (1). » Et Platon, dans son Timée, où il parle de la création du monde, dit que Dieu dans cet ouvrage joignit d'abord ensemble le feu et la terre. Il est clair que par le feu il a entendu le ciel; ce qui est assez conforme au passage de l'Écriture, que « Dieu » au commencement fit le ciel et la terre. » Il ajoute que l'eau et l'air furent comme les deux moyens de jonction qui lièrent ensemble la terre et le feu; ce qui se rapporte à ce qui est écrit, que « l'esprit de Dieu » était porté sur les eaux; » car ne prenant pas garde au sens de ces paroles de l'Écriture, « l'esprit de Dieu, » parce que l'air est aussi nommé *esprit*, il semble qu'il ait cru qu'il était parlé en ce lieu des quatre élémens. Quant à ce qu'il dit, que le philosophe est celui qui aime Dieu, l'Écriture Sainte ne respire autre chose. Ce qui surtout me porte à croire que Platon a eu quelque connaissance de nos livres, c'est la réponse faite à Moïse par l'ange à qui il demandait le nom de celui qui lui commandait d'aller délivrer le peuple Hébreu de la captivité d'Egypte : « Je suis, lui fut-il répondu, » celui qui est, et vous direz aux enfans d'Israël : Celui

---

(1) Gen., I, 1.

» qui est m'a envoyé vers vous (1); » comme si toutes les créatures, qui sont muables, n'étaient point, en comparaison de celui qui est vraiment, parce qu'il est immuable. Or, c'est ce que Platon établit fortement dans ses ouvrages, et qu'il a grand soin d'inculquer partout. Je ne sais si l'on trouve, dans aucun livre plus ancien que Platon, excepté les saintes Écritures, ces paroles mémorables: « Je suis celui qui est, et vous « leur direz: Celui qui est m'a envoyé vers vous. »

CHAPITRE XII.

Quoique les platoniciens aient bien pensé du seul et vrai Dieu, ils n'en ont pas moins jugé nécessaire le culte de plusieurs divinités.

Quoi qu'il en soit de la manière dont il a appris ces vérités, ou par les livres de ceux qui l'ont précédé, ou plutôt, comme dit l'apôtre, « parce qu'ils (2) ont » connu ce qu'il est possible de connaître naturellement » de Dieu, puisque Dieu le leur a découvert, et que » depuis la création du monde, ce qui ne peut se voir » de lui, se voit en quelque sorte dans ses ouvrages, » où éclatent sa puissance éternelle et sa divinité, » je pense avoir montré suffisamment que ce n'est pas sans raison que j'ai choisi les platoniciens pour traiter

(1) Exode, 3, 14.
(2) Rom., 1, 19.

avec eux cette question de la théologie naturelle, s'il faut servir un seul Dieu ou plusieurs pour la félicité de l'autre vie. En effet, je les ai spécialement choisis, parce que en effet je les ai spécialement choisis parce qu'ils ont le mieux parlé du Dieu créateur du ciel et de la terre, ce qui a élevé leur gloire au-dessus de celle de tous les autres philosophes; et la postérité les a traités avec tant de distinction, que bien qu'Aristote, disciple de Platon, homme d'un esprit excellent, inférieur à la vérité en éloquence à son maître, mais supérieur à plusieurs philosophes, ait formé la secte des péripatéticiens, qui prit son nom de ce qu'il avait coutume d'enseigner en se promenant, ait réuni, du vivant même de Platon, plusieurs auditeurs attirés par le bruit de sa renommée; et encore qu'après la mort du même Platon, Speusippe, son neveu, et Xénocrate, son disciple bien-aimé, qui avaient succédé à ce grand homme dans son école, appelée académie, prissent de là le nom d'académiciens, eux et leurs successeurs; toutefois les plus illustres philosophes de notre temps qui ont suivi Platon, n'ont voulu être nommés péripatéticiens, ni académiciens, mais platoniciens. Les plus célèbres d'entre eux ont été parmi les Grecs, Plotin, Jamblique et Porphyre, auxquels je joins Apulée, illustre Africain, également versé dans la langue grecque et dans la latine. Mais tous ces philosophes et tous les autres de la même secte, et Platon lui-même, ont cru qu'il fallait adorer plusieurs dieux.

CHAPITRE XIII.

De l'opinion de Platon touchant les dieux, qu'il définit des êtres essentiellement bons et amis des hommes vertueux.

Bien qu'ils diffèrent de nous en plusieurs autres points fort importans, je ne laisserai pas, attendu la gravité de celui dont il s'agit ici, de leur demander d'abord quels dieux ils jugent dignes d'être honorés, les bons ou les méchans, ou les uns et les autres. Mais Platon s'est déclaré là-dessus, lorsqu'il a dit que tous les dieux sont bons et qu'il n'y en a point de mauvais. Il s'ensuit donc que c'est les bons qu'il faut servir, puisque, s'ils n'étaient bons, ils ne seraient pas dieux. Si cela est ainsi (et comment croire autre chose des dieux?), l'opinion des hommes qui estiment qu'il faut apaiser les mauvais par des sacrifices, de peur qu'ils ne nous nuisent, et invoquer les bons afin qu'ils nous aident, est ruinée de fond en comble. Les méchans ne sont pas dieux; or, le culte, de leur propre aveu, n'est dû qu'aux bons. Mais quels sont donc ceux qui aiment tant les jeux de théâtre, qu'ils veulent à toute force qu'ils soient mis au rang des choses divines, et qu'on les consacre en leur honneur? Cette violence montre bien qu'ils existent; mais la passion qu'ils témoignent pour ces spectacles prouve que ce sont de mauvais dieux. On sait en effet quel jugement Platon a porté de ces représentations, lui qui veut que l'on chasse les poètes même d'une république bien policée, à cause qu'ils disent des choses indignes de la bonté et de la majesté des dieux. Quels sont donc ces dieux qui disputent avec Platon sur les spectacles du théâtre? Platon ne peut souffrir qu'on déshonore les dieux par des crimes supposés, et ceux-ci au contraire exigent qu'on les honore par la représentation de ces crimes. Lorsqu'ils ordonnèrent le renouvellement de ces jeux, ils accompagnèrent d'une méchanceté leur infâme ordonnance, en faisant mourir le fils de Latinus, à qui ils envoyèrent une grave maladie, pour le punir de n'avoir pas fait ce qu'ils lui avaient prescrit, et en ne lui rendant la santé qu'après qu'il eût accompli leur commandement. Malgré l'énormité de leur malice, Platon ne croit pas toutefois qu'on doive les appréhender; et il demeure ferme dans son sentiment, qu'il faut bannir d'un état bien réglé toutes les folies sacrilèges des poètes, auxquelles ces dieux prennent tant de plaisir à cause de l'infamie qui y règne. Or, Labéon met Platon au nombre des demi-dieux, comme je l'ai remarqué au second livre de cet ouvrage. Cependant, ce même Labéon pense que les mauvais dieux s'apaisent par des sacrilèges sanglans, et les bons par des jeux et des fêtes. D'où vient donc que le demi-dieu Platon ose si hardiment priver, non pas des demi-dieux, mais des dieux, et des dieux bons, de ces délassemens du théâtre qu'il répute infames? Au reste, ces dieux ne sont pas de l'avis de Labéon, puisqu'ils ne se sont pas seulement montrés impurs et malins en la personne de Latinus, mais en outre cruels et terribles. Que les platoniciens nous expliquent donc cela, eux qui, selon le sentiment de leur maître, croient que tous les dieux sont bons, chastes, vertueux, et qu'il y a de l'impiété à en juger autrement. Nous l'expliquons, disent-ils. Écoutons-les donc attentivement.

CHAPITRE XIV.

De la distinction par les platoniciens des ames raisonnables en trois genres, qu'ils considèrent dans les dieux, dans les démons et dans les hommes.

Trois sortes d'êtres, selon eux, sont pourvus d'une ame raisonnable : les dieux, les hommes, les démons. Les dieux occupent le lieu le plus haut, les hommes le plus bas, les démons le milieu ; attendu que les dieux font leur demeure dans le ciel, les hommes sur la terre, les démons dans l'air. Comme les lieux qu'ils occupent sont différens, ils sont aussi de différente nature. Ainsi, les dieux sont plus excellens que les hommes et que les démons, les hommes le sont moins que les dieux et que les démons, et les démons le sont moins que les dieux et plus que les hommes. Leur corps à la vérité est immortel comme celui des dieux, mais ils sont sujets aux passions comme les hommes. C'est pourquoi, disent les platoniciens, il ne faut pas s'étonner de ce qu'ils se plaisent à la licence des spectacles et aux fictions des poëtes, puisqu'ils ont les passions des hommes, dont les dieux sont entièrement exempts. Lors donc que Platon déteste et défend les fables des poètes, il est visible que ce n'est pas les dieux qu'il prive du plaisir des spectacles, mais les démons.

Voilà ce que l'on trouve dans les écrits des platoniciens. Apulée, entre autres partisans de la même secte, a composé sur ce sujet un livre tout entier qu'il a intitulé, *du Dieu de Socrate*, où il explique de quel genre de dieux était cet esprit familier, qui avait, dit-on, coutume d'avertir Socrate de se désister des entreprises qui ne devaient pas lui réussir. Apulée donc, après avoir examiné avec soin l'opinion de Platon touchant le lieu et la nature qu'il assigne aux dieux, aux hommes et aux démons, déclare nettement et prouve dans le plus grand détail que cet esprit de Socrate n'était pas un dieu, mais un démon. Mais si cela est, comment Platon a-t-il été assez hardi pour ôter aux démons même les passe-temps du théâtre, en bannissant les poètes des villes bien policées ? N'est-il pas manifeste qu'il a enseigné par là aux hommes, quoique engagés encore dans les liens de ce corps mortel, à mépriser tous les commandemens impurs des démons, et à détester leurs infamies, pour s'en tenir à l'éclat sans tache de l'honnêteté ? Si Platon a en effet repris et défendu ces choses par un motif d'honneur et de bienséance, certainement les démons n'ont pu les demander sans se couvrir de honte et d'ignominie. Il faut donc dire ou qu'Apulée se trompe, et que cet esprit familier de Socrate n'était pas un démon; ou que Platon est contraire à lui-même, en ce que tantôt il honore les démons, et tantôt bannit leurs passe-temps d'une ville bien réglée ; ou enfin il ne faut point faire honneur à Socrate du commerce intime qu'il avait avec un démon. En effet, Apulée lui-même en a eu tant de honte, qu'il a intitulé son ouvrage, *du Dieu de Socrate*, bien que, s'il eût voulu mettre un titre conforme à ce qu'il établit dans son livre, il ne devait pas dire *du Dieu*, mais *du Démon de Socrate*. Mais il a mieux aimé le dire dans le corps du livre que sur le titre. Véritablement, depuis que les hommes ont été éclairés de la saine doctrine, presque tous ont tellement en horreur le nom de démon, que quiconque eût jeté les yeux sur ce titre, *du Démon de Socrate*, avant d'avoir lu ce qui est rapporté dans l'ouvrage pour exalter la nature des démons, eût cru que l'auteur avait perdu le sens. Et qu'a trouvé Apulée même de recommandable dans les démons, hors la subtilité et la force de leurs corps, avec le lieu qu'ils habitent, qui est un peu plus élevé que celui où demeurent les hommes ? Car, pour leurs mœurs, tant s'en faut qu'il en dise rien de bon, qu'au contraire il en dit beaucoup de mal ; de sorte qu'après la lecture de ce livre, il n'y a pas sujet de s'étonner de ce qu'ils aient ordonné la consécration des infamies du théâtre, non plus que de ce qu'ils aient pu prendre plaisir aux crimes des dieux, lorsqu'ils s'efforcent de passer pour dieux ; et que d'ailleurs tout ce qui se pratique d'obscène ou de cruel dans leurs cérémonies convient si bien à leurs passions impures et déréglées.

CHAPITRE XV.

Les corps aériens des démons, ni les lieux supérieurs qu'ils habitent, ne les mettent point au-dessus des hommes.

Qu'une ame véritablement pieuse et soumise au vrai Dieu se garde bien, dans cet état de choses, de croire que les démons soient plus excellens qu'elle, parce que leurs corps sont plus excellens que le sien ; autrement il faudrait qu'elle se préférât plusieurs bêtes qui ont les sens plus subtils que nous, ou qui sont plus agiles, ou plus fortes, ou vivent plus long-temps. Quel homme a la vue aussi bonne que les aigles et les vautours, ou l'odorat aussi subtil que les chiens? Qui de nous a la légèreté des cerfs, des lièvres, de tous les oiseaux, ou la force des lions et des éléphans? Vivons-nous aussi long-temps que les serpens, qui passent même pour rajeunir en se dépouillant de leur vieille peau? Mais de même que la raison et l'intelligence nous élèvent au-dessus de tous ces animaux, la pureté et l'honnêteté de notre vie doivent nous mettre aussi au-dessus des démons. La Providence divine a voulu que ceux qui constamment sont moins nobles que nous, nous surpassassent en certaines fonctions du corps, pour nous apprendre à cultiver beaucoup plus que le corps cette partie par laquelle nous les surpassons, et à compter pour rien ces perfections corpo-

LIVRE VIII.

relles que possèdent les démons, en comparaison de la probité qui nous rend plus excellens qu'eux, puisque nos corps sont destinés à jouir aussi quelque jour de l'immortalité, non pour souffrir comme eux une éternité de peines, mais en récompense de la pureté et de la régularité de notre vie.

Quant à la hauteur du lieu, croire que nous devons préférer les démons à nous parce qu'ils demeurent dans l'air et non sur la terre, cela est tout-à-fait ridicule. Il faudrait à ce titre nous regarder aussi comme inférieurs à tous les oiseaux. Mais, disent-ils, les oiseaux se mettent à terre pour se reposer ou pour repaître; ce que ne font pas les démons. Veulent-ils donc que les oiseaux soient plus excellens que nous, et les démons plus excellens que les oiseaux? Que si cette pensée est extravagante, l'élément supérieur qu'occupent les démons ne leur donne rien qui mérite que nous les honorions comme des dieux. De même en effet que les oiseaux de l'air, non-seulement ne sont pas au-dessus de nous, mais nous sont soumis à cause de l'excellence de notre raison, quoique nous habitions sur la terre; ainsi, bien que les démons aient un corps aérien, ils ne sont pas plus excellens que nous, par la raison que l'air est un corps plus noble que la terre; mais au contraire nous sommes plus excellens qu'eux, parce qu'il n'y a point de comparaison entre l'espérance des gens de bien et le désespoir des démons. L'ordre même que Platon établit dans les quatre élémens, lorsqu'il place l'air et l'eau entre le feu et la terre, comme entre le plus noble et le moindre de tous les élémens, en sorte qu'autant que l'air est au-dessus de l'eau et le feu au-dessus de l'air, autant l'eau est au-dessus de la terre; cet ordre, dis-je, nous apprend assez à ne pas juger du mérite des animaux par les élémens. Apulée, aussi bien que tous les autres, appelle l'homme un animal terrestre; et néanmoins il est bien plus noble que tous les animaux aquatiques, quoique Platon mette les eaux au-dessus de la terre. Ce qui fait voir que, lorsqu'il s'agit de l'excellence des ames, il n'en faut pas juger par celle des corps, et qu'il se peut faire qu'une ame plus excellente anime un moindre corps, et une ame moindre un corps plus excellent.

CHAPITRE XVI.

Sentiment d'Apulée, philosophe platonicien, touchant les mœurs et les actions des démons.

L<small>E</small> même Apulée dit, à propos des mœurs des démons, qu'ils ont les mêmes passions que les hommes; que les injures les offensent, que les présens et les soumissions les apaisent, qu'ils aiment les honneurs, qu'ils se plaisent à cette diversité de cérémonies, et s'emportent pour la plus légère omission qui s'y commet. Il ajoute, entre autres choses, que les prédictions des augures et des aruspices leur appartiennent, ainsi que les réponses des oracles et l'explication des songes, sans parler des miracles de la magie. Il définit rapidement leur nature, en disant que les démons sont du genre des animaux, d'un esprit sujet aux passions, doués d'une ame raisonnable, ayant un corps aérien et de toute éternité ; que les trois premières qualités leur sont communes avec nous, que la quatrième leur est propre, et que la cinquième leur est commune avec les dieux. Pour moi, je trouve que des trois qualités qui leur sont communes avec nous, il y en a deux auxquelles ils participent avec les dieux, puisqu'il dit que les dieux même sont animaux ; et dans le partage qu'il fait des élémens à chaque espèce d'animaux, il donne la terre aux hommes et aux autres animaux terrestres, l'eau aux poissons, l'air aux démons, et l'élément du feu aux dieux. Par conséquent, si les démons sont du genre des animaux, c'est une chose qui ne leur est pas seulement commune avec les hommes, mais aussi avec les dieux et avec les brutes. Il leur est encore commun avec les dieux et avec les hommes d'avoir une ame raisonnable. Mais des trois autres qualités, savoir d'être éternels, d'avoir un esprit sujet aux passions et un corps aérien, la première leur est commune avec les dieux seuls, la seconde avec les hommes seuls, et la troisième leur est propre. Ce ne leur est donc pas un grand avantage d'être animaux, puisque les bêtes le sont comme eux : ils n'ont rien au-dessus de nous pour être raisonnables, puisque nous le sommes aussi ; et quel bien leur revient-il de ce qu'ils sont éternels, s'ils ne sont pas heureux, attendu qu'une félicité temporelle vaut mieux qu'une éternité malheureuse ? Quant à ce qu'ils sont sujets aux passions, nous le sommes de même, et c'est un effet de notre misère ; et pour leur corps aérien, quel état en devons-nous faire, puisqu'il n'y a point d'ame, de quelque nature qu'elle soit, qui ne soit préférable à tous les corps? Et ainsi le culte divin, qui est un hommage de l'ame, n'est point dû à ce qui est moindre que l'ame. Il est vrai que si, parmi les choses qu'Apulée attribue aux démons, il mettait la vertu, la sagesse et la félicité; s'il disait que ces avantages leur sont communs avec les dieux, et qu'ils les possèdent éternellement; ce serait quelque chose de désirable et qui mériterait extrêmement d'être estimé: cependant avec tout cela on ne devrait pas encore leur rendre, à eux, le culte qui appartient à la divinité, mais plutôt à celui de qui nous saurions qu'ils auraient reçu ces choses. Combien moins ces animaux de l'air méritent-ils donc des honneurs divins, eux qui n'ont la raison qu'afin de pouvoir sentir leur misère; qui sont sujets aux passions, afin d'être en effet misérables; et qui sont éternels afin que leur misère ne finisse jamais?

CHAPITRE XVII.

L'homme doit-il adorer des esprits dont il doit fuir les vices?

Pour ne parler maintenant que de ce qu'Appulée dit que les démons ont de commun avec nous, c'est-à-dire les passions de l'ame, si les quatre élémens sont tous pleins de leurs animaux, le feu et l'air d'animaux immortels, l'eau et la terre d'animaux mortels, je voudrais bien savoir pourquoi les ames des démons sont sujètes aux tourbillons et aux tempêtes des passions. Ce que les Latins appellent perturbation, les Grecs le nomment *pathos ;* d'où vient qu'Apulée a appelé les démons passifs selon l'ame, parce que le mot *pathos*, pris dans toute sa force, signifie passion, c'est-à-dire un mouvement de l'ame contraire à la raison. Comme se fait-il donc que ces passions sont dans les ames des démons, tandis qu'elles n'existent pas dans les bêtes ? Bien que l'on remarque en elles quelques mouvemens semblables à ceux que les passions produisent en nous, ce ne sont pas néanmoins des passions, puisqu'ils ne sont point contraires à la raison que les bêtes n'ont pas. Et quant à nous, la dépendance dans laquelle les passions nous tiennent est un effet de notre folie ou de notre misère ; car nous ne possédons pas encore la parfaite sagesse qui nous est promise dans le séjour de la béatitude, lorsque nous serons délivrés de ce corps mortel. En effet, ils prétendent que les dieux à qui ils donnent des ames raisonnables semblables aux nôtres, si ce n'est qu'elles sont exemptes de tache et de corruption ; ils prétendent, dis-je, que les dieux sont affranchis de ces passions, non-seulement parce qu'ils sont éternels, mais aussi parce qu'ils sont bienheureux. Or, si les dieux ne sont point sujets aux passions, parce que ce sont des animaux heureux et exempts de misère, et si les bêtes n'y sont point sujètes non plus, parce que ce sont des animaux qui ne peuvent être ni heureux, ni misérables, il s'ensuit que les démons y sont sujets comme les hommes, parce que ce sont des animaux misérables.

Quelle est donc cette déraison, ou plutôt cette manie, qui nous fait nous asservir aux démons par un culte religieux, lorsque la véritable Religion nous délivre des passions déréglées qui nous rendent semblables à eux ? Les démons sont dominés par la colère, comme Apulée lui-même est obligé de le reconnaître, malgré les ménagemens qu'il garde avec eux, et l'honneur qu'il leur fait de les juger dignes des honneurs divins ; la véritable Religion au contraire nous commande de ne point céder aux transports de la colère, mais d'y résister. Les démons se laissent gagner par des présens, et la véritable Religion nous défend d'en recevoir aucun pour faire acception des personnes. Les démons s'apaisent par les honneurs qu'on leur rend, et la véritable Religion ne veut pas que nous nous laissions toucher à ces sortes de choses. Les démons aiment les uns et haïssent les autres, non par un jugement sage et tranquille, mais, comme le dit Apulée lui-même, par l'impression d'une passion étrangère; et la véritable Religion nous ordonne d'aimer même nos ennemis (1). Enfin, la véritable Religion nous oblige de nous défaire de tous ces mouvemens désordonnés et impétueux de l'ame, dont il dit que les démons sont agités. N'est-ce donc pas une folie et un aveuglement étranges d'adorer ceux à qui l'on serait bien fâché de ressembler, puisque la fin de tout culte religieux doit être d'imiter le Dieu qu'on adore ?

(1) Matth., 5, 44.

LIVRE VIII.

CHAPITRE XVIII.

Ce qu'on doit penser d'une religion qui prend les démons pour médiateurs auprès des dieux.

C'est en vain qu'Apulée et tous ceux qui partagent son sentiment mettent les démons dans l'air, entre le ciel et la terre, afin que, comme aucun dieu n'a communication avec les hommes, ainsi qu'ils prétendent que l'a dit Platon, ceux-ci portent aux dieux les prières des hommes, et rapportent aux hommes les graces qu'ils ont obtenues des dieux. Ils ont cru en effet qu'il est indigne des dieux de se mêler avec les hommes, mais qu'il est digne des démons d'être les médiateurs entre les hommes et les dieux, afin, sans doute, qu'un homme de bien qui a en horreur les crimes de la magie, emploie, pour ses intercesseurs auprès des dieux, ceux qui aiment ces crimes, quoique l'aversion même qu'il en a doive faire qu'ils l'exaucent plutôt et plus volontiers. Dans le fait, ces honnêtes médiateurs aiment les turpitudes du théâtre que la pureté déteste ; ils se plaisent à tous les maléfices de la magie que l'innocence ne peut souffrir. Ainsi, quand la pureté et l'innocence voudront obtenir quelque chose des dieux, elles ne pourront y parvenir par leurs propres mérites ; mais il faudra qu'elle aient recours à l'entremise de leurs ennemis. Qu'Apulée ne s'efforce point de justifier les fictions des poètes et les infamies du théâtre : Platon, son maître, dont l'autorité est si grande parmi ses disciples, s'est déclaré contre elles ; et c'est ce que nous leur opposons, si toutefois la pudeur humaine s'oublie au point, non-seulement d'aimer des choses si honteuses, mais encore de croire qu'elles puissent être agréables à la Divinité.

CHAPITRE XIX.

De l'impiété de l'art magique, qui s'étaye sur la protection des démons.

Il n'est pas besoin d'aller chercher bien loin des raisons pour combattre la magie dont quelques-uns sont assez malheureux et assez impies pour tirer vanité ; il suffit de considérer ce qui est exposé aux yeux de tout le monde. Si elle est l'ouvrage des esprits que l'on doit adorer, pourquoi est-elle si sévèrement punie par les lois ? Sont-ce les chrétiens qui ont fait ces lois ? Et n'est-ce pas en effet parce que la magie est une chose si pernicieuse d'elle-même, qu'un poète célèbre a dit : « J'atteste les dieux, et vous aussi, ma chère sœur, » que je ne recours qu'à regret aux conjurations ma- » giques (1) ; » et ailleurs : « J'ai vu des moissons pas- » ser d'un champ dans un autre (2); » parce que cette

---

(1) Eneid., 4.
(2) Eclog., 8.

translation du bien d'autrui dans un autre champ ne s'opère, dit-on, que par un art impie et exécrable ? Cicéron ne remarque-t-il pas qu'il existe une loi des douze tables, c'est-à-dire une des plus anciennes lois des Romains, qui punit rigoureusement ceux qui emploient de semblables pratiques ? Enfin, est-ce devant des magistrats chrétiens qu'Apulée lui-même a été accusé de magie ? Que s'il eût cru que les secrets de cet art dont on l'accusait étaient innocens et conformes aux ouvrages de la puissance de Dieu, il ne devait pas se contenter de l'avouer, mais en faire profession et reprendre les lois de ce qu'elles proscrivent des cérémonies qui sont dignes de l'admiration et de la vénération des hommes. De cette manière, ou il aurait persuadé ses juges, ou si, trop attachés à des lois injustes, ils l'eussent condamné à mort, les démons n'auraient pas manqué de récompenser son courage. C'est ainsi que, lorsque l'on imputait à crime à nos martyrs la Religion chrétienne dans laquelle ils savaient qu'ils trouveraient leur salut et une éternité de gloire, ils ne la reniaient pas pour éviter des peines temporelles, mais au contraire, en la confessant hautement, et en souffrant généreusement pour elle toutes les tortures et la mort même, ils ont obligé les lois qui la défendaient à rougir de leur injustice, et en ont amené la révocation. Mais ce philosophe platonicien n'a pas agi de la sorte. On possède encore aujourd'hui le discours aussi étendu qu'éloquent par lequel il se justifie du crime de magie, et ne prétend passer pour innocent qu'en désavouant des choses qu'on ne peut faire sans être coupables. Cependant, toutes les merveilles qu'opèrent les magiciens, qu'il regarde avec raison comme condamnables, se font par l'instruction et par la puissance des démons. Pourquoi donc veut-il qu'on les honore, et assure-t-il que pour offrir nos prières aux dieux, nous avons besoin de l'entremise de ceux dont nous devons fuir les œuvres, si nous désirons que nos prières arrivent jusqu'au vrai Dieu ? D'ailleurs, je demande quelles prières des hommes il croit que les démons présentent aux dieux, des conjurations magiques, ou des prières permises ? Mais ces dieux rejètent les premières, et, pour les secondes, ils exigent d'autres médiateurs. De plus, si ces prières sont faites par un pécheur qui se repente de ses crimes, et entre autres de s'être servi de la magie, obtiendra-t-il le pardon de cette faute par l'intercession de ceux qui l'ont poussé à la commettre ? ou serait-ce que les démons, pour obtenir le pardon des pécheurs, font eux-mêmes les premiers pénitence de ce qu'ils les ont séduits ? C'est ce que personne n'a jamais dit. En effet, s'ils se repentaient de leurs crimes, et en faisaient pénitence, ils n'auraient pas la hardiesse de revendiquer pour eux les honneurs divins, puisque l'un est l'effet d'un orgueil détestable, et l'autre d'une humilité digne de pardon.

LIVRE VIII.

CHAPITRE XX.

S'il est croyable que les dieux aiment mieux communiquer avec les démons qu'avec les hommes.

Il y a, selon eux, une raison pressante et une nécessité indispensable à ce que les démons soient médiateurs entre les dieux et les hommes. Voyons un peu quelle est cette raison et cette nécessité. C'est, disent-ils, que les dieux ne communiquent point avec les hommes. Voilà certainement une merveilleuse sainteté de ces dieux, qui consiste à ne point communiquer avec les hommes qui les prient humblement, et à communiquer avec les démons superbes et arrogans; à s'éloigner des hommes pénitens, et de se rapprocher des esprits séducteurs; à repousser des hommes qui ont recours à la Divinité, et à se mêler avec les démons qui usurpent la divinité! Ils ne communiquent point avec les hommes qui demandent pardon de leurs crimes, et ils communiquent avec les démons qui conseillent les crimes! Ils ne communiquent point avec les hommes, qui, instruits par les livres des philosophes, bannissent les poètes d'un état bien policé, et ils communiquent avec les démons qui demandent au sénat et aux pontifes qu'on représente sur le théâtre les jeux de l'imagination des poètes! Ils ne communiquent point avec les hommes qui défendent d'imputer de faux crimes aux dieux, et ils communiquent avec les démons qui se plaisent aux crimes supposés des dieux! Ils ne communiquent point avec les hommes qui ont établi des lois très justes contre les magiciens, et ils communiquent avec les démons qui enseignent et exercent la magie! Ils ne communiquent point avec les hommes qui ont en horreur les démons, et ils communiquent avec les démons qui tâchent de séduire les hommes!

CHAPITRE XXI.

Si les dieux font les démons leurs messagers et leurs interprètes, et s'ils sont trompés par eux de bon gré, ou à leur insçu.

Mais, dit-on, ce qui vous paraît absurde en ceci est pourtant l'effet d'une nécessité indispensable, attendu que les dieux qui prennent soin des choses humaines, ne sauraient rien de ce que les hommes font sur la terre, s'ils n'en étaient avertis par les démons; l'éther où ces dieux résident est extrêmement éloigné de la terre, au lieu que l'air touche ensemble au ciel et à la terre. O sagesse admirable! Ne voit-on pas bien à quoi tend ce raisonnement? Il faut, d'un côté, qu'ils soutiennent que les dieux ont soin des choses du monde, de peur qu'on ne les juge indignes d'être honorés; et, de l'autre, ils sont obligés de dire que la distance des élémens les empêche de savoir ce qui se fait ici-bas, afin de rendre nécessaire le ministère des démons, et de porter les peuples à les honorer également, sous prétexte que c'est par leur moyen que les dieux peuvent apprendre ce qui se fait sur la terre, et dans quelles circonstances les hommes ont besoin de leur assistance. Si cela est, les dieux connaissent mieux les démons par la proximité des corps, qu'ils ne connaissent les hommes par la bonté de leurs ames. O déplorable nécessité! ou plutôt ridicule et détestable erreur, qui n'a été inventée que pour mettre à couvert de fausses divinités! En effet, s'il est possible aux dieux de voir notre esprit par la lumière du leur, qui est libre des obstacles du corps, ils n'ont point besoin pour cela de l'entremise des démons; et si le visage, la parole, le mouvement et les autres indices corporels des esprits, font impression sur leurs corps, et qu'ils conçoivent par là ce que les démons leur annoncent, ils peuvent être trompés par les mensonges des démons. Que si l'on dit qu'ils ne peuvent être trompés par les démons, il s'ensuit qu'ils ne sauraient non plus ignorer ce que nous faisons.

Je voudrais bien que ces philosophes me dissent si les démons ont rapporté aux dieux que Platon condamnait les fictions des poètes touchant les crimes des dieux, et s'ils leur ont célé qu'elles leur étaient agréables; ou s'ils leur ont caché l'un et l'autre, et ont mieux aimé qu'ils n'en eussent point du tout de connaissance; ou s'ils leur ont fait connaître la religieuse retenue de Platon envers les dieux, et leur libertinage injurieux à la majesté divine; ou s'ils ont été empêchés, soit par crainte, soit par pudeur, de les instruire de la prudence de Platon qui s'opposait à ce que les poètes diffamassent calomnieusement les dieux, et au plaisir criminel qu'ils goûtaient personnellement les dieux avilis sur la scène. Qu'ils choisissent de ces quatre choses laquelle ils voudront, et qu'ils considèrent quel jugement ils portent de leurs dieux. S'ils s'arrêtent à la première, il faut qu'ils tombent d'accord qu'il n'a pas été permis aux dieux de communiquer avec Platon, lorsqu'il se déclarait contre les injures qu'on leur faisait, et qu'ils ont communiqué avec les démons lorsque ceux-ci s'en réjouissaient ; puisque ces dieux si bons ne connaissaient un homme de bien, éloigné d'eux, que par l'entremise des démons qu'ils ne connaissaient pas eux-mêmes, quoiqu'ils fussent voisins. S'ils prétendent que les démons ont célé aux dieux et la loi sainte de Platon, et leur joie sacrilège, de quoi sert aux hommes l'entremise des démons, du moment que ces derniers cachent aux dieux ce que les hommes font de bon en leur honneur contre les passions déréglées des démons? S'ils adoptent la troisième supposition et qu'ils répondent que les démons n'ont pas seulement rapporté aux dieux l'opinion de Platon qui défendait qu'on leur fît injure, mais aussi leur malin penchant à applaudir aux injures que recevaient les dieux, je demande si ce n'est pas là plutôt une insulte qu'un rapport ? Cependant, bien que ces dieux aient su l'un et l'autre, non-seulement ils n'ont pas rompu tout commerce avec les démons qui s'opposent à leur honneur et à la piété de Platon, mais ils se servent même de leur entremise pour transmettre leurs dons à Platon qui est éloigné d'eux. Ils sont, dans le fait, tellement liés par la chaîne indissoluble des élémens, qu'ils peuvent être joints à ceux qui les calomnient, et ne peuvent l'être à ceux qui les défendent ; bien informés au fond de l'un et de l'autre, mais hors d'état de changer le poids de l'air et de la terre. Enfin, s'ils admettent la dernière hypothèse, ils prennent le plus mauvais parti de tous. Comment souffrir que les démons aient rapporté aux dieux les fictions des poètes et les folies du théâtre, si injurieuses à leur grandeur, avec la passion ardente qu'ils ont pour ces jeux et l'extrême plaisir qu'ils y prennent ; et qu'ils leur aient dissimulé que Platon a voulu que l'on bannît tout cela d'une république bien policée ; qu'ainsi les dieux soient contraints d'apprendre par ces entremetteurs les désordres, non pas des autres, mais de ces entremetteurs même qui les déshonorent, et qu'il ne leur soit pas permis de savoir ce que les philosophes font en leur honneur ?

CHAPITRE XXII.

Condamnation du culte des démons, contre Apulée.

DE ce que l'on ne saurait admettre aucune des quatre suppositions que nous avons établies ci-dessus, sans avoir des sentimens indignes des dieux, il s'ensuit qu'il ne faut point croire ce qu'Apulée et les autres philosophes de son sentiment s'efforcent de persuader, savoir que les démons sont comme médiateurs et interprètes entre les dieux et les hommes, qu'ils portent nos prières aux dieux et nous en rapportent des grâces, mais que ce sont des esprits nuisibles de leur nature, injustes, superbes, envieux, fourbes, qui à la vérité habitent dans l'air comme dans une prison, après avoir été chassés du ciel pour leur transgression criminelle et irréparable, et toutefois ne sont pas au-dessus des hommes, pour habiter au-dessus de la terre et des eaux, parce que les hommes les surpassent de bien loin, sinon par leur corps terrestre, au moins et incontestablement par le culte qu'ils rendent au vrai Dieu dont ils implorent l'assistance. Il est vrai qu'il y en a plusieurs qui sont indignes de participer à la vraie Religion, et que les démons traitent en esclaves ; c'est à la plupart de ceux-là qu'ils se sont donnés pour des dieux, grace à leurs prestiges et à leurs prédictions. Ils n'ont pu toutefois le persuader à quelques-uns de ceux qui ont considéré leurs vices de plus près ; de sorte qu'ils ont tâché de les engager dans une autre erreur, en feignant d'être les médiateurs entre les dieux et les hommes, et les distributeurs des bienfaits du ciel. Cependant, ceux qui ne croyaient pas à leur divinité, parce qu'ils connaissaient leur malice, et qu'ils soutenaient que tous les dieux sont bons, ne jugeaient pas devoir leur déférer les honneurs divins ; et avec tout cela ils n'osaient dire ouvertement qu'ils en étaient indignes, surtout de peur de heurter les peuples qui leur avaient dressé tant de temples et d'autels par une superstition invétérée.

CHAPITRE XXIII.

De l'opinion que Mercure Trismégiste a eue de l'idolâtrie, et d'où il a pu savoir que les superstitions de l'Égypte seraient abolies.

Mercure l'égyptien, surnommé Trismégiste, en a eu d'autres sentimens. Il est vrai qu'Apulée nie que ce soient des dieux; mais enfin avancer comme il le fait, qu'ils tiennent tellement le milieu entre les dieux et les hommes, qu'ils sont nécessaires aux hommes pour avoir commerce avec les dieux, c'est ne point mettre de différence entre leur culte et celui des dieux. Quant à Trismégiste, il dit qu'il y a des dieux qui ont été faits par le dieu souverain, et d'autres par les hommes. Quand on entend cela, on croit d'abord qu'il veut parler des statues, qui sont l'ouvrage des mains des hommes; mais il dit que les statues que l'on voit et que l'on touche sont comme les corps des dieux, et qu'il y a au-dedans certains esprits qui y sont appelés et qui peuvent nuire ou faire du bien suivant le culte et le degré d'honneur qu'on leur rend. Il ajoute que joindre par art ces esprits invisibles à une matière visible et corporelle, pour en faire comme des corps animés et des statues dédiées et soumises à ces esprits, c'est ce que l'on appelle faire des dieux, et que les hommes ont reçu ce grand et merveilleux pouvoir. Je rapporterai ici ses propres expressions, d'après la tra-

duction d'Apulée : « Puisque nous traitons de la société
» qui existe entre les dieux et les hommes, considérez,
» je vous prie, mon cher Asclépius, quel est le pou-
» voir de l'homme ; de même que le Seigneur et le
» Père, ou, pour tout dire, Dieu, a fait les dieux cé-
» lestes ; ainsi l'homme s'est fait les dieux qui sont dans
» les temples, et qui se réjouissent d'être voisins des
» hommes. » Et un peu après : « L'homme donc se
» souvenant de sa nature et de son origine, persévère
» à imiter la Divinité, tellement qu'à l'exemple de ce
» Père et de ce Seigneur qui a fait des dieux éternels
» comme lui, l'homme s'est formé des dieux à sa res-
» semblance. » Là-dessus, comme Asclépius lui eût
demandé s'il entendait parler des statues : « Oui, As-
» clépius, répond Trismégiste, c'est d'elles que je
» parle, afin que vous n'en doutiez point. Voyez-vous
» ces statues animées, pleines d'esprit, et qui font tant
» et de si grandes choses ; ces statues qui connaissent
» l'avenir ; qui prédisent, en beaucoup de rencontres, ce
» que tous les devins ensemble ne pourraient peut-être
» pas savoir ; qui envoient des maladies aux hommes
» et qui les guérissent ; qui répandent la tristesse ou la
» joie dans les cœurs selon qu'ils le méritent ? Ignorez-
» vous que l'Égypte est l'image du ciel, ou pour mieux
» dire, que tout ce qu'il y a de beau et de réglé dans
» le ciel y a été transporté ; en un mot, que notre
» patrie est le temple de tout le monde ? Toutefois,
» puisqu'un homme sage doit tout prévoir, il est bon
» de vous avertir qu'il viendra un temps où l'on re-
» connaîtra que c'est en vain que les Égyptiens se sont
» tant adonnés au culte de la divinité, et que leurs

» cérémonies les plus religieuses seront méprisées et
» abolies. »

Mercure s'étend fort au long sur ce sujet, et il semble prédire ce temps où la Religion chrétienne abolit les vaines superstitions avec d'autant plus de zèle et de liberté, qu'elle est plus vraie et plus sainte, afin que la grace du véritable Sauveur délivre l'homme des dieux qui sont l'ouvrage de l'homme, et le soumette au Dieu dont il est l'ouvrage. Mais lorsque Trismégiste fait cette prédiction, il parle comme un homme qui aime ces prestiges des démons, et il n'exprime pas clairement le nom des Chrétiens; il s'afflige au contraire comme d'un grand malheur de la destruction future des choses qui, à son avis, conservaient en Égypte la ressemblance de l'homme avec les dieux. Il était, en effet, de ceux dont l'apôtre dit : « Malgré qu'ils aient connu Dieu, ils
» ne l'ont pas glorifié comme Dieu, et ne lui ont pas rendu grace de ses bienfaits; mais se sont perdus dans la
» vanité de leurs raisonnemens, et leur esprit superbe a
» été rempli de ténèbres. En se disant sages, ils sont devenus fous, et ils ont transféré la gloire de Dieu incorruptible à la figure de l'homme corruptible (1). »
Véritablement Trismégiste dit beaucoup de choses du seul vrai Dieu créateur de l'univers qui sont conformes à ce que nous en apprend la vérité; et je ne sais comment il est si aveuglé que de vouloir que les hommes soient toujours soumis aux dieux qu'il confesse qu'ils ont faits, et de s'affliger de ce que cela doit finir un jour; comme si l'homme pouvait être plus malheureux que

(1) Rom., 1, 21, 22 et 23.

d'être dominé par les œuvres de ses mains. Il est, après tout, bien plus aisé qu'il ne soit plus homme en adorant les dieux de sa façon, qu'il ne l'est que les dieux de sa façon deviennent dieux par le culte qu'il leur rend; car il arrive plus facilement que l'homme, déchu de l'état glorieux où Dieu l'avait mis (1), devienne semblable aux brutes, que l'on ne saurait voir l'ouvrage de l'homme devenir plus excellent que l'ouvrage que Dieu a fait à son image, c'est-à-dire que l'homme même. C'est donc avec raison que l'homme tombe de l'élévation de son auteur, lorsqu'il s'assujétit à son propre ouvrage.

Voilà les choses vaines, pernicieuses et sacrilèges dont l'abolition affligeait si profondément Trismégiste, qui la prévoyait; mais sa plainte était aussi impudente, que sa connaissance était audacieuse. Le saint Esprit ne lui avait pas révélé l'avenir comme aux saints prophètes, qui, certains de la chute future des idoles, s'écriaient avec joie : « L'homme se fera des dieux, et » ces dieux ne le sont point (2). » Et ailleurs : « En » ce temps-là, dit le Seigneur, j'exterminerai les noms » des idoles de dessus la terre, et on n'en parlera » plus (3). » Et Isaïe prophétisant particulièrement de l'Égypte : « Les idoles d'Égypte, dit-il, seront ren- » versées devant le Seigneur, et le cœur des Égyptiens » sera glacé de crainte (4). » De ces prophètes inspirés

(1) Ps. 48, 12.
(2) Jérém., 16, 20.
(3) Zach., 13, 2.
(4) Isaïe, 19, 1.

par le saint Esprit étaient aussi ceux qui se réjouissaient de l'accomplissement de ce qu'ils savaient devoir arriver, comme Siméon et Anne (1), qui connurent Jésus-Christ dès qu'il fut né; ou comme Elizabeth (2), qui le connut lors même qu'il fut conçu; ou comme saint Pierre, qui, éclairé par la lumière qu'il reçut du Père éternel, dit : « Vous êtes le Christ, fils du Dieu » vivant (3). » Quant à cet Égyptien, les esprits qui lui avaient révélé le temps de leur perte, étaient ceux-là même qui dirent en tremblant à notre Seigneur, lorsqu'il vivait encore parmi les hommes : « Pourquoi » êtes-vous venu nous perdre avant le temps (4) ? » soit qu'ils fussent surpris de voir arriver si tôt ce qu'ils prévoyaient à la vérité, mais qu'ils croyaient plus éloigné; soit qu'ils nommassent leur perte la révélation de leur turpitude, qui devait les faire tomber dans le mépris. Et cela arrivait avant le temps, c'est-à-dire avant le temps du jugement où ils seront punis de la damnation éternelle avec tous les hommes qui ont société avec eux, comme l'enseigne une Religion qui ne peut ni tromper, ni être trompée, et qui ne ressemble pas à celui qui, se laissant emporter (5) à tous les vents des opinions humaines, et confondant la vérité avec le mensonge, déplore la perte d'une religion qu'il avoue ensuite n'être qu'une erreur.

(1) Luc, 2, 27 et 38.
(2) Luc, 1, 43.
(3) Matth. 16, 16.
(4) Matth., 8, 29.
(5) Éphés., 4, 14.

CHAPITRE XXIV.

Trismégiste reconnaît l'erreur de ses pères dans la Religion, et néanmoins il s'afflige de ce que cette erreur doit être détruite.

Après un long discours, il revient à ce qu'il avait dit des dieux que les hommes ont faits: « Que cela suffise » pour cette heure, dit-il ; retournons à l'homme et » à la raison, ce don divin qui élève l'homme au-» dessus de toutes les bêtes. Tout ce que l'on dit d'ad-» mirable sur le compte de l'homme n'est véritable-» ment rien en comparaison de ce qu'il ait pu trouver » et former une divinité. Comme nos pères étaient si » incrédules et donnaient dans de telles erreurs au » sujet des dieux, qu'ils en négligeaient le culte, ils » ont trouvé l'art de se faire des dieux; et dans l'im-» possibité de créer des ames, ils ont évoqué celles » des démons ou des anges pour les faire entrer dans » des images sacrées et dans les divins mystères, afin » que les idoles eussent le pouvoir de faire du bien et » du mal. » Je ne sais si les démons conjurés vou-draient en confesser eux-mêmes autant que cet Égyp-tien. « Comme nos pères, dit-il, étaient si incrédules, » et donnaient dans de telles erreurs au sujet des » dieux, qu'ils en négligeaient le culte, ils ont trouvé » l'art de se faire des dieux. » Que ne se contentait-il de dire qu'ils avaient quelques erreurs sur le sujet des dieux, sans appuyer sur leur énormité ? Ce sont donc ces grandes erreurs, cette incrédulité et cette négligence de la Religion qui ont été cause qu'on a trouvé l'art de se faire des dieux. Et c'est d'une découverte de cette espèce, et dont l'origine est si honteuse, que cet homme sage déplore la perte, comme d'une Religion divine qui devait être abolie un jour ! N'est-il pas visible que c'est une force céleste qui l'a obligé de découvrir l'erreur de ses ancêtres, et la violence des démons qui l'a contraint de s'affliger de leur misère à venir ? Si l'erreur, l'incrédulité et l'irréligion ont fait trouver à ses ancêtres l'art de se faire des dieux, quelle merveille que la véritable Religion abolisse tout ce que cet art détestable a introduit, attendu que c'est à la vérité à corriger l'erreur, à la foi à ôter l'incrédulité, et à la piété à détruire l'irréligion ?

Que si Trimégiste n'avait point allégué les causes pour lesquelles les hommes se sont fait des dieux, ce serait à nous, pour peu que nous eussions de sentimens religieux, à prendre garde qu'ils ne seraient jamais parvenus à l'art qui enseigne à l'homme à faire des dieux, s'ils ne se fussent pas écartés de la vérité, s'ils eussent eu de Dieu une opinion convenable, s'ils eussent eu quelque respect pour le culte et la Religion divine. Toutefois, si nous disions que cet art a pris naissance de l'erreur et de l'incrédulité des hommes, et de leur éloignement de la vraie Religion, l'impudence de ceux qui combattraient nos raisons serait en quelque sorte supportable ; mais lorsque celui même qui admire surtout dans l'homme la puissance que cet art lui donne de faire des dieux, et s'afflige de ce qu'il doit venir un temps où les lois renverseront toutes ces fausses divinités ; lorsque celui-là, dis-je, avoue la cause de ces folles superstitions, que devons-nous dire, nous autres, ou plutôt que devons-nous faire, sinon rendre des actions de graces immortelles au Seigneur notre Dieu, de ce qu'il a aboli ce culte sacrilège par des causes toutes contraires à celles qui l'ont introduit? Ainsi, la vérité a détruit ce que l'erreur avait inventé, la foi a ôté ce que l'incrédulité avait établi, et la piété a renversé ce qui était fondé sur l'irréligion. Ce merveilleux changement n'est pas seulement arrivé dans l'Égypte, sur laquelle seule les démons ont fait lamenter Trismégiste, mais par toute la terre, qui chante au Seigneur un nouveau cantique, selon cette prédiction des Écritures vraiment sacrées et vraiment prophétiques : « Chantez un nouveau cantique au Sei- » gneur ; que toute la terre chante au Seigneur. » Aussi le titre de ce pseaume porte : « Quand la maison s'édi- » fiait après la captivité. » Or, la maison du Seigneur, cette Cité de Dieu, qui est la sainte Église, s'édifie par toute la terre, à la suite de la captivité dans laquelle les démons tenaient les vrais croyans qui sont devenus les pierres vivantes employées à cet édifice. Encore que l'homme fît des dieux, il n'en était pas moins leur esclave, puisque le culte qu'il leur rendait le faisait entrer dans leur société ; je ne dis pas dans la société de ces idoles stupides, mais dans celle des démons artificieux. En effet, que sont les idoles, sinon ce qu'en dit l'Écriture : « Ils ont des yeux et ils ne

voient point (1), » et tout ce que l'on doit dire de ces statues, qui, pour être des chefs-d'œuvres de l'art, n'en sont pas moins dépourvues de vie et de sentiment ? Mais les esprits immondes, liés à ces mêmes statues par cet art détestable, avaient misérablement asservi les ames de leurs adorateurs en se les associant. C'est pour cela que l'apôtre a dit : « Nous
» savons qu'une idole n'est rien (2) ; et c'est aux dé-
» mons et non à Dieu que les gentils offrent leurs sa-
» crifices (3). Or, je ne veux pas que vous ayez aucune
» société avec les démons. » Après donc cette captivité qui rendait les hommes asservis aux démons, la maison de Dieu s'édifie par toute la terre, d'où a été intitulé le pseaume qui commence ainsi : « Chantez un nou-
» veau cantique au Seigneur ; que toute la terre chante
» au Seigneur. Chantez des cantiques au Seigneur, et
» bénissez son nom ; annoncez de jour en jour son
» secours salutaire. Publiez sa gloire parmi les nations,
» et ses merveilles parmi tous les peuples. Parce que le
» Seigneur est grand et digne des plus hautes louanges,
» il est plus redoutable que tous les dieux. Car tous les
» dieux des gentils sont des démons ; mais le Seigneur
» a fait les cieux (4). »

Celui qui s'affligeait de ce qu'il viendrait un temps où le culte des idoles serait aboli, et où les démons perdraient la domination qu'ils exerçaient sur leurs

(1) Ps. 113, 13.
(2) I Cor., 8, 4.
(3) I Cor., 10, 20.
(4) Ps. 95, 1, 2, 3, 4 et 5.

adorateurs, souhaitait, par l'impression du malin esprit, que cette captivité durât toujours; au lieu que le pseaume chante que lorsqu'elle sera passée, une maison sera édifiée par toute la terre. Trismégiste prédisait ces choses et s'en affligeait ; le prophète les prédisait aussi et s'en rejouissait ; et comme le saint Esprit qui les prédisait par les prophètes est toujours victorieux, Trismégiste lui-même a été obligé, d'une manière admirable, d'avouer que les choses dont la ruine l'affligeait si fort n'avaient pas été établies par des hommes sages, fidèles et religieux, mais par des ignorans, des incrédules et des impies. Il a beau appeler les idoles des dieux, son aveu que ces dieux ont été faits par des hommes auxquels nous ne devons pas ressembler, prouve, malgré qu'il en ait, qu'ils ne doivent point être adorés de ceux qui ne ressemblent pas à ceux qui les ont faits, c'est-à-dire, des personnes sages, fidèles et religieuses. Il montre encore que ceux même qui les ont faits se sont soumis à adorer comme dieux ceux qui ne l'étaient pas, suivant cette parole du prophète : « L'homme se fera des dieux, et ces dieux ne le sont » point. » Lorsque Trismégiste a appelé les dieux des idoles, c'est-à-dire, les démons attachés à une certaine matière par les liens de leurs passions déréglées, il n'a pas prétendu néanmoins, comme Apulée, qu'ils fussent médiateurs entre les dieux que Dieu a créés et les hommes que Dieu a créés aussi, ni dit qu'ils portent aux dieux les prières des hommes, et qu'ils en rapportent des graces et des faveurs. Il serait dans le fait trop absurde de croire que les dieux de fabrique humaine aient plus de pouvoir auprès des dieux que Dieu a faits, que n'en ont les hommes même que Dieu a faits aussi. En effet, le démon qu'un homme a lié à une statue par un art impie est devenu un Dieu, mais pour cet homme seulement, et non pour tous les hommes. Quel est donc ce Dieu qu'un homme ne ferait pas s'il n'était aveugle, incrédule et impie? Enfin, si les démons qu'on adore dans les temples, et que les hommes ont liés aux statues, ne sont point médiateurs entre les dieux et les hommes; et si les hommes même, quelque incrédules et irréligieux qu'ils soient, sont indubitablement meilleurs que les dieux qu'ils se sont faits par art dans les temps où, éloignés de la vraie Religion, ils n'étaient pas toutefois aussi méchans que ces prétendus médiateurs entre le ciel et eux; il s'ensuit que ces dieux n'ont de pouvoir que comme démons, et que dès-lors, ou ils nuisent ouvertement aux hommes, ou, s'ils semblent leur faire du bien, c'est pour leur nuire encore davantage en les trompant. Néanmoins, ils ne peuvent ni l'un ni l'autre qu'autant que Dieu le leur permet par un jugement secret et profond, et non comme si la familiarité et le commerce qu'ils ont avec les dieux, en qualité de médiateurs entre eux et les hommes, leur donnait cette faculté de nuire aux hommes. Ils ne sauraient aucunement être amis des dieux bons, que nous nommons anges, trônes, dominations, principautés, puissances, toutes créatures raisonnables qui habitent le ciel, et dont ils sont autant éloignés par la disposition de leur esprit, que la bonté l'est de la malice, et le vice de la vertu.

CHAPITRE XXV.

De ce qu'il peut y avoir de commun entre les anges et les hommes.

Ce n'est donc pas par l'entremise des démons que nous devons aspirer à l'amitié et à la faveur des dieux, ou plutôt des bons anges, mais en tâchant de devenir semblables aux bons anges par une bonne volonté, qui fait que nous vivons en quelque sorte en leur compagnie, et que nous adorons Dieu avec eux, quoique nous ne les puissions voir des yeux du corps. Véritablement la distance des lieux n'est pas tant ce qui nous sépare des anges que notre volonté et notre misère, d'où provient entre eux et nous une si grande différence. La condition de notre état, qui nous oblige à demeurer sur la terre, n'est pas non plus ce qui s'oppose à ce que nous soyons unis à eux, mais bien l'impureté de notre cœur et notre attachement aux souillures de la terre. Mais lorsque nous sommes guéris de nos langueurs et que nous leur ressemblons, notre foi nous approche d'eux, si nous croyons avec leur assistance que celui qui les a rendus bienheureux nous fera un jour participer à leur bonheur.

CHAPITRE XXVI.

Les dieux des payens n'étaient que des hommes morts.

Tout en déplorant la future abolition de pratiques qu'il avoue avoir été instituées par des hommes aveugles, incrédules et irréligieux, Trismégiste dit entre autres choses : « Alors cette terre, que la construction » de tant d'autels et de temples rend sainte et véné- » rable, sera remplie de sépulcres et de morts. » Comme si, quand l'idolâtrie ne serait pas abolie, les hommes ne devaient pas mourir, ou qu'on dût les mettre autre part qu'en terre ; et qu'il ne dût pas y avoir d'autant plus de sépulcres qu'il s'écoulera plus de temps et de jours, parce qu'il y aura plus de morts! Mais le véritable sujet de sa douleur, c'est qu'il prévoyait que les monumens de nos martyrs succéderaient à leurs temples ; en sorte que ceux de nos adversaires qui lisent ceci croient que les payens adoraient des dieux dans leurs temples, et que nous adorons des morts dans nos basiliques. Tel est l'aveuglement de ces impies, qu'ils se heurtent, pour ainsi dire, contre des montagnes, et ne veulent pas voir des choses qui leur crèvent les yeux. Ils ne considèrent point que de tous les dieux dont il est parlé dans les livres des payens, à peine s'en trouve-t-il qui n'aient été des hommes ; ce qui n'empêche pas qu'ils ne leur rendent des honneurs divins. Je laisse de côté ce que dit Varron, qu'ils appellent tous les morts des dieux Mânes, ce qu'il prouve par les jeux funèbres que l'on célèbre en leur honneur : comme si ces jeux étaient une grande preuve de divinité, attendu que l'on n'en consacre ordinairement qu'aux dieux.

Trismégiste lui-même, dans le livre où il dit : « Alors cette terre, que la construction de tant d'au- » tels et de temples rend sainte et vénérable, sera » remplie de sépulcres et de morts, » témoigne que les dieux des Égyptiens sont des hommes morts. A peine a-t-il rappelé que ses ancêtres, à la suite de leurs erreurs et de leur irréligion, avaient trouvé le secret de faire des dieux en liant à des idoles les ames des démons ou des anges qu'ils évoquaient, qu'il ajoute, comme pour confirmer cette assertion pas des exemples : « Votre aïeul (1), ô Asclépius, a été le premier » auteur de la médecine, et on lui a consacré un » temple sur la montagne de Libye, proche le rivage » des Crocodiles, où son homme terrestre, c'est-à-dire » son corps, est inhumé ; car ce qui reste de lui, ou » plutôt lui-même tout entier, puisque l'homme en- » tier est ce qui a vie et sentiment, est remonté au » ciel meilleur qu'il n'était ; et les mêmes services » qu'il rendait autrefois aux malades par la science » médicale, il les leur rend encore maintenant par » sa puissance divine. » Peut-il déclarer plus clairement que l'on adorait comme un dieu un homme mort, au lieu même où était son tombeau ? Quant à

---

(1). Esculape.

ce qu'il ajoute, qu'Esculape était remonté au ciel, d'où il continuait d'assister les malades, il se trompe et il trompe les autres. « Hermès, continue-t-il, qui » est mon nom de famille, ne fait-il pas sa demeure » dans la ville qui porte son nom, où il assiste et pro- » tège tous les hommes qui y accourent de toutes » parts? » On rapporte en effet que le grand Hermès, c'est-à-dire Mercure, que Trismégiste nomme son aïeul, a été enterré dans Hermopolis. Voilà deux dieux qui, de son propre aveu, ont été des hommes, Es- culape et Mercure. Pour Esculape, les Grecs et les Latins en conviennent; mais, à l'égard de Mercure, plusieurs ne pensent pas qu'il ait été un simple mortel, et disent que celui dont Mercure Trismégiste parle comme de son aïeul, n'est pas le grand Mercure. Je leur laisse ce différend à démêler. Il me suffit que ce Mercure dont parle Trismégiste, qui passe parmi les siens pour un si grand homme, ait été un simple mortel, aussi bien qu'Esculape que l'on a mis au rang des dieux.

Il dit encore qu'Isis, femme d'Osiris, fait autant de bien lorsqu'elle est propice qu'elle fait de mal quand elle est irritée. Ensuite, pour montrer que les dieux que font les hommes par le moyen des idoles, aux- quelles ils attachent les ames des démons, sont de ce genre-là, c'est-à-dire que ce sont les ames des morts, il ajoute : « Car les dieux terrestres sont sujets à se » courroucer, parce que les hommes les ont compo- » sés de l'une et de l'autre nature; » par où il entend l'ame et le corps, en sorte que le démon soit l'ame, et la statue le corps. « D'où vient, poursuit-il, que

» les Égyptiens les appellent de saints animaux, et
» que chaque ville rend des honneurs divins aux ames
» de ceux qui les ont consacrés de leur vivant, tellement
» que ces villes se gouvernent par leurs lois et
» portent leur nom. » Que deviennent donc ces plaintes
et ces lamentations de Trismégiste, sur ce que
l'Égypte, qui était une terre consacrée par tant de
temples et d'autels, devait être remplie de sépulcres et
de morts, lorsque le même esprit séducteur, dont
Trismégiste était l'organe, a été obligé d'avouer que
dès-lors l'Égypte était pleine de sépulcres et de morts
qu'on y adorait comme des dieux ? Mais c'est que les
démons déploraient par son organe les peines qu'ils ne
pouvaient manquer de souffrir un jour sur les monumens
des martyrs. Et véritablement ces esprits de ténèbres
sont tourmentés en plusieurs de ces lieux, et
obligés de sortir des corps des possédés, après avoir
confessé tout ce qu'on leur demande.

CHAPITRE XXVII.

De l'espèce d'honneur que les chrétiens rendent aux martyrs.

Toutefois nous ne bâtissons point de temples, ni
n'ordonnons de prêtres, de cérémonies ni de sacrifices
aux martyrs, parce que ce n'est pas eux, mais
leur dieu qui est notre dieu. Il est vrai que nous honorons
leurs tombeaux comme ceux de bons servi-

teurs de Dieu qui ont combattu pour la vérité jusqu'à la mort, et répandu leur sang afin de propager la vraie Religion et de convaincre l'erreur : sentiment que quelques payens avaient eu avant eux, mais que la crainte leur avait fait dissimuler. Mais qui a jamais entendu un prêtre chrétien debout devant l'autel consacré à Dieu sur le corps d'un martyr, dire dans les prières : Pierre, Paul, ou Cyprien, je vous offre ce sacrifice? Lorsqu'on l'offre sur leurs monumens, on l'offre à Dieu qui les a faits hommes et martyrs, et les a associés à ses anges. Que si ces solennités ont été instituées sur leurs sépulcres, c'est afin de rendre graces au vrai Dieu de la victoire qu'ils ont remportée, et que cela nous excite à nous rendre dignes, en imitant leur courage, d'avoir part à leurs couronnes et à leurs récompenses. Tous les actes de piété et de religion qui se pratiquent aux tombeaux des saints martyrs sont donc des honneurs que l'on rend à leur mémoire, et non des sacrifices qu'on leur offre comme à des dieux. Ceux même qui y portent des mêts, coutume qui après tout n'est reçue qu'en fort peu d'endroits et que les meilleurs chrétiens n'observent point, les emportent après quelques prières pour s'en nourrir ou pour les distribuer aux pauvres, et croient seulement qu'elles y sont sanctifiées par les mérites des martyrs, au nom du Seigneur des martyrs. Enfin, quiconque connaît l'unique sacrifice des chrétiens qui s'offre à Dieu sur ces tombeaux, sait aussi qu'on n'y sacrifie point aux martyrs.

Ainsi, nous n'honorons point nos martyrs ni par un culte divin, ni par des crimes, et nous ne leur consacrons non plus ni sacrifices, ni actes impurs, comme le font les payens pour honorer leurs dieux. Que dirai-je entre autres d'Isis, femme d'Osiris, déesse d'Égypte, et de leurs ancêtres, qui, selon l'histoire de ce pays, ont tous été des rois? On rapporte que comme celle-ci leur sacrifiait, elle trouva une moisson d'orge, et qu'elle en montra quelques épis au roi Osiris, son mari, et à Mercure, son premier ministre, d'où vient qu'ils veulent que ce soit Cérès. Que ceux qui en voudront prendre la peine lisent combien de maux elle a faits, et le lisent, non dans les poètes, mais dans leurs livres sacrés, comme Alexandre le Grand l'écrivit à sa mère Olympias (1), après l'avoir appris du prêtre Léon ; et qu'ils voient quels sont les hommes à qui les payens ont rendu un culte divin après leur mort, et pour quelles actions ils le leur ont rendu. A Dieu ne plaise qu'ils aient la hardiesse de comparer en aucune sorte ces dieux avec nos martyrs, que néanmoins nous ne reconnaissons pas pour des dieux, puisque nous ne leur décernons point de prêtres, ni ne leur offrons de sacrifices ; ce qui serait inconvenant et illicite envers tout autre que Dieu; comme nous ne les réjouissons point non plus par la représentation de leurs crimes, ni par des jeux infames : au lieu que les payens célèbrent les impudicités de leurs dieux, soit qu'ils les aient commises lorsqu'ils étaient hommes, ou qu'elles aient été inventées pour réjouir

(1) Ici saint Augustin s'est trompé, aussi bien que saint Cyprien et plusieurs autres, en attribuant à Alexandre le Grand ce qui est arrivé à un autre Alexandre.

les démons. Certes, Socrate n'aurait pas eu un dieu de l'espèce de ces démons, s'il avait eu un dieu. Mais peut-être lui a-t-il été donné par des gens qui se piquaient d'exceller dans l'art de faire des dieux, et que pour lui il était fort éloigné et fort innocent de cette superstition. Pourquoi donc nous arrêter davantage à montrer qu'on ne doit point honorer ces esprits pour parvenir à la félicité de l'autre vie, lorsqu'il n'y a personne, pour peu qu'elle ait de raison, qui en puisse douter ? Mais nos adversaires diront peut-être que tous les démons ne sont pas mauvais, et qu'il faut adorer les bons pour arriver à une vie éternellement heureuse : c'est ce que nous examinerons dans le livre suivant.

REMARQUES

sur

LE LIVRE VIII.

Page 82, ligne 19. « Il ne voulait pas que des esprits encore
» esclaves de leurs passions aspirassent à la connaissance des
» choses divines. » Le latin a : *Nolebat immundos terrenis
cupiditatibus animos se extendere in divina conari.* Mais un
manuscrit du Vatican ajoute *et* devant *conari*, ainsi : *se extendere in divina, et conari ;* et bien à mon avis.

Page 83, l. 21. « Qui traitèrent à l'envi les questions de
» morale, etc. » Je suis les manuscrits de France qui ont
tous : *In quæstionum moralium disceptatione versari,* au
lieu que les imprimés portent, *in quæstione,* etc. C'est une
faute.

Page 85, l. 29. « Il nous faudra pourtant citer de ses ou-
» vrages.... quelques passages qui favorisent la vraie Reli-
» gion, ou qui y semblent contraires, en ce qui touche la
» question de la pluralité des dieux, etc. » J'abrège un peu
cet endroit ; mais nos manuscrits l'abrègent aussi, quoique
un peu moins ; car ils le lisent ainsi : *quantùm ad istam de
uno Deo et pluribus pertinet quæstionem, propter vitam* (ils
ôtent le *quem* qui précède *propter*) *quæ post mortem futura
est veraciter beatam.* Ils en demeurent là, et omettent ces
mots qui suivent dans nos livres : *colendum esse catholicæ
Religionis asserit disciplina.* La leçon des manuscrits est la
vraie, si je ne me trompe.

Page 87, l. 16. « Et que leurs adorateurs regardassent des
» jeux, etc. » Nos manuscrits omettent *ubi* et *suæ vanita-
tis administratores habuerunt : ubi per eos* ; et bien à mon
avis. Ils suppriment encore *alios* qui est une ligne après :
correction qui me semble aussi fort bonne.

Page 92, l. 13. « L'esprit le plus actif que l'esprit le plus
» lent, etc. » Lombert avait supprimé totalement ce passage
comme inutile. Nous présumons qu'il n'avait pas fait attention que la fin de cette phrase : « ni le même esprit perfec-
» tionné, mieux qu'il ne l'aurait fait avant d'avoir atteint à
» cette perfection, » est précisément ce qui motive la phrase
suivante : « Or, ce qui est capable du plus ou du moins, etc. »
La clarté nous a fait ici un devoir de la fidélité. (*Note des
nouveaux éditeurs.*)

Page 95, l. 4. « Et que c'était la fin à laquelle ils devaient
» rapporter toutes leurs actions, et non à autre chose. » Tous
les manuscrits suppriment ces mots : *cùm forent adepti*; je
pense qu'ils ont raison.

Page 102, l. 11. « Il est clair que par le feu il a entendu
» le ciel. » J'omets avec tous nos manuscrits ces mots :
terræ verò ipsam terram, qui paraissent inutiles.

Page 103, l. 22. « Je pense avoir montré suffisamment,
» etc. » Il y a au latin un *elegisse* qui ne me semble gouverné par rien, à moins que ce ne soit par *exposui*, qui est à
la fin de la période suivante, que les docteurs de Louvain
disent ne se trouver dans aucun manuscrit, d'où vient qu'ils
l'ont enfermée entre deux crochets. Mais tous nos manuscrits
en conservent ces mots : *satis, ut existimo, exposui*, qu'ils
joignent à la période précédente, et rejètent le reste. Il faut
donc lire ainsi cet endroit : *sed undecumque ille ista didi-
cerit*, etc., *nunc non immeritò me platonicos philosophos*

elegisse cum quibus agam, quòd in ista quæstione, quam modò suscepimus, agitur de naturali theologia, utrum propter felicitatem, quæ post mortem futura est, uni Deo an pluribus sacra facere oporteat, satis ut existimo exposui. Au reste, au lieu de *præcedentium* qui est dans cette période, tous les manuscrits ont *præcedentibus.* Cela n'est pas de conséquence pour le sens.

Page 118, l. 14. « Il suffit de considérer ce qui est exposé » aux yeux de tout le monde. » Le latin a : *In nomine dæmonum, ipsam publicam lucem testem citabo.* Mais tous nos manuscrits lisent : *Nonne ipsam publicam lucem testabo ?* et suppriment le reste.

Page 120, l. 17. « Ou serait-ce que les démons, etc. » Tous nos manuscrits suppriment ces mots : *ut et ipsi postea accipiant indulgentiam.*

Page 123, l. 27. « Ou s'ils leur ont fait connaître la reli- » gieuse retenue de Platon, etc. » Lombert s'est contenté de rendre la fin de cette phrase par ce peu de mots : « Ou s'ils » les ont avertis de tous les deux, ou s'ils leur ont caché le » premier et découvert le second. » Cette prétendue abréviation qui ne mentionne que *deux* hypothèses, rend inintelligible le commencement de la phrase suivante : « Qu'ils » choisissent de ces *quatre* choses. » Nous avons dû dès-lors rétablir exactement le passage. (*Note des nouveaux éditeurs.*)

Page 126, l. 6. « Et toutefois ne sont pas au-dessus des » hommes, pour habiter au-dessus de la terre et des eaux. » Tous nos manuscrits ont : *Nec tamen quia supra terram et aquas aëri locus est,* au lieu d'*aëreus locus est.* Cela ne change rien au sens.

Page 126, l. 16. « A quelques-uns de ceux qui ont con-

» sidéré leurs vices de plus près. » Tous les manuscrits. portent : *vitia eorum aliquanto attentiùs.* Cet *aliquanto* n'est point aux imprimés.

Page 126, l. 26. « Surtout de peur de heurter les peuples. » Il y a *ostenderent* dans l'édition de Plantin, mais c'est une faute d'impression. L'édition d'Érasme porte *offenderent*, aussi bien que tous nos manuscrits.

Page 128, l. 14. « Oui, Asclépius, répond Trismégiste, » c'est d'elles que je parle, afin que vous n'en doutiez point. » Voyez-vous ces statues animées, etc. » Je suis la leçon du manuscrit de Bruges de Vivès, qui porte : *Vides, quatenus ipse non diffidas.* Les manuscrits n'en disent rien, quoique la leçon ordinaire soit corrompue.

Page 128, l. 31. « Et que leurs cérémonies les plus reli- » gieuses seront méprisées et abolies. » *Et omnis eorum sancta veneratio in irritum casura frustrabitur.* Nos manuscrits omettent tout cela.

Page 137, l. 9. « Et si les hommes même, etc. » *Ipsi etiam homines quamvis errantes.* Tous nos manuscrits ont : *et quod homines,* etc. Cela ne change rien au sens.

LA CITÉ DE DIEU.

LIVRE IX.

CHAPITRE PREMIER.

Fixation du point où se trouve parvenue la discussion, et de ce qui reste encore à examiner.

Quelques-uns ont avancé qu'il y a de bons et de mauvais dieux; et d'autres qui en avaient un sentiment plus avantageux et leur faisaient plus d'honneur, n'ont pas cru qu'il y en eût de mauvais. Mais les premiers ont aussi donné le nom de dieux aux démons, et quelquefois, mais plus rarement, celui de démons aux dieux; de sorte qu'ils avouent qu'Homère a appelé démon Jupiter même, qui, dans leur opinion, est le roi et le premier de tous les dieux. Quant à ceux qui prétendent que les dieux sont tous bons et beaucoup meilleurs que les plus vertueux des hommes, ils sont justement affligés des actions des démons qu'ils ne peuvent nier; tellement que, dans la persuasion où ils sont que les dieux ne sauraient commettre de pareilles actions, ils sont obligés d'admettre de la différence entre les dieux et les démons. De cette manière, toutes les actions et les passions vicieuses par lesquelles ces esprits invisibles découvrent leur dérèglement, et que ceux-ci désapprouvent avec raison, ils les attribuent aux démons et non pas aux dieux. Mais comme, dans leur système, ces mêmes démons font l'office de médiateurs entre les dieux et les hommes, et que telle est l'opinion des platoniciens, les plus célèbres d'entre les philosophes, avec qui nous avons jugé à propos de traiter cette question, si le culte de plusieurs dieux est nécessaire pour être heureux en l'autre monde; nous avons été forcés d'examiner, dans le livre précédent, s'il est possible que les démons, qui se plaisent à des crimes que les hommes sages et vertueux réprouvent et abhorrent, servent, comme plus voisins et plus amis des dieux, à faire communiquer ensemble le ciel et la terre; et nous avons démontré que cela ne se peut en aucune façon. Ce livre-ci roulera donc, non sur la différence qui est entre les dieux, que les platoniciens disent être tous bons, ni sur celle qui existe entre les dieux et les démons, dont les premiers, à leur avis, sont fort éloignés des hommes, et les autres sont entre les hommes et les dieux, mais sur celle que l'on suppose entre les démons même.

CHAPITRE II.

Parmi les démons, qui sont bien inférieurs aux dieux, en est-il de bons, dont l'assistance puisse conduire les hommes à la vraie et éternelle félicité?

La plupart ont coutume de dire qu'il y a de bons et de mauvais démons; mais que ce soit là l'opinion des platoniciens ou d'autres philosophes, il ne faut pas négliger de l'examiner, de peur que quelqu'un ne juge devoir servir les démons, sous prétexte qu'il y en a de bons, afin de pouvoir, par leur entremise, parvenir après la mort avec les dieux qu'il croit tous bons, et qu'ainsi étant trompé par les artifices des malins esprits, il s'éloigne infiniment du vrai Dieu, avec qui seul, en qui seul, et par qui seul l'ame de l'homme, c'est-à-dire l'ame raisonnable et intellectuelle, peut-être heureuse.

CHAPITRE III.

Attributions des démons, suivant Apulée, qui, sans leur refuser la raison, ne leur accorde cependant aucune vertu.

Quelle est donc la différence des bons et des mauvais démons, lorsque Apulée, philosophe platonicien, parlant d'eux en général, et disant tant de choses de leurs corps aériens, ne fait aucune mention des vertus dont ils ne manqueraient pas d'être doués s'ils étaient bons ? Il a passé sous silence précisément ce qui pourrait les rendre heureux, et n'a pu taire ce qui prouve qu'ils sont misérables. En effet, il avoue que non-seulement leur ame n'est point imbue de la vertu pour résister aux passions vicieuses, mais que, comme celle des plus méchans hommes, elle est violemment troublée et agitée par des émotions orageuses. Voici comme il s'explique à ce sujet : « C'est de cette espèce de dé-
» mons, dit-il, que les poètes veulent parler, quand,
» sans s'éloigner beaucoup de la vérité, ils feignent
» que les dieux aiment ou haïssent quelques hommes,
» qu'ils élèvent et favorisent les uns, et qu'ils persé-
» cutent et affligent les autres ; qu'ainsi ils sont tou-
» chés de compassion et de colère, de joie et de tris-
» tesse, en un mot de toutes les passions des hommes
» dont ils sont agités comme eux, et excitent dans
» leur esprit des orages et des tempêtes qui sont bien

» éloignées de la tranquillité des dieux célestes. » Il est visible que quand il dit que l'ame des démons est agitée de passions comme une mer orageuse, il n'entend pas parler de quelque partie inférieure de l'ame, mais de la supérieure par laquelle ils sont des animaux raisonnables; tellement qu'on ne peut pas même les comparer avec des hommes sages (qui ressentent à la vérité ces passions comme un apanage de notre nature faible et mortelle, sans toutefois s'y laisser aller); mais tout au plus avec les plus insensés d'entre les hommes, à qui ils ressemblent, sinon pour le corps, du moins pour les mœurs. Peut-être même sont-ils encore plus enclins au crime, par la raison que leur malice est enracinée par le temps et incurable par une punition qu'ils méritent, que leur esprit est comme une mer agitée jusqu'au fond de violentes tempêtes, et qu'ils ne tiennent par aucune partie d'eux-mêmes à la vérité et à la vertu, qui nous servent d'abri contre les orages des passions.

CHAPITRE IV.

Opinion des péripatéticiens et des stoïciens touchant les passions.

Il y a deux opinions des philosophes touchant ces émotions de l'ame, que l'on nomme passions. Les uns disent qu'elles tombent même dans l'ame du sage, mais qu'elles y sont modérées et soumises à la raison, qui leur impose des lois et les contient dans de justes bornes. Tel est le sentiment des platoniciens ou des aristotéliciens ; car Aristote, auteur des péripatéticiens, a été disciple de Platon. Les autres, comme les stoïciens, ne veulent pas qu'elles tombent dans l'ame du sage ; mais Cicéron, dans ses livres de la fin des biens et des maux, prouve que les stoïciens diffèrent des platoniciens ou des péripatéticiens, plutôt pour les expressions que pour les choses. Les stoïciens ne veulent pas en effet donner le nom de biens à ce que l'on nomme ordinairement ainsi ; mais ils disent que ce sont des commodités du corps qui viennent d'ailleurs, et en cela ils sont conséquens à leur opinion, que l'unique bien de l'homme consiste dans la vertu comme étant l'art de bien vivre, laquelle ne réside que dans l'ame ; au lieu que les autres s'exprimant d'une manière simple et conforme à l'usage, appellent ces choses des biens, quoiqu'ils ne les considèrent que comme fort petits et peu considérables en comparaison de la vertu. Ainsi, de quelque manière que les uns et les autres les nomment, ou biens, ou commodités, il est visible qu'ils en portent le même jugement, et qu'en cela les stoïciens ne se plaisent qu'à parler un langage nouveau. Pour moi, il me semble, à cet égard, que si le sage est sujet aux passions, les stoïciens disputent plutôt du nom que de la chose, et qu'ils ne sont point au fond différens des platoniciens ou des péripatéticiens.

Entre autres preuves que je pourrais alléguer à l'appui de mon sentiment, je n'en apporterai qu'une que je crois péremptoire. Aulu-Gelle, écrivain non moins recommandable par l'élégance de son style que par l'étendue de ses connaissances, rapporte dans ses Nuits Attiques (1) que, dans un voyage qu'il faisait sur la mer avec un célèbre stoïcien, ils furent assaillis d'une furieuse tempête qui les menaçait d'engloutir leur vaisseau : le philosophe en pâlit d'effroi. Ce mouvement fut remarqué des autres passagers qui, quoiqu'aux portes de la mort, le considéraient attentivement pour voir si un philosophe aurait peur comme les autres. Aussitôt que la tempête fut passée, et que l'on se fût un peu rassuré, un riche et voluptueux asiatique de la compagnie se mit à railler le stoïcien de ce qu'il avait changé de couleur, tandis que pour lui il était toujours demeuré ferme et intrépide. Mais le philosophe lui répondit ce qu'Aristippe, disciple de Socrate, répondit à un autre en pareille rencontre, qu'il avait eu raison de ne pas s'inquiéter pour l'ame d'un vil débauché, mais que lui devait craindre pour celle d'Aristippe. Cette réponse ayant dégoûté le riche voluptueux de revenir à la charge, Aulu-Gelle demanda à Aristippe, non pour le railler, mais dans l'intention de s'instruire, quelle avait été la cause de sa peur. Celui-ci, s'empressant de satisfaire à la question d'un homme si jaloux d'acquérir de nouvelles connaissances, tira soudain de sa cassette un livre d'Epictète, qui contient les dogmes de Zénon et de Chrysippe, chefs de la secte des stoïciens, et lui montra dedans que comme les imaginations de l'ame, qu'ils appellent fantaisies, ne dépendent point de nous, parce qu'elles sont produites par des choses terribles et formidables qui préviennent la raison, l'ame du sage

---

(1). Liv. 19, ch. 1.

en est nécessairement émue, et que néanmoins elle ne les regarde pas comme un mal. Voilà ce qu'ils veulent qui soit en effet en notre pouvoir ; et quant à la différence qui existe entre l'ame d'un sage et celle d'un fou, il la font consister en ce qu'un fou cède aux passions, et considère comme un mal ou comme un bien les choses qui les produisent, au lieu que le sage les ressent à la vérité, mais en porte toujours un jugement solide et conforme à la raison; et encore que son ame souffre ce trouble par nécessité, elle n'en est pas moins fixée d'une manière inébranlable sur les objets que la raison lui prescrit de fuir ou de rechercher. J'ai rapporté ceci de mon mieux, non plus élégamment qu'Aulu-Gelle, qui dit l'avoir lu dans le livre d'Épictète, mais au moins plus succinctement, et à mon avis plus clairement.

S'il en est ainsi, la différence entre le sentiment des stoïciens et celui des philosophes touchant les passions, est nulle ou peu s'en faut, puisque les uns et les autres prétendent qu'elles ne dominent point sur l'ame du sage ; et quand les stoïciens disent que le sage n'y est point sujet, ils n'entendent autre chose par-là, sinon que sa sagesse n'en reçoit aucune atteinte. Or, elles arrivent au sage, sans cependant troubler la sérénité de son ame par la présence de ce qu'ils appellent commodités ou incommodités ; mais quoiqu'ils ne veuillent pas les nommer des biens ou des maux, il est pourtant hors de doute que si ce philosophe dont parle Aulu-Gelle, n'eût point tenu compte de sa vie et des autres choses qu'il était près de perdre en faisant naufrage, le danger qu'il courait ne l'aurait pas fait pâlir. Il est dès-lors incontestable que quand les stoïciens disent qu'il ne faut point appeler ces choses extérieures biens, mais commodités, ce n'est qu'une dispute de mots. Eh! qu'importe comment on les nomme, du moment qu'un stoïcien n'en redoute pas moins la perte qu'un péripatéticien, et que l'un et l'autre en portent le même jugement, tout en leur donnant un nom différent? Il est vrai qu'ils disent tous deux que si l'on voulait les obliger à commettre un crime, et qu'ils ne pussent l'éviter que par la perte de ces biens ou de ces commodités, ils aimeraient mieux les perdre que de ne rien faire qui violât la justice. C'est ainsi qu'une ame, qui demeure ferme dans ce sentiment, ne souffre point que les passions prévalent contre la raison, bien qu'elle les ressente dans la partie inférieure d'elle-même : au contraire, elle leur commande avec empire, et la résistance généreuse qu'elle leur oppose ne sert qu'à affermir davantage le règne de la vertu. Tel Virgile a représenté son Énée, quand il dit : « En vain ses yeux versent » des larmes ; sa raison ne peut être ébranlée (1). »

(1) Eneid., 4.

CHAPITRE V.

Les passions qui assiégent les cœurs vraiment chrétiens, loin de les pousser au vice, exercent leur vertu.

Il n'est pas nécessaire maintenant de nous arrêter à montrer en détail ce qu'enseigne sur les passions l'Écriture Sainte, qui contient la science des chrétiens. Il suffit de dire en général qu'elle soumet à Dieu l'ame même pour en être conduite et aidée, et qu'elle assujétit à l'ame les passions pour les régler et les modérer de telle sorte qu'elles servent à la vertu. Dans notre Religion, on ne demande pas tant si l'on se met en colère, que la raison pour laquelle on s'y met; et si l'on a de la tristesse ou de la crainte, que la cause qui produit l'une ou l'autre. En effet, je ne sais si l'on peut raisonnablement blâmer une personne qui s'emporte contre un pécheur pour le corriger; qui s'afflige de la misère d'autrui pour la soulager, et qui craint pour un homme en danger, afin de l'empêcher de périr. Les stoïciens, il est vrai, condamnent ordinairement la pitié, mais combien serait-il plus honnête à un stoïcien de compâtir aux malheurs d'un affligé, que de craindre un naufrage? Cicéron en parle bien mieux et d'une manière bien plus conforme à l'humanité et à la piété, lorsque, pour louer César, il lui dit: « De ce grand nombre de vertus qui brillent

» en vous, la plus touchante et la plus admirable de
» toutes est la miséricorde. » Mais qu'est la miséricorde, sinon la part que prend notre cœur à la misère d'autrui (1), sentiment qui nous porte à le secourir autant que nous le pouvons? Or, ce mouvement de l'ame sert la raison, lorsqu'il est réglé par la justice, comme lorsqu'on assiste un pauvre, ou qu'on pardonne à un pécheur qui se répent. Cicéron, dont les expressions sont si bien choisies, n'hésite point à appeler vertu, cette douce pitié que les stoïciens n'ont point rougi de mettre au nombre des vices. Cependant, ils tiennent que l'ame du sage est susceptible de ces passions, quoiqu'ils veuillent qu'il soit exempt de tout vice : ce qui montre bien qu'en effet ils ne croient pas que ce soient des vices, et qu'ainsi leur opinion n'est point différente de celle des péripatéticiens. Mais, comme dit l'orateur romain, ce n'est pas d'aujourd'hui que la vanité des Grecs se butte à un mot, petits esprits plus amoureux de la dispute que de la vérité. On pourrait néanmoins encore demander si ce n'est point un effet de la faiblesse inhérente à cette vie passagère, d'endurer ces passions dans le bien même que nous faisons. Quant aux saints anges, quoiqu'ils punissent sans émotion et sans colère ceux que la loi éternelle de Dieu leur ordonne de punir, qu'ils assistent les misérables sans compassion de leur misère, et secourent

(1) *Alienæ* MISERIÆ *in nostro* CORDE *compassio ; nam cum afflicto cor verè humanum reipsâ patitur, et ob hanc causam contristatum est pro isto, ut liberetur.* (Note des nouveaux éditeurs.)

sans crainte ceux qu'ils aiment au moment du danger; toutefois, l'usage fait que l'on parle d'eux comme s'ils étaient touchés de ces affections, à cause de la ressemblance de leurs actions avec les nôtres. C'est ainsi que Dieu même, selon l'Écriture, s'irrite sans cependant être affecté d'aucune passion; parce que l'on ne regarde en cela que l'effet de la vengeance, et non la disposition intérieure de son esprit.

CHAPITRE VI.

De quelles passions sont agités les démons, suivant Apulée, qui les fait intercéder pour les hommes auprès des dieux.

Réservons-nous de traiter plus tard cette question des saints anges, et voyons comment les platoniciens disent que les démons, qui tiennent le milieu entre les dieux et les hommes, sont sujets à toutes ces passions. S'ils n'y étaient véritablement sujets, Apulée ne dirait pas que leur esprit en est agité comme de violentes tempêtes. Cet esprit, ou la partie supérieure de leur ame, par laquelle ils sont raisonnables, et où la vertu et la sagesse, s'ils en avaient aucune, devraient calmer les mouvemens impétueux de la partie inférieure; leur esprit, dis-je, est donc sujet aux passions les plus orageuses, de l'aveu même de ce philosophe platonicien. Il résulte de là qu'ils sont esclaves de la convoitise, de la colère, de la crainte et des autres mouvemens de cette nature. Quelle partie donc est libre en eux et capable de sagesse pour pouvoir plaire aux dieux et faire du bien aux hommes, par égard pour les vertus qui leur sont communes, lorsque leur esprit, accablé sous la tyrannie des passions, emploie avec d'autant plus d'ardeur tout ce qu'il a naturellement d'astuce et de finesse pour tromper, qu'il est possédé d'un plus violent désir de nuire et de mal faire?

CHAPITRE VII.

Les platoniciens affirment que les fictions des poètes ont déshonoré les dieux, en leur attribuant des affections opposées, ce qui ne convient qu'aux démons.

Quelqu'un dira peut-être que quand les poètes feignent que les dieux aiment ou haïssent certains hommes, cela ne doit pas s'entendre de tous les démons, mais seulement des mauvais, c'est-à-dire de ceux qu'Apulée affirme être agités des mouvemens impétueux des passions. Mais comment admettre cette excuse, lorsqu'Apulée ne s'explique ainsi qu'après avoir avancé que les démons tiennent le milieu entre les dieux et les hommes, à cause de leurs corps aériens, sans établir entre eux aucune distinction; ce qui prouve qu'il parle de tous les démons? Il fait consister la fiction des poètes, en ce qu'ils disent que ce sont les dieux qui sont ainsi partagés d'affections pour les hommes; au lieu qu'il prétend que ce sont les démons, vu que les dieux sont exempts de ces faiblesses, et par la parfaite tranquillité de leur nature, et par le lieu même qu'ils occupent. La fiction des poètes consiste donc à appeler dieux ceux qui ne le sont pas, et à dire que, sous le nom de dieux, ils combattent entre eux pour les hommes qu'ils aiment ou qu'ils haïssent, selon le parti qu'ils ont adopté. Il ajoute que ces fictions ne sont pas bien éloignées de la vérité, attendu qu'il ne s'agit que d'attribuer aux démons ce qu'elles attribuent aux dieux. De là vient, dit-il, cette Minerve d'Homère qui empêcha Achille d'outrager Agamemnon. Il veut donc que Minerve ne figure ici que par une fiction poétique, parce que, selon lui, Minerve est une déesse qui réside dans la plus haute région de l'air, bien loin du commerce des hommes, parmi les dieux qu'il répute tous bons et heureux. Mais qu'il y ait eu un démon favorable aux Grecs et contraire aux Troyens, et un autre ami des Troyens et opposé aux Grecs, à qui le même poète donne le nom de Vénus ou de Mars, c'est-à-dire de dieux qu'Apulée place dans les demeures célestes, et qui ne pensent point à ces sortes de choses, et que ces démons aient combattu pour la défense du parti que chacun d'eux avait embrassé, c'est ce qui, à son avis, n'est pas éloigné de la vérité. Les poètes en effet n'ont dit cela que de ceux qu'il reconnaît être sujets à toutes les passions des hommes, et par conséquent pouvoir se partager d'affections pour eux, non pas selon la justice, mais comme le peuple, dans les chasses et les courses du cirque, suivant que la passion les transporte. Il semble vraiment que ce philosophe platonicien se soit seulement mis en peine d'empêcher que, lorsque les poètes rapportent ces choses, on ne les attribuât pas aux démons qui tiennent le milieu entre les dieux et les hommes, mais aux dieux même dont les poètes empruntent les noms.

CHAPITRE VIII.

Des dieux célestes, des démons aériens et des hommes terrestres, suivant la définition d'Apulée.

Les termes dont il se sert pour définir les démons n'établissent-ils pas jusqu'à l'évidence qu'il entend parler de tous, lorsqu'il dit que les démons sont des êtres du genre animal sujets aux passions, doués d'une ame raisonnable, revêtus d'un corps aérien, et éternels de leur nature? Or, ces cinq qualités ne distinguent en rien les démons, je ne dis pas des plus honnêtes gens, mais des hommes les plus pervers. Voici en effet comment il définit les hommes dans un autre endroit de son ouvrage : « Les hommes que distinguent la raison
» et l'usage de la parole, une ame immortelle et des
» membres caducs, l'esprit léger et inquiet, le corps
» faible et corruptible, des mœurs différentes et des
» erreurs semblables, une audace opiniâtre, une es-
» pérance tenace; les hommes dont les travaux sont
» vains et la fortune inconstante, mortels en particu-
» lier, tous ensemble immortels, se succédant les uns
» aux autres par une suite continuelle de générations,

» dont le temps est court, la sagesse tardive, la mort
» prompte, la vie fâcheuse; les hommes, dis-je, ha-
» bitent la terre. » Parmi tant d'attributs qui conviennent à plusieurs hommes, a-t-il oublié ce qu'il
savait être propre à un petit nombre de personnes,
cette sagesse qui vient si tard? En effet, s'il eût omis
d'en parler, sa définition de l'homme, malgré toute
son exactitude, n'aurait pas été complète. De même
que, pour exalter l'excellence de la nature des dieux,
il assure qu'ils possèdent éminemment cette béatitude
à laquelle les hommes s'efforcent d'arriver par la sagesse; ainsi, s'il voulait que l'on crût qu'il y a de bons
démons, il aurait mis aussi dans la description qu'il
en fait, quelque chose qui donnerait lieu de penser
qu'ils ont quelque part à la béatitude des dieux ou à la
sagesse des hommes. Mais il ne leur attribue rien de ce
qui différencie les bons des méchans, quoiqu'il ne les
représente pas aussi méchans qu'ils le sont, non pas
tant de peur de les offenser, que de crainte de choquer
leurs adorateurs, devant qui il parlait. Cependant, il
donne assez à entendre aux esprits éclairés quelle opinion ils doivent avoir des démons, puisque, d'un
côté, il dit que les dieux, qu'il répute tous bons et
heureux, sont entièrement exempts de leurs passions,
ne trouvant rien de commun entre eux, si ce n'est
leurs corps qui sont immortels; et que, de l'autre, il
inculque que l'ame des démons ne les rend pas semblables aux dieux, mais aux hommes, et que cette
ressemblance même qu'ils ont avec les hommes ne
consiste pas en ce qu'ils possèdent la sagesse, ce dont
les hommes sont capables, mais en ce qu'ils sont sujets

aux passions qui tyrannisent les méchans, et que les sages et les gens de bien règlent de telle sorte qu'ils aimeraient mieux toutefois ne les point éprouver que de les vaincre. Si, par l'immortalité qu'il dit être commune aux dieux et aux démons, il voulait que l'on entendît celle des esprits, et non celle des corps, il ne distinguerait pas en cela les hommes des démons, puisque, comme philosophe platonicien, il est indubitable qu'il croyait que les esprits des hommes sont aussi immortels. De fait, dans la définition qu'il donne des hommes, et que nous venons de rapporter, il leur attribue, entre autres choses, « une ame immortelle » et des membres caducs. » Conséquemment, si les hommes ne partagent pas l'éternité avec les dieux, à cause qu'ils ont des corps mortels, il s'ensuit que les démons n'ont part à cette éternité que parce que leurs corps sont immortels comme ceux des dieux.

CHAPITRE IX.

L'intercession des démons peut-elle assurer aux hommes la bienveillance des dieux ?

Quels sont donc ces médiateurs entre les dieux et les hommes, à qui les hommes doivent s'adresser pour acquérir la bienveillance des dieux, qui ont commune avec les hommes la partie la plus excellente dans les hommes et la plus corrompue en eux, c'est-à-dire l'esprit, et avec les dieux celle qui est la plus noble en eux et la moindre en l'homme, c'est-à-dire le corps ? Puisque l'homme est composé d'ame et de corps, et que l'ame, quoique faible et vicieuse, est sans contredit plus excellente que le corps, quelque sain et vigoureux qu'il soit ; de même que l'or ne laisse pas, pour être terni, de l'emporter sur l'argent ou le plomb le plus pur ; ces médiateurs entre les dieux et les hommes, qui joignent, pour ainsi dire, la terre avec le ciel, ont d'éternel le corps qui leur est commun avec les dieux, et de vicieux, l'esprit qui leur est commun avec les hommes : comme si la Religion, dont ces philosophes font le lien des hommes avec les dieux par l'entremise des démons, consistait dans le corps et non pas dans l'esprit. Pour quel crime ces faux et trompeurs médiateurs sont-ils donc comme pendus la tête en bas, en sorte qu'ils ont ainsi la partie inférieure de l'animal, c'est-à-dire le corps, commune avec les natures supérieures : et la partie supérieure, c'est-à-dire l'esprit, commune avec les inférieures : unis avec les dieux célestes par la partie qui obéit, et malheureux avec les hommes terrestres par celle qui commande ? Car le corps est sujet à l'esprit ; et comme dit Salluste, « l'esprit commande et le corps obéit. » Cet historien ajoute que l'un nous est commun avec les dieux, et l'autre avec les bêtes, parce qu'il parlait des hommes qui ont un corps mortel comme les bêtes ; mais pour ceux-ci, que les philosophes ont eu soin d'établir médiateurs entre nous et les dieux, ils peuvent dire aussi, à la vérité, que l'un leur est commun avec les dieux et l'autre avec les hommes ; et toutefois, je le répète, comme ils sont en quelque façon pendus la tête en bas, c'est le corps qui leur est commun avec les premiers, et l'ame avec les autres, c'est-à-dire qu'ils sont grands et élevés par la partie inférieure, et qu'ils sont petits et humiliés par la supérieure. Ainsi, leur corps, qui ne se sépare jamais de leur esprit, comme celui des autres animaux, ressemble moins à un palais éternel de gloire, qu'à une prison qui les rend éternellement malheureux.

CHAPITRE X.

Les hommes, au jugement de Plotin, sont moins malheureux dans des corps mortels, que les démons avec leurs corps éternels.

Le philosophe Plotin, qui vivait à une époque peu éloignée de nos jours (1), et qu'on loue d'avoir mieux entendu Platon que les autres, dit à propos de l'ame de l'homme : « Le Père, qui est plein de miséricorde » lui a fait des liens mortels. » Il a donc cru que c'est une miséricorde de Dieu d'avoir donné aux hommes un corps mortel, afin qu'ils ne soient pas toujours sujets aux misères de cette vie. Or, les démons ont été jugés indignes de cette miséricorde; et quoique sujets

(1) Ce philosophe, dont Porphyre a écrit la vie, mourut au commencement du règne de l'empereur Aurélien, vers l'an 270 de J. C.; et cette partie de la Cité de Dieu a été composée vers 415, c'est-à-dire environ 145 ans après la mort de Plotin. (*Note des nouveaux éditeurs.*)

aux misères et aux passions des hommes, ils n'ont pas laissé de recevoir un corps immortel. En effet, ils seraient plus heureux que les hommes, s'ils avaient comme eux un corps mortel, et une ame bienheureuse comme les dieux. Ils seraient égaux aux hommes si, avec une ame misérable, ils avaient au moins mérité d'avoir un corps mortel comme eux, pourvu toutefois qu'ils fussent capables de quelque piété, afin que leur misère finît du moins à la mort. Mais maintenant, non-seulement ils ne sont pas plus heureux que les hommes, puisque leur ame est misérable comme la leur, mais ils sont même plus malheureux, puisque leur corps éternise leur misère. Apulée, loin de prétendre en effet que les démons deviennent des dieux par leurs progrès dans la piété et dans la sagesse, déclare au contraire positivement que leur nature est éternelle.

CHAPITRE XI.

Les platoniciens pensent que les ames des hommes deviennent des démons après leur mort.

Il dit, je le sais, que les ames des hommes sont aussi des démons, et que les hommes deviennent des lares ou des génies domestiques lorsqu'ils ont bien vécu, et des lémures ou des larves s'ils ont été méchans; et que, dans l'incertitude de leur bonté ou de leur malice, on les appelle dieux mânes. Il est aisé de voir, avec un peu de réflexion, quelle large porte cette opinion ouvre au vice; attendu que plus les hommes auront de penchant à nuire, plus ils seront méchans, dans l'idée qu'ils sont destinés à devenir spectres ou mânes, et qu'après leur mort, on leur offrira des sacrifices et des honneurs divins pour les inviter à faire du mal ; car le même Apulée affirme que les larves sont de mauvais démons qui ont été autrefois des hommes : ce qui donnera lieu à l'examen d'une autre question. Or, il nous apprend que c'est pour cette raison que les Grecs appellent les bienheureux *eudémons*, parce que ce sont de bonnes ames, c'est-à-dire de bons démons ; par où il témoigne que les ames des hommes sont aussi des démons.

CHAPITRE XII.

Des trois contraires qui, suivant Platon, différencient la nature des démons et des hommes.

Mais nous ne parlons maintenant que des véritables démons qu'Apulée a décrits comme des animaux qui tiennent le milieu entre les dieux et les hommes, doués d'une ame raisonnable, sujets aux passions, revêtus d'un corps aérien et éternels de leur nature. Après avoir placé les dieux au ciel et les hommes sur la terre, et les avoir distingués les uns des autres, tant par la distance des lieux, que par la dignité de leur essence, il conclut ainsi : « Vous avez donc, dit-il, deux sortes » d'êtres animés, les dieux qui diffèrent extrêmement

» des hommes par la hauteur du lieu qu'ils occupent,
» par la durée perpétuelle de leur vie, et par la per-
» fection de leur nature : en sorte qu'il n'y a entre eux
» aucune communication, vu que le ciel est séparé de
» la terre par un si grand espace; que là règne une
» vie éternelle et indestructible, au lieu que la vie de
» l'homme est faible et mortelle; et que les esprits
» des dieux sont comblés d'une béatitude glorieuse,
» tandis que ceux des hommes languissent dans la mi-
» sère. » Je vois qu'il parle ici de trois qualités contraire des deux natures extrêmes, c'est-à-dire de la plus
haute et de la plus basse. Il mentionne du côté des
dieux, l'habitation élevée, l'éternité, et la béatitude;
et du côté des hommes, le lieu bas, la mortalité et la
misère.

CHAPITRE XIII.

Comment les démons, qui ne participent ni à la béatitude des dieux, ni à la misère des hommes, peuvent-ils être médiateurs entre les deux parties ?

Entre ces trois points qui partagent les dieux et les hommes, il n'y a point de difficulté pour le lieu à l'égard des démons qu'Apulée place entre les uns et les autres; car il est évident qu'entre le lieu le plus haut et le plus bas, il y a un milieu. Mais il reste deux choses de part et d'autre qu'il faut bien examiner, pour voir si elles sont étrangères aux démons, ou au cas qu'elles leur appartiennent, comment elles s'accordent avec leur position mitoyenne. Or, elles ne sauraient leur être étrangères. Par la même raison que l'on dit que le milieu n'est ni le plus haut ni le plus bas lieu, on ne saurait dire que les démons, qui sont des animaux raisonnables, ne sont ni heureux ni malheureux. Nous pouvons fort bien le dire des plantes et des bêtes, parce qu'elles sont privées de raison ou de sentiment; mais des ames douées de raison sont nécessairement heureuses ou malheureuses. Nous ne pouvons pas dire non plus que les démons ne sont ni mortels ni immortels; puisque tout ce qui a vie, ou vit toujours, ou meurt enfin : outre qu'Apulée prétend que les démons sont éternels. Que reste-t-il donc, sinon que les démons qui tiennent le milieu entre les natures extrêmes participent en quelque chose de l'une et de l'autre ? S'ils ont en effet les deux choses qui restent de la nature la plus haute, ou les deux de la plus basse, ils ne tiendront plus le milieu, mais ils rentreront de fait dans l'une ou dans l'autre nature. Mais comme ils ne peuvent pas être privés de l'une et de l'autre de ces deux choses, ainsi que nous l'avons établi, il faut, pour tenir le milieu, qu'ils en prennent une de chaque côté. Dans l'impossibilité d'avoir l'éternité, de la nature la plus basse, parce qu'elle ne l'a pas elle-même, il doivent la prendre de la plus haute ; et par conséquent, pour rendre leur médiation complète, il ne leur reste à prendre de la plus basse que la misère.

Ainsi, selon les platoniciens, les dieux qui occupent la plus haute partie du monde possèdent une éternité bienheureuse ou une béatitude éternelle ; les hommes qui tiennent la plus basse, une misère caduque ou une caducité misérable; et les démons qui sont au milieu, une misère immortelle ou une misérable immortalité. Au reste Apulée, par les cinq choses qu'il attribue aux démons dans la définition qu'il en a donnée, n'a pas montré, comme il l'avait promis, qu'ils soient médiateurs entre les dieux et les hommes. Ils ont, dit-il, trois choses communes avec nous, le genre animal, l'ame raisonnable et l'esprit passible; il ajoute qu'ils en ont une qui leur est commune avec les dieux, savoir, l'éternité, et une qui leur est propre, un corps aérien. Comment donc sont-ils médiateurs entre la plus haute et la plus basse nature, lorsqu'ils n'ont qu'une chose commune avec la première, et qu'ils en ont trois qu'ils partagent avec l'autre? Qui ne voit combien ils s'éloignent du milieu et s'inclinent vers la partie la plus basse? Toutefois on pourrait encore trouver qu'ils occupent le milieu, en alléguant que, de ces cinq choses, il y en a une qui leur est propre, savoir un corps aérien, de même que les dieux et les hommes en ont aussi une qui leur est respectivement particulière, les dieux un corps céleste et les hommes un terrestre; qu'il y en a deux qui sont communes à tous, d'êtres animaux et raisonnables (car Apulée dit, en parlant des dieux et des hommes : « Vous avez deux sortes d'êtres animés; » et les platoniciens n'ont coutume de parler des dieux que comme d'esprits raisonnables); et pour les deux autres qui restent, une ame passible et une nature éternelle, ils ont la première commune avec les hommes, et l'autre avec les dieux, ce qui les tient dans un parfait équilibre entre les uns et les autres. Or, c'est en ces deux choses que consiste l'éternité malheureuse ou la misère éternelle des démons. Véritablement celui qui a dit qu'ils sont sujets aux passions, aurait aussitôt dit qu'ils sont misérables, s'il n'en eût rougi pour leurs adorateurs. Mais puisque du propre aveu de ces philosophes, le monde est gouverné par la providence de Dieu, et non par la fortune aveugle et téméraire, il faut conclure que la misère des démons ne serait point éternelle si leur malice n'était énorme.

Si l'on a raison d'appeler les bienheureux de bons démons, on ne peut pas appeler bons démons ceux que ces philosophes ont placé entre les dieux et les hommes. Où mettra-t-on donc ces bons démons, qui, élevés au-dessus des hommes et rabaissés au-dessous des dieux, prêtent leur assistance à ceux-là et leur ministère à ceux-ci? S'ils sont bons et éternels, ils sont sans doute éternellement bienheureux. Or, cette félicité éternelle ne leur permet pas de tenir le milieu entre les dieux et les hommes; parce qu'elle les approche autant des premiers, qu'elle les éloigne des autres. Il suit de là que ces philosophes s'efforcent en vain de montrer comment les bons démons, s'ils sont immortels et bienheureux, tiennent un milieu entre les dieux heureux et immortels, et les hommes mortels et misérables; car, du moment qu'ils partagent avec les dieux la béatitude et l'immortalité, deux qualités auxquelles les hommes ne participent point, n'y a-t-il pas plus de raison de dire qu'ils sont fort éloignés des hommes et fort proches des dieux, que de prétendre qu'ils tiennent le milieu entre les dieux et les hommes? Cela serait bon s'ils avaient deux qualités qui leur fussent communes, non avec deux autres qualités des dieux ou des hommes, mais avec une de chacun d'eux. C'est ainsi que l'homme est en quelque façon un être mitoyen entre les bêtes et les anges. Puisque la bête est un animal sans raison et mortel, et l'ange un animal raisonnable et immortel, on peut dire que l'homme est entre les deux, au-dessous des anges et au-dessus des bêtes, mortel avec les bêtes, et raisonnable avec les anges ; en un mot, animal raisonnable et mortel. Lors donc que nous cherchons un terme moyen entre les bienheureux immortels et les misérables mortels, il faut, pour le trouver, ou qu'un mortel soit bienheureux, ou un immortel, misérable.

CHAPITRE XIV.

Les hommes peuvent-ils dans cette vie mortelle posséder la vraie béatitude ?

C'est une grande question parmi les hommes de savoir si un homme peut être mortel et bienheureux. Quelques-uns, considérant humblement leur condition, ont dit que l'homme est incapable de la félicité tant qu'il est mortel ; d'autres, au contraire, qui concevaient une haute idée de leur nature, ont osé assurer que les sages peuvent être heureux dès cette vie. Si cela est, que ne place-t-on plutôt ces sages entre les mortels malheureux et les bienheureux immortels, puisqu'ils ont la béatitude avec ceux-ci, et la mortalité avec ceux-là? Sans doute, s'ils sont bienheureux, ils ne portent envie à personne ; car il n'y a rien de plus misérable que l'envie. Qu'ils s'efforcent donc de tout leur pouvoir d'aider les misérables mortels à acquérir la béatitude, afin qu'ils puissent aussi être immortels après leur mort, et associés aux anges immortels et bienheureux.

CHAPITRE XV.

De Jésus-Christ, qui s'est fait homme pour être médiateur entre Dieu et les hommes.

Mais s'il est nécessaire, comme tout donne lieu de le croire, que les hommes soient malheureux tant qu'ils sont mortels, il faut chercher un médiateur qui ne soit pas seulement homme, mais dieu, afin que sa nature mortelle, et cependant bienheureuse, nous conduise de la misère mortelle à la bienheureuse immortalité. Il ne fallait pas que ce médiateur ne fût point mortel, ni aussi qu'il demeurât toujours mortel. Certainement il a été fait mortel, non par aucune altération de la divinité du Verbe, mais par le revêtissement de notre infirmité : et d'ailleurs il n'est pas toujours demeuré dans une chair mortelle, mais il l'a ressuscitée des morts, parce que le fruit de sa médiation est de ne pas laisser, même dans une chair éternellement sujète à la mort, ceux pour la délivrance desquels il a été fait médiateur. Ainsi, il fallait que celui qui est médiateur entre Dieu et nous eût une mortalité passagère et une félicité permanente, afin d'être conforme aux hommes mortels par ce qui devait passer en lui, et de les faire passer de leur état mortel à ce qu'il a de stable et de permanent. Les bons anges ne peuvent conséquemment tenir le milieu entre les malheureux mortels et les bienheureux immortels, par la raison qu'ils sont eux-mêmes bienheureux et immortels ; mais les mauvais anges le peuvent, en ce qu'ils sont immortels avec les uns et malheureux avec les autres. A ceux-ci est opposé le bon médiateur qui, contre leur immortalité et leur misère, a voulu être mortel pour un temps, et a pu demeurer toujours bienheureux ; c'est ainsi que, par l'humilité de sa mort et par la gloire de sa béatitude, il a dompté ces superbes immortels et ces méchans malheureux, et les a empêchés de séduire, sous prétexte de leur immortalité, et de rendre misérables ceux dont il a purifié les cœurs par la foi qu'il leur a inspirée, et qu'il a délivrés de la domination de ces esprits immondes.

Quel médiateur l'homme mortel et misérable, infiniment éloigné des immortels et des bienheureux, choisira-t-il donc pour parvenir à l'immortalité et à la béatitude ? Ce qui peut plaire dans l'immortalité des démons est misérable, et ce qui peut choquer dans la nature mortelle de Jésus-Christ n'existe plus. Là est à redouter une misère éternelle ; ici la mort n'est point à craindre, parce qu'elle ne saurait être éternelle, et la béatitude y est souverainement aimable, puisqu'elle durera éternellement. L'immortel malheureux ne tient en effet le milieu que pour nous empêcher d'arriver à l'immortalité bienheureuse, attendu que la misère qui empêche d'y parvenir subsiste toujours en lui ; et au contraire le mortel bienheureux ne s'est rendu médiateur qu'afin qu'au sortir de cette vie il rendît les morts immortels, comme il l'a montré en sa propre personne par sa résurrection, et que des misérables parvinssent à la félicité que lui-même n'a jamais perdue. Il y a donc un mauvais intermédiaire qui sépare les amis, et un bon intermédiaire qui réconcilie les ennemis. Et s'il y a plusieurs intermédiaires qui séparent, c'est que la multitude des bienheureux ne jouit de la béatitude que par l'union qu'elle a avec un seul Dieu; tandis que la multitude des mauvais anges, dont le malheur tient à ne pas participer à cette union, excite par son grand nombre un bruit et un murmure confus, afin de nous détourner de la voie qui conduit à ce bien unique d'où dépend notre bonheur et pour lequel nous n'avions pas besoin de plusieurs, mais d'un seul médiateur, et de celui-là même dont la communication nous rend bienheureux, c'est-à-dire du Verbe de Dieu, qui n'a pas été fait et qui a fait toutes choses. Toutefois il n'est pas médiateur parce qu'il est Verbe : comme tel il possède une immortalité et une béatitude souveraines qui l'éloignent infiniment des misérables mortels ; mais il est médiateur en tant qu'homme. Il montre de la sorte qu'il n'est pas nécessaire, pour parvenir à la béatitude, que nous cherchions d'autres médiateurs, lorsque le Dieu bienheureux et source de la béatitude, en s'associant à notre humanité, nous a abrégé le chemin pour arriver à la jouissance de sa divinité. Lorsqu'il nous délivre ainsi de cette vie mortelle et misérable, il ne nous conduit pas parmi ses anges immortels et bienheureux, pour nous rendre par là bienheureux et immortels, mais il nous unit à cette Trinité souveraine qui fait le bonheur des anges même. Aussi, quand, pour être médiateur, il a daigné s'abaisser au-dessous des anges en prenant la nature d'esclave (1), il est toujours demeuré au-dessus d'eux par sa nature divine ; le même étant ici-bas le chemin de la vie, qui dans le ciel est la vie même.

CHAPITRE XVI.

Les platoniciens ont-ils raison de prétendre que les dieux seraient souillés s'ils communiquaient avec les hommes, qui ont recours à l'assistance des démons pour se concilier la faveur des dieux ?

Certes, Apulée en impose lorsqu'il rapporte que Platon a dit qu'aucun dieu n'a communication avec les hommes. Il ajoute que la marque la plus illustre de la grandeur des dieux, c'est qu'ils ne sont souillés d'aucun attouchement humain. Il avoue donc que les démons en sont souillés ; et, par conséquent, ils ne peuvent rendre purs ceux qui les souillent, et ils sont tous également impurs, les démons par le commerce

---

(1) Philip., 2, 7.

des hommes, et les hommes par le culte des démons. Ou si les démons peuvent communiquer avec les hommes sans en être souillés, assurément ils sont à préférer aux dieux que ce commerce souillerait; puisque l'on prétend qu'un des grands avantages des dieux consiste à être tellement élevés au-dessus des hommes par le lieu qu'ils occupent, qu'ils ne peuvent être souillés de leur fréquentation. Ce même philosophe affirme encore que Platon a écrit « que le Dieu
» souverain, créateur de toutes choses, et que nous
» nommons le vrai Dieu, est le seul qui soit au-dessus
» de toutes nos expressions; et que c'est tout ce que
» peuvent faire les sages, en se détachant du corps,
» autant qu'il est possible, par la vigueur de leur es-
» prit, d'en comprendre quelque chose, et que le peu
» même qu'ils en comprennent n'est que comme une
» lumière très pure qui passe aussi vîte qu'un éclair,
» après avoir percé l'épaisseur de profondes ténèbres. »
S'il est vrai que ce Dieu, vraiment élevé au-dessus de toutes choses, soit quelquefois présent à l'ame des sages d'une manière spirituelle et ineffable (quoique cette présence passe comme un éclair), sans en recevoir aucune souillure, pourquoi loge-t-on ces dieux si loin des hommes, de peur que leur commerce ne les souille? Ne suffit-il pas de voir ces corps célestes dont la lumière éclaire la terre autant qu'elle en a besoin (1)? Que si les astres ne sont point souillés lorsque les hommes les regardent, et si les démons ne le sont pas

---

(1) Les platoniciens disaient que ces corps étaient les dieux visibles.

non plus, encore qu'ils en soient vus de plus près, n'est-ce point que ces dieux visibles seraient souillés par la voix des hommes dont les yeux ne les souillent pas, et que c'est pour cela que les démons sont placés dans la moyenne région, afin de porter aux dieux la voix des hommes et de conserver leur pureté intacte ? Parlerai-je des autres sens ? Quand les dieux seraient présens, ils ne pourraient être souillés par l'odorat, et les démons même, qui sont en effet présens, ne peuvent être souillés par les vapeurs qui sortent des corps vivans, dès qu'ils ne le sont pas par tant d'odeurs fétides qui s'exhalent des corps morts des victimes qu'on leur immole. Pour le goût, comme les dieux n'ont pas besoin de manger pour s'empêcher de mourir, la faim ne les oblige point de demander des alimens aux hommes. Quant au toucher, cela dépendrait d'eux; car bien que le contact se réfère particulièrement à ce sens, il ne tiendrait cependant qu'à eux de communiquer avec les hommes, de les voir et d'en être vus, de les entendre et d'en être entendus. Mais quelle nécessité pour les dieux de se mettre en contact avec les hommes? Ceux-ci se trouveraient assez heureux de voir ou d'entendre les dieux ou les bons démons, et n'oseraient pas en demander davantage. Lors même que leur curiosité les porterait jusque là, comment pourraient-ils toucher un dieu ou un démon malgré lui, eux qui ne sauraient toucher un oiseau s'ils ne l'ont pris ?

Les dieux pourraient donc fort bien communiquer corporellement avec les hommes, en se laissant seulement voir à eux et en leur parlant. Prétendre que ce commerce les souillerait, quoiqu'il ne souille pas les démons, c'est avancer, comme je l'ai dit plus haut, que les dieux peuvent être souillés, et que les démons ne sauraient l'être. Mais si les démons en sont aussi souillés, en quoi servent-ils aux hommes pour l'acquisition de la félicité qui doit suivre cette vie, du moment que leur propre souillure s'oppose à ce qu'ils rendent les hommes purs et capables d'être unis aux dieux? S'ils ne remplissent pas cet objet spécial de leur médiation, n'est-elle pas absolument inutile aux hommes? Serait-ce qu'ils ne sont pas médiateurs pour faire passer les hommes, après leur mort, avec les dieux, mais afin de demeurer avec eux couverts des mêmes souillures? Mais, en ce cas, les uns et les autres ne sont-ils pas également misérables? A moins qu'on ne dise que les démons, comme des éponges, nettoient tellement les hommes, qu'ils deviennent eux-mêmes d'autant plus sales qu'ils rendent les hommes plus purs. Que si cela est, il en résultera que les dieux qui ont évité le commerce des hommes, de crainte de se souiller, sont infiniment plus souillés de celui des démons. Mais il dépend peut-être des dieux de purifier les démons souillés par les hommes sans se souiller eux-mêmes, ce qu'ils n'ont pas le pouvoir de faire à l'égard des hommes. Qui pourrait le croire, à moins que d'être totalement aveuglés par les démons? Quoi! si l'on est souillé pour voir ou pour être vu, les dieux seront vus des hommes, puisqu'Apulée dit que ce sont les astres et les corps célestes qui éclairent le monde; et les démons, qu'on ne peut voir s'ils ne le veulent, seront plus à couvert qu'eux de cette corruption? Que si l'on n'est pas souillé pour être vu, mais pour voir, qu'ils ne disent donc point que les astres, qu'ils croient être les dieux, voient les hommes quand ils versent leurs rayons sur la terre. Cependant, ces rayons se répandent sur les objets les plus immondes sans en être contaminés ; et les dieux le seraient s'ils communiquaient avec les hommes, lors même qu'ils seraient obligés de les toucher pour les secourir ? Les rayons du soleil et de la lune touchent la terre, et néanmoins leur lumière n'en est pas moins pure.

CHAPITRE XVII.

L'homme, pour acquérir la vie éternelle et participer au souverain bien, n'a pas besoin de médiateurs tels que les démons, mais du seul vrai médiateur, qui est Jésus-Christ.

Au reste, je suis surpris comment de si savans hommes, qui comptent pour rien toutes les choses sensibles et corporelles au prix des choses incorporelles et intellectuelles, nous viennent parler d'attouchemens corporels, quand il s'agit de la béatitude. Où est ce mot de Plotin : « Il faut fuir vers cette belle et éclatante patrie, où l'on trouve le père de l'univers et avec lui toutes choses ; et pour y fuir, il faut devenir semblable à Dieu? » Si l'on est donc d'autant plus proche de Dieu qu'on lui devient plus semblable, on ne s'éloigne de lui qu'en s'écartant de sa ressemblance ; or, l'ame de l'homme ressemble d'autant moins à cet être éternel et immuable, qu'elle a plus de passion pour les choses muables et passagères. Pour la guérir de ce déréglement, comme il n'y a aucun rapport entre les choses mortelles et impures d'ici-bas et la pureté immortelle d'en haut, elle a besoin d'un médiateur, mais d'un médiateur qui n'ait pas un corps immortel comme la plus haute nature, ni un esprit malade comme la plus basse, de crainte qu'il ne nous envie notre guérison, plutôt qu'il ne nous aide à nous guérir ; mais qui soit tel que, s'étant uni à nous par le revêtissement d'un corps mortel, il nous donne un secours vraiment divin, pour nous purifier et nous délivrer par la justice immortelle de son esprit, qui l'a toujours maintenu dans le séjour de gloire, non par la distance des lieux, mais par sa ressemblance parfaite avec son Père. Ce Dieu, qui est la souveraine pureté, n'avait garde de craindre de se souiller par l'union de la nature humaine dont il s'est revêtu, ni par le commerce qu'il a eu comme homme avec les hommes ; car, entre les autres avantages que nous recevons de son incarnation, il nous a heureusement découvert ces deux choses qui ne sont pas peu importantes, que la vraie divinité ne peut être souillée par la chair, et qu'on ne doit pas croire que les démons valent mieux que nous pour n'en pas avoir une. « Ce médiateur entre Dieu et les » hommes est Jésus-Christ homme, » comme nous l'apprend la sainte Écriture (1). Mais ce n'est pas ici le lieu de parler, comme je le pourrais faire, de sa divinité par laquelle il est toujours égal à son Père, et

(1) I Tim., 2, 5.

de son humanité par laquelle il a bien voulu se rendre semblable à nous.

CHAPITRE XVIII.

Les démons, au lieu de nous servir de médiateurs auprès de Dieu, s'efforcent de nous éloigner du chemin de la vérité.

Au surplus, les démons sont de faux et cauteleux médiateurs, qui, pour avoir souvent décelé par leurs œuvres leur malice et leur misère, ne s'efforcent pas moins toutefois, par l'agilité de leurs corps aériens et par les lieux qu'ils occupent, de nous détourner des progrès que nous pourrions faire dans la vertu et dans la connaissance de la vérité. Bien loin de nous ouvrir la voie pour aller à Dieu, ils nous empêchent d'y marcher; puisqu'encore que nous ne puissions nous élever jusqu'à Dieu par la voie corporelle qui est remplie d'erreurs et de faussetés, mais par cette voie spirituelle, c'est-à-dire la ressemblance incorporelle que nous devons souhaiter d'avoir avec lui, ils ne laissent pas de nous fermer celle-là et de s'interposer entre nous et les dieux, au sentiment des amis des démons, qui croient que c'est une prérogative de la nature divine, afin qu'elle ne soit point souillée par le commerce des hommes. Ainsi, ils jugent plutôt que les démons sont souillés par les hommes, qu'ils ne pensent que les hommes soient purifiés par les démons; et ils estiment pareillement que les dieux même auraient pu être souillés par ceux-là, s'ils n'en étaient garantis par la hauteur du lieu qu'ils occupent. Qui serait si malheureux que de s'imaginer pouvoir être purifié par une voie où l'on dit que les hommes souillent, que les démons sont souillés, et que les dieux le peuvent être ; et de ne pas choisir celle où l'on évite les démons corrupteurs et où les hommes sont purifiés de toutes leurs souillures par le Dieu immuable, pour les faire entrer dans la société incorruptible des anges?

CHAPITRE XIX.

Le nom des démons, dans le langage même de leurs adorateurs, ne se prend jamais qu'en mauvaise part.

Comme quelques-uns des adorateurs des démons, et entre autres Labéon, disent qu'il y en a qui appellent anges ceux qu'eux nomment démons, je suis obligé, pour que nous ne paraissions pas nous amuser à disputer aussi sur les mots, de dire quelque chose des bons anges. Les platoniciens ne nient pas leur existence, mais ils aiment mieux leur donner le nom de bons démons que celui d'anges. Pour nous, nous voyons bien que l'Écriture, selon laquelle nous sommes chrétiens, dit qu'il y a de bons et de mauvais anges, mais nous ne voyons point qu'elle parle de bons démons. En quelque endroit de ce livre que l'on trouve ce mot de *démons*, il n'y est employé que pour signifier les malins esprits. Ce sens est tellement passé en usage parmi les hommes, qu'entre les payens même, qui veulent qu'on adore plusieurs dieux et plusieurs démons, il n'y en a aucun, quelque habile et savant qu'il soit, qui ose dire à son valet, pour le louer : Tu as un démon au corps ; et qui puisse douter qu'en lui parlant de la sorte on ne croie qu'il a voulu lui dire une injure. Mais qu'est-il besoin de nous étendre davantage sur ce mot, lorsqu'il n'est presque personne qui ne le prenne en mauvaise part, et que nous pouvons aisément éviter l'équivoque en nous servant de celui d'ange ?

CHAPITRE XX.

De la science qui rend les démons superbes.

Toutefois l'origine même du nom de démon, si nous consultons les livres saints, a quelque chose qui mérite d'être su. Ce nom vient d'un ancien mot grec, qui signifie *je sais* ; et les démons ont été nommés ainsi à cause de leur science. Or, l'Apôtre, qui était inspiré du saint Esprit, dit : « La science enfle, et la » charité édifie (1) ; » ce qui veut dire que la science ne sert que quand elle est accompagnée de la charité, et que sans la charité elle enfle le cœur et le remplit du vent de la vaine gloire. Les démons ont donc la

(1) I Corinth., 8, 1.

science, mais sans la charité; et c'est ce qui les rend tellement gonflés et superbes, qu'ils ont exigé pour eux les honneurs divins et le culte religieux qu'ils savent bien n'être dû qu'au vrai Dieu, et l'exigent encore tous les jours de ceux qu'ils espèrent séduire. A cet orgueil des démons, qui leur avait justement assujéti les hommes, Dieu a opposé l'humilité profonde qui l'a fait paraître sous la forme d'esclave; et les hommes dont les ames sont enflées par l'impureté de l'orgueil, et qui se sont rendus semblables aux démons, non en science, mais en vanité, ne savent pas de quelle vertu est cette prodigieuse humilité.

CHAPITRE XXI.

Les démons n'ont connu le Seigneur qu'autant qu'il lui a plu de se découvrir à eux.

Quant aux démons, ils le savent si bien, qu'ils ont dit au Seigneur, couverts d'une chair infirme : « Qu'y » a-t-il de commun entre nous et vous, Jésus de Na- » zareth? Êtes-vous venu pour nous perdre avant le » temps (1)? » Il est clair, par ces paroles, qu'ils avaient la connaissance d'un si grand mystère, mais qu'ils n'avaient point la charité. Assurément, ils n'aimaient pas en lui la justice; ils appréhendaient seulement qu'il ne les punît de leurs crimes. Or, ils l'ont

(1) Marc, 1, 24; et Matth., 8, 29.

connu autant qu'il l'a voulu, et il l'a voulu autant qu'il le fallait. Mais il s'est fait connaître à eux, non pas de la manière qu'il est connu des anges, qui jouissent de lui comme Verbe de Dieu, et participent à son éternité ; mais autant qu'il était nécessaire pour leur donner de la terreur, comme devant délivrer de leur tyrannie ceux qui étaient prédestinés pour son royaume et pour cette gloire aussi véritable qu'éternelle. Il s'est donc fait connaître aux démons, non en tant qu'il est la vie éternelle et la lumière immuable qui éclaire les fidèles par le moyen de la foi dont il est la source, mais par certains effets passagers de sa puissance et par des marques extérieures de sa présence occulte, qui pouvaient frapper encore davantage les sens même des mauvais anges que ceux des hommes faibles et couverts de ténèbres. Enfin, lorsqu'il jugea à propos de supprimer ces miracles et de se tenir caché, le prince des démons entra en doute de ce qu'il était, et le tenta pour s'assurer s'il était le Christ ; mais il ne le tenta qu'autant que notre Seigneur le lui permit pour proportionner à nous l'homme dont il s'était revêtu afin de nous servir de modèle. Comme les anges le servaient après cette tentation (1), c'est-à-dire ceux qui sont bons et saints, et par conséquent redoutables aux esprits impurs, les démons reconnurent de plus en plus sa grandeur, lorsqu'ils virent qu'encore qu'il fût revêtu d'une chair infirme et méprisable, personne n'osait lui résister.

(1) Matth., 4, 3.

CHAPITRE XXII.

En quoi la science des anges diffère de celle des démons.

LES bons anges ne regardent d'ailleurs toute cette science des choses corporelles et sujètes au temps, qui rend les démons si vains et si superbes, que comme une science vile et méprisable, non qu'ils soient dépourvus de ces connaissances, mais parce que l'amour de Dieu qui les sanctifie remplit entièrement leur cœur, et qu'en comparaison de la beauté souveraine et immuable de celui qui les enflamme, ils méprisent tellement toutes les choses qui sont au-dessous de lui et ne sont pas ce qu'il est, sans en excepter eux-mêmes, qu'ils jouissent, par tout ce qu'il y a de bon en eux, de ce bien ineffable d'où dérive leur propre bonté. S'ils connaissent même les choses muables et temporelles avec plus de certitude que les démons, c'est qu'ils en contemplent les raisons éternelles dans le Verbe de Dieu qui a fait le monde, et qui, par ces raisons, approuve certaines choses, en réprouve d'autres, et les règle toutes. Les démons, au contraire, ne voient pas dans la sagesse de Dieu ces causes éternelles et principales des temps ; mais par l'expérience qu'ils ont de certains signes qui nous sont cachés, ils découvrent bien plus loin que nous dans l'avenir, outre que quelquefois même ils prédisent les choses qu'ils doivent faire. Enfin, les démons se trompent souvent, et les anges ne se trompent jamais. En effet, autre chose est de tirer, de ce qui est temporel et muable, des conjectures de ce qui est aussi muable et temporel, et d'y mêler quelques effets muables et passagers de sa volonté et de sa puissance, ce qui est quelquefois permis aux démons; et autre chose, de prévoir les changemens des choses temporelles dans les lois éternelles et immuables de Dieu, qui sont toujours vivantes dans sa sagesse, et de connaître, par la participation de son esprit, sa volonté infaillible et souveraine, ce qui a été accordé aux saints anges par un juste discernement. Aussi les saints anges ne sont pas seulement éternels, mais bienheureux : et le bien qui les rend heureux, c'est Dieu même qui les a créés ; car ils jouissent constamment de sa participation et de sa contemplation.

CHAPITRE XXIII.

D'après l'autorité de l'Écriture sainte, les anges et les justes peuvent être appelés du nom de dieux, faussement attribué aux dieux des gentils.

Si les platoniciens aiment mieux les appeler dieux que démons, et les mettre au rang de ces dieux que Platon, leur maître, écrit avoir été créés par le Dieu suprême ; à la bonne heure : je ne veux point disputer avec eux sur des mots. En effet, s'ils disent qu'ils sont immortels, de telle sorte néanmoins qu'ils ont été créés de Dieu ;

et qu'ils sont heureux, non par eux-mêmes, mais par l'union qu'ils ont avec celui qui les a créés, ils disent ce que nous disons, quelque nom qu'ils leur donnent. Or, que ce soit là l'opinion des platoniciens, ou de tous, ou des plus habiles, c'est ce qui se justifie par leurs livres. Ce qui fait que nous n'avons pas grand différend avec eux pour le nom de dieux qu'ils donnent à ces créatures immortelles et bienheureuses, c'est que l'on trouve aussi dans nos saintes Écritures : « Le Dieu des dieux, le Seigneur a parlé (1); » ailleurs : « Rendez graces au Dieu des dieux (2); » et encore : « Le grand roi élevé au-dessus de tous les » dieux (3). » Quant à ce passage : « Il est plus redou- » table que tous les dieux (4), » le verset suivant complète l'idée du psalmiste, vu qu'il ajoute : « Car tous » les dieux des gentils ne sont que des démons ; mais » c'est le Seigneur qui a fait les cieux (5). » Le prophète dit donc que le Seigneur est plus redoutable que tous les dieux ; mais il entend parler des dieux qui sont estimés tels par les gentils, et qui sont des démons. De la terreur de ce Dieu étaient frappés ces démons quand ils criaient : « Êtes-vous venu pour nous » perdre ? » Mais « le dieu des dieux » ne peut pas s'entendre du dieu des démons. De même ces paroles : « Le grand roi élevé au-dessus de tous les dieux, » ne

---

(1) Ps. 49, 1.
(2) Ps. 135, 2.
(3) Ps. 94, 3.
(4) Ps. 95, 4.
(5) *Idem*, 5.

veulent point dire, au-dessus de tous les démons; mais c'est que l'Écriture sainte appelle aussi dieux quelques hommes d'entre le peuple de Dieu : « J'ai » dit : Vous êtes tous des dieux et les enfans du Très-» Haut (1). » Lors donc que l'Écriture l'appelle le Dieu des dieux, on peut fort bien entendre qu'il est le Dieu de ces dieux-là, et que c'est dans le même sens qu'elle dit qu'il est le grand roi élevé au-dessus de tous les dieux.

On nous objectera peut-être ce raisonnement : Si des hommes ont été nommés dieux parce qu'ils sont du peuple de Dieu, auquel il fait entendre sa volonté par le ministère des anges ou des hommes, combien plus sont dignes de ce nom des esprits immortels qui jouissent de la félicité à laquelle les hommes aspirent en servant Dieu? Que répondrons-nous à cela, sinon que ce n'est pas sans raison que la sainte Écriture a plutôt donné le nom de dieux aux hommes qu'à ces esprits immortels et bienheureux à qui l'on nous promet que nous deviendrons semblables lors de la résurrection des corps; et qu'elle l'a fait de peur que notre faiblesse et notre infidélité, touchées de l'excellence de ces créatures, ne nous portassent à faire un dieu de quelqu'un d'eux : inconvénient qui est bien moins à craindre pour les hommes? D'ailleurs, les hommes du peuple de Dieu ont dû être nommés dieux plus clairement, afin qu'ils fussent assurés que celui qui a été appelé le Dieu des dieux est certainement leur Dieu ; parce qu'encore que ces esprits immortels

---

(1) Ps. 81, 6.

et bienheureux qui sont dans le ciel soient appelés dieux, ils n'ont pas pourtant été appelés les dieux des dieux, c'est-à-dire les dieux des hommes du peuple de Dieu à qui il a été dit : « Vous êtes tous des dieux et » les enfans du Très-Haut. » L'apôtre a dit en conséquence : « Encore qu'il y en ait que l'on appelle » dieux, soit au ciel ou sur la terre, et qu'il y ait ainsi » plusieurs dieux et plusieurs seigneurs ; pour nous » néanmoins nous n'avons qu'un seul Dieu, qui est le » Père de qui toutes choses procèdent et à qui nous » tendons, et qu'un seul Seigneur, qui est Jésus-» Christ, par lequel toutes choses ont été faites, et » auquel nous devons tout ce que nous sommes (1). »

Il est donc inutile d'insister sur cette dispute de nom, puisque la chose est si claire qu'elle ne laisse aucun doute. Quant à ce que nous disons, que les anges, qui ont été envoyés aux hommes pour leur annoncer la volonté de Dieu, sont du nombre de ces esprits bienheureux et immortels, les platoniciens ne conviennent pas avec nous de ce point. Ils croient que cela ne se fait pas par le ministère de ceux qu'ils appellent dieux, c'est-à-dire de ces esprits bienheureux et immortels, mais par l'intermédiaire des démons, qu'ils estiment immortels, mais dont ils n'osent pas affirmer la béatitude ; ou, s'ils disent qu'ils sont immortels et bienheureux, ils prétendent que ce sont de bons démons, et non les dieux qui font leur demeure dans le ciel et qui sont séparés du commerce des hommes. Quoiqu'il semble que ce ne soit là qu'une dispute de

---

(1) I Cor., 8, 5 et 6.

nom, néanmoins le nom de démons est si odieux, que nous sommes obligés de le rejeter absolument quand nous parlons des saints anges. Concluons donc, pour finir ce livre, que ces esprits immortels et bienheureux qui, quelque nom qu'on leur donne, ont été tirés du néant, ne peuvent servir de médiateurs pour conduire les misérables mortels à la béatitude éternelle, parce qu'ils n'ont communes avec eux ni la mortalité ni la misère. A l'égard des démons, qui tiennent le milieu entre les dieux et les hommes, et qui ont l'immortalité avec ceux-là et la misère avec ceux-ci, comme c'est en punition de leur malice qu'ils sont misérables, ils sont plus capables de nous envier la béatitude dont ils ne jouissent pas que de nous la procurer. Dès-lors les amis des démons n'ont point de bonne raison pour établir l'obligation où nous sommes, selon eux, d'adorer comme nos aides ceux que nous devons éviter comme des trompeurs. En ce qui touche les esprits qu'ils disent être bons, et par conséquent non-seulement immortels, mais bienheureux, et à qui ils croient devoir offrir des sacrifices sous le nom de dieux pour acquérir la félicité après cette vie, nous ferons voir au livre suivant que, quels qu'ils soient et quelque nom qu'ils méritent, ils ne veulent qu'on rende ce culte qu'au seul Dieu qui les a créés et dont la jouissance les rend bienheureux.

REMARQUES

SUR

LE LIVRE IX.

Page 151, ligne 7. « Mais comme, dans leur système, ces » mêmes démons font l'office de médiateurs entre les dieux » et les hommes. » Lombert a abrégé ce passage comme n'étant qu'une répétition de ce qui a déjà été dit à diverses reprises. Ce n'est pas la première fois qu'il a usé de ce privilège incontestable, ou plutôt qu'il a rempli ce devoir imposé à tout traducteur, de supprimer ce qui est évidemment inutile : il a eu soin d'en prévenir en note ; mais comme les suppressions de cette espèce sont fréquentes dans sa traduction, dont elles ne sont pas le moindre mérite, nous nous abstiendrons à l'avenir de les indiquer, attendu que de pareilles notes sont sans aucun avantage pour les lecteurs à qui elles n'apprennent rien, aussi bien que pour le traducteur qui, en cela, n'a pas besoin d'excuse. Nous ne laisserons pas toutefois de rétablir, ainsi que nous l'avons fait dans les livres précédens, les passages qui nous paraîtront avoir été omis ou abrégés à tort par Lombert. (*Note des nouveaux éditeurs.*)

Page 151, l. 20. « Ce livre-ci roulera donc, etc. » L'édition des bénédictins fait commencer ici le chapitre second du neuvième livre ; cependant le titre même du premier chapitre s'oppose à ce que cette phrase en soit distraite. Ce titre, que nous avons traduit sur le texte latin de cette même édition, annonce que l'auteur, après avoir fixé le point auquel est parvenue la discussion, établira ce qui reste encore à discuter; et c'est ce qu'il fait dans la phrase qui nous occupe. Pour reporter cette phrase à la tête du chapitre 2, il faudrait absolument retrancher la dernière moitié du titre du chapitre 1er. Au reste, la disposition de ce chapitre nous paraît si naturelle, que nous n'avons pas dû hésiter à l'adopter. L'engagement que nous avons pris de nous conformer à la disposition de l'édition bénédictine, nous a obligés d'entrer dans cette explication. (*Note des nouveaux éditeurs.*)

Page 154, l. 23. « Il y a deux opinions des philosophes » touchant ces émotions de l'ame que l'on nomme passions. » J'omets ici une distinction purement grammaticale, qui roule sur les noms que les Grecs et les Latins donnaient aux passions, et qui ne ferait qu'engendrer de l'obscurité. « Cicéron, dit saint Augustin, les appelait perturbations; » quelques-uns, affections; et d'autres, comme Apulée, » avec plus de rapport au mot grec, passions. Quelques philosophes donc disent que ces perturbations, ou affections, » ou passions, tombent même, etc. »

Page 162, l. 3. « Par égard pour les vertus qui leur sont » communes. » On ne trouve pas dans Lombert cette circonstance, qui a paru assez importante aux bénédictins pour qu'ils recommandassent, sur toutes les autres leçons, celle-ci qu'eux-mêmes ont adoptée d'après les manuscrits les plus corrects : *et ad bonorum morum similitudinem hominibus consulant.* (*Note des nouveaux éditeurs.*)

Page 167, l. 27. « Mais pour ceux-ci que les philosophes » ont eu soin d'établir médiateurs entre nous et les dieux, » ou « que les philosophes nous ont appris être médiateurs entre » nous et les dieux; » en lisant *prodiderunt* avec les manuscrits, au lieu de *provi derunt* que portent les imprimés.

REMARQUES.

Page 181, l. 16. « Car bien que le contact se réfère parti-
» culièrement à ce sens, etc. » Les bénédictins ont adopté ici
la leçon des manuscrits indiquée par Lombert : *Nam licet ab
eo potissimùm sensu contrectatio dicta videatur.* Au reste,
le véritable objet de cette note est de prévenir que nous avons
reporté dans le texte ce raisonnement que le traducteur avait
abrégé outre mesure dans une note marginale, où on lisait le
mot *contrectation*, forgé évidemment sur *contrectatio*, mais
dont l'emploi n'est justifié ni par nos dictionnaires, ni par
aucune autorité qui soit venue à notre connaissance. (*Note
des nouveaux éditeurs.*)

LA CITÉ DE DIEU.

LIVRE X.

CHAPITRE PREMIER.

Les platoniciens conviennent que Dieu est également l'auteur de la béatitude des anges et de celle des hommes ; mais il reste à examiner si les anges, qu'ils croient devoir honorer, veulent que l'on sacrifie à Dieu seul, ou à eux-mêmes avec lui.

Tous ceux qui ont quelque lumière de raison conviennent unanimement que tous les hommes souhaitent d'être heureux ; mais de savoir ceux qui le sont, et comment ils le deviennent, c'est un point sur lequel tous ne s'accordent pas, et qui a ému de grandes disputes entre les philosophes. Ils ont employé leur temps et leur étude à ces controverses, qu'il serait trop long et à peu près inutile de reproduire ici. Si le lecteur se rappelle ce que nous avons dit au huitième livre, lorsque nous étions en peine de choisir des philosophes avec qui nous puissions examiner la question de la félicité qui doit suivre cette vie, pour savoir si nous pouvons y parvenir par le culte du seul vrai Dieu, créateur des dieux même, ou si pour cela il faut servir plusieurs dieux, il n'est pas besoin de le lui remettre sous les yeux; et, s'il l'avait oublié, il lui serait aisé de s'en rafraîchir la mémoire. Notre choix s'est arrêté sur les platoniciens, les plus célèbres de tous les philosophes, parce que, comme ils ont connu que l'ame de l'homme, toute immortelle et raisonnable qu'elle est, ne peut être bienheureuse que par la participation de la lumière de celui qui l'a faite et qui a fait le monde, ils soutiennent que nul n'arrivera à ce que tous les hommes désirent, c'est-à-dire à la vie bienheureuse, si, par un amour chaste et pur, il n'est étroitement uni à cet Être, un et souverain bon, qui n'est autre que le Dieu suprême et immuable. Mais comme ces mêmes philosophes, ou entraînés par l'erreur des peuples, ou perdus, suivant l'expression de l'apôtre, « dans la vanité de leurs raisonnemens (1), » ont tellement cru qu'il fallait adorer plusieurs dieux, que même quelques-uns d'entre eux ont pensé que le culte divin est dû aux démons, ce que nous avons solidement réfuté; il faut voir maintenant et expliquer, autant que Dieu nous en donnera le pouvoir, comment nous devons croire que les immortels et bienheureux établis dans les Siéges, les Dominations, les Principautés et les Puissances, que ceux-ci appellent dieux, et quelques-uns d'eux, ou bons démons, ou anges avec nous; il faut voir, dis-je, comment ces esprits célestes

---

(1) Rom., I, 21.

veulent que nous observions la Religion et la piété, c'est-à-dire, pour m'exprimer plus clairement, s'ils agréent que nous leur rendions aussi des honneurs sacrés, et que nous leur offrions des sacrifices, ou que nous leur consacrions quelques choses qui nous appartiennent, ou nous-mêmes, par des cérémonies religieuses; ou bien seulement à leur dieu, qui est aussi le nôtre.

Tel est en effet le culte qui est dû à la Divinité, ou pour le dire d'une façon plus expresse et plus énergique, à la Déité. J'emploie ce mot pour être plus court, parce qu'il ne se présente point à moi de termes latin assez propres pour rendre mon idée; et par la suite j'insinuerai de même ce que j'aurai à dire par une expression empruntée du grec, lorsque cela sera nécessaire. Les nôtres, dans tous les endroits de l'Écriture où se trouve le mot de Latrie, l'ont expliqué par servitude; mais la servitude qui est due aux hommes dont parle l'apôtre (1), lorsqu'il commande aux esclaves d'être soumis à leurs maîtres, a coutume de s'exprimer en grec par un autre terme. Or, le mot de Latrie, selon l'usage de ceux qui nous ont donné les paroles sacrées, signifie toujours, ou si souvent que c'est presque toujours, la servitude qui appartient proprement au culte de Dieu. Par conséquent, il semble que le mot de culte n'est pas absolument particulier à Dieu, puisque l'on s'en sert aussi pour marquer certains honneurs et respects que nous rendons aux hommes qui sont présens ou à leur mémoire. Le

(1) Éphés., 6, 5.

culte (2) même ne se dit pas seulement des choses auxquelles nous nous soumettons par une humilité religieuse, mais de celles qui nous sont soumises; car de ce mot viennent en latin ceux qui signifient les laboureurs ou agriculteurs (*agricolæ*), les fermiers ou colons (*coloni*), et les habitans des lieux, régnicoles, républicoles, etc. (*incolæ*). Les payens même n'appellent leurs dieux *Célicoles*, que parce qu'ils habitent le ciel (*quòd cœlum colant*), non pas en le révérant, mais en y résidant comme les colons; et encore non pas comme des colons ordinaires, qui sont attachés aux terres pour les cultiver sous leurs maîtres, mais dans le sens que Virgile a employé ce mot, lorsqu'il a dit : « Il était une ville ancienne que les Tyriens occupaient » comme colons (2). » Remarquez qu'il ne les appelle pas colons, de l'agriculture, mais de leur habitation (*ab incolendo*); de là vient que les états fondés par des états plus grands, comme de nouveaux essaims de peuples, s'appellent colonies. Il est très vrai dès-lors qu'en prenant le mot de culte en un certain sens propre et limité, il n'est dû qu'à Dieu seul; mais comme on s'en sert aussi pour d'autres choses, il en résulte qu'on ne saurait exprimer en un seul mot latin le culte qui appartient à Dieu.

Le mot même de Religion, quoiqu'il semble signifier plus distinctement, non toute sorte de culte, mais le culte de Dieu, ce qui fait que les nôtres s'en sont servis pour exprimer la Tresquie des Grecs, toutefois,

---

(1) *Cultus.*
(2) Eneid., 1.

comme selon l'usage de la langue latine, non-seulement les ignorans, mais même les plus savans disent que l'on doit honorer d'un respect religieux les alliances et les affinités humaines, et toutes les liaisons d'amitié, il est clair qu'en se servant du mot de Religion, lorsqu'on parle du culte de la Déité, on n'évite pas l'équivoque, et que nous ne pouvons pas dire en toute sureté que la Religion n'est autre chose que le culte de Dieu, puisqu'il semble que ce serait nier témérairement qu'on s'en sert aussi pour marquer la révérence due à la proximité que le sang établit entre les hommes. De même, le mot de piété signifie proprement le culte Dieu: c'est ce que les Grecs nomment Eusébie; et cependant, on dit aussi la piété envers les parens; et le peuple s'en sert même pour marquer les œuvres de miséricorde. Je crois que cet usage a été introduit, parce que Dieu recommande ces œuvres particulièrement et assure qu'elles lui sont agréables autant ou plus que les sacrifices. De l'usage qu'on fait de ce mot en ce sens, vient qu'on appelle Dieu même pieux; mais les Grecs n'emploient pas Eusébie dans cette acception, encore que le peuple en use aussi parmi eux pour miséricorde. Ils ont mieux aimé, pour cette raison, en certains lieux de l'Écriture, afin de marquer la chose plus distinctement, se servir du mot Théosebie, qui est composé du culte de Dieu, que de celui d'Eusébie, qui désigne simplement un bon culte. Pour nous autres Latins, nous ne saurions exprimer ni l'un ni l'autre en un seul mot. Or, nous disons que ce qui s'appelle en grec Latrie, et en latin servitude, mais une servitude par laquelle nous honorons Dieu (*quà colimus Deum*), ou ce qui s'appelle en grec Tresquie, et en latin Religion, mais une Religion que nous rendons à Dieu ; ou que ce qui s'appelle en grec Théosebie, et que nous ne pouvons exprimer en un seul mot, mais que nous pouvons appeler le culte de Dieu ; nous disons, je le répète, que tout cela n'est dû qu'à Dieu, qui est le vrai Dieu et qui fait des dieux de ceux qui lui rendent le culte qui lui appartient. Tous les esprits donc immortels et bienheureux qui sont dans les demeures célestes, s'ils ne nous aiment point et ne veulent pas que nous soyons heureux, il ne faut point les honorer ; et s'ils nous aiment et souhaitent notre bonheur, dira-t-on qu'ils veulent que nous soyons heureux d'ailleurs que d'où ils le sont eux-mêmes ?

CHAPITRE II.

Sentiment de Plotin sur la lumière d'en-haut.

Mais nous n'avons point de contestation là-dessus avec ces illustres philosophes. Ils ont connu et consigné dans leurs ouvrages que le principe de notre félicité est aussi celui de la félicité des anges, c'est à savoir une lumière intellectuelle qui se répand en eux, qui est leur Dieu, qui est autre chose qu'eux, et qui les éclaire afin de les rendre parfaits et bienheureux. Plotin, expliquant le sens de Platon, déclare, à plusieurs reprises, que l'ame même que ces philosophes prennent pour l'ame du monde, n'a point d'autre principe de son bonheur que nous du nôtre, et que ce principe est une lumière qui n'est pas ce qu'est l'ame, mais bien celui qui l'a créée et la remplit d'une lumière intellectuelle. Il allègue à ce propos une comparaison prise des corps célestes, suivant laquelle Dieu est le soleil, et l'ame la lune; car ils croient que la lune n'a de lumière que ce qu'elle en emprunte du soleil. Ce grand platonicien dit donc que l'ame raisonnable, ou plutôt l'ame intellectuelle, parce qu'il veut aussi parler de celle des anges, n'a point de nature au-dessus d'elle que celle de Dieu qui a créé le monde aussi bien qu'elle-même; et que les esprits célestes ne reçoivent la lumière de l'intelligence et de la vérité que d'où nous la recevons; ce qui est conforme à ce que porte l'Évangile : « Il y eut un homme » appelé Jean, envoyé de Dieu, qui vint pour être » témoin et pour rendre témoignage à la lumière, » afin que tous crussent par lui. Ce n'était pas lui qui » était la lumière; mais il devait rendre témoignage » de celui qui était la lumière. Il y en avait un qui » était cette vraie lumière, qui éclaire tout homme » venant dans ce monde (1). » Cette distinction montre assez que l'ame raisonnable ou intellectuelle, telle qu'elle était dans saint Jean, ne peut être à elle-même sa lumière, et qu'elle n'éclaire que par la participation de la lumière véritable. Le même saint Jean le reconnaît lorsque, lui rendant témoignage, il dit : « Et nous avons tous reçu de sa plénitude (2). »

(1) Jean, 1, 6, 7, 8 et 9.
(2) Ibid., 16.

CHAPITRE III.

Du vrai culte de Dieu, dont se sont écartés les platoniciens en le rendant aux bons et aux mauvais anges, quoiqu'ils aient connu le créateur de tout ce qui est.

Dans cet état de choses, si les platoniciens, ou quelques autres philosophes que ce soit du même sentiment, glorifiaient le Dieu qu'ils connaissent, et lui rendaient grace ; s'ils ne se perdaient point dans leurs vaines pensées, et qu'ils ne jetassent point les peuples dans l'erreur, ou qu'ils résistassent à l'erreur des peuples ; certes ils avoueraient que ni les esprits immortels et bienheureux, ni les hommes misérables et mortels, ne sauraient être ou devenir heureux qu'en servant cet unique Dieu des dieux, qui est et le nôtre et le leur.

C'est à lui que nous devons rendre le culte de Latrie, soit dans toutes les pratiques de Religion, soit en nous-mêmes. En effet, nous sommes son temple, tous ensemble et chacun de nous en particulier ; car il daigne aussi bien habiter dans chaque fidèle que dans tout le corps de l'Église, c'est-à-dire dans tous les fidèles unis entre eux par le lien de la concorde, sans qu'il soit plus grand en tous qu'en chacun, attendu qu'il n'y a rien de matériel en lui qui croisse par l'extension, ni qui diminue par la division de ses parties. Lorsque notre cœur est élevé à lui, il devient son autel ; son fils unique est le prêtre éternel qui le fléchit pour nous ; nous lui immolons des victimes sanglantes, quand nous combattons jusqu'à l'effusion de notre sang pour la défense de sa vérité ; nous brûlons en sa présence un parfum très agréable, lorsque nous sommes embrasés de son amour ; nous lui offrons les dons qu'il nous a faits, et nous nous offrons nous-mêmes à lui ; et de peur que, par le laps de temps, un ingrat oubli ne nous fasse perdre le souvenir de ses bienfaits, nous les rappelons par des fêtes solennelles ; nous lui faisons un sacrifice d'humilité et de louange sur l'autel de notre cœur avec le feu d'une ardente charité ; nous tâchons de nous purifier des souillures de nos péchés et de nos mauvaises inclinations, et nous nous vouons à lui afin de nous rendre dignes de le voir et de lui être unis, autant que cela se peut. Il est la source de notre félicité et la fin de tous nos désirs. Lorsque nous le choisissons ainsi de nouveau, ou plutôt que nous nous relions à lui (d'où vient le mot de religion), après l'avoir perdu par notre négligence, nous tendons vers lui de tout notre cœur afin de trouver notre repos en lui ; et nous y rencontrons notre bonheur, parce que nous y recevons la perfection de notre être. Ce souverain bien, dont les philosophes sont tant en peine, ne consiste, pour nous, qu'à être unis à ce Dieu immortel, dont les chastes embrassemens rendent l'ame féconde en vraies vertus. Aussi est-ce bien là qu'il nous est ordonné d'aimer de tout notre cœur, de toute notre ame et de tout notre esprit. C'est à ce bien que ceux qui nous aiment doivent nous conduire, et que nous devons conduire ceux que nous aimons. Ainsi s'accomplissent ces deux commandemens qui renferment toute la loi et tous les prophètes : « Vous aimerez le Seigneur votre Dieu de tout votre » cœur, de toute votre ame et de tout votre esprit ; » et vous aimerez votre prochain comme vous-mê- » me (1). » Pour apprendre à l'homme à s'aimer lui-même comme il convient, on lui a déterminé une fin à laquelle il est obligé de rapporter toutes ses actions pour être heureux, parce qu'on ne s'aime que pour être heureux; et cette fin c'est d'être uni à Dieu. Lors donc que l'on commande à celui qui sait déjà s'aimer comme il faut, d'aimer son prochain comme soi-même, que lui commande-t-on, sinon de le porter, autant qu'il est en son pouvoir, à aimer Dieu? Voilà quel est le culte de Dieu, voilà la vraie Religion, voilà la solide piété, voilà enfin le service qui n'est dû qu'à Dieu. Ainsi, quelque esprit immortel que ce soit, et de quelque vertu qu'il soit doué, s'il nous aime comme il s'aime lui-même, il doit désirer que nous soyons soumis, pour être heureux, à celui dont il est heureux de dépendre. S'il ne sert pas Dieu, il est malheureux, parce qu'il est privé de Dieu ; et, s'il le sert, il ne veut pas être servi à la place de Dieu, et son amour pour lui le fait au contraire adhérer à cette sentence divine : « Celui qui sacrifiera à d'autres dieux » qu'au Seigneur sera exterminé (2). »

(1) Matth., 22, 37, 39 et 40.
(2) Exod., 22, 20.

CHAPITRE IV.

Les sacrifices ne sont dus qu'au seul vrai Dieu.

En effet, pour ne point parler maintenant des autres devoirs religieux, il n'est personne au monde qui ose dire que les sacrifices soient dus à d'autre qu'à Dieu. Il est vrai que la flatterie et la lâcheté ont attribué à des hommes beaucoup d'honneurs qui n'appartiennent qu'à Dieu, sans néanmoins cesser de les réputer hommes, tout en les jugeant dignes de toutes sortes de respects et même d'adoration ; mais qui a jamais cru devoir offrir des sacrifices, si ce n'est à celui qu'il savait ou pensait être un dieu ou qu'il voulait faire passer pour tel ? Quant à l'antiquité des sacrifices, elle est établie par ceux des deux frères Caïn et Abel (1), dont Dieu rejeta celui de l'aîné et reçut favorablement l'autre.

(1) Genès., 4.

CHAPITRE V.

Des dispositions dans lesquelles on doit offrir à Dieu les sacrifices qu'il exige de nous, et dont ceux de l'ancienne loi n'étaient que la figure.

Qui serait assez insensé pour croire que Dieu ait besoin des sacrifices qui lui sont offerts? L'Écriture sainte témoigne le contraire en plusieurs endroits ; il suffira maintenant, pour le prouver, de rapporter cette parole du pseaume : « J'ai dit au Seigneur : Vous êtes » mon Dieu ; car vous n'avez pas besoin de mes » biens (1). » Il faut croire dès-lors que Dieu n'a pas besoin non-seulement des animaux qu'on lui sacrifie, ni de quelque autre chose terrestre et corruptible que ce soit, mais même de la justice de l'homme ; et qu'ainsi tout le culte légitime qui lui est rendu n'est utile qu'à l'homme qui le lui rend. On ne dira pas qu'il revienne quelque chose à une source d'eau de ce qu'on en boit, ni à la lumière de ce qu'on la regarde. Que si les anciens pères ont immolé à Dieu des victimes, ce que les fidèles apprennent de l'Écriture, mais ne pratiquent point aujourd'hui ; ce n'était que des figures de ce qui se passe en nous, c'est-à-dire de l'amour qui nous unit à Dieu, et à notre prochain pour le porter à Dieu. Le sacrifice visible est donc un

---

(1) Ps. 15, 2.

sacrement, ou, en d'autres termes, un signe sacré du sacrifice invisible. C'est pour cela que l'ame pénitente dans le prophète, ou le prophète lui-même, cherchant à fléchir Dieu pour ses péchés, lui dit : « Si vous aviez
» voulu un sacrifice, je vous l'aurais volontiers offert;
» mais vous ne vous plaisez pas aux holocaustes. Le
» sacrifice agréable à Dieu est un esprit affligé : vous
» ne mépriserez pas, ô mon Dieu, un cœur contrit
» et humilié (1). » Considérons qu'en même temps que le prophète dit que Dieu ne veut point de sacrifice, il montre qu'il en veut un. Il ne demande point le sacrifice d'une bête égorgée, mais celui d'un cœur contrit. Ainsi, ce que le prophète dit que Dieu ne veut pas, est la figure de ce qu'il dit qu'il veut. Il dit que Dieu ne veut point de sacrifices, mais c'est de la manière que les insensés s'imaginent qu'il les veut, pour y prendre plaisir et se satisfaire. S'il ne voulait pas réellement que les sacrifices qu'il demande, tel qu'est celui d'un cœur contrit et humilié par le repentir, fussent signifiés par ceux qu'on a cru qu'il désirait et qu'il aimait, il n'aurait pas commandé dans l'ancienne loi qu'on lui offrît ceux-ci. Mais aussi ils devaient être changés dans le temps, pour que l'on ne pensât pas que Dieu les désirait pour l'amour de lui et de nous, tandis qu'il ne demandait pour nous que ceux qu'ils figuraient. De là ce qui est dit dans un autre pseaume : « Si j'ai faim, je ne vous le dirai pas;
» car tout l'univers et tout ce qu'il renferme m'appartient. Mangerai-je la chair des taureaux, ou boi-

---

(1) Ps. 50, 17 et 18.

rai-je le sang des boucs (1)? C'est comme si Dieu disait : Quand j'aurais besoin de ces choses, je ne vous les demanderais pas, car je les ai en ma puissance. Le psalmiste ajoutant ensuite ce que ces choses signifient : « Immolez à Dieu, dit-il, un sacrifice de louanges, » et rendez vos vœux au Très-Haut. Invoquez-moi » dans le jour de la tribulation, je vous délivrerai et » vous me glorifierez (2). » « Qu'offrirai-je, dit un » autre prophète, qu'offrirai-je au Seigneur qui soit » digne de lui? Fléchirai-je le genou devant le Très-» Haut? lui offrirai-je pour holocaustes des veaux d'un » an? Peut-il être apaisé par le sacrifice de mille bé-» liers ou de dix mille boucs gras? Lui consacrerai-je » mon premier-né pour mon crime, le fruit de mon » ventre pour le péché de mon ame? Je t'apprendrai, » ô homme, ce que tu dois faire et ce que Dieu de-» mande de toi : c'est de pratiquer la justice, d'aimer » la miséricorde, et d'être prêt à aller avec le Sei-» gneur ton Dieu (3). » Ces paroles du prophète font assez voir que Dieu ne recherche pas pour eux-mêmes ces sacrifices qui sont la figure des autres qu'il demande. Il est dit aussi dans l'épître aux Hébreux : « N'ou-» bliez pas d'exercer aussi la charité, et de faire part » de vos biens aux pauvres; car c'est par de sembla-» bles sacrifices que l'on se rend Dieu favorable (4). » Ainsi, quand il est écrit : « J'aime mieux la miséri-

---

(1) Ps. 49, 12 et 13.
(2) Ibid., 15 et 16.
(3) Mich., 6, 6, 7 et 8.
(4) Hébr., 13, 16.

» corde que le sacrifice (1), » il ne faut entendre autre chose, sinon qu'un sacrifice est préféré à l'autre; attendu que ce qu'en général on appelle sacrifice n'est que le signe du véritable sacrifice. Or la miséricorde est le véritable sacrifice; ce qui a donné lieu à cette parole que je viens de rapporter : « C'est par de sem-
» blables sacrifices que l'on se rend Dieu favorable. »
Toutes les choses donc qui ont été divinement ordonnées touchant les sacrifices du temple ou du tabernacle, se rapportent à l'amour de Dieu et du prochain. « Car, ainsi qu'il est écrit, ces deux commandemens
» renferment toute la loi et tous les prophètes. »

CHAPITRE VI.

Du vrai et parfait sacrifice.

Conséquemment, le vrai sacrifice consiste dans tout ce que nous faisons pour nous unir à Dieu d'une union sainte, et que nous rapportons à ce souverain bien qui nous peut rendre vraiment heureux. C'est pourquoi la miséricorde même qu'on exerce envers le prochain n'est pas un sacrifice, si l'on ne l'exerce à cause de Dieu. Bien que le sacrifice soit offert par un homme, il ne laisse pas toutefois d'être une chose divine, tellement que les anciens Latins l'appelaient aussi de la sorte (2). De là l'homme même consacré et voué à

(1) Osée, 6, 6.
(2) *Sacrificium*, de *sacrum facere*.

Dieu est un sacrifice, en tant qu'il meurt au monde pour ne vivre que pour Dieu ; car cette consécration et ce dévouement font aussi partie de la miséricorde que chacun exerce envers soi-même ; c'est pour cela qu'il est écrit : « Ayez pitié de votre ame, en vous rendant agréable à Dieu (1). » Notre corps est pareillement un sacrifice, lorsque nous le mortifions par la tempérance, si nous le faisons pour plaire à Dieu, comme nous y sommes obligés, et que loin de prêter nos membres au péché pour lui servir d'instrument d'iniquité (2), nous les consacrions à Dieu pour lui servir d'instrument de vertu et de justice. L'apôtre nous y exhorte lorsqu'il dit : « Je vous conjure, mes » frères, par la miséricorde de Dieu, de lui offrir vos » corps comme une victime vivante, sainte et agréa- » ble à ses yeux, et de lui rendre un culte spiri- » tuel (3). » Or, si le corps, dont l'ame se sert comme d'un serviteur et d'un instrument, est un sacrifice, quand elle rapporte à Dieu le service qu'elle en tire, à combien plus forte raison l'ame en est-elle un, lorsqu'elle s'offre à Dieu, afin qu'embrasée du feu de son amour, elle se dépouille de toute concupiscence du siècle, et soit comme renouvelée pas sa soumission à cet être immuable, qui aime en elle les graces qu'elle a reçues de sa souveraine beauté ? C'est ce que le même apôtre insinue en ces termes : « Ne vous conformez » point au siècle présent ; mais que l'état nouveau de

---

(1) Ecclésiast., 30, 24.
(2) Rom., 6, 13.
(3) Rom., 12, 1.

» votre esprit opère une transformation en vous, afin
» que vous connaissiez ce que Dieu demande de vous,
» de bon, d'agréable et de parfait (1). » Lors donc que
les œuvres de miséricorde, si nous les rapportons à
Dieu, sont de vrais sacrifices, soit que nous les pratiquions envers nous-mêmes ou envers le prochain, et
qu'elles n'ont d'autre fin que de nous délivrer de toute
misère et de nous rendre bienheureux, ce qui ne se
fait que par la possession de ce bien dont il est écrit :
« Mon bien à moi est de m'attacher à Dieu (2); » il
s'ensuit que toute Cité rachetée, c'est-à-dire l'assemblée et la société des saints, est elle-même comme un
sacrifice universel offert à Dieu par le grand prêtre,
qui s'est aussi offert lui-même dans sa passion, afin
que nous fussions le corps de chef auguste, selon cette
forme d'esclave dont il s'est revêtu. C'est cette forme
en effet qu'il a offerte à Dieu, et c'est en elle qu'il a
été offert, parce que c'est selon elle qu'il est le médiateur, le prêtre et le sacrifice. Voilà pourquoi l'apôtre,
après nous avoir exhortés à faire que nos corps soient
comme une victime vivante, sainte et agréable à Dieu,
à lui rendre un culte spirituel, à ne pas nous conformer
au siècle, mais à nous transformer par un renouvellement d'esprit, afin de connaître ce que Dieu demande
de nous, de bon, d'agréable et de parfait, un sacrifice
qui consiste tout entier dans nous-mêmes : « C'est,
» ajoute-t-il, par la grace de Dieu, qui m'a été don-
» née, que j'avertis tous ceux qui sont parmi vous,

---

(1) Rom., 12, 2.
(2) Ps. 72, 27.

» qu'il ne faut pas avoir plus d'estime que l'on ne
» doit de ses propres talens, mais qu'il faut les estimer
» avec modération et selon la mesure de la foi que
» Dieu a départie à chacun. Car, comme dans un
» seul corps nous avons plusieurs membres, et qu'ils
» n'ont pas tous une même fonction; ainsi, étant plu-
» sieurs personnes, nous sommes tous un seul corps
» en Jésus-Christ, et nous sommes chacun membres
» les uns des autres; mais nous avons des dons diffé-
» rens selon la grace qui nous a été donnée (1). » Tel
est le sacrifice des chrétiens, d'être tous ensemble un
même corps en Jésus-Christ. C'est aussi ce que l'Église
voit assidûment dans le sacrement de l'autel que les
fidèles connaissent (2), qui lui apprend qu'elle est offerte elle-même dans l'oblation qu'elle fait à Dieu.

CHAPITRE VII.

Les saints anges nous aiment tellement qu'ils ne veulent pas que nous les adorions, mais bien le seul vrai Dieu.

Comme ces esprits immortels et bienheureux qui résident dans le ciel, où ils jouissent, par la participation de leur Créateur, d'un bonheur que son éternité et sa vérité rendent certain et immuable, en même

---

(1) Rom., 12, 3, 4, 5 et 6.
(2) Car ils le cachaient aux payens et aux cathécumènes.

temps qu'ils sont saints par sa grace ; comme, dis-je, ces esprits célestes nous aiment véritablement, et désirent que nous soyons délivrés de l'état de mortalité et de misère où nous sommes, pour devenir comme eux bienheureux et immortels, ils ne veulent pas que nous leur sacrifions, mais à celui dont ils savent que comme nous ils sont le sacrifice. Véritablement, nous sommes avec eux une seule Cité de Dieu, à qui il est dit dans le pseaume : « On a dit des choses glorieuses » de vous, ô Cité de Dieu ; » et de cette Cité, une partie voyage en nous, et l'autre assiste en eux. En effet, c'est de cette Cité suprême, qui n'a point d'autre loi que la volonté de Dieu, qu'est descendue, par le ministère des anges, cette Écriture sacrée où il est dit que celui qui sacrifiera à d'autres qu'au Seigneur sera exterminé. Et cette défense a été confirmée par tant de miracles, que l'on voit assez à qui ces esprits immortels et bienheureux, qui nous souhaitent le même bonheur qu'ils possèdent, veulent que nous offrions nos sacrifices.

CHAPITRE VIII.

Des miracles que Dieu a daigné opérer par les anges, à l'appui de ses promesses, pour corroborer la foi des justes.

Si je ne craignais de reprendre les choses de trop loin, je rapporterais tous ces anciens miracles qui eurent lieu pour attester la vérité des promesses que Dieu fit à Abraham tant de milliers d'années avant qu'elles arrivassent, que toutes les nations seraient bénies en sa race (1). En effet, qui n'admirerait qu'une femme stérile ait donné un fils à Abraham (2), lorsqu'elle avait passé l'âge d'avoir des enfans? que dans le sacrifice du même Abraham, une flamme descendue du ciel ait couru au milieu des victimes immolées (3)? que les anges à qui il donna hospitalité, comme à des passans, lui aient prédit l'embrasement de Sodôme et la naissance d'un fils (4)? que, sur le point que Sodôme allait être consumée par le feu du ciel, ces mêmes anges aient délivré miraculeusement de cette ruine Lot, son neveu (5)? que la femme de Lot, comme elle était en chemin pour se retirer de Sodôme, et qu'elle eut eu la curiosité de regarder derrière elle, fut changée en statue de sel (6), pour nous apprendre que ceux qui sont dans la voie du salut ne doivent plus rien désirer de ce qu'ils ont laissé? Mais combien furent grands les miracles que Dieu opéra par Moïse, pour délivrer son peuple de la captivité d'Égypte, lors-

---

(1) Genès., 18, 18.
(2) Genès., 21, 2.
(3) Saint Augustin dit, dans ses Rétractations, qu'il a eu tort d'appeler cela un miracle, et que ce n'était qu'une vision. (Voyez l'argument qui est à la tête de cet ouvrage, tome 1.er, page 232.)
(4) Genès., 18, 10 et 20.
(5) Genès., 19, 17.
(6) Genès., 19, 26.

que les mages de Pharaon, c'est-à-dire du roi d'Égypte, qui opprimait ce peuple, n'eurent permission de faire quelques prodiges (1), que pour être plus glorieusement vaincus? Ils ne les faisaient que par les charmes et les enchantemens de la magie, ou, ce qui revient au même, par l'entremise des démons ; aussi furent-ils aisément vaincus par Moïse, qui opérait au nom du Seigneur, créateur du ciel et de la terre, et avec l'assistance des bons anges : de sorte que les mages se trouvant sans pouvoir à la troisième plaie, Moïse en porta le nombre jusqu'à dix, qui furent des figures de grands mystères, et qui achevèrent d'amollir les cœurs de Pharaon et des Égyptiens, au point qu'ils permirent au peuple de Dieu de s'en aller. Mais ils s'en repentirent aussitôt; et comme ils le poursuivaient, la mer s'ouvrit pour les Hébreux, qui la passèrent à pied sec (2); tandis que les Égyptiens furent tous submergés par les eaux qui retombèrent sur eux en se rejoignant. Que dirai-je de ces miracles où éclate toute la puissance divine, qui arrivèrent dans le désert? des eaux dont on ne pouvait boire (3), dépouillées de leur amertume par le bois qu'on y jeta suivant l'ordre de Dieu; la manne tombant du ciel (4) pour rassasier ce peuple affamé, avec cette circonstance que ce que l'on en ramassait par jour de plus que la mesure établie, se corrompait, excepté la veille du Sabbat, où la double me-

---

(1) Exod., 7, 11, etc.
(2) Exod., 14, 22 et suiv.
(3) Exod., 15, 25.
(4) Exod., 16, 14 et suiv.

sure se conservait sans se corrompre, parce qu'il n'était pas permis d'en recueillir le jour du Sabbat; le camp tout couvert de cailles venues en troupe pour satisfaire ce peuple qui voulait manger de la chair, et qui en mangea jusqu'au dégoût (1); les ennemis qui s'opposaient au passage des Hébreux défaits et taillés en pièces à la prière de Moïse, qui tenait ses bras étendus en forme de croix, sans perte d'aucun Hébreu (2); la terre entr'ouverte pour engloutir tout vivans des séditieux et des transfuges, et pour les faire servir d'exemple visible d'une peine invisible (3); une pierre frappée de la verge, fournissant assez d'eau pour étancher la soif d'une si grande multitude (4); un serpent d'airain élevé sur un mât dont l'aspect guérissait les blessures mortelles que les serpens avaient faites aux Hébreux en juste punition de leurs péchés (5), afin que la mort fut détruite par la figure de la mort crucifiée; serpent qui, après avoir été conservé long-temps en mémoire d'un évènement si merveilleux, fut depuis brisé avec raison par le roi Ézéchias (6), parce que le peuple commençait à l'adorer comme une idole.

(1) Num., 11, 31, 32 et 33.
(2) Exod., 17, 11.
(3) Num., 16, 32.
(4) Exod., 17, 6.
(5) Num., 21, 6, 7, 8 et 9.
(6) IV Reg., 18, 4.

CHAPITRE IX.

Des opérations de la magie que Porphyre, philosophe platonicien, approuve et condamne tour-à-tour.

CES miracles, et beaucoup d'autres qu'il serait trop long de rapporter, se faisaient pour établir le culte du vrai Dieu et ruiner le polythéisme; mais ils se faisaient par une foi simple et par la confiance en Dieu, et non par les charmes et les enchantemens de cette curiosité criminelle qu'ils appellent magie, ou par un nom plus détestable goétie (1), ou, plus honorablement, théurgie. (2) Ils ne confondent pas toutefois ces deux opérations; mais ils disent que de ceux qui s'adonnent aux sciences défendues, les uns méritent d'être condamnés, et ce sont ceux qui pratiquent la goétie, et qui sont nommés magiciens par le peuple; et que les autres au contraire qui exercent la théurgie, sont dignes de louanges. Cependant, les uns et les autres sont malheureusement asservis au culte des démons qu'ils honorent sous le nom d'anges.

En effet, quoique Porphyre dise que l'ame est purifiée par la théurgie, il ne le dit qu'en tremblant et avec quelque sorte de pudeur; mais qu'elle puisse retourner à Dieu par ce moyen, il le nie absolument:

(1) C'est l'évocation des ames des trépassés.
(2) Invocation des dieux, ou opération divine.

de sorte que vous le voyez flottant entre les maximes de la philosophie et les secrets d'une curiosité sacrilége. Tantôt il nous avertit d'éviter cet art comme plein d'imposture, dangereux dans la pratique, et prohibé par les lois ; et tantôt se laissant aller à l'opinion de ceux qui l'estiment, il prétend qu'il est utile pour purifier une partie de l'ame, non pas, à la vérité, la partie intellectuelle, par laquelle on comprend la vérité des choses intelligibles, mais la partie spirituelle, qui reçoit les images des corps. A l'entendre, celle-ci, au moyen de certaines consécrations théurgiques qu'ils appellent parfaites, devient capable d'être inspirée par les esprits et par les anges, pour parvenir à la vision des dieux. Il avoue néanmoins que ces consécrations théurgiques ne servent de rien pour purifier l'entendement, ni pour le disposer à voir son Dieu et à contempler des choses véritables. On peut se douter de l'espèce de vision que produisent ces consécrations théurgiques, du moment où ce que l'on y voit n'est pas vrai. Il ajoute que la partie raisonnable, ou, pour me servir de son expression favorite, la partie intellectuelle de l'ame peut s'élever jusque dans le ciel, bien que sa partie spirituelle n'ait été purifiée par aucune consécration théurgique, et que cette partie spirituelle même, pour être ainsi purifiée, ne parvient pas à l'immortalité. Ainsi, quoiqu'il distingue les anges des démons, en ce qu'il met ceux-ci dans l'air, et les autres dans l'éther ou l'empirée, et qu'il croie que l'on doive rechercher l'amitié de quelque démon pour être un peu élevé après la mort au-dessus de la terre (car il veut qu'il y ait une autre voie pour ar-

LIVRE X.

river à l'union des anges); il déclare néanmoins assez ouvertement qu'il faut éviter la société des démons, lorsqu'il dit que l'ame tourmentée après la mort abhorre le culte des démons qui l'ont séduite. Il n'a pu même s'empêcher de tomber d'accord que cette théurgie qu'il exalte tant, comme la science qui nous unit aux anges et aux dieux, traite avec des puissances qui envient à l'ame sa purification, ou qui favorisent la passion de ceux qui la lui envient. Il rapporte à ce sujet les plaintes de je ne sais quel Chaldéen, de la manière suivante : « Un fort homme de bien de Chaldée se plaint
» qu'après avoir pris beaucoup de peine à purifier une
» ame, il n'y a pas réussi, parce qu'un autre magicien
» envieux a lié ces puissances pas ses conjurations, et
» les a empêchées d'accorder ce qu'on leur deman-
» dait. » Celui-là donc, dit-il, les a liées sans que l'autre ait pu les délier ; par où il paraît, ajoute-t-il, que la théurgie sert autant à faire du mal que du bien, et que les dieux sont également sujets aux passions, qu'Apulée n'attribue cependant qu'aux hommes et aux démons. Au reste, Porphyre lui-même, fondé sur le sentiment de Platon, distingue aussi les dieux des démons par le lieu plus élevé qu'occupent les premiers.

CHAPITRE X.

La théurgie, qui ne s'opère que par l'entremise des démons, ne saurait purifier les ames.

Voila donc Porphyre, cet autre philosophe platonicien qu'on estime encore plus savant qu'Apulée, qui dit que les dieux même sont assujétis aux passions des hommes par je ne sais quel art théurgique; puisque des conjurations ont suffi pour les détourner de purifier une ame, et que l'effroi qu'ils ont conçu de celui qui faisait des imprécations contre eux n'a pu être dissipé par un autre qui leur demandait cette purification et qui se servait, pour cela, du même art théurgique. Comment ne pas voir que ce sont là autant d'impostures des démons, à moins que d'être du nombre de leurs malheureux esclaves et entièrement étranger à la grace du véritable Libérateur? Si ces choses se passaient en effet avec les dieux bons, un homme qui voudrait purifier une ame l'emporterait sans doute auprès d'eux sur celui qui s'y opposerait par jalousie; ou si les dieux jugeaient indigne de cette grace celui pour qui on la leur demandait, au moins ne devaient-ils pas s'épouvanter des conjurations d'un envieux, ni, comme Porphyre lui-même le dit, être arrêtés par la crainte d'un dieu plus puissant, mais la refuser par un jugement libre et souverain. N'est-il pas étrange que ce bon Chaldéen, qui désirait purifier une ame par des consécrations théurgiques, n'ait pu trouver un dieu supérieur qui, en leur imprimant une plus grande frayeur, obligeât ces dieux épouvantés à faire le bien que l'on requérait d'eux, ou qui les délivrât de toute crainte, afin qu'ils fissent ce bien librement? Et toutefois l'honnête théurgien manqua de pratiques pour purger d'abord de cette crainte fatale les dieux qu'il invoquait pour purger une ame. Je voudrais bien savoir pourquoi l'on peut employer un Dieu puissant qui jète la terreur dans l'ame des autres dieux, et qu'on n'en puisse faire venir un autre encore plus puissant qui les délivre de cet effroi? Sera-t-il dit qu'on trouve un dieu qui exauce un envieux et épouvante les dieux pour les empêcher de faire du bien, et qu'on n'en trouve pas un qui favorise un bon dessein et dégage les dieux de toute crainte pour les mettre en état de bien faire? O secret admirable pour purifier une ame! ô sublime théurgie, où une détestable envie a plus de pouvoir qu'une intention louable, et où l'on doit plutôt songer à éviter les pièges des malins esprits, qu'à apprendre une doctrine salutaire! Quant à ces belles images des anges ou des dieux que ceux qui font ces purifications impures prétendent, au rapport de Porphyre, s'offrir à la vue des ames qu'ils ont purifiées; si toutefois il en est quelque chose, ce ne serait après tout que ce que dit l'apôtre, « que Satan se transforme en ange de lumière (1); » puisque ces fantômes viennent de celui qui, pour engager les ames dans les fallacieuses cérémonies de plusieurs dieux et pour les détourner du culte du vrai Dieu, le seul ca-

---

(1) II Cor., 11, 14.

pable de les purifier et de les guérir, se change, comme Protée (1), en toutes sortes de formes, également à redouter, soit qu'il aide, ou qu'il persécute.

CHAPITRE XI.

De la lettre par laquelle Porphyre prie l'égyptien Anébon de l'instruire des diverses espèces de démons.

Porphyre a été plus raisonnable dans sa lettre à l'égyptien Anébon, où, sous prétexte de le consulter sur diverses questions, il découvre tout cet art sacrilège et le détruit. Là, ce philosophe se déclare contre tous les démons, et dit qu'ils ont une folle passion pour le sang des victimes et la fumée des sacrifices; d'où il conclut qu'ils ne résident pas au ciel, mais dans l'air, au-dessous et dans le globe même de la lune. Il n'ose pas cependant attribuer à tous les démons toutes les méchancetés, les sottises et les impostures dont il est justement choqué. Il dit, comme les autres, qu'il y a de bons démons, quoique généralement parlant il convienne qu'ils sont tous imprudens. Il témoigne sa surprise de ce que les dieux ne sont pas seulement attirés, mais contraints et forcés, par les victimes, à faire ce que les hommes demandent d'eux, et s'étonne, si la distinction entre les dieux et les démons consiste en ce que ceux-ci ont un corps, et que ceux-là sont incor-

(1) Virg., Géorg., 4.

porels, comment on peut mettre aux rang des dieux le soleil, la lune et les autres astres qui paraissent au ciel, et qu'il regarde incontestablement comme des corps. Il ne peut comprendre que l'on dise, si ce sont des dieux, que les uns soient bienfaisans et les autres malfaisans, et que l'on joigne des êtres corporels aux dieux qui sont incorporels. Il demande encore si ceux qui prédisent l'avenir et qui font des prodiges ont des ames plus puissantes que les autres, ou s'ils reçoivent ce pouvoir de quelques esprits étrangers; et il estime que cette dernière opinion est la plus véritable, parce qu'ils se servent de pierres et d'herbes pour lier quelques personnes, ou pour ouvrir des portes, ou pour d'autres effets merveilleux. D'où vient, dit-il, que quelques-uns croient qu'il y a un certain genre d'esprits qui écoutent les vœux des hommes, qui sont naturellement fourbes, qui prennent toutes sortes de formes, et se changent tantôt en dieux, tantôt en démons, tantôt en ames de trépassés, et que ce sont eux qui font tout ce qui semble arriver de bien ou de mal; quoiqu'au fond ils n'aident jamais pour ce qui est vraiment bien, et que même ils ne le connaissent pas; qu'ils ne donnent que des conseils pernicieux, adressent des reproches et s'opposent à ceux qui suivent le chemin de la vertu, sont glorieux et téméraires, aiment la graisse et la fumée des sacrifices, et sont bien aises d'être flattés. Enfin il rapporte tous les autres vices de ces esprits malins et imposteurs qui viennent de dehors dans l'ame, et fascinent les esprits des hommes endormis ou éveillés. Il parle de tout cela, il est vrai, non du ton de la persuasion, mais comme d'un soupçon, d'un doute qu'il énonce si légèrement qu'il établit que plusieurs personnes sont de cette opinion. Certes, il n'était pas facile à un si grand philosophe de connaître ou de blâmer hautement toute cette ligue diabolique, que la moindre femme chrétienne découvre sans peine et déteste librement ; à moins qu'il ne craignît d'offenser Anébon en sa qualité de grand-prêtre de cette religion, et les autres admirateurs de ces opérations qu'ils regardaient comme divines et appartenant au culte des dieux.

Il poursuit néanmoins, et, par forme de questions, il parle de certaines choses, qui bien considérées ne peuvent s'attribuer qu'à des puissances malignes et trompeuses. En effet, il demande pourquoi, après avoir invoqué les bons esprits, on commande aux mauvais d'exécuter les volontés injustes des hommes : pourquoi ils n'exaucent point les prières de ceux qui sont tombés dans l'impureté, tandis qu'eux-mêmes n'hésitent point à porter les hommes à commettre des adultères et des incestes : pourquoi ils ordonnent à leurs prêtres de s'abstenir de la chair des animaux, de peur d'être souillés de la vapeur des corps, quand eux-mêmes se repaissent d'autres vapeurs et de la graisse des victimes : pourquoi il est défendu aux initiés de toucher un cadavre, lorsque ces mystères ne se célèbrent d'ordinaire qu'avec les corps morts des bêtes immolées : d'où vient qu'un homme sujet à toutes sortes de vices, fait des menaces, non-seulement à un démon ou à l'ame de quelque trépassé, mais au soleil et à la lune, ou a quelque autre des dieux célestes, qu'il intimide par de vaines terreurs pour tirer d'eux la vérité; car il les menace de bouleverser le ciel, et d'autres choses pareilles impossibles aux hommes, afin que ces dieux, effrayés comme des enfans de ces vaines chimères, fassent ce qui leur est ordonné. Porphyre rapporte en outre qu'un certain Chérémon, personnage fort habile en ces sortes de mystères ou plutôt de sacrilèges, a laissé par écrit qu'Isis et son mari Osiris, si célèbres parmi les Égygtiens, ont un grand pouvoir sur les dieux pour les contraindre à exécuter les commandemens humains quand le magicien les menace de divulguer ces mystères, et s'écrie, d'une voix terrible, qu'il mettra en pièces les membres d'Osiris, s'ils négligent d'obéir à ce qu'il leur prescrit. Ce philosophe a raison de s'étonner qu'un homme fasse ces vaines et folles menaces aux dieux, non pas à des dieux tels quels, mais aux dieux célestes et étincelans d'une lumière astrale, et qu'il les contraigne par la force de ces imprécations à faire ce qu'il désire; ou plutôt, sous prétexte de l'admirer et de rechercher la cause de ces effets, Porphyre a donné assez à entendre qu'ils sont produits par ces esprits dont il a auparavant représenté les qualités, qui ne sont pas imposteurs par leur nature, comme il l'avance, mais par leur propre malice, et qui feignent bien être des dieux ou les ames des trépassés, mais qui ne feignent point être des démons, comme il le dit, parce qu'ils le sont véritablement. Quant à ce qu'il lui semble que, par le moyen d'herbes, de pierres, d'animaux, par certains tons de voix, par quelques figures faites à plaisir, et par l'observation du cours de quelques astres, les hommes forment ici-bas des puissances capables de produire divers effets, tout cela est un badinage de ces mêmes démons, qui se jouent ainsi des ames qu'ils tiennent asservies et se font un passe-temps de l'erreur et de l'aveuglement des hommes. De deux choses l'une : ou Porphyre a eu vraiment des doutes sur ce point, tout en rapportant des circonstances qui montrent invinciblement que tous ces prestiges ne se font point par les puissances qui nous aident à acquérir la vie bienheureuse, mais par les démons séducteurs ; ou, pour juger plus favorablement d'un philosophe, il a trouvé à propos d'en user de la sorte avec un Égyptien attaché à ses erreurs et enflé de l'opinion de son savoir, dans l'idée qu'il le convaincrait plutôt de la vanité et du péril de cette science, en lui proposant des difficultés comme pour apprendre, qu'en la combattant ouvertement et en affectant l'autorité d'un docte censeur. Il le prie, un peu avant de terminer sa lettre, de lui enseigner comment la science des Égyptiens peut conduire à la béatitude. A l'égard de ceux qui ne conversaient avec les dieux et ne les importunaient que pour des biens temporels, comme pour recouvrer un esclave fugitif, ou pour l'acquisition d'une terre, ou pour un mariage ; il déclare, sans balancer, que ces gens là font en vain profession de sagesse. Il ajoute même que quand les prédictions de ces divinités avec lesquelles ils ont commerce, seraient véritables pour tout le reste, ce ne sont toutefois ni des dieux, ni de bons démons, par cela seul qu'ils ne les avertissent pas de ce qu'il faut faire pour arriver à la félicité, mais que c'est ou l'esprit séducteur, ou une fiction purement humaine.

CHAPITRE XII.

Des miracles que Dieu opère par le ministère de ses anges.

Toutefois, comme il s'opère par le moyen de cet art tant de choses qui surpassent toute la puissance des hommes, que reste-t-il, sinon que tout ce qui se fait de merveilleux et ne se rapporte point au culte du vrai Dieu, dont la jouissance est seule capable de rendre heureux, du propre aveu des platoniciens, doit passer pour une illusion des démons qu'il faut éviter par une piété sincère ? Or, nous devons croire que tous les miracles qui se font ou par les anges, ou autrement, et dont la fin est d'établir le culte du vrai Dieu, en qui seul se trouve la vie bienheureuse, s'opèrent réellement par l'entremise de ceux qui nous aiment d'une affection fondée sur la vérité et sur la piété, et que Dieu se sert pour cela de leur ministère. Il ne faut point écouter ceux qui ne veulent pas qu'un Dieu invisible fasse des miracles visibles, puisque, selon eux-mêmes, c'est lui qui a fait le monde, qu'ils ne sauraient nier être un ouvrage visible et plus merveilleux que tout ce qui peut se faire de merveilleux au monde. La manière dont cet ouvrage a été fait n'est pas moins incompréhensible aux hommes que celui qui l'a fait. Ainsi, bien que les merveilles qui y éclatent de toutes parts nous semblent d'un moindre prix par l'habitude que nous avons de les voir, nous trouvons néanmoins, quand nous les considérons attentivement, qu'elles surpassent de beaucoup tous les miracles les plus extraordinaires. L'homme lui-même est en effet un plus grand miracle que tous les miracles qui s'opèrent par son entremise. Dieu, qui a fait les choses visibles, le ciel et la terre, ne dédaigne pas de faire des miracles visibles au ciel et sur la terre, afin d'exciter l'ame qui est encore attachée aux choses visibles à adorer un Dieu invisible; mais pour le lieu et le temps où il les fait, cela dépend des ordres immuables de sa sagesse, qui règle dès-à-présent les temps à venir tels qu'ils seront lorsqu'ils arriveront. Il meut toutes les choses temporelles sans être lui-même mu dans le temps; il ne connaît point autrement ce qui se doit faire que ce qui est déjà fait; et il exauce ceux qui l'invoquent de la même manière qu'il voit ceux qui doivent l'invoquer. Lorsque ses anges exaucent les prières des hommes, c'est lui qui les exauce en eux, comme dans son vrai temple que n'a point fabriqué une main mortelle; de même que tout ce qui arrive à ses saints dans le temps et par son ordre, n'est que l'accomplissement de sa loi éternelle et immuable.

CHAPITRE XIII.

Quoique Dieu soit invisible, il n'a pas laissé d'apparaître souvent d'une manière visible, non pas tel qu'il est de sa nature, mais tel que des hommes en pouvaient soutenir la vue.

On ne doit pas trouver étrange que Dieu, ainsi que le rapporte l'Écriture, soit souvent apparu visiblement aux saints patriarches, encore que de sa nature il soit invisible. Mais, de même que le son de la voix qui fait entendre la pensée n'est pas la pensée même, ainsi la figure extérieure sous laquelle Dieu se faisait voir était autre chose que Dieu. Les patriarches eux-mêmes n'ignoraient pas qu'ils voyaient Dieu, qui est invisible, en une espèce corporelle qui n'était pas lui. Lorsque Dieu s'entretenait avec Moïse, celui-ci ne laissait pas néanmoins de lui dire : « Si j'ai trouvé » grace devant vous, montrez-vous vous-même à moi, » afin que je sois assuré que c'est vous (1). » Et comme il fallait que la loi de Dieu fût donnée, non à un homme ou à un petit nombre de sages, mais à tout un peuple, et qu'elle imprimât de la crainte dans leurs esprits, Dieu fit de grandes choses par le ministère des anges sur le mont Sinaï, où la loi fut donnée par un seul en présence de cette multitude, qui contem-

---

(1) Exod., 33, 13.

plait avec effroi tant de signes surprenans. C'est que le peuple d'Israël ne croyait pas Moïse, comme les Lacédémoniens crurent Lycurgue, quand il leur dit qu'il avait reçu de Jupiter ou d'Apollon les lois qu'il leur donnait, parce que la loi de Moïse commandait d'adorer un seul Dieu ; il était dès-lors nécessaire que Dieu fît éclater toute sa majesté par des effets visibles et miraculeux qui montraient que toutes les créatures lui sont soumises, pour donner à ce peuple une loi qui apprenait à la créature à servir le créateur.

CHAPITRE XIV.

Il ne faut adorer qu'un seul Dieu, non-seulement pour les biens éternels, mais même pour ceux d'ici-bas, parce que tous dépendent également de sa providence.

Il en est du genre humain, en ce qui concerne le peuple de Dieu, comme d'un homme qui ne devient pas habile tout d'un coup, mais peu-à-peu et avec l'âge. La connaissance de ce peuple s'est accrue par la succession des temps, aussi bien que par la suite de plusieurs âges. Des choses visibles et temporelles, il s'est élevé aux choses éternelles et invisibles, en sorte néanmoins qu'alors même qu'on lui promettait pour récompense des biens visibles, on ne cessait pas de lui commander d'adorer un seul Dieu ; afin d'apprendre à l'homme que pour ces biens même il ne doit point s'adresser à d'autre qu'à celui qui les a créés, et qui l'a créé avec eux. Quiconque en effet ne conviendra pas qu'un seul Dieu tout-puissant est le maître absolu de tous les biens que les anges ou les hommes peuvent faire aux hommes, est véritablement insensé. Plotin, philosophe platonicien, prouve, par la beauté des fleurs et des feuilles des arbres, que la providence de Dieu, dont la beauté est ineffable, s'étend depuis cette haute majesté jusqu'aux choses de la terre les plus viles et les plus basses; et il assure que ces créatures si frêles et de si courte durée ne pourraient être aussi belles, si ce n'était l'ouvrage de cette beauté intelligible et immuable qui renferme en soi toutes les perfections. C'est ce qu'enseigne notre Seigneur Jésus-Christ quand il dit : « Considérez les lis de la campagne ; ils ne tra- » vaillent ni ne filent : et toutefois je vous dis que Sa- » lomon même, dans toute sa gloire, n'était pas vêtu » comme aucun d'eux. Que si Dieu prend soin de » vêtir une herbe de la campagne, qui paraît aujour- » d'hui et demain sera brûlée dans le four, n'aurait-il » pas plus de soin de vous, gens de peu de foi (1)? » Il était donc bien raisonnable d'accoutumer l'homme encore faible et attaché aux objets terrestres, à n'attendre que d'un seul Dieu les biens nécessaires pour cette vie mortelle et passagère, et d'ailleurs si méprisables en comparaison de ceux de l'autre vie, afin que, dans la possession même de ces biens, il ne s'éloigne point du culte de celui qu'il ne peut posséder qu'en les comptant pour rien.

(1) Matth., 6, 28, 29 et 30.

CHAPITRE XV.

La providence de Dieu se sert du ministère des anges.

Il a donc plu à la divine Providence d'ordonner les temps de telle sorte que, comme je l'ai déjà dit et qu'on le voit dans les actes des apôtres (1), la loi qui commandait le culte d'un seul Dieu a été donnée par le ministère des anges, Dieu voulut paraître visiblement en cette occasion, non en sa propre substance, qui demeure toujours invisible aux yeux du corps, mais par des marques sensibles que les créatures qui lui sont soumises (2) donnaient de la présence de leur Créateur. Il se servit de voix humaines pour transmettre aux hommes cette voix spirituelle, insensible, éternelle, qui ne commence ni ne cesse de parler, et qu'entendent, d'une manière intellectuelle et intelligible les ministres de ses volontés, ces esprits bienheureux admis à jouir pour jamais de sa vérité immuable, et toujours prêts à exécuter, par des opérations sensibles, les ordres qu'elle leur donne et qu'eux seuls comprennent. Or, cette loi a été donnée selon l'ordre des temps. Elle n'avait, ainsi que je l'ai dit, que des biens temporels pour récompense, qui signifiaient à la vérité les biens

---

(1) Act, 7, 53.
(2) C'est-à-dire les anges.

éternels; mais peu comprenaient ces mystères, quoique plusieurs les célébrassent. Toutefois, et les paroles et les cérémonies de cette loi prêchaient hautement le culte d'un seul Dieu, non d'un dieu du commun, mais de celui qui a fait le ciel et la terre, toute ame et tout esprit qui n'est pas ce qu'il est; car il est le créateur et toutes ces choses sont créées : et pour être et se conserver heureusement, elles ont besoin de celui qui les a faites.

CHAPITRE XVI.

Pour arriver à la vie éternelle, devons-nous plutôt croire les anges qui veulent qu'on les adore, que ceux qui veulent qu'on n'adore que Dieu ?

A quels anges pensons-nous qu'il faille ajouter foi pour parvenir à la vie bienheureuse et éternelle ? Sera-ce à ceux qui veulent que les hommes leur rendent un culte religieux et des honneurs divins, ou à ceux qui disent que ce culte n'est dû qu'au seul Dieu, créateur de toutes choses, et qui commandent de le rendre à celui dont ils nous promettent que la vision fera notre félicité, comme elle fait dès-à-présent la leur ? Cette vision de Dieu a tant de charmes et d'attraits, que Plotin n'hésite pas à dire que sans elle, quels que soient les biens que l'on possède d'ailleurs, on ne peut être que très malheureux. Lors donc que quelques anges nous invitent, par des miracles, à rendre le culte de Latrie à ce seul Dieu, et que d'autres en font aussi pour nous porter à le leur rendre, mais avec cette différence que ceux-là défendent d'adorer ceux-ci, et que ceux-ci au contraire ne défendent point d'adorer le seul Dieu que les premiers veulent que l'on adore ; je demande quels sont ceux à qui l'on doit ajouter foi? Que les platoniciens répondent à cette question, que tous les autres philosophes y répondent ; qu'ils y répondent aussi ces magiciens théurgiques, ou plutôt les périurgiques (1) (car ils ne méritent pas un nom plus flatteur); en un mot, que tous les hommes répondent, s'il leur reste encore quelqu'étincelle de raison, et qu'ils nous disent si nous devons adorer ces anges ou ces dieux qui veulent qu'on les adore de préférence au Dieu que ceux-ci nous commandent d'adorer, à l'exclusion d'eux-mêmes et des autres anges. Quand ni les uns ni les autres ne feraient de miracles, cette seule considération, que les uns ordonnent qu'on leur sacrifie, tandis que les autres le défendent et exigent que l'on ne sacrifie qu'au vrai Dieu, suffirait pour faire discerner à une ame pieuse de quel côté est le faste et l'orgueil, ou la véritable Religion. Je dis plus : n'y eût-il que ceux qui demandent qu'on leur sacrifie qui fissent des miracles, et les autres qui le défendent et n'ordonnent de sacrifices qu'à Dieu, dédaigneraient-ils d'en faire, l'autorité de ces derniers devrait l'emporter auprès de tous ceux qui en jugeraient plutôt par la raison que par les sens. Mais puisque Dieu, pour honorer sa

---

(1) De *perurgere*, solliciter, ou de *perurere*, brûler excessivement. (*Note de Vivès.*)

vérité, a permis que ces esprits immortels, plus jaloux de sa gloire que de la leur, aient opéré des miracles plus grands, plus certains, plus clairs que ceux qui veulent usurper un culte auquel il a seul droit de prétendre, de peur que ceux-ci ne séduisissent par leurs prestiges les personnes faibles et simples; ne serait-ce pas le comble de la déraison que de se refuser à embrasser la vérité, lorsqu'elle a pour elle des effets encore plus surprenans que le mensonge ?

Pour dire quelque chose des miracles des dieux du paganisme dont l'histoire fait mention, en quoi je n'entends point parler des accidens qui arrivent de loin en loin par des causes occultes de la nature, soumises néanmoins aux ordres de la Providence divine, tels, par exemple, que la naissance monstrueuse de quelques animaux, ou le changement extraordinaire de la face du ciel et de la terre, soit qu'il répande seulement l'effroi ou même la dévastation, et dont les démons astucieux prétendent que leur culte garantirait le monde ; mais d'autres évènemens dont ils sont apparemment les auteurs, comme ce que l'on rapporte des images des dieux Pénates, qu'Énée apporta de Troye, qui passèrent d'elles-mêmes d'un lieu à un autre; de Tarquin, qui coupa une pierre avec un rasoir (1); du serpent d'Épidaure, qui accompagna Esculape dans son voyage à Rome ; de la Vestale, qui, pour justifier sa chasteté, tira seule avec sa ceinture le

---

(1) Ce ne fut pas Tarquin, mais l'augure Actius Navius qui, par l'ordre de ce prince, coupa une pierre à aiguiser avec un rasoir. (*Note des bénédictins.*)

vaisseau qui portait l'image de la Mère des dieux, que tant d'hommes et d'animaux n'avaient pu seulement ébranler; de cette autre, qui, pour le même sujet, puisa de l'eau du Tibre dans un crible (1); tous ces miracles ne sont comparables ni en puissance, ni en grandeur à ceux que l'Écriture sainte nous apprend s'être faits parmi le peuple de Dieu. Combien moins peut-on leur comparer ceux qui ont été jugés dignes d'être sévèrement punis par les lois des peuples même qui ont adoré de tels dieux, savoir: les magiques et les théurgiques, dont l'objet le plus ordinaire est de fasciner les yeux par des illusions, comme lorsqu'ils font descendre la lune en terre pour la faire écumer sur les herbes, ainsi que le dit Lucain (2)? Quoique quelques-uns de ces prestiges semblent égaler quelques miracles des vrais serviteurs de Dieu, la fin néanmoins pour laquelle on les fait montre que les nôtres sont incomparablement plus excellens. En effet, ils se font pour établir le culte de ceux qui demandent qu'on leur offre des sacrifices, au lieu que les véritables miracles n'ont pour but que la gloire d'un Dieu, qui témoigne dans ses Ecritures qu'il n'a aucun besoin de tels sacrifices, comme il l'a montré en s'opposant à ce qu'on les lui offrît à l'avenir. Si donc il y a des anges qui demandent des sacrifices pour eux, on leur

---

(1) La première de ces vestales est Claudia, dont parle Properce, liv. IV, élégie 2.ᵉ; et l'autre, nommée Tuccia, est mentionnée par Valère-Maxime, liv. 8, 1, 5. (*Note des nouveaux éditeurs.*)

(2) Livre 6.

doit préférer ceux qui ne les demandent pas pour eux-mêmes, mais pour le Dieu qu'ils servent et qui a créé l'univers; attendu que ceux-ci, par leur empressement à vouloir nous assujétir au Dieu seul dont la vision les rend bienheureux, prouvent le désintéressement de l'amour qu'ils nous portent, et la sincérité des vœux qu'ils forment pour que nous parvenions à la possession de celui auquel ils sont toujours demeurés inviolablement soumis. Que s'il y a des anges qui ne veulent pas qu'on leur sacrifie, mais qu'on sacrifie aux dieux dont ils sont les anges, il n'y a point encore de doute qu'on ne doive leur préférer ceux qui veulent qu'on ne sacrifie qu'au seul Dieu des dieux dont ils sont les anges, surtout lorsque les autres ne défendent point de sacrifier à ce Dieu là. Enfin, si ceux qui veulent qu'on leur sacrifie ne sont ni de bons anges, ni les anges de bonnes divinités, mais de mauvais démons, comme leur orgueil et leurs impostures les en convainquent, à quelle protection plus puissante peut-on avoir recours contre eux, qu'à celle du Dieu unique et véritable que servent les bons anges, qui ne demandent pas nos sacrifices pour eux, mais pour celui dont nous devons nous-mêmes être le sacrifice?

CHAPITRE XVII.

Des miracles que Dieu opéra par l'arche du testament, pour fortifier l'autorité de sa loi et les promesses qu'il avait faites à son peuple.

C'est pour cela que la loi de Dieu donnée au peuple juif par le ministère des anges, et qui portait le commandement d'adorer le seul Dieu des dieux à l'exclusion de tous les autres, était déposée dans l'arche du Témoignage : ce nom indique assez que Dieu, qui était honoré par toutes ces choses, n'a pas coutume d'être enfermé dans un lieu, quoique ses réponses et quelques signes sensibles sortissent de cette arche ; mais que de là se manifestaient les témoignages de sa volonté, attendu que la loi même était gravée sur des tables de pierre, et mise dans l'arche dont il est ici question. Les prêtres la portèrent avec respect, aussi bien que le tabernacle appelé aussi du Témoignage, pendant tout le temps que les Israélites furent dans le désert ; et le signe ordinaire qui l'accompagnait était une colonne de nuée durant le jour, et une colonne de feu durant la nuit (1). Quand cette nuée marchait, les Juifs levaient leur camp, et ils campaient lorsqu'elle s'arrêtait (2). Outre ce miracle et les voix qui

---

(1) Exod., 13, 21.

(2) Ibid., 40, 34.

se faisaient entendre de l'arche, il y en eut encore d'autres qui rendirent témoignage à la loi ; car lorsque le peuple entra dans la terre promise, et que l'arche passa le Jourdain, ce fleuve s'ouvrit pour lui donner passage aussi bien qu'à toute l'armée (1). Ensuite, comme l'arche eût été portée sept fois autour des murailles de la première ville ennemie que l'on rencontra, qui, à l'instar des nations, adorait plusieurs dieux, elles tombèrent d'elles-mêmes sans être ébranlées par la sape ni par le bélier (2). Lorsque depuis, et à une époque où les Israélites étaient déjà établis dans la terre de promission, cette même arche eût été prise par l'ennemi, en punition de leurs péchés, ceux qui la prirent la portèrent honorablement dans le temple du plus considérable de leurs dieux (3), et le fermèrent ; mais le lendemain, à l'ouverture du temple, ils trouvèrent par terre l'idole de ce faux dieu misérablement fracassée. Divers prodiges et la plaie honteuse dont ils furent frappés, les engagèrent dans la suite à restituer l'arche au peuple de Dieu. Mais comment lui fut-elle rendue ? Ils la placèrent sur un chariot auquel ils attelèrent des vaches qui allaitaient des petits qu'ils retinrent, et ils les laissèrent aller où elles voudraient, pour éprouver s'il y avait en cela quelque chose de divin. Mais les vaches, abandonnées à elles-mêmes, marchèrent droit en Judée, et sans être arrêtées par les cris de leurs petits affamés, remirent l'arche entre les mains des

---

(1) Jos., 3, 17.
(2) Jos., 6, 20.
(3) I Rois, 5, 2 et suiv.

Hébreux, et leur donnèrent par là un grand exemple de la vénération qu'ils lui devaient. Toutes petites que sont ces choses, à l'égard de Dieu, elles sont grandes pour les instructions qu'elles peuvent donner aux hommes. Si les platoniciens ont en effet mérité d'être loués par-dessus tous les autres philosophes, de ce qu'ils ont été conduits, par la contemplation des beautés qui éclatent dans les moindres productions de la nature, à enseigner que la providence de Dieu gouverne toutes les choses d'ici-bas; comment ne pas se rendre aux témoignages miraculeux dont la fin est de confirmer une Religion qui commande de sacrifier exclusivement au seul Dieu? Ce Dieu est celui qui, aimé sans partage, nous conduit par son amour à l'éternelle béatitude, et qui, bornant le temps des sacrifices de l'ancienne loi, qu'il avait prédit devoir être changée en mieux par un meilleur pontife, a témoigné ne pas les désirer et n'avoir fait par ceux-là que figurer des sacrifices plus parfaits : ce n'est pas, après tout, qu'il lui revienne rien de ces honneurs; mais il a voulu que le feu de son amour nous excitât à les lui rendre, et cela avec d'autant plus de raison que nous en retirons seuls tous les avantages.

CHAPITRE XVIII.

Contre ceux qui nient que l'on doive croire aux miracles rapportés dans les livres de l'ancien testament.

Quelqu'un dira-t-il que ces miracles sont faux et supposés? Quiconque parle de la sorte et prétend que l'on ne doit ajouter foi, sous ce rapport, à aucun écrivain, peut prétendre aussi qu'aucun dieu n'a soin des choses du monde. Les dieux même que les payens adorent ne se font adorer que par des miracles, ainsi que l'attestent leurs histoires; et ils ont eu plus de soin d'attirer l'admiration des hommes que de pourvoir à leur utilité. C'est pour cela que nous n'avons pas entrepris dans cet ouvrage de réfuter ceux qui nient la Divinité, ou qui soutiennent qu'elle ne se met pas en peine de conduire le monde, mais ceux qui préfèrent leurs dieux au Dieu fondateur de l'éternelle et glorieuse Cité, ne sachant pas qu'il est pareillement le fondateur invisible et immuable de ce monde muable et visible, et le véritable dispensateur de cette félicité, qui réside en lui-même et non dans les objets qu'il a créés. Car c'est ce que déclare son prophète, lorsqu'il dit : « Pour moi, mon bien est de m'attacher à Dieu. » Je reviens sur cette citation, parce qu'il s'agit ici de la fin si controversée entre les philosophes, de ce souverain bien à l'acquisition duquel il faut rapporter tous ses devoirs. Le psalmiste ne dit pas : Mon bien est de posséder de grandes richesses, ou de porter la pourpre, le sceptre et le diadême ; ou, comme quelques philosophes même n'ont point rougi de le dire : Mon bien est de jouir des voluptés du corps; ou enfin, comme d'autres philosophes plus sages l'ont dit plus sagement : Mon bien est la vertu dont mon ame est ornée ; mais « mon bien, dit-il, est de m'attacher à » Dieu. » Il avait appris cela de celui à qui les anges l'avaient averti, par des miracles incontestables, de sacrifier exclusivement. Aussi était-il lui-même le sacrifice de Dieu, puisqu'il était consumé du feu de son amour, et qu'il désirait ardemment de jouir de ses chastes et ineffables embrassemens. Mais enfin, si ceux qui adorent plusieurs dieux, quelque sentiment qu'ils en aient, ne doutent point de la vérité des miracles qu'on leur attribue, et s'en rapportent, soit à ce que l'histoire en dit, soit aux livres de magie ou de théurgie ; pourquoi refusent-ils de croire aux miracles attestés par nos Écritures, dont l'autorité est d'autant plus grande, que celui à qui seul elles commandent de sacrifier est plus grand ?

CHAPITRE XIX.

Les sacrifices visibles ne sont que des signes de ceux que la vraie Religion nous prescrit d'offrir au seul Dieu véritable et invisible.

Quant à ceux qui estiment que les sacrifices visibles doivent être offerts aux autres dieux, mais que les sacrifices invisibles, tels que les mouvemens d'une ame pure et d'une bonne volonté, appartiennent, comme plus excellens, à ce Dieu invisible, ils ignorent assurément que les sacrifices visibles ne sont que les signes des sacrifices invisibles, de même que les paroles sont les signes des objets. Or, de même que, dans la prière, nous adressons nos paroles à celui-là même à qui nous offrons les pensées de notre cœur que ces paroles expriment ; ainsi, quand nous sacrifions, n'oublions pas que nous ne devons offrir le sacrifice visible qu'à celui dont nous devons être nous-mêmes le sacrifice invisible. C'est alors que les anges et les vertus supérieures, dont la bonté et la piété font la puissance, se réjouissent avec nous de ce culte que nous rendons à Dieu, et nous aident à le lui rendre. Mais si nous voulons le leur rendre à eux-mêmes, ils sont d'autant moins portés à l'agréer qu'ils le défendent d'une manière positive lorsqu'ils sont envoyés visiblement vers les hommes. L'Écriture sainte en fournit des exemples. En effet, comme quelques-uns croyaient devoir leur déférer des honneurs divins, ils les en ont empêchés (1), avec ordre de les reporter à celui-là seul à qui seul ils savent qu'ils sont dus. Les saints ont imité les anges. Après la guérison miraculeuse que saint Paul et saint Barnabé firent en Lycaonie (1), le peuple les prit pour des dieux et voulut leur sacrifier ; mais leur humble piété s'y opposa, et ils annoncèrent aux Lycaoniens le Dieu en qui ils devaient croire. Les esprits trompeurs même n'exigent ces honneurs que parce qu'ils savent qu'ils n'appartiennent qu'au vrai Dieu. Ce n'est pas au fond l'odeur des victimes qu'ils aiment, quoiqu'en dise Porphyre et qu'en pensent quelques autres, mais bien les honneurs divins. Dans le fait, ils ont assez de ces sortes d'odeurs qui leur viennent de tout côté, et, s'ils en voulaient davantage, il ne tiendrait qu'à eux de s'en donner ; mais ces mauvais esprits, qui usurpent insolemment la gloire de la divinité, ne se contentent pas de la fumée des corps : ils demandent les hommages du cœur, afin d'exercer leur domination sur ceux qu'ils abusent, et de leur fermer la voie qui mène au vrai Dieu, en les empêchant, par ces sacrifices impies, de devenir eux-mêmes un sacrifice agréable à Dieu.

(1) Apocal., 19, 10, et 22, 9.
(2) Act., 14, 10 et suiv.

CHAPITRE XX.

Du vrai sacrifice effectué par le souverain médiateur entre Dieu et les hommes.

De là vient que ce véritable médiateur entre Dieu et les hommes, Jésus-Christ homme, recevant en tant que Dieu le sacrifice avec son père avec qui il ne fait qu'un seul Dieu, a mieux aimé, en tant qu'homme, être lui-même le sacrifice que de le recevoir, pour ne donner occasion à personne de croire qu'il soit permis de sacrifier à quelque créature que ce soit. Il est par là le prêtre et la victime tout ensemble, et c'est ce qu'il a voulu figurer dans le sacrifice que l'Église lui offre tous les jours ; car, comme elle est le corps de ce chef adorable, elle s'offre elle-même par lui-même. Les anciens sacrifices des saints étaient autant de signes divers de ce véritable sacrifice, qui était figuré par plusieurs signes, de même que l'on exprime une seule chose par plusieurs paroles, afin de l'inculquer davantage sans dégoût. C'est à ce véritable et auguste sacrifice que tous les sacrifices fictifs ont cédé.

CHAPITRE XXI.

Du degré de pouvoir accordé aux démons pour glorifier les saints, qui ont vaincu ces malins esprits, non en leur sacrifiant, mais en restant fidèles à Dieu au milieu des supplices qu'ils ont soufferts.

Or, les démons ont permission, en des temps réglés et limités par la Providence, d'exercer leur fureur contre la Cité de Dieu, par le moyen de ceux dont ils se sont rendus les maîtres, et de ne pas recevoir seulement les sacrifices volontaires qu'on leur offre, mais encore d'en exiger par de violentes persécutions. Et tant s'en faut que cette tyrannie soit pernicieuse à l'Église, qu'au contraire elle en tire de grands avantages ; puisqu'elle sert à compléter le nombre des martyrs, qui tiennent un rang d'autant plus honorable dans la Cité de Dieu, qu'ils combattent plus généreusement et jusqu'à l'effusion de leur sang contre les puissances du monde. Si le langage de l'Église le permettait, nous les appellerions à bon droit nos héros. On fait venir ce nom de celui de Junon, qui en grec est nommée Héra ; et les traditions grecques appellent en conséquence Héros un de ses fils. Le sens mystique de cette fable est que Junon signifie l'air, dans lequel ils placent avec les démons les héros, c'est-à-dire les ames des hommes qui se sont rendus célèbres. Mais, au contraire, nos martyrs s'appelleraient fort bien héros, si, comme j'ai dit, l'usage de l'Eglise le souffrait, non parce qu'ils habitent l'air dans la société des démons, mais parce qu'ils surmontent les démons, ou, en d'autres termes, les puissances de l'air, et, entre autres, Junon même que les poètes nous représentent, avec assez de justesse, comme ennemie de la vertu et jalouse de la gloire des grands hommes. Virgile met ceux-ci au-dessus d'elle quand il lui fait dire : « Énée est mon vainqueur; » mais il lui cède ensuite misérablement lorsqu'il introduit Hélénus donnant au même Énée ce prétendu conseil de piété : « Rendez vos hommages à Junon, et tâchez de fléchir » par vos présens cette puissante divinité (1). » Porphyre était de cette opinion, quoiqu'il ne la donne que pour l'opinion d'autrui, lorsqu'il a dit que le bon Génie n'assiste point celui qui l'invoque, si le mauvais n'a été préalablement apaisé : de sorte que parmi eux les mauvaises divinités sont plus puissantes que les bonnes, dès-lors que les mauvaises empêchent que nous ne soyons assistés des autres avant qu'elles-mêmes ne soient fléchies, et que les bonnes ne peuvent nous aider à moins que les mauvaises n'y consentent, au lieu que les mauvaises peuvent nous nuire sans qu'il soit au pouvoir des bonnes de les en détourner. Il n'en est pas ainsi dans la véritable Religion; ce n'est pas ainsi que nos martyrs surmontent Junon, c'est-à-dire les puissances de l'air ennemies de la vertu des gens de bien. Nos héros, s'il était permis de les appeler ainsi, n'emploient, pour vaincre Héra, que des ver-

(1) Énéid., 3.

tus divines et non d'humbles et timides offrandes. Certes, Scipion a acquis bien mieux le surnom d'Africain en domptant l'Afrique par sa valeur, que s'il eût apaisé ses ennemis par des présens.

CHAPITRE XXII.

Les saints surmontent les démons par la vertu du Médiateur qui nous purifie de tous nos péchés.

Les serviteurs de Dieu chassent ces puissances aériennes en les conjurant par des exorcismes, loin de songer à les apaiser, et ils surmontent toutes les tentations et les traverses qu'elles leur suscitent, non en s'adressant à elles, mais en ayant recours à Dieu contre elles. Aussi, ne s'assujétissent-elles que ceux qui leur sont unis par une malheureuse société de crimes. Elles sont donc vaincues au nom de celui qui s'est revêtu de la nature humaine, et qui a vécu sur la terre sans péché, afin que, comme il était ensemble le prêtre et le sacrifice, les péchés fussent remis par lui, c'est-à-dire par le médiateur entre Dieu et les hommes, Jésus-Christ homme, qui nous purifie de nos péchés et nous réconcilie avec Dieu. Véritablement nos péchés seuls nous séparent de Dieu; et lorsque nous en sommes purifiés, cela ne se fait pas par notre propre vertu, mais par sa miséricorde; car le peu de force que nous avons est un don de sa bonté. Que si nous n'avions pas besoin sur la terre de l'indulgence du Créateur, nous serions trop fiers de notre partage. Or, nous sommes redevables à cette indulgence de la grace du Médiateur, qui nous a purifiés des souillures d'une chair de péché, lorsqu'il a daigné en revêtir l'apparence. C'est cette grace de Dieu qui nous prouve son infinie miséricorde, qui nous conduit par la foi durant cette vie, et qui nous élèvera après la mort à l'état d'une vertu parfaite, par la contemplation de la vérité immuable.

CHAPITRE XXIII.

Des principes qui, suivant les platoniciens, opèrent la purification de l'ame.

Porphyre dit aussi qu'un oracle divin a répondu que nous ne sommes point purifiés par les sacrifices à la lune et au soleil; pour montrer que les hommes ne peuvent l'être par les sacrifices offerts à aucun des dieux. Et véritablement quels sacrifices purifient, si ceux de la lune et du soleil, qu'ils mettent au rang de leur premières divinités, n'ont pas ce pouvoir? Il ajoute que le même oracle a déclaré que les principes peuvent purifier; dans la crainte peut-être que, d'après sa réponse qui refuse aux sacrifices du soleil et de la lune la faculté de purifier, on ne s'avisât de l'attribuer aux sacrifices de quelqu'un d'entre les petits dieux. Or, nous savons ce que Porphyre, en sa qualité de platonicien, entend par les principes. Il dit en effet que c'est Dieu le Père et Dieu le Fils qu'il appelle la pensée ou l'entendement du Père. Quant au saint Esprit, ou il n'en dit rien, ou ce qu'il en dit n'est pas clair; quoique je ne comprenne pas quel est cet autre qu'il dit tenir le milieu entre le Père et le Fils. Car s'il parlait, comme Plotin, de la troisième substance principale qui est l'ame raisonnable, il ne dirait pas qu'elle tient le milieu entre le Père et le Fils, puisque Plotin la postpose à l'entendement du Père, au lieu que, d'après l'expression dont se sert Porphyre, il n'y a pas postposition, mais interposition. Bien certainement il s'est exprimé comme il a pu ou comme il a voulu, pour dire ce que nous disons, que le saint Esprit n'est pas seulement l'esprit du Père ni du Fils, mais de tous les deux. En effet, les expressions des philosophes sont fort libres, et ils ne craignent point de blesser les oreilles pieuses, lorsqu'ils parlent de choses extrêmement difficiles à concevoir. Pour nous, nous sommes plus réservés en ces matières, et il ne nous est pas permis de nous écarter du langage de l'Église, de peur que la liberté des expressions ne donne lieu à des opinions nouvelles et impies.

CHAPITRE XXIV.

Du vrai principe, qui seul purifie et renouvelle la nature humaine.

Lors donc que nous parlons de Dieu, nous n'énonçons point deux ou trois principes, non plus que trois dieux, bien que nous reconnaissions que chacune des trois personnes divines est Dieu. Nous ne tombons pas toutefois dans l'hérésie des Sabelliens, qui disent que le Père est le même que le Fils, et que le saint Esprit est le même que le Fils et que le Père; mais nous disons que le Père est le père du Fils, que le Fils est le fils du Père, et que le saint Esprit est l'esprit du Père et du Fils, sans être ni le Père ni le Fils. Il est donc vrai de dire qu'il n'y a que le principe qui purifie l'homme, et non les principes, comme l'ont dit ces philosophes. Mais Porphyre soumis à ces puissances envieuses dont il avait honte, et qu'il n'osait néanmoins blâmer, n'a pas voulu reconnaître que notre Seigneur Jésus-Christ est le Principe qui nous purifie par son Incarnation. Il l'a sans doute méprisé dans la chair même qu'il a prise pour le sacrifice de notre purification; et ce mépris venait de ce qu'il ne comprenait pas un aussi grand mystère à cause de cet orgueil que le bon et véritable Médiateur a détruit par son humilité, lorsqu'il s'est fait mortel avec les mortels, tandis que les démons, ces faux et pernicieux médiateurs, qui ne sont point sujets à la mort, se sont élevés insolemment, et, sous prétexte de leur immortalité, ont promis un secours trompeur aux hommes mortels et misérables. Ce bon et véritable Médiateur a donc montré que ce n'est pas la substance ou la nature de la chair, mais le péché qui est un mal, puisqu'il l'a prise avec l'ame de l'homme sans prendre le péché, qu'il y a vécu, qu'il l'a quittée par la mort, et qu'elle a été changée en mieux par la résurrection. Il a montré aussi que l'on ne doit point éviter la mort par le péché, quoiqu'elle soit la peine du

péché, mais plutôt la souffrir pour la justice quand l'occasion s'en présente, puisqu'il l'a soufferte lui-même pour nous, encore qu'il fût exempt de tout péché. Ce qui l'a rendu capable d'acquitter nos péchés en mourant, c'est qu'il n'est pas mort pour ses péchés. Porphyre n'a point connu qu'il fût le principe, car il aurait aussi connu que c'est lui qui nous purifie de nos souillures. En effet, ce n'est ni la chair ni l'ame de l'homme qui est le principe, mais le Verbe créateur de toutes choses. Ainsi la chair ne purifie point par elle-même, mais par le Verbe qui l'a prise, lorsque « le Verbe a été fait chair et a habité parmi nous (1). » Comme il parlait mystiquement de la manducation de sa chair, et que ceux qui ne comprenaient pas en furent offensés et le quittèrent en disant : « Que ce discours est dur ! qui
» le peut écouter (2) ? » il répondit aux autres qui étaient demeurés : « C'est l'esprit qui vivifie, la chair ne sert
» de rien (3). » Il suit de là que le principe qui a pris une ame et une chair est celui qui purifie l'ame et la chair des fidèles. C'est pour cela qu'il répondit aux Juifs qui s'informaient de ce qu'il était : « Je suis le
» principe (4). » Nous ne pourrions nous-mêmes comprendre cette réponse, étant aussi charnels et aussi aveugles que nous sommes, si nous n'étions purifiés et guéris, par ce que nous étions et que nous n'étions pas ; car nous étions hommes, mais nous n'étions pas justes ;

(1) Jean, 1, 14.
(2) Ibid., 6, 61.
(3) Ibid., 64.
(4) Ibid., 8, 25.

et dans l'Incarnation le Verbe a pris la nature humaine, mais juste et sans péché. Voila le Médiateur qui nous a tendu la main pour nous relever, lorsque nous étions tombés et étendus par terre; voilà la race dont parle saint Paul (1), disposée par le ministère des anges, qui ont aussi publié cette loi où se trouvaient et le commandement d'adorer un seul Dieu et la promesse de ce divin Médiateur.

CHAPITRE XXV.

Les saints des deux Testamens ont été justifiés par le mystère de la foi en Jésus-Christ.

Les saints même des premiers siècles ont pu être purifiés par la foi en ce mystère accompagnée de la bonne vie, soit sous la loi de nature où Dieu et les anges n'ont pas manqué de les en instruire, soit sous la loi de Moïse, quoiqu'ils ne reçussent que des promesses de biens charnels qui étaient la figure des biens spirituels, ce qui fait appeler cette loi l'ancien Testament. Ils avaient dès-lors les prophètes, dont la voix, comme celle des anges, a promis le Médiateur; et de ce nombre était celui dont j'ai rapporté plus haut cette divine sentence touchant le souverain bien de l'homme : « Mon bien à moi est de m'attacher à Dieu (2). » Le

(1) Galat., 3, 19.
(2) Ps. 72.

pseaume d'où elle est tirée distingue assez clairement l'ancien et le nouveau Testament ; car le prophète dit que la vue des impies qui nageaient dans l'abondance des biens temporels l'a presque ébranlé, comme si le service qu'il avait rendu à Dieu eût été inutile, puisqu'il voyait ceux qui le méprisaient jouir de la félicité qu'il attendait de lui. Il ajoute qu'il avait tâché vainement d'approfondir ce secret, jusqu'à ce qu'il entra dans le sanctuaire de Dieu, où il vit la fin de ceux qui lui paraissaient si heureux en ce monde. Il reconnut alors qu'ils avaient été précipités du sommet de leur gloire, qu'ils étaient perdus sans ressource à cause de leurs iniquités, et que toute cette propriété mondaine qui les accompagnait pendant leur vie s'était évanouie comme un songe. Et parce que, dans cette Cité de la terre, ils étaient pleins de l'opinion de leur grandeur : « Seigneur, dit-il, vous anéantirez leur image dans » votre Cité (1). » Il montre toutefois combien il lui a été avantageux de n'attendre les biens même de la terre que du seul vrai Dieu, lorsqu'il dit : « J'ai » été comme une bête brute à votre égard, et j'ai » toujours demeuré avec vous (2). » Quand il dit : comme une bête brute, c'est comme s'il disait : J'ai manqué d'intelligence, *pour comprendre les conseils de la sagesse divine* (3) ; car je ne devais vous demander que les choses qui ne pouvaient m'être communes avec

---

(1) Ps. 72, 20.
(2) Ibid , 22.
(3) Nous ajoutons au texte et à la traduction ces mots soulignés que nous avons empruntés à la paraphrase des pseau-

les impies, et non celles dont je les ai vu jouir avec abondance : ce qui me persuadait que je vous avais servi inutilement, puisque ceux qui n'avaient pas voulu vous servir les possédaient aussi. Toutefois « je » suis toujours demeuré avec vous, » parce qu'encore que je désirasse ces sortes de biens, je ne me suis point adressé à d'autres dieux pour les obtenir. « Vous m'a- » vez pris, poursuit-il, par la main droite, et m'avez » conduit selon votre volonté, et vous m'avez fait » marcher dans la gloire (1); » comme si tous les biens dont il avait vu jouir les impies, et qui l'avaient presque ébranlé, n'appartenaient qu'à la gauche. Il ajoute : « Que désirai-je dans le ciel ? et qu'ai-je voulu hors » vous sur la terre (2) ? » Il se condamne lui-même de ce que, possédant un si grand bien au ciel, il s'est amusé à demander à son Dieu des biens fragiles et périssables. « Mon cœur et ma chair, dit-il encore, sont » tombés en défaillance, Dieu de mon cœur (3). » C'est une heureuse défaillance que de manquer aux choses de la terre pour ne s'attacher qu'aux choses du ciel. D'où vient qu'il est dit dans d'autres pseaumes : « Mon ame tombe en défaillance, pressée du désir » d'entrer dans la maison du Seigneur (4). Et mon

mes par Ferrand, afin d'éclaircir tout à la fois l'expression du prophète et l'explication qu'en donne en passant saint Augustin. (*Note des nouveaux éditeurs.*)

(1) Ps. 72, 23.
(2) Ibid., 24.
(3) Ibid., 25.
(4) Ps. 83, 1.

» ame est tombée en défaillance dans l'attente de votre
» salut (1). » Néanmoins, après avoir parlé de la défaillance du cœur et de la chair, il n'a pas ajouté :
Dieu de mon cœur et de ma chair, mais seulement :
« Dieu de mon cœur; » car c'est le cœur qui purifie
la chair. Le Seigneur dit pour cette raison : « Nettoyez
» d'abord le dedans, et le dehors sera pur (2). » Le
prophète continue et déclare que Dieu même est son
partage, et non les biens qu'il a créés : « Dieu de mon
» cœur, dit-il, Dieu de mon partage pour tou-
» jours (3). » C'est que de tant de choses que les hommes jugent mériter leur choix, il trouve Dieu seul
digne du sien. « Car voilà que ceux qui s'éloignent de
» vous périront; et vous perdrez tous les fornicateurs
» qui vous quittent (4); » c'est-à-dire qui se prosti-
tuent à cette pluralité de faux dieux. Il ajoute encore
par le même motif cette parole, au sujet de laquelle
nous avons cru devoir rapporter tout le reste : « Pour
» moi, mon bien est de m'attacher à Dieu (5), » de
ne point m'éloigner de lui, de ne point me prostituer
à plusieurs divinités. Mais nous ne serons parfaitement unis à Dieu que lorsque tout ce qui doit être
délivré en nous le sera entièrement. Il faut pratiquer
maintenant ce qu'ajoute le prophète : « Je mettrai mon

(1) Ps. 118, 81.
(2) Matth., 23, 26.
(3) Ps. 72, 25.
(4) Ibid, 26.
(5) Ibid, 27.

« espérance en Dieu (1). Or, ce n'est pas, dit l'apô-
« tre, à ce que l'on voit présent, que l'espérance se
» porte ; car qui espère ce qu'il voit ? Que si nous
» espérons ce que nous ne voyons pas, nous l'atten-
» dons avec patience (2). » Fermes dans cette espérance,
faisons ce qui suit dans le pseaume, et soyons aussi
selon notre faible pouvoir, les anges de Dieu, c'est-à-
dire ses messagers ; annonçons sa volonté, et publions
sa gloire et sa grace. En effet, le psalmiste après avoir
dit : « Je mettrai mon espérance en Dieu, » ajoute :
« afin que je chante vos louanges dans les portes de la
» fille de Sion (3). » C'est cette Sion qui est la glorieuse Cité de Dieu ; c'est elle qui ne connaît et n'a-
dore qu'un seul Dieu ; c'est elle qu'ont annoncée les
saints anges qui nous invitent à y entrer et désirent
que nous en devenions avec eux les citoyens. Ils ne
veulent pas que nous les servions comme nos dieux,
mais que nous servions avec eux leur Dieu et le nôtre.
Ils ne veulent pas que nous leur offrions des sacrifices,
mais que nous soyons comme eux un sacrifice agréable
à Dieu. Or, quiconque considère ces choses sans une
coupable obstination, ne saurait douter que tous ces
esprits immortels et bienheureux, qui ne nous portent point envie (car dans ce cas ils ne seraient pas
bienheureux), mais qui au contraire nous aiment et
souhaitent que nous soyons associés à leur bonheur,
ne nous soient plus favorables lorsque nous adorons

---

(1) Ps. 72, 27.
(2) Rom., 8, 24 et 25.
(3) Ps. 72, 28.

avec eux un seul Dieu, père, fils et saint Esprit, que si nous les adorions eux-mêmes par notre culte et nos sacrifices.

CHAPITRE XXVI.

L'incertitude de Porphyre le fait balancer entre la confession du seul vrai Dieu et le culte des démons.

Porphyre rougissait probablement, pour ses bons amis les théurgistes, lorsqu'il connaissait à-peu-près ces choses, et n'osait toutefois défendre ouvertement le culte du vrai Dieu contre le polythéisme. Il dit en effet que des anges descendent ici-bas pour enseigner les choses divines aux théurgistes, et que d'autres y viennent annoncer la volonté du Père et déclarer les profonds mystères de sa conduite. Je demande s'il est croyable que ces anges, dont l'emploi est d'annoncer la volonté du Père, veuillent nous forcer à reconnaître un autre dieu que celui dont ils annoncent la volonté. Aussi ce philosophe platonicien nous avertit avec raison de les imiter plutôt que de les invoquer. Nous ne devons donc pas craindre d'offenser ces esprits immortels et bienheureux soumis à un seul Dieu, en ne leur sacrifiant pas; car ils savent que le sacrifice n'est dû qu'au seul vrai Dieu, dont la participation fait leur bonheur, et dès-lors ils n'ont garde de le demander pour eux-mêmes. Cette usurpation insolente n'appartient qu'aux démons superbes et malheureux; mais pour les autres qui sont soumis à Dieu, il faut que le sincère attachement qu'ils nous témoignent les porte à nous faire partager leur béatitude et à nous associer à eux dans la jouissance de celui à qui ils en sont redevables. Voilà celui qu'ils doivent nous annoncer, au lieu de réclamer nos hommages pour eux-mêmes. Que craignez-vous encore, ô Porphyre, qui vous empêche de vous déclarer hautement contre ces puissances ennemies des véritables vertus et des dons du vrai Dieu? Vous savez distinguer les anges qui annoncent la volonté du Père, de ceux qui descendent vers les théurgistes par le moyen de ne sais quel art; comment faites-vous donc encore l'honneur à ceux-ci de dire qu'ils annoncent des choses divines? Quelles choses divines annoncent-ils, eux qui n'annoncent pas la volonté du Père? Ne sont-ce pas eux qu'un envieux a liés par la force de ses conjurations, pour les empêcher de purifier une ame, et qui, de votre aveu, n'ont pu être délivrés de ces liens et remis en liberté par une bonne divinité, pour opérer la purification qu'ils désiraient? Pouvez-vous encore douter que ces puissances ne soient de mauvais démons; ou bien feignez-vous de l'ignorer, de peur d'offenser les théurgistes à qui vous vous tenez fort redevable de ce qu'ils vous ont appris de pernicieuses folies? Osez-vous mettre dans le ciel, et placer parmi vos dieux, je ne dirai pas ces puissances, mais ces pestes, qui sont plutôt les esclaves que les souveraines des envieux, comme vous le reconnaissez vou-même, et déshonorer ainsi les astres même?

CHAPITRE XXVII.

Impiété de Porphyre qui surpasse l'erreur d'Apulée.

Combien l'erreur d'Apulée, platonicien ainsi que vous, est-elle moins monstrueuse et moins révoltante! Il n'attribue les passions des hommes qu'aux démons, qui résident au-dessous du globe de la lune, quoique d'ailleurs il les honore; et quant aux dieux supérieurs, qui habitent dans la plus haute région de l'air, soit qu'ils soient visibles, comme le soleil, la lune et les autres astres, ou invisibles, comme il en suppose quelques-uns, il les distingue toujours des démons, et s'efforce de les affranchir de toute passion. Aussi n'avez-vous pas puisé cette doctrine dans Platon, mais chez les Chaldéens. Eux seuls vous ont enseigné à porter les vices des hommes jusque dans le ciel empyrée, afin que vos dieux pussent annoncer des choses divines aux théurgistes. Cependant, vous vous mettez au-dessus de ces choses divines par votre vie intellectuelle; et, en votre qualité de philosophe, vous ne jugez pas que ces purifications théurgiques vous soient nécessaires. Vous prétendez néanmoins qu'elles le sont aux autres, et, comme pour récompenser vos maîtres, vous renvoyez aux théurgistes tous ceux qui ne sont pas philosophes, non pas, il est vrai, pour être purifiés dans la partie intellectuelle de leur ame, car la théurgie ne va pas jusque là, mais au moins dans la partie spirituelle. Ainsi, comme le nombre de ceux qui ne sont pas philosophes est sans comparaison le plus grand, vos écoles secrètes et illicites de théurgie seront plus fréquentées que celles de Platon. Les démons impurs, qui veulent passer pour des dieux célestes, et dont vous êtes le messager et le hérault, vous ont sans doute promis que ceux dont la partie spirituelle de l'ame a été purifiée par les opérations théurgiques, ne retourneront pas à la vérité au Père, mais habiteront au-dessus de la région de l'air parmi les dieux célestes; vous ne persuaderez pas du moins ces impertinences aux hommes que Jésus-Christ est venu affranchir de la domination des démons, et qui sont purifiés en lui, par son infinie miséricorde, de toutes les souillures de l'ame, de l esprit et du corps. Aussi, est-ce pour cela qu'il s'est revêtu de toute la nature de l'homme sans en prendre le péché, afin de guérir de la contagion du péché tout ce qui compose la nature de l'homme. Que ne l'avez-vous aussi connu, et que ne vous en êtes-vous remis à lui pour être guéri, plutôt qu'à vos propres forces qui ne sont que des forces humaines et fragiles, ou qu'à votre pernicieuse curiosité? Il ne vous aurait pas trompé, puisque vos oracles ont reconnu, comme vous l'écrivez vous-même, qu'il est saint et immortel. C'est de lui qu'a dit le plus excellent des poètes, d'une manière fictive, à la vérité, à ne considérer que le personnage allégorique à qui Virgile s'adresse, mais avec raison, si l'on rapporte ces paroles au Sauveur : « Sous votre » conduite, s'il reste encore quelques traces de nos » crimes, votre sagesse les effacera, et la terre sera dé-» livrée de ses continuelles alarmes (1). » Et Virgile s'est

---

(1) Eclog., 4.

exprimé ainsi, parce que les hommes, quelques progrès que la faiblesse de leur nature leur permette de faire dans la vertu, peuvent bien s'exempter de crimes, mais ne sauraient en faire disparaître les traces, ce qui est réservé à ce Sauveur dont parle le poète. En effet, Virgile montre bien qu'il ne dit pas cela de lui-même, à en juger par le début de cette églogue où on lit : « Le dernier âge prédit par la sibylle de Cumes » est arrivé. » On voit tout de suite qu'il a emprunté cela de cette sibylle. Mais les théurgistes, ou pour mieux dire les démons qui prennent la figure des dieux, souillent bien plutôt l'ame par leurs vains fantômes, qu'ils ne la purifient. Eh! comment pourraient-ils purifier l'esprit de l'homme, lorsqu'ils sont eux-mêmes des esprits impurs? S'il en était autrement, ils ne seraient pas liés par les charmes d'un envieux, et ne refuseraient pas par crainte, ou par envie, le bienfait imaginaire de cette purification qu'ils témoignent vouloir accorder. Pour nous, il nous suffit de votre aveu, que ces purifications théurgiques ne sauraient purifier l'ame intellectuelle, c'est-à-dire l'entendement, et de ce que tout en affirmant qu'elles purifient l'ame spirituelle, c'est-à-dire la partie inférieure de notre ame, vous ne dissimuliez pas, néanmoins, qu'elles sont incapables de la rendre immortelle. Jésus-Christ, au contraire, promet la vie éternelle; et c'est pour cela que le monde court à lui, non-seulement à votre grand regret, mais encore à votre grand étonnement. Que vous revient-il de ce que la force de la vérité ne vous a pas permis de nier que la théurgie ne soit un art dangereux qui a égaré beaucoup de personnes, et que ce ne soit une erreur manifeste de recourir aux anges par des sacrifices et des prières ; puisqu'ensuite, comme si vous aviez peur d'avoir perdu votre peine, vous adressez les hommes aux théurgistes, afin de faire purifier par eux la partie spirituelle de ceux qui ne vivent pas de la vie intellectuelle ?

CHAPITRE XXVIII.

De l'aveuglement de Porphyre, qui l'a empêché de connaître la vraie sagesse, c'est-à-dire Jésus-Christ.

Ainsi donc, vous engagez les hommes dans une erreur évidente, et vous n'en rougissez point, malgré le beau titre de philosophe dont vous vous parez ! Si vous aviez eu pour la sagesse un amour constant et sincère, vous eussiez connu Jésus-Christ qui est la vertu et la sagesse de Dieu, et l'enflure d'une vaine science ne vous aurait pas poussé à la révolte contre son humilité salutaire (1). Vous ne laissez pas d'avouer que, sans le secours de la théurgie et de ces sacrifices parfaits, auxquels vous avez sans fruit employé tant de temps, la partie spirituelle de l'ame peut être purifiée par la seule vertu de la continence ; vous convenez aussi quelquefois que la théurgie n'élève pas l'ame après la mort, en sorte qu'il semble qu'elle soit inu-

(1) Porphyre avait été chrétien.

tile pour l'autre vie, même à cette partie de l'ame que vous appelez spirituelle ; et cependant vous tournez et rebattez cela en plusieurs façons, sans autre dessein, ce me semble, que de paraître savant en ces choses, afin de plaire à ceux qui ont de la curiosité pour les sciences défendues, ou afin de leur en inspirer. Je suis bien aise après tout de ce que vous dites que cet art est dangereux, tant pour la pratique qu'à cause des lois qui le proscrivent. Plût à Dieu que les misérables qui s'y adonnent réfléchissent au moins là-dessus, et que votre déclaration, en les effrayant sur le danger qu'ils courent, servît à les en retirer ! Vous dites, il est vrai, qu'il n'y a point de théurgie qui puisse délivrer de l'ignorance et des autres vices où l'ignorance engage, et que cela n'appartient qu'à l'Entendement du Père, qui connaît sa volonté ; mais vous ne croyez pas que Jésus-Christ soit l'Entendement du Père, et vous le méprisez à cause du corps qu'il a pris d'une femme et de l'opprobre de la croix ; car vous êtes capable d'acquérir la haute sagesse et de vous élever au-dessus des choses viles et abjectes. Quant au Christ, il accomplit ce que les saints prophètes ont prédit de lui : « Je détruirai la sagesse des sages, et » j'anéantirai la prudence des prudens (1). » Il ne détruit pas en effet la sagesse qu'il leur a donnée, mais celle qu'ils s'attribuent et qui ne vient pas de lui. Aussi l'apôtre, après avoir rapporté ce témoignage des prophètes, ajoute : « Où sont les sages ? où sont les » docteurs de la loi ? où sont les esprits curieux de

(1) Abdias, 8 ; Isaïe, 29, 14.

» secrets de la nature ? Dieu n'a-t-il pas changé la sa-
» gesse de ce monde en folie ? Car le monde éclairé
» par des lumières de la sagesse divine, n'ayant pas
» reconnu par là sa sagesse, il a plu à Dieu de sauver
» par la folie de la prédication ceux qui recevraient
» la foi ; parce que les Juifs demandent des miracles
» et les Grecs cherchent la science. Mais, pour nous,
» nous prêchons Jésus-Christ crucifié, qui est un
» scandale aux Juifs, et qui paraît une folie aux
» gentils ; mais qui est, pour ceux qui sont appelés,
» soit d'entre les Juifs, soit d'entre les Grecs, la
» force et la sagesse de Dieu. Car ce qui semble folie
» en Dieu est plus sage que les hommes ; et ce qui
» paraît faiblesse en Dieu est plus puissant que les
» hommes (1). » C'est cette folie et cette faiblesse apparentes que méprisent ceux qui se croient forts et
sages par leur propre vertu ; mais c'est là en même-
temps la grace qui guérit les faiblesses de ceux qui
reconnaissent humblement leur misère.

CHAPITRE XXIX.

*L'impiété des platoniciens les a empêchés de confes-
ser l'incarnation de notre Seigneur Jésus-Christ.*

Vous proclamez le Père et le Fils, que vous nommez
l'Entendement du Père, avec un autre qui tient le

(1) I. Corint., 1, 20, 21, 22, 23, 24 et 25.

milieu entre ces deux personnes divines, par où nous conjecturons que vous entendez le saint Esprit; et vous les appelez trois dieux selon votre coutume. Bien que vos expressions ne soient pas correctes, vous entrevoyez néanmoins en cela quel est le but où l'on doit tendre. Mais vous ne voulez pas reconnaître l'incarnation du Fils immuable de Dieu, par laquelle nous sommes sauvés, afin de parvenir à cette félicité que nous croyons posséder un jour, et dont nous n'avons maintenant qu'une idée fort imparfaite. Ainsi vous voyez en quelque façon, et comme de loin et confusément, la patrie où nous devons aller, mais vous ne savez pas par où il y faut aller. Vous confessez cependant la grace, puisque vous dites qu'il est donné à peu de personnes d'arriver à Dieu par la lumière de l'intelligence; vous ne dites pas : *Il plaît à peu de personnes*, mais, *Il est donné à peu de personnes*; et vous avouez par là que cela ne dépend pas de la seule volonté de l'homme. Vous vous expliquez encore plus clairement lorsque, suivant le sentiment de Platon, vous déclarez sans hésiter que l'homme ne peut atteindre ici-bas à la perfection de la sagesse, mais que néanmoins tout ce qui manque à ceux qui vivent d'une vie intellectuelle peut être suppléé après cette vie par la providence de Dieu et par sa grace. O Porphyre! si vous eussiez connu la grace de Dieu par notre Seigneur Jésus-Christ, vous auriez pu connaître aussi que l'incarnation de ce Sauveur, par laquelle il s'est revêtu de l'ame et du corps de l'homme, est un exemple admirable de grace et de miséricorde. Que dis-je ? A quoi bon m'adresser à vous qui êtes mort ? Mais ce que je dis ne sera peut-être pas inutile à ceux qui ont grande opinion de vous et qui vous aiment, ou par je ne sais quelle affection qu'ils ont pour la sagesse, ou par une mauvaise curiosité pour ces arts que vous ne deviez pas enseigner. Aussi, est-ce à eux que je parle en parlant à vous? La grace gratuite de Dieu ne pouvait mieux se signaler qu'en faisant que le Fils unique de Dieu, sans cesser d'être immuable en soi, se revêtît de la nature humaine, et donnât aux hommes un gage de son amour par un homme médiateur entre Dieu et les hommes, entre l'immortel et les mortels, entre l'être immuable et des êtres sujets au changement, entre le juste et des impies, entre un Dieu bienheureux et des hommes misérables. Et de même qu'il nous a naturellement inspiré le désir de parvenir à la béatitude et à l'immortalité, lorsque plus tard, sans cesser d'être heureux, il est devenu mortel afin de nous donner ce que nous aimons, il nous a appris, par ses souffrances, à mépriser ce que nous craignons. Mais, pour acquiescer à cette vérité, vous aviez besoin d'humilité; et c'est une vertu que l'on vous persuaderait difficilement d'acquérir. Dans le fait, qu'y a-t-il de si incroyable en ce que nous disons que Dieu a pris l'ame et le corps de l'homme, particulièrement pour vous qui avez une idée tellement haute de l'ame intellectuelle, laquelle n'est après tout que l'ame humaine, que vous présentez hardiment comme susceptible de devenir consubstantielle à l'Entendement du Père qui, de votre aveu, est le Fils même de Dieu? Pourquoi donc n'aurait-il pas pu s'unir d'une façon singulière et ineffable à quelque ame intellectuelle pour en sauver plusieurs? Quant à l'union du corps à l'ame, qui constitue l'homme entier, c'est une chose dont nous sommes convaincus par notre propre nature. Et véritablement, si cette union n'était ordinaire, elle serait bien plus difficile à croire que l'autre; car il est bien plus aisé de se figurer la conjonction de deux esprits, quelque différence qu'il y ait d'ailleurs entre eux, que l'union d'un corps à un esprit. Ne serait-ce point que vous êtes choqués de ce qu'un corps est né d'une vierge? Mais, loin qu'il y ait en cela rien de choquant, vous devez au contraire être touchés de ce qu'un homme miraculeux est né d'une manière miraculeuse. Ne seriez-vous point blessés aussi de ce qu'il a quitté son corps par la mort, et qu'après l'avoir changé en mieux par sa résurrection, il l'a emporté immortel et désormais incorruptible dans le ciel? Voilà peut-être ce que vous refusez de croire, parce que vous savez que Porphyre, dans ses livres du retour de l'ame, dont j'ai déjà allégué beaucoup de passages, inculque souvent que l'ame, pour demeurer bienheureuse avec Dieu, doit éviter toute sorte de corps. Il fallait bien plutôt condamner Porphyre sur ce point, puisque ce sentiment est contraire à tant d'opinions incroyables que vous embrassez avec lui touchant l'ame de ce monde visible et de cette masse corporelle si vaste et si grande. Vous dites en effet avec Platon que le monde est un animal, et un animal très heureux, et vous voulez même qu'il soit éternel; mais si l'ame doit éviter toute sorte de corps pour être bienheureuse, comment se fait-il que cet animal ne sera jamais délivré de son corps, et ne cessera néanmoins jamais d'être bienheureux? Vous reconnaissez de même que le soleil et les autres astres sont non-seulement des corps, ce dont tout le monde convient avec vous; mais, pour dire quelque chose de plus où éclate la profondeur de votre science, ne prétendez-vous pas que ce sont des animaux très heureux et éternels? D'où vient donc que, lorsqu'on tâche de vous inspirer la foi chrétienne, vous oubliez ou faites semblant d'oublier ce que vous enseignez tous les jours? Pourquoi des opinions que vous combattez vous-mêmes vous empêchent-elles de vous faire chrétiens, sinon parce que l'avènement de Jésus-Christ au monde a été humble, et que vous êtes superbes? Les chrétiens les plus versés dans l'Ecriture sainte peuvent agiter entre eux la question de savoir quels seront les corps des saints après la résurrection; mais, quels qu'ils doivent être, nous ne saurions douter au moins qu'ils ne soient éternels, et tels que Jésus-Christ par sa résurrection nous en a donné l'exemple. Mais, lorsque nous disons qu'ils seront immortels et incorruptibles, et qu'ils n'empêcheront point que l'ame ne soit unie à Dieu, et que vous dites aussi que les corps immortels des immortels bienheureux sont dans le ciel, pourquoi, dans l'intention de vous conserver un prétexte spécieux de rejeter le christianisme, pensez-vous qu'il faut éviter toute sorte de corps pour être bienheureux, si ce n'est, comme je l'ai déjà dit, parce que Jésus-Christ est humble et que vous êtes superbes? Auriez-vous honte par hasard de vous rétracter de vos erreurs? Ce vice n'est-il pas celui des orgueilleux? Assurément ces savans hommes ont honte de devenir, de disciples de Platon, disciples de Jésus-Christ, qui a fait dire à un pêcheur pénétré de son esprit : « Le Verbe était au commencement, et le » Verbe était en Dieu, et le Verbe était Dieu. Il était » au commencement en Dieu. Toutes choses ont été » faites par lui, et rien de ce qui a été fait n'a été fait » sans lui. Ce qui a été fait était vie en lui, et la vie » était la lumière des hommes ; et la lumière luit dans » les ténèbres, et les ténèbres ne l'ont point com- » prise (1). » Le saint vieillard Simplicien, qui a été depuis évêque de Milan, nous a souvent rapporté qu'un certain platonicien disait qu'il fallait écrire en lettres d'or, dans les lieux les plus éminens des églises, ce commencement de l'évangile de saint Jean. Mais les superbes ont dédaigné de prendre ce Dieu pour maître, et cela parce que « le Verbe a été fait chair, » et a habité parmi nous (2) ; de sorte que ces misé- rables ne se contentent pas d'être malades, ils se glo- rifient même de leur maladie, et ont honte de la mé- decine qui pourrait les guérir. Certes, on peut dire qu'ils agissent moins en tout ceci afin de s'élever, que pour rendre leur chute plus terrible.

(1) Jean, 1, 1, 2, 3, 4 et 5.
(2) Jean, 1, 14.

CHAPITRE XXX.

Combien Porphyre a combattu ou corrigé d'opinions de Platon.

Si l'on croit qu'il n'y a rien à reprendre dans les opinions de Platon, d'où vient que Porphyre en a corrigé quelques-unes et de fort importantes ? En effet, Platon a écrit que les ames des hommes retournaient après la mort jusque dans les corps des bêtes. Plotin et lui ont professé ce sentiment, et toutefois Porphyre l'a condamné avec raison. Il a bien cru avec Platon que les ames retournent en d'autres corps que ceux qu'elles ont quittés, mais non pas dans ceux des bêtes. Ainsi, il n'a pas voulu suivre son maître en ce dernier point, de peur qu'il n'arrivât qu'une mère, devenue mule, ne vînt à porter son enfant; et il n'a point fait de difficulté de le suivre dans le premier, quoique par là il puisse se faire qu'une mère devenue fille épouse son fils. Combien est-il plus honnête de croire ce qu'ont enseigné les anges, les prophètes, les apôtres et le Sauveur même, que les ames retourneront une seule fois dans leur propre corps, qu'il ne l'est de s'imaginer qu'elles retournent tant de fois en tant de corps différens ? Porphyre dit encore que Dieu a donné une ame au monde, afin que, instruit par expérience des maux dont la matière est cause, elle retournât au Père et fut affranchie pour jamais d'une semblable contagion. Encore qu'il y ait quelque chose à redire à ce sentiment, puisque l'ame a été donnée au corps principalement pour faire le bien, et qu'elle ne connaîtrait point le mal si elle ne le faisait, Porphyre a néanmoins corrigé en cela un point très important de la doctrine des autres platoniciens, en ce qu'il est convenu que l'ame, après la purification de tous ses vices et sa réunion au Père, sera délivrée pour jamais des maux de ce monde. Il a détruit par là cette fameuse opinion des platoniciens, que les hommes meurent et revivent par une révolution continuelle, et cette assertion de Virgile qui dit, probablement d'après le système de Platon, que les ames purifiées de leurs souillures sont envoyées dans les champs Élysées, après avoir bu dans les eaux du Léthé l'oubli de tous les maux qu'elles ont soufferts ; « afin, ajoute le poète, » que, dégagées de leurs tristes souvenirs, elles veuil- » lent bien encore revoir la lumière du jour et recom- » mencer dans des corps une carrière nouvelle (1). » Porphyre a justement réprouvé cette opinion, attendu que c'est une folie de croire que les ames désirent de quitter une vie où elles ne pourront être bienheureuses que par la certitude qu'elle sera éternelle, pour retourner en ce monde et rentrer dans des corps corruptibles : comme si leur suprême purification n'était qu'une invitation à de nouvelles souillures. Si cette purification parfaite efface réellement de leur mémoire tous les maux passés, et que cet oubli les porte à désirer de rentrer dans des corps pour y être en butte à de nouvelles traverses, il est indubitable que la souve-

(1) Énéid., 6.

raine félicité sera la cause de leur malheur, et que la parfaite sagesse et la souveraine pureté produiront en elles l'impureté et la folie. Et quelque séjour que l'ame fasse dans ce lieu où elle a besoin d'être trompée pour être bienheureuse, elle ne sera pas bienheureuse par la connaissance de la vérité, par cela seul que son bonheur tient à la certitude qu'elle en a. Or, pour en être assurée, elle croira faussement qu'elle sera toujours bienheureuse, puisqu'elle doit être un jour misérable. Comment donc se réjouira-t-elle de la vérité, lorsque la cause de sa joie sera fausse? Porphyre a bien vu cela ; c'est aussi ce qui lui a fait dire que l'ame purifiée retourne au Père et est affranchie pour jamais de la contagion des corps. Il résulte évidemment de ce qui précède que certains platoniciens ont eu une fausse opinion de l'ame, quand ils ont cru qu'elle était obligée de sortir de ce monde et d'y retourner par une révolution nécessaire. Mais lors même que cela serait vrai, que servirait-il de le savoir; si ce n'est que les platoniciens voulussent prendre avantage sur nous de ce que nous ne saurions pas en cette vie ce qu'ils ignoreraient eux-mêmes dans une vie meilleure, où, nonobstant toute leur pureté et leur sagesse, ils ne seraient bienheureux qu'en ajoutant foi à une chose fausse? Que si cela ne peut se dire sans absurdité et sans folie, il est hors de doute que l'opinion de Porphyre est préférable au sentiment de ceux qui ont inventé ce cercle des ames et cette succession perpétuelle de félicité et de misère. Voilà dès-lors un platonicien qui abandonne le sentiment de Platon pour en suivre un meilleur, qui a vu ce que Platon n'a pas vu, et qui n'a pas craint de s'écarter de son maître, et d'un maître tel que celui-là, pour ne s'attacher qu'à la vérité.

CHAPITRE XXXI.

Du sentiment des platoniciens, que l'ame partage l'éternité de Dieu.

Que ne croyons-nous plutôt un dieu en des choses qui passent la portée de l'esprit humain? Que ne nous en rapportons-nous aux saintes Écritures, qui nous disent que l'ame même n'est point coéternelle à Dieu, mais qu'elle a été créée? Ce qui empêchait les platoniciens de le croire, c'est qu'ils prétendaient que ce qui n'avait pas toujours été ne pouvait durer toujours. Cependant Platon, dans un de ses traités (1) où il parle du monde et des dieux que, selon lui, Dieu a faits dans le monde, assure positivement que leur être a eu un commencement, mais qu'il n'aura point de fin, et qu'ils subsisteront éternellement par la volonté toute puissante de leur Créateur. Mais les platoniciens ont trouvé moyen d'expliquer cette assertion de leur maître; ils ont soutenu que le commencement dont parle Platon n'est pas un commencement de temps, mais de cause. De même, disent-ils, que « si » le pied d'un homme avait été de toute éternité imprimé dans la poussière, le vestige en serait éternel,

---

(1) Le Timée.

» et l'on ne pourrait pas conclure que le pied existât
» avant le vestige, bien qu'il fût impossible de nier
» que le vestige ne fût marqué par le pied; ainsi le
» monde et les dieux qui ont été créés dans le monde
» ont toujours été, parce que celui qui les a faits a
» toujours été, et néanmoins ils ont été faits. » Mais
si l'ame a toujours été, dira-t-on aussi qu'elle a toujours été misérable? Que s'il est quelque chose en elle
qui n'ait pas été de toute éternité, et qui ait commencé
dans le temps, y a-t-il impossibilité qu'elle-même,
qui n'était point auparavant, ait commencé d'être
dans le temps? D'ailleurs, la béatitude dont elle jouit
après les maux de cette vie a commencé sans doute
dans le temps, comme Platon lui-même en convient,
et toutefois elle durera éternellement. Tout ce raisonnement, d'après lequel rien ne saurait durer toujours
que ce qui n'a point commencé dans le temps, tombe
en ruine par cela seul que la béatitude de l'ame commence dans le temps, et ne laissera pas pourtant de
durer toujours. Que l'infirmité humaine cède donc à
l'autorité divine; et croyons-en, pour ce qui regarde
la véritable Religion, à ces esprits bienheureux et
immortels qui ne demandent pas qu'on leur rende
des honneurs qu'ils savent n'être dus qu'à leur Dieu et
au nôtre, et n'ordonnent d'offrir le sacrifice qu'à celui
dont, comme je l'ai déjà dit, nous devons être avec
eux le sacrifice, pour être offerts par ce souverain
Prêtre, qui, dans la nature humaine qu'il a prise, et
selon laquelle il a voulu être prêtre, a daigné devenir
lui-même sacrifice pour nous.

CHAPITRE XXXII.

La voie universelle de la délivrance de l'ame dont parle Porphyre, n'est autre chose que la Religion chrétienne.

C'est là cette religion qui contient la voie universelle de la délivrance de l'ame, parce qu'aucune ne peut être délivrée par une autre voie. Elle est en quelque sorte la voie royale, par laquelle seule on parvient à un royaume qui n'est pas inconstant comme ceux d'ici-bas, mais qui est appuyé sur le fondement inébranlable de l'éternité. Or, quand Porphyre dit, vers la fin de son premier livre du retour de l'ame, qu'il n'y a point encore eu, à sa connaissance, de secte philosophique qui contienne la voie universelle de la délivrance de l'ame; qu'elle ne se rencontre ni dans la philosophie la plus vraie, ni dans la discipline des gymnosophistes et des bracmanes de l'Inde, ni dans les calculs des Chaldéens; qu'il n'en trouve non plus aucune trace dans l'histoire; cette déclaration équivaut à un aveu qu'il en existe une, mais qu'il n'a pu encore la découvrir. Ainsi, tout ce qu'il avait appris avec tant de peine touchant la délivrance de l'ame, et qu'il s'imaginait savoir sur ce point, ou plutôt que les autres croyaient qu'il savait, ne le satisfaisait nullement. Il voyait bien, en effet, qu'il avait besoin de quelque grande autorité qu'il pût suivre dans une matière aussi importante que celle-là. Et lorsqu'il dit que la philosophie la plus vraie ne contient point cette voie universelle de la délivrance de l'ame, il témoigne assez, à mon avis, que la philosophie dont il faisait profession n'était pas vraie, ou au moins qu'elle ne contenait pas cette voie. Mais comment pourrait-elle être vraie sans cela ? Car, quelle autre voie universelle de la délivrance de l'ame y a-t-il, que celle par laquelle toutes les ames sont délivrées, et sans laquelle, par conséquent, nulle ame n'est délivrée ? Quand il ajoute que cette voie ne se trouve ni dans la doctrine des gymnosophistes et des bracmanes, ni dans la conduite des Chaldéens, il montre bien qu'il avait étudié la science des Chaldéens et des sages de l'Inde. Quelle est donc cette voie universelle de la délivrance de l'ame dont parle Porphyre, et qui, selon lui, ne se trouve nulle part, pas même parmi ces nations si célèbres dans la science des choses divines ? Quelle est cette voie universelle, sinon celle qui n'est pas particulière à une nation, mais commune à tous les peuples du monde, et dont ce philosophe éclairé ne révoque point en doute l'existence, persuadé que la Providence divine n'a pas pu laisser les hommes sans ce secours ; mais dont il déclare, en définitif, n'avoir point encore acquis la connaissance ? Et il ne faut pas s'en étonner ; puisqu'il vivait dans un temps où Dieu permettait que cette voie universelle de la délivrance de l'ame, qui n'est autre que la Religion chrétienne, fût combattue par les idolâtres et par les princes de la terre, pour remplir et pour consacrer le nombre des martyrs, c'est-à-dire des témoins de la vérité, dont la constance devait établir l'obligation imposée à tous les chrétiens de souffrir toutes sortes de maux corporels pour la défense de la véritable Religion. Porphyre voyait ces persécutions, et, dans l'opinion qu'elles dussent bientôt éteindre le christianisme, il ne pensait pas que ce fût la voie universelle de la délivrance de l'ame, ignorant que notre Religion devait s'affermir par les persécutions même.

Voilà donc la voie universelle de la délivrance de l'ame, ou, en d'autres termes, une voie que Dieu a ouverte par sa miséricorde à toutes les nations de la terre ; et comme les desseins de Dieu sont impénétrables à l'esprit humain, qui que ce soit qui connaisse actuellement cette voie, ou qui doive la connaître plus tard, n'a droit de demander à celui qui la donne : Pourquoi nous la donnez-vous aujourd'hui ? Que ne nous l'avez-vous donnée plutôt ? Porphyre lui-même en a senti la raison, lorsqu'il a dit que ce don de Dieu n'avait pas encore été reçu, et qu'il n'était pas jusque-là venu à sa connaissance ; toutefois il ne l'en a pas cru moins véritable. Voilà, je le répète, la voie universelle de la délivrance de tous les croyans, qui fut ainsi annoncée par le ciel au fidèle Abraham : « Toutes les nations seront bénies en votre semence (1). » Il était, à la vérité, Chaldéen de naissance ; mais afin qu'il pût recevoir l'effet de ces promesses, et qu'il sortît de lui une race disposée par les anges dans la main d'un médiateur (2) en qui devait se trouver cette voie

---

(1) Genès., 22, 18.
(2) Galat., 3, 19.

universelle de la délivrance de l'ame, il lui fut ordonné d'abandonner son pays, ses parens et la maison de son père. Alors Abraham, délivré des superstitions des Chaldéens, adora le seul vrai Dieu et ajouta foi à ses promesses. La voilà cette voie universelle, dont le prophète a dit : « Que Dieu ait pitié de nous, et qu'il nous bé- » nisse ; qu'il fasse luire sur nous la lumière de son » visage, et qu'il nous fasse miséricorde ; afin que nous » connaissions votre voie sur la terre et votre secours » salutaire chez toutes les nations (1). » C'est pour cela que le Sauveur qui, si long-temps après, prit chair de la semence d'Abraham, a dit de lui-même : « Je suis la voie, » la vérité et la vie. (2). » Voilà cette voie universelle dont un autre prophète a dit, tant de siècles auparavant : « Aux derniers temps, la montagne de la maison » du Seigneur paraîtra sur le sommet des montagnes, » et sera élevée par dessus toutes les collines. Tous les » peuples y viendront, et les nations y accourront en » foule, et diront : Venez, montons sur la montagne » du Seigneur et dans la maison du Dieu de Jacob ; il » nous enseignera sa voie, et nous marcherons dans » ses sentiers ; car la loi sortira de Sion, et la parole du » Seigneur, de Jérusalem (3). » Cette voie donc n'est pas pour un seul peuple, mais pour toutes les nations ; et la loi et la parole du Seigneur ne sont pas demeurées dans Sion et dans Jérusalem, mais elles en sont sor-

(1) Ps. 66, 1 et 2.

(2) Jean, 14, 6.

(3) Isaïe, 2, 2 et 3.

ties pour se répandre par tout l'univers. Le Médiateur même, après sa résurrection, dit, par cette raison, à ses disciples que sa mort avait troublés : « Il fallait que » tout ce qui est écrit de moi, dans la loi, dans les » prophètes et dans les pseaumes, fût accompli. Alors » il leur ouvrit l'esprit pour entendre les Écritures, et » il leur dit : Il fallait que le Christ souffrît, et qu'il » ressuscitât des morts le troisième jour, et que l'on » prêchât, en son nom, la pénitence et la rémission » des péchés dans toutes les nations, en commençant » par Jérusalem (1). » La voilà donc cette voie universelle de la délivrance de l'ame, que les saints anges et les saints prophètes ont figurée d'abord partout où ils ont pu, dans le petit nombre de personnes en qui ils avaient trouvé la grace de Dieu, et surtout dans les Hébreux, dont la république était, en quelque sorte, consacrée pour la prédication de la Cité de Dieu, qui devait être assemblée de toutes les nations de la terre; ils l'ont figurée par le tabernacle, par le temple, par le sacerdoce et par les sacrifices, et prédite par des prophéties quelquefois claires, et le plus souvent obscures et mystérieuses. Mais quand le Médiateur, lui-même, revêtu de chair, et ses bienheureux apôtres ont manifesté la grace du Nouveau Testament, ils ont fait connaître plus clairement cette voie qui avait été cachée dans les ombres des siècles précédens, quoiqu'il ait toujours plu à Dieu de la faire entrevoir en tout temps par des miracles de sa puissance, dont j'ai rapporté quelques-uns ci-dessus. Les anges ne sont pas

(1) Luc, 24, 44, 45, 46 et 47.

seulement apparus comme autrefois ; mais, à la seule voix des serviteurs de Dieu agissant par une piété simple, les esprits immondes ont été chassés des corps des hommes, et les malades guéris; les bêtes farouches, les oiseaux, les poissons, les élémens, les astres, les bois même ont obéi à leurs ordres, l'enfer a cédé à leur pouvoir, et les morts sont ressuscités. Je ne parle point des miracles particuliers au Sauveur, et surtout de sa naissance et de sa résurrection, dont le premier a découvert le mystère de la virginité de sa mère, et le second a donné même un exemple de la résurrection qui se fera à la fin des siècles. Cette voie purifie l'homme entier, et le dispose, dans toutes ses parties, à devenir immortel de mortel qu'il est maintenant. Et pour que l'homme ne cherchât point une autre mode de purifier la partie que Porphyre appelle intellectuelle, ou celle qu'il nomme spirituelle, ou le corps même; ce véritable et puissant Sauveur, source de toute pureté, a pris la nature de l'homme entier. Personne n'a été, n'est et ne peut être délivré que par cette voie, qui n'a jamais manqué aux hommes ni lorsque ces choses étaient prédites, ni quand elles ont été accomplies.

Quant à la déclaration de Porphyre, que cette voie universelle de la délivrance de l'ame n'est point encore venue à sa connaissance par le moyen de l'histoire, peut-on trouver une histoire plus illustre et plus fidèle que celle du Sauveur, qui a acquis une si grande autorité par toute la terre, et qui raconte tellement les choses passées, qu'elle prédit encore les futures, dont un grand nombre déjà accompli nous garantit l'accomplissement des autres? Porphyre ni les autres platoniciens ne sauraient mépriser les prédictions qui se sont faites dans cette voie, comme si elles ne concernaient que des choses passagères et dépendantes de cette vie mortelle. Cela est bon à l'égard des prédictions qui se font par d'autres voies, et ils ont raison de dire qu'il n'en faut pas faire beaucoup de cas, et que ceux qui les font ne doivent pas passer pour de grands personnages; car elles se font, ou par la prénotion des causes inférieures, comme dans la médecine l'on peut prévoir divers accidens de la maladie par des signes qui les précèdent; ou parce que les démons prédisent ce qu'ils ont résolu de faire, et se servent des passions déréglées des méchans pour l'exécuter, afin de persuader qu'ils disposent des évènemens d'ici-bas. Les saints qui ont marché dans cette voie universelle de la délivrance des ames ne se sont pas arrêtés à prédire ces choses comme fort importantes; non qu'ils les aient ignorées, puisqu'ils en ont souvent prédit de la sorte pour établir la créance des autres qui étaient au-dessus des sens, et dont l'expérience ne pouvait pas aisément convaincre les hommes; mais il y avait d'autres évènemens véritablement grands et divins qu'ils annonçaient selon les lumières qu'il plaisait à Dieu de leur départir. En effet, l'incarnation de Jésus-Christ et toutes les merveilles qui ont éclaté en lui et qui ont été accomplies en son nom, la pénitence des hommes plongés en toutes sortes de crimes, la conversion des volontés à Dieu, la rémission des péchés, la grace justifiante, la foi des gens de bien, cette multitude de ceux qui croient au vrai Dieu par toute la terre, la destruction du culte des idoles et des démons, les ten-

LIVRE X.

tations qui exercent les fidèles, les lumières qui éclairent et purifient ceux qui s'avancent dans la vertu; la délivrance de tous maux, le jour du jugement, la résurrection des morts, la damnation éternelle des impies et le royaume immortel de cette glorieuse Cité de Dieu, qui jouira à jamais de ses beautés ineffables; tout cela a été prédit et promis dans les Écritures de cette bienheureuse voie; et nous en voyons tant d'accomplies, que nous avons une sainte confiance que les autres s'accompliront de même. Ceux qui ne croient pas, et qui par conséquent ne sauraient comprendre combien il est vrai de dire que cette voie, qui conduit directement à la vision de Dieu et à son union éternelle, est mise en dépôt dans le sanctuaire des Écritures, peuvent bien la combattre, mais non en triompher.

C'est pour cela que nous avons employé ces dix livres à réfuter les impies, qui préfèrent leurs dieux au Fondateur de cette sainte Cité dont nous avons commencé de parler; en quoi, bien que nous n'ayons peut-être pas répondu à l'attente de quelques-uns, il en est aussi que, grace à Dieu, nous avons contentés. De ces dix livres, les cinq premiers sont contre ceux qui croient qu'on doit adorer les dieux pour les biens de cette vie, et les cinq derniers contre ceux qui veulent que l'on serve ces dieux pour être heureux après la mort. Il me reste donc encore à parler, ainsi que j'en ai pris l'engagement au premier livre, de la naissance, du progrès et de la fin des deux Cités, que nous avons dit être mêlées ici-bas l'une avec l'autre; et j'en parlerai autant que je le jugerai à propos, et qu'il plaira à Dieu me donner des forces pour cela.

REMARQUES

SUR

LE LIVRE X.

Page 200, ligne 23. « Il faut voir maintenant et expli-
» quer, autant que Dieu nous en donnera le pouvoir, etc. »
Lombert a rejeté tout ceci dans les remarques jusqu'à ces
mots de la pag. 204, l. 10. « S'ils ne nous aiment point, etc., »
sous prétexte que ce passage est étranger au sujet. Son étendue et son importance nous ont engagés à le replacer dans le
corps même de l'ouvrage ; mais nous nous sommes moins appliqués à en corriger le style que nous l'avons pratiqué pour le
surplus de la traduction : guidés en cela par le même sentiment que le traducteur, qui a pensé avec raison que, comme
il s'agit ici d'objets « qui peuvent servir pour les dogmes de
» l'Église, et touchent en quelque sorte le culte que l'on
» peut rendre aux saints et à leurs reliques, ou même aux
» images, on ne saurait traduire cet endroit trop littérale-
» ment, parce que souvent en ces matières le moindre mot
» est de conséquence. » La seule addition que nous ayons
faite à ce fragment de la traduction, consiste dans les mots
d'*agriculteurs*, *colons*, *régnicoles* et *républicoles*, qui, tirés
du latin, se rapprochent de l'étymologie que saint Augustin
a principalement en vue de faire sentir ; ce à quoi la traduction ne parviendrait pas en employant, comme le fait Lombert, les seuls mots de *laboureurs*, *fermiers* et *habitans*.
(*Note des nouveaux éditeurs.*)

REMARQUES.

Page 212, l. 8. « Qu'offrirai-je, dit un autre prophète, » qu'offrirai-je au Seigneur qui soit digne de lui? Fléchi-» rai-je, etc. » Cette citation de Michée n'est pas conçue précisément en ces termes dans la version de Lombert, et cependant il faut rendre à ce traducteur la justice de déclarer qu'il a été fidèle au latin; la différence de la traduction que nous avons faite avec la sienne, tient à la différence du texte que nous avons adopté. En général, nous sommes dans l'usage de conférer les passages de l'Écriture cités par saint Augustin avec l'édition latine connue sous le nom de *vulgate*; et c'est par suite de cette confrontation que nous avons trouvé quelque diversité entre la citation de l'auteur de la Cité de Dieu et les mêmes versets de la *vulgate*. Dans l'impossibilité de nous décider de notre propre mouvement pour l'une ou l'autre leçon, nous avons dû nous arrêter à celle que renferme une édition consacrée par l'autorité du saint siège et l'adoption qu'en a faite l'Église gallicane. Nous saisissons cette occasion de déclarer que, lorsque nous citons des passages de l'Écriture sainte d'une manière tant soit peu différente de celle de Lombert, c'est ou que nous avons traduit nous-mêmes ces passages sur le texte et presque mot-à-mot, ou que nous avons recouru aux traductions autorisées par les évêques et les docteurs, telle que celle du P. Amelotte pour le nouveau Testament, etc. (*Note des nouveaux éditeurs.*)

Page 217, l. 11. « En effet, c'est de cette Cité suprême, » qui n'a point d'autre loi que la volonté de Dieu. » Le latin ajoute : « de cette cour suprême; car on y a soin de nous. » C'est un petit jeu de mots de *curia* et de *cura*, qui ne peut se rendre en français.

Page 232, l. 21. « De même que tout ce qui arrive à ses » saints dans le temps et par son ordre n'est que l'accomplis-» sement de sa loi éternelle et immuable. » Les manuscrits

portent : *Sicut in hominibus sanctis suis ; ejusque tempo-raliter fiunt jussa, æternâ ejus lege conspectâ;* mais on lit dans l'édition de Louvain : *Sicut in omnibus sanctis ejus quæ temporaliter fiunt jussa, æternâ ejus lege conspectâ.* C'est cette dernière leçon à laquelle nous nous sommes arrêtés, bien que les bénédictins se soient déclarés pour l'autre, qu'il faudrait traduire ainsi, en reprenant toute la phrase :
« Lorsque les anges exaucent les prières des hommes, c'est
» lui qui les exauce en eux comme dans son vrai temple,....
» de même que dans les hommes qu'il a choisis ; et tous ces
» commandemens qui s'exécutent dans le temps ne sont que
» l'accomplissement, etc. » Ce sens nous semble moins bon que l'autre. Pour Lombert, nous ignorons quelle édition il a consultée ; mais il est certain qu'il n'a suivi ni l'une ni l'autre des leçons que nous venons de rapporter. Voici sa traduction :
» Lorsque ses anges même *écoutent* les prières des hommes,
» c'est lui qui les *entend* en eux comme dans son vrai tem-
» ple. *Enfin,* tous les commandemens *qu'il fait* dans le
» temps *par ses saints, il les a connus de toute éternité dans*
» *sa loi éternelle et immuable.* » Le peu d'exactitude de cette version ne permettait pas de la laisser subsister dans cette nouvelle édition. (*Note des nouveaux éditeurs.*)

Page 234, l. 9. « Pour donner à ce peuple une loi, etc. » Voici la lettre de cet endroit : « Car comme on donnait à un
» peuple une loi par laquelle on lui commandait de servir un
» seul Dieu, il paraissait en présence de ce peuple par des
» effets visibles et miraculeux (autant que la divine Provi-
» dence les jugeait suffisans pour cela), que la créature ser-
» vait le Créateur pour donner cette même loi. » Tous nos manuscrits ôtent *docentem* et avec raison, ce me semble ; car autrement je n'y vois point de sens ni de construction.

Page 235, l. 15. « Considérez les lis de la campagne. »

REMARQUES.

Tous nos manuscrits suppriment ces mots, *quomodo crescunt*.

Page 239, l. 27. « Tira seule avec sa ceinture le vaisseau » qui portait l'image de la Mère des dieux. » Tous les manuscrits ont *alligatam*.

Page 244, l. 5. « Si les platoniciens ont en effet mérité » d'être loués, etc. » Ce passage, qui renferme tout le surplus du chapitre, a été singulièrement abrégé par Lombert. Il en a renvoyé à la marge la traduction en une seule phrase exactement calquée sur la phrase latine; mais lui-même a reculé en quelque sorte devant son propre ouvrage. En procédant d'une autre manière, nous pensons être demeurés fidèles à l'esprit du texte, sans qu'il en résulte l'*épouvantable confusion* que craignait Lombert, lorsqu'il a rejeté presque tout ce morceau du corps de l'ouvrage. (*Note des nouveaux éditeurs.*)

Page 250, l. 16. « Contre les puissances du monde. » Le latin a, « contre l'impiété des puissances, » ou, selon nos manuscrits, « contre le péché d'impiété, » *adversus impietatis peccatum et usque*, etc.

Page 252, l. 10. « Et ils surmontent toutes les tentations. » Tous nos manuscrits ont *omnesque tentationes*.

Page 253, l. 26. « Qu'il appelle (Dieu le Fils) la pensée » ou l'Entendement du Père. » L'édition des bénédictins porte : *Quam græcè appellat paternum intellectum, vel paternam mentem*. Il paraît qu'Hervet a lu ailleurs *æternam mentem*, qu'il traduit par « entendement éternel; » mais, s'il y avait lieu de changer quelque chose à cette phrase, il vaudrait mieux lire : *æternum intellectum, vel paternam mentem*; ces deux derniers mots n'étant que la traduction du ΠΑΤΡΙΚΟΝ ΝΟΥΝ de Platon et de Porphyre (*Note des nouveaux éditeurs.*)

REMARQUES.

Page 263, l. 10. « Vous savez distinguer les anges qui
» annoncent la volonté du Père, etc. » Tous nos manuscrits
lisent cet endroit du latin ainsi : *Jàm distinxisti angelos, qui
Patris annunciant voluntatem, ab eis angelis qui ad*, etc.

Page 264, l. 11. « Il les distingue toujours des démons, etc. »
Tous nos manuscrits ôtent l'*alienos* qui est ici au latin.

Page 267, l. 6. « Qui ne vivent pas de la vie intellec-
» tuelle. » Nos manuscrits ont *animam* pour *animum*.

Page 268, l. 16. « Mais vous ne croyez pas que Jésus-
» Christ soit l'Entendement du Père. Je lis *Hunc autem*
avec tous nos manuscrits, au lieu de *Hinc autem*, qui, à
mon avis, est visiblement une faute.

Page 273, l. 18. « Et tels que Jésus-Christ, par sa résur-
» rection nous en a donné l'exemple. » Tous nos manuscrits
lisent : *quale resurrectione suâ Christus demonstravit exem-
plum.*

Page 275, l. 17. « Quoique par là il puisse se faire qu'une
» mère devenue fille épouse son fils. » Nos manuscrits ont :
Et non hoc credere ubi puduit revoluta mater, etc., pour *ne
revoluta.*

Page 287, l. 14. « Est mise en dépôt dans le sanctuaire
» des Écritures. » Tous nos manuscrits portent : *in sanctum
Scripturarum quæ prædicatur*, etc.; au lieu de : *in sanctua-
rio Scripturarum esse locatum, quæ prædicatur*, etc. Cela
ne paraît pas important.

LA CITÉ DE DIEU.

LIVRE XI.

CHAPITRE PREMIER.

Des deux Cités.

Nous appelons Cité de Dieu celle à qui rend témoignage cette Écriture dont l'autorité divine s'est assujétie toutes sortes d'esprits, non par les mouvemens fortuits des volontés humaines, mais par la disposition souveraine de la providence de Dieu. C'est là en effet qu'il est écrit : « On a dit des choses glorieuses de vous, » ô Cité de Dieu ; » et dans un autre pseaume : « Le » Seigneur est grand et digne des plus hautes louanges » dans la Cité de notre Dieu et sur sa montagne sainte. » Il augmente de-là les sujets de réjouisssance par » toute la terre (1) ; » et un peu après : « Ce que nous » avons entendu, nous l'avons vu dans la Cité du Sei- » gneur des armées, dans la Cité de notre Dieu ; Dieu

---

(1) Ps. 47, 1 et 2.

» l'a fondée pour l'éternité (1) ; » et encore dans un autre pseaume : « Le cours impétueux du fleuve réjouit » la Cité de Dieu; le Très Haut a sanctifié son taber- » nacle; Dieu est au milieu d'elle, elle ne sera point » ébranlée (2). » Ces témoignages, et d'autres semblables qu'il serait trop long de rapporter, nous apprennent qu'il existe une Cité de Dieu dont nous désirons être citoyens par l'amour que son fondateur nous a inspiré. Les citoyens de la Cité de la terre préfèrent leurs divinités à ce fondateur de la Cité sainte, faute de savoir qu'il est le Dieu des dieux, non des faux dieux, c'est-à-dire des dieux impies et superbes, qui, privés de sa lumière immuable et commune à tous, et réduits à je ne sais quelle misérable prééminence, sont jaloux de leur propre grandeur et demandent des honneurs divins de ceux qu'ils ont trompés et assujétis ; mais des dieux saints et pieux (3) qui aiment mieux se soumettre eux-mêmes à un seul, que de s'en soumettre plusieurs, et adorer Dieu, que d'être adorés en sa place. Mais nous avons répondu aux ennemis de cette sainte Cité, dans les dix livres précédens, autant que notre Seigneur nous a donné de forces pour le faire. Je dois maintenant, ainsi que je m'y suis engagé, parler avec la même assistance de la naissance, du progrès et de la fin des deux Cités, de celle de la terre et de celle du ciel, que j'ai dit être encore mêlées ici-bas.

---

(1) Ps. 47, 7.
(2) Ps. 45, 4 et 5.
(3) Des anges.

Voyons d'abord comment elles ont pris naissance dans la diversité des anges.

~~~~~~

CHAPITRE II.

Personne ne peut arriver à la connaissance de Dieu que par Jésus-Christ homme et médiateur entre Dieu et les hommes.

Il est très-difficile et fort rare de s'élever au-dessus de toutes les créatures corporelles et incorporelles, après les avoir considérées et trouvées muables, pour contempler la substance immuable de Dieu, et apprendre de lui-même que nul autre que lui n'a créé tous les êtres qui sont différens de lui. Car pour cela Dieu ne parle pas à l'homme par le moyen de quelque créature corporelle, comme une voix qui se fait entendre aux oreilles en frappant l'air interposé entre celui qui parle et celui qui écoute, ni par quelqu'image spirituelle, telle que celles qui se présentent à nous dans nos songes et qui ont beaucoup de ressemblance avec les corps : mais il parle par la vérité même, dont l'esprit seul peut entendre le langage. Il s'adresse à ce que l'homme a de plus excellent, et en quoi il ne reconnaît que Dieu qui lui soit supérieur. L'homme, suivant notre croyance, ayant été créé à l'image de Dieu, il est hors de doute qu'il approche d'autant plus de Dieu qui est au-dessus de lui, qu'il s'élève au-dessus des bêtes par la partie supérieure à celles qui sont communes à l'homme et à la brute. Mais comme ce même esprit, naturellement doué de raison et d'intelligence, se trouve incapable, au milieu des vices invétérés qui l'offusquent, non-seulement de jouir de cette lumière immuable, mais même d'en soutenir l'éclat, jusqu'à ce que sa lente et successive guérison le renouvelle et le rende capable d'une si grande félicité; il fallait qu'au préalable il fût pénétré et purifié par la foi, afin qu'il comptât plus fermement sur la foi pour arriver à la vérité. La Vérité même, c'est-à-dire Dieu et le Fils de Dieu, fait homme sans cesser d'être Dieu, a fondé et établi cette foi qui doit conduire l'homme à Dieu par l'homme Dieu; car c'est Jésus-Christ homme qui est médiateur entre Dieu et les hommes; et c'est comme homme qu'il est notre médiateur aussi bien que notre voie. En effet, lorsqu'il y a une voie entre celui qui veut aller quelque part, et le lieu où il veut aller, on peut espérer qu'il arrivera où il prétend; mais lorsqu'il n'y en a point, ou qu'on l'ignore, à quoi sert de savoir où il faut aller? Or, le seul moyen assuré pour se garantir de toutes sortes d'erreurs, est que le même soit Dieu et homme : on va à lui, comme Dieu, et comme homme, on va par lui.

CHAPITRE III.

De l'autorité de l'Écriture canonique composée par l'esprit de Dieu.

Ce Dieu, après avoir parlé autant qu'il l'a jugé à propos, d'abord par les prophètes, ensuite par lui-même, et en dernier lieu par les apôtres, a composé l'Écriture, que l'on nomme canonique, qui a tant d'autorité, et à laquelle nous croyons pour les choses qu'il ne nous est pas permis d'ignorer et que nous sommes incapables de savoir par nous-mêmes. Véritablement, s'il nous est possible de connaître ce dont nous sommes témoins et qui tombe sous nos sens intérieurs ou extérieurs, il n'en est pas de même de ce qui passe hors de la portée de nos sens, ou, en d'autres termes, en notre absence; il nous faut bien alors recourir à d'autres témoignages, et nous en croyons les personnes qui sont censées avoir vu ou entendu ce qui s'est fait ou dit. Ce que nous observons pour ce qui tombe sous les sens corporels, nous devons également le pratiquer en ce qui concerne l'intelligence ou *sens intellectuel;* car on donne aussi à l'esprit ce nom, d'où vient le mot de *sentiment.* Ainsi donc, nous ne saurions nous empêcher d'ajouter foi, pour les choses invisibles qui ne tombent point sous les sens extérieurs, aux saints qui les ont vues ou aux anges qui les voient encore dans cette lumière immuable et incorporelle.

CHAPITRE IV.

Le monde a été créé dans le temps, quoique la volonté de le créer ait été éternelle en Dieu.

Le monde est le plus grand de tous les êtres visibles, comme le plus grand de tous les invisibles est Dieu ; mais nous voyons le monde, et nous croyons que Dieu est. Or, que Dieu ait créé le monde, nous n'en pouvons croire personne plus sûrement que Dieu même, qui dit, dans les Écritures saintes, par la bouche de son prophète : « Au commencement Dieu fit le ciel et la » terre (1). » Il est incontestable que ce prophète n'assistait pas à cette formation ; mais la sagesse de Dieu, par qui toutes choses ont été faites, était présente ; et c'est elle qui pénètre les ames des saints, les fait amis et prophètes de Dieu, et leur raconte ses œuvres intérieurement et sans bruit. Ils conversent aussi avec les anges de Dieu, qui voient toujours la face du Père (2), et qui annoncent sa volonté à ceux qu'il faut. De ces prophètes était celui qui a écrit (1) : « Au commen- » cement Dieu créa le ciel et la terre ; » et nous devons d'autant plus l'en croire, que le même esprit qui lui a révélé ceci, lui a fait prédire si long-temps auparavant que nous y ajouterions foi.

(1) Genès., 1, 1.
(2) Matth., 18, 10.

Mais pourquoi a-t-il plu au Dieu éternel de faire alors le ciel et la terre qu'il n'avait pas faits auparavant? Si ceux qui font cette objection prétendent que le monde est éternel et sans commencement, et qu'ainsi Dieu ne l'a point créé, ils s'abusent excessivement et sont dans une erreur mortelle. Sans parler des témoignages des prophètes, le monde même crie en quelque sorte, par ses révolutions si régulières et par la beauté de toutes les choses visibles, qu'il a été créé, et qu'il n'a pu l'être que par un Dieu dont la grandeur et la beauté sont invisibles et ineffables. Quant à ceux qui, tout en avouant qu'il est l'ouvrage de Dieu, ne veulent pas toutefois qu'il ait un commencement de durée, mais de création, en sorte que, par une manière presqu'inintelligible, il ait toujours été fait, ils semblent, il est vrai, mettre par là Dieu à couvert d'une témérité fortuite, et empêcher qu'on ne croie qu'il ne lui soit venu tout d'un coup quelque chose en l'esprit qu'il n'avait pas eu auparavant, c'est-à-dire une volonté nouvelle de créer le monde, bien que son esprit ne soit capable d'aucun changement; mais je ne vois pas comment cette opinion peut subsister pour les autres choses, et surtout à l'égard de l'ame. Soutiendront-ils qu'elle est coéternelle à Dieu? Comment pourront-ils alors expliquer d'où lui est survenu une nouvelle misère qu'elle n'avait point eue pendant toute l'éternité? En effet, s'ils disent qu'elle a toujours été dans une vicissitude de félicité et de misère, il faut nécessairement qu'ils disent qu'elle sera toujours dans cet état; d'où s'ensuivra cette absurdité, qu'elle est heureuse sans l'être, puisqu'elle prévoit sa misère et sa difformité à venir. Que si elle ne la prévoit pas, et qu'elle croie devoir être toujours heureuse, elle n'est donc heureuse que parce qu'elle se trompe : ce que l'on ne peut avancer sans extravagance. S'ils disent que dans l'infinité des siècles passés elle a parcouru une continuelle alternative de félicité et de misère, mais qu'immédiatement après sa délivrance, elle ne sera plus sujète à cette vicissitude ; il faut donc toujours qu'ils tombent d'accord qu'elle n'a jamais été vraiment heureuse, qu'elle commencera à l'être dans la suite, et qu'ainsi il lui surviendra quelque chose de nouveau, et une chose extrêmement importante qui ne lui était jamais arrivée dans toute l'éternité. Nier que la cause de cette nouveauté n'ait toujours été dans les desseins éternels de Dieu, c'est nier que Dieu soit l'auteur de sa béatitude : sentiment qui serait d'une horrible impiété. S'ils prétendent d'un autre côté que Dieu a voulu par un nouveau dessein que l'ame soit désormais éternellement bienheureuse, comment le défendront-ils de cette mutabilité dont ils avouent eux-mêmes qu'il est exempt ? Enfin, s'ils confessent qu'elle a été créée dans le temps, mais qu'elle subsistera éternellement, comme les nombres qui ont un commencement et point de fin, et qu'ainsi, après avoir éprouvé la misère, elle n'y retombera plus lorsqu'elle en sera une fois délivrée, ils avoueront sans doute aussi que cela se fait sans qu'il arrive aucun changement dans les desseins immuables de Dieu. Qu'ils croient donc de même, que le monde a pu être créé dans le temps, sans que Dieu en le créant ait changé de dessein et de volonté.

CHAPITRE V.

Il n'y a point eu de temps avant le monde, comme il n'y a point de lieu hors du monde.

D'AILLEURS, que ceux qui reconnaissent avec nous un Dieu créateur, et toutefois ne laissent pas de nous demander le temps de la création du monde, voient comment ils nous satisferont eux-mêmes touchant le lieu où il a été créé. De même qu'ils veulent que nous leur disions pourquoi il a plutôt été créé alors qu'auparavant, nous pouvons leur demander pourquoi il a plutôt été créé où il est qu'autre part. En effet, s'ils s'imaginent avant le monde des espaces infinis de temps, où il ne leur semble pas possible que Dieu soit demeuré sans rien faire; qu'ils s'imaginent donc aussi hors du monde des espaces infinis de lieux; et si quelqu'un juge impossible que le Tout-Puissant soit resté oisif au milieu de tous ces espaces sans bornes, ne sera-t-il pas obligé d'imaginer, comme Épicure, une infinité de mondes, avec cette seule différence qu'Épicure veut qu'ils soient formés et détruits par le concours fortuit des atômes, au lieu que ceux-ci, selon leurs principes, diront que tous ces mondes sont l'ouvrage de Dieu, et qu'ils ne peuvent être détruits? Il ne faut pas oublier que nous discutons toujours avec ces philosophes qui croient comme nous que Dieu est incorporel et qu'il a créé tout ce qui n'est pas ce qu'il est lui-même. Pour les autres qui estiment qu'on doit adorer plusieurs divinités, ils ne méritent pas d'avoir part en cette dispute. Les adversaires que nous avons choisis ne les surpassent en excellence et en autorité que parce qu'ils approchent de plus près de la vérité, quoiqu'ils en soient encore bien éloignés. Diront-ils donc que la substance divine, qu'ils ne limitent à aucun lieu, mais qu'ils reconnaissent être toute entière partout (sentiment bien digne de la divinité), est absente de ces grands espaces qui sont hors du monde, et n'occupe que le petit espace où le monde est placé ? Je ne pense pas qu'ils soutiennent une opinion aussi absurde. Puis donc qu'ils disent qu'il n'y a qu'un seul monde, grand à la vérité, mais fini néanmoins et compris dans un certain espace, et que c'est Dieu qui l'a créé; qu'ils se répondent à eux-mêmes touchant les temps infinis qui ont précédé le monde, quand ils demandent pourquoi Dieu y est demeuré sans rien faire, ce qu'ils répondent aux autres touchant les lieux infinis qui sont hors du monde, quand on leur demande pourquoi Dieu n'y fait rien. Comme, de ce que Dieu a choisi pour créer le monde un lieu que rien ne rendait plus digne de ce choix que tant d'autres espaces infinis, il ne s'ensuit pas que cela soit arrivé par hasard, quoique nous n'en puissions pénétrer la raison: de même il ne s'ensuit pas qu'il soit rien arrivé de fortuit en Dieu, pour avoir choisi un temps plutôt qu'un autre pour le créer. Que s'ils disent que c'est une rêverie de s'imaginer qu'il y ait hors du monde des lieux infinis, parce qu'il n'y a point d'autre lieu que le monde; nous disons de même que c'est une chimère de s'imaginer qu'il y ait eu avant le monde des temps infinis où Dieu soit demeuré sans rien faire, puisqu'il n'y a point de temps avant le monde.

CHAPITRE VI.

Le monde et le temps ont été créés ensemble.

Si la véritable différence du temps et de l'éternité consiste en ce que le temps n'est point sans quelque changement, et qu'il n'y a point de changement dans l'éternité ; qui ne voit qu'il n'y aurait point eu de temps s'il n'y avait eu quelque créature dont les mouvemens successifs changeassent quelques parties, et si ces mouvemens et ces mutations, qui ne peuvent avoir lieu simultanément, ne composaient des intervalles plus longs ou plus courts, ce qui fait le temps. Je ne vois donc pas comment on peut dire que Dieu, être éternel et immuable, qui est le créateur et l'ordonnateur des temps, a créé le monde après le temps, à moins qu'on ne veuille dire aussi qu'avant le monde il y avait déjà quelque créature dont les mouvemens mesuraient le temps. Mais puisque l'Écriture sainte, dont l'autorité est incontestable, nous assure « qu'au » commencement Dieu créa le ciel et la terre, c'est-à-dire qu'il n'avait rien créé auparavant ; sans doute que le monde n'a pas été créé dans le temps, mais avec le temps : car ce qui se fait dans le temps se fait après et avant quelque temps, après le passé et avant l'avenir. Or, avant le monde, il ne pouvait y avoir aucun temps passé, puisqu'il n'y avait point de créature par les mouvemens de laquelle il s'écoulât. Mais le monde a été créé avec le temps, puisque le mouvement a été créé avec lui ; comme cela est visible par l'ordre même des six ou sept premiers jours, où le soir et le matin sont marqués, jusqu'à ce que toutes les choses que Dieu fit pendant ces jours fussent accomplies le sixième, et que, par un grand mystère, le repos de Dieu fût marqué le septième. Il est très difficile, ou même impossible, de comprendre la nature de ces jours ; combien plus donc de l'expliquer ?

CHAPITRE VII.

Quels étaient ces premiers jours qui ont eu un soir et un matin avant la création du soleil.

VÉRITABLEMENT, nous voyons que nos jours ordinaires n'ont leur soir que du coucher du soleil, et leur matin que de son lever ; au lieu que ces trois premiers jours se sont écoulés sans soleil, puisque cet astre ne fut créé que le quatrième au rapport de l'Ecriture (1). Elle nous dit bien que Dieu créa d'abord la lumière (2), et la sépara des ténèbres (3), qu'il appela

---

(1) Genès., 1, 14 et suiv.
(2) Ibid., 3.
(3) Ibid., 4.

la lumière jour, et les ténèbres nuit (1); mais quelle était cette lumière, et par la vicissitude de quel mouvement se faisait le soir et le matin; c'est ce qui nous est absolument inconnu, et que nous ne saurions comprendre, quoique nous devions le croire sans hésiter. Ou c'était une lumière corporelle, soit qu'elle réside dans les parties supérieures du monde éloignées de notre vue, soit que le soleil en ait été allumé; ou ce mot de lumière signifie la sainte Cité composée des anges et des esprits bienheureux, dont l'apôtre dit : « La Jérusalem d'en haut, qui demeurera éternelle-» ment dans les cieux, et qui est notre mère (2). » Il dit en effet ailleurs : « Vous êtes tous enfans de lumière, » et enfans du jour. Nous ne sommes point enfans de la » nuit ni des ténèbres (3). » Toutefois ce jour a en quelque façon son soir et son matin, parce que la science de la créature est comme un soir en comparaison de celle du Créateur; mais elle devient un jour et un matin, lorsqu'on la rapporte à sa gloire et à son amour, et elle ne penche point vers la nuit quand on n'abandonne point le Créateur pour s'attacher à la créature. Enfin, lorsque l'Écriture compte ces jours par ordre, elle ne se sert jamais du mot de nuit; car elle ne dit nulle part : Il y eut une nuit; mais : « du soir » et du matin se fit un jour (4); et ainsi du second et des suivans. Dans le fait, la connaissance de la

(1) Genès., 1, 5.
(2) Galat., 4, 26.
(3) I Thess., 5, 5.
(4) Genès., 1, 5.

créature en elle-même a moins d'éclat que lorsqu'on la connaît dans la sagesse de Dieu comme dans l'art qui l'a produite ; de sorte qu'on peut l'appeler plus convenablement un soir qu'une nuit ; et néanmoins, comme je l'ai dit, si on la rapporte à la gloire et à l'amour du Créateur, elle devient en quelque façon un matin. Ainsi, lorsque cela se fait par la connaissance de soi-même, c'est un jour ; quand c'est par la connaissance du firmament, qui a été placé entre les eaux inférieures et supérieures et appelé ciel, c'est le second jour ; quand c'est par la connaissance de la terre et de la mer et de toutes les plantes qui tiennent à la terre par leurs racines, c'est le troisième jour ; quand c'est par la connaissance des deux grands astres et des étoiles, c'est le quatrième jour ; quand c'est par la connaissance de tous les animaux engendrés des eaux, soit qu'ils nagent ou qu'ils volent, c'est le cinquième jour ; et enfin, quand c'est par la connaissance de tous les animaux terrestres et de l'homme même, c'est le sixième jour.

CHAPITRE VIII.

Ce qu'il faut entendre par le repos de Dieu après l'œuvre des six jours.

Lorsqu'il est dit que Dieu se repose le septième jour et le sanctifie (1), il ne faut pas entendre cela d'une

---

(1) Genès., 2, 2 et 3.

manière puérile, comme s'il s'était lassé à force de travailler, puisqu'à sa parole toutes choses furent créées, et que cette parole n'était pas corporelle et passagère, mais une parole divine et éternelle. Le repos de Dieu signifie le repos de ceux qui se reposent en lui, comme la joie d'une maison signifie la joie de ceux qui se réjouissent dans la maison, bien que ce ne soit pas la maison même, mais autre chose qui cause leur joie. Combien sera-t-il donc plus raisonnable d'appeler cette maison gaie, si par sa beauté elle inspire de la joie à ceux qui y demeurent? en sorte qu'on ne l'appelle pas gaie seulement par une façon de parler dont nous nous servons pour signifier ce qui contient par ce qui est contenu, comme quand nous disons que les théâtres applaudissent, que les prés mugissent, parce que les hommes applaudissent sur les théâtres et les bœufs mugissent dans les prés; mais encore par cette figure qui exprime ce qui est fait par ce qui le fait, comme lorsqu'on dit qu'une épître est gaie pour marquer la joie qu'elle donne à ceux qui la lisent. Ainsi, lorsque le prophète dit que Dieu s'est reposé, il marque fort bien le repos de ceux qui se reposent en lui, et dont lui-même fait le repos: ce qui regarde aussi les hommes pour qui l'Écriture a été composée, et à qui elle promet également par là un repos éternel à la suite des bonnes œuvres que Dieu opère en eux et par eux, s'ils s'approchent d'abord de lui par la foi. C'est ce qui a été pareillement figuré par le repos du Sabbat que la loi commandait d'observer à l'ancien peuple de Dieu, et dont je me propose de parler ailleurs plus au long.

CHAPITRE IX.

Ce que l'on doit penser de la condition des anges, d'après les témoignages de l'Écriture sainte.

Comme j'ai entrepris de parler de la naissance de la sainte Cité, et, en premier lieu, des anges, qui en sont la partie la plus considérable, et d'autant plus heureuse, qu'elle n'a jamais été pélerine ici-bas, j'essaierai maintenant, avec l'aide de Dieu, d'expliquer les témoignages divins qui se rapportent à cet objet de mes travaux. Lorsque l'Écriture parle de la création du monde, elle n'énonce pas positivement si les anges ont été créés, ni quand ils l'ont été ; mais s'ils n'ont pas été oubliés, ils sont marqués ou par le ciel, lorsqu'il est dit : « Au commencement Dieu » créa le ciel et la terre, » ou par la lumière dont je viens de parler. Ce qui me persuade qu'ils n'ont pas été oubliés en ce divin livre, c'est que, d'un côté, il est écrit que Dieu se reposa le septième jour de tous les ouvrages qu'il avait faits ; et que, de l'autre, la Genèse commence ainsi : « Au commencement Dieu créa » le ciel et la terre ; » tellement qu'il semble que Dieu n'a rien fait avant cela. Puis donc qu'il a commencé par le ciel et par la terre, et que la terre qui était d'abord une masse confuse, comme l'Écriture le dit ensuite, a été mise en ordre par la création de la lumière qui dissipa les ténèbres dont elle était couverte, et que

la séparation d'élémens hétérogènes et la disposition de tous les corps du monde créé, ont été terminées en six jours, comment les anges auraient-ils été oubliés, eux qui font une partie si importante de ces œuvres de Dieu, après lesquelles il se reposa le septième jour? Cependant, quoiqu'assurément les anges n'aient pas été oubliés, ils ne sont pas marqués d'une manière claire dans ce passage; mais l'Écriture s'explique ailleurs hautement sur ce sujet. Dans le cantique des trois jeunes hommes, au milieu de la fournaise, qui commence ainsi : » Ouvrages du Seigneur, bénissez-le tous (1), » les anges sont nommés, immédiatement après, dans le dénombrement de ces ouvrages. Le psalmiste chante de son côté : « Vous qui êtes dans les cieux, louez le Sei-
» gneur; louez le au plus haut du firmament. Anges
» du Seigneur, louez le tous; vertus du Seigneur, bé-
» nissez le toutes. Soleil et lune, louez le Seigneur;
» étoiles et lumière, louez le toutes. Cieux des cieux,
» louez le Seigneur, et que les eaux qui sont au-dessus
» des cieux louent son saint nom. Car il a dit, et toutes
» choses ont été faites; il a commandé, et toutes cho-
» ses ont été créées (2). » Il résulte évidemment de ces paroles des livres saints, que les anges sont aussi l'ouvrage de Dieu. Osera-t-on avancer, maintenant, qu'ils ont été créés après toutes ces autres choses qui sont infiniment au-dessous d'eux, et qui sont partagées entre ces six jours? L'Écriture sainte détruit cette imagination, quand Dieu y dit : « Lorsque les astres ont été

---

(1) Daniel, 3, 57 et 58
(2) Ps. 148, 1, 2, 3, 4 et 5.

» créés, tous mes anges m'ont béni à haute voix (1); »
Les anges étaient donc déjà lorsque les astres ont été faits. Mais les astres n'ont été créés que le quatrième jour : en conclurons-nous que les anges ont été créés le troisième? Nullement ; car on sait ce qui fut fait ce jour là où les eaux furent séparées de la terre pour former un élément à part, et où la terre produisit tout ce qui y tient par des racines. Nous ne pouvons pas dire non plus que ce fût le second, puisque ce même jour là, le firmament fut créé entre les eaux supérieures et les inférieures, et nommé le ciel, dans lequel les astres furent faits le quatrième jour. Dès-lors, si les anges ont rang parmi les ouvrages de Dieu qui furent créés pendant ces six jours, c'est cette lumière qui est appelée jour, et qui n'est pas dite le premier jour, mais un *jour*, afin d'en recommander l'unité. Car le second jour, le troisième, et les suivans ne sont pas d'autres jours, mais ce jour unique, qui a été ainsi répété pour accomplir le nombre de six ou de sept, dont le premier figure la connaissance des ouvrages de Dieu, et le second celle de son repos. En effet, si par la création de la lumière on doit entendre la création des anges, certes, ils ont été admis, sur le champ, à participer à la lumière éternelle, qui n'est autre que la sagesse immuable de Dieu, par laquelle toutes choses ont été faites, et que nous appelons son Fils unique ; et s'ils ont été éclairés de cette lumière qui les avait créés, c'était pour qu'ils devinssent eux-mêmes lumière, et fussent appelés jour par la participation de cette lumière et de

---

(1) Job, 38, 7.

ce jour immuable, qui est le Verbe de Dieu, par qui eux et toutes choses ont été créées. La vraie lumière qui éclaire tout homme à son entrée au monde (1), éclaire pareillement tout ange pur, afin qu'il soit lumière non en soi, mais en Dieu; aussi tout ange qui s'éloigne de Dieu devient-il impur, comme sont tous ceux qu'on nomme esprits immondes, et qui ne sont plus lumière dans le Seigneur, mais ténèbres en eux-mêmes, parce qu'ils sont privés de la participation de la lumière éternelle. Dans le fait, le mal n'est point une substance, mais on a appelé mal la privation du bien.

CHAPITRE X.

De l'immuable et indivisible Trinité, un seul Dieu, Père, Fils et saint Esprit.

Il n'existe qu'un seul bien de simple, et par conséquent d'immuable, qui est Dieu. C'est par ce bien qu'ont été créés tous les autres biens; mais ceux-ci sont muables par la raison qu'ils ne sont pas simples. Lorsque je dis qu'ils ont été créés par Dieu, j'entends faits et non pas engendrés; attendu que ce qui est engendré du bien simple est simple comme lui et la même chose que lui. Nous trouvons cette commune simplicité et cette homogénéité dans le Père et le Fils, qui tous deux ensemble ne font qu'un seul Dieu avec

(1) Jean, 1, 9.

leur Esprit; et cet Esprit du Père et du Fils est appelé le saint Esprit dans l'Écriture, par appropriation particulière de ce nom. Or, il est autre que le Père et le Fils, parce qu'il n'est ni le Père, ni le Fils. Je dis autre, et non autre chose, parce qu'il est aussi ce bien simple, immuable et éternel. Cette Trinité n'est qu'un seul Dieu, qui n'en est pas moins simple pour être un en trois personnes; car nous ne faisons pas consister la simplicité de ce bien dans l'unité des personnes, et nous ne disons pas, comme les Sabelliens, que cette Trinité n'est que de nom, sans subsistance des personnes; mais nous disons que ce bien est simple parce qu'il est ce qu'il a, hors la relation entre les personnes qui sont en lui. En effet, le Père a un Fils et n'est toutefois pas Fils, le Fils a un Père, sans être Père lui-même; mais il est ce qu'il a, en ce qui l'établit en soi-même sans rapport à un autre. Ainsi, comme il est vivant en soi-même et sans relation, il est la vie même qu'il a. On n'appelle la nature de la Trinité une nature simple, que par la raison qu'elle n'a rien qu'elle puisse perdre, et qu'elle ne peut rien avoir qu'elle n'ait déjà. Un vase n'est pas l'eau qu'il contient, ni un corps la couleur qui le colore, ni l'air la lumière ou la chaleur qui l'échauffe ou l'éclaire, ni l'ame la sagesse qui la rend sage. Ces choses ne sont donc pas simples, puisqu'elles peuvent être privées de ce qu'elles ont, et recevoir d'autres qualités ou habitudes. Il est vrai qu'un corps incorruptible, tel que celui que l'on promet aux saints dans la résurrection, ne peut perdre cette qualité; mais cette qualité n'est pas sa substance même. L'incorruptibilité réside toute entière dans chaque partie du corps, sans être plus grande ou plus petite dans l'une que dans l'autre, une partie n'étant pas plus incorruptible que l'autre; au lieu que le corps même est plus grand dans son tout que dans une de ses parties. Le corps n'est pas partout tout entier, tandis que l'incorruptibilité est toute entière partout; elle est dans le doigt, par exemple, comme dans le reste de la main, malgré la différence qu'il y a entre l'étendue de toute la main et celle d'un seul doigt. Ainsi, quoique l'incorruptibilité soit inséparable d'un corps incorruptible, elle n'est pas néanmoins la substance même du corps; et par conséquent le corps n'est pas ce qu'il a. Il en est de même de l'ame. Encore qu'elle doive être un jour éternellement sage, elle ne le sera que par la participation de la lumière immuable, qui n'est pas ce qu'elle est. En effet, quand l'air ne perdrait jamais la lumière qui est répandue dans toutes ses parties, il ne s'ensuivrait pas pour cela qu'il ne fût autre chose que la lumière même : ce que je ne dis pas toutefois comme si l'ame était un air subtil, ainsi que l'ont cru quelques philosophes, qui n'ont pu comprendre une nature incorporelle. Mais ces choses, dans leur extrême différence, ne laissent pas d'avoir assez de rapport pour qu'il soit permis de dire que l'ame incorporelle est éclairée de la lumière incorporelle de la sagesse de Dieu, qui est parfaitement simple, de la même manière que le corps de l'air est éclairé par une lumière corporelle; et que comme l'air s'obscurcit quand elle vient à se retirer (car ce qu'on appelle ténèbres n'est autre chose que l'air privé de lumière), l'ame s'obscurcit de même lorsqu'elle est privée de la lumière de la sagesse.

Si donc on appelle simple la nature divine, c'est qu'en elle la qualité n'est autre chose que la substance, en sorte que sa divinité, sa béatitude et sa sagesse ne sont point différentes d'elle-même. L'Écriture, il est vrai, appelle divers l'esprit de sagesse (1), mais c'est à cause de la diversité des choses qu'il renferme en soi, lesquelles toutes néanmoins ne sont que lui-même, et lui seul est toutes ces choses. Il n'y a pas en effet plusieurs sagesses, mais une seule, en qui se trouvent ces trésors immenses et infinis où sont les raisons invisibles et immuables de toutes les choses muables et visibles qu'elle a créées; vu que Dieu n'a rien fait sans connaissance, ce qu'on ne dirait pas avec justice du moindre artisan. Or, s'il a fait tout avec connaissance, il est hors de doute qu'il a connu ce qu'il a fait : d'où l'on peut tirer cette conclusion merveilleuse, mais véritable, que nous ne connaîtrions point ce monde s'il n'était, au lieu qu'il ne pourrait être si Dieu ne le connaissait.

(1) Sap., 7, 22.

CHAPITRE XI.

Doit-on croire que les anges prévaricateurs aient participé à la béatitude dont n'ont pas cessé de jouir les bons anges depuis qu'ils ont été créés ?

Il suit de tout cela que les esprits, que nous appelons anges, n'ont pas été d'abord esprits de ténèbres ; mais aussitôt qu'ils ont été faits, ils ont été lumière : et comme ils n'ont pas été créés seulement pour être ou vivre de manière ou d'autre, mais aussi pour vivre sages et heureux, ils ont été illuminés dès le premier moment de leur création. Quelques-uns de ces anges, pour s'être éloignés de cette lumière, n'ont point acquis la perfection de la sagesse et de la béatitude, qui dépend sans contredit de l'éternité de l'existence et de la certitude de cette éternité ; mais ils n'ont pas perdu la vie raisonnable, quoique pleine de folie en eux, et ils ne sauraient la perdre quand ils le voudraient. Qui peut au reste déterminer à quel degré ces esprits ont participé à cette sagesse avant leur chute ? Comment peut-on dire qu'ils y aient participé également avec les autres, que la certitude de leur félicité rend vraiment et parfaitement heureux, puisque, si cela était, ils seraient aussi demeurés éternellement heureux, par la raison qu'ils auraient été de même assurés de leur bonheur ? Une vie, quelle que soit sa durée, ne peut dans le fait être appelée éternelle, si elle doit avoir une fin. Ainsi, bien que tout ce qui est éternel ne soit pas heureux, vu que l'Écriture dit que le feu d'enfer sera éternel; toutefois, si la vie ne peut être pleinement et véritablement heureuse qu'elle ne soit éternelle, la vie de ces mauvais anges n'était pas bienheureuse, puisqu'elle devait cesser de l'être, soit qu'ils le sussent, soit qu'ils l'ignorassent. Dans l'un ou l'autre cas, la crainte ou l'erreur s'opposait à leur félicité. S'ils ne croyaient pas positivement devoir être constamment heureux, ou s'ils étaient seulement incertains de la durée de leur bonheur, cette incertitude même était incompatible avec l'entière béatitude dont nous croyons que jouissent les bons anges. Quand nous parlons de béatitude, nous ne restreignons pas tellement l'étendue de cette expression, que nous ne l'attribuions qu'à Dieu seul; quoiqu'il soit vrai de dire qu'il ne peut y avoir de plus grande félicité que la sienne et que celle des anges, quelle qu'elle soit, n'est rien en comparaison.

CHAPITRE XII.

Comparaison de la félicité des justes sur la terre et de celle de nos premiers parens avant le péché.

Nous ne la bornons pas même aux bons anges. Et qui oserait nier que nos premiers parens n'aient été heureux avant le péché dans le paradis terrestre, quoiqu'ils fussent incertains de la durée de leur béatitude, qui aurait été éternelle s'ils n'eussent point péché? Qui l'oserait, je le demande, lorsque nous-mêmes n'hésitons point à appeler heureux les bons chrétiens qui, pleins de l'espérance de l'immortalité future, vivent exempts de crimes et de remords, et obtiennent aisément de la miséricorde de Dieu le pardon des fautes attachées à l'humaine fragilité? Cependant, quelqu'assurés qu'ils soient du prix de leur persévérance, ils ne le sont pas de leur persévérance même. Qui peut en effet se promettre de persévérer jusqu'à la fin dans l'exercice de la vertu, à moins que d'en être assuré par quelque révélation de celui qui, par un juste et secret jugement, ne le révèle pas à tout le monde, mais qui ne trompe jamais personne? Pour ce qui regarde la satisfaction présente, le premier homme était donc plus heureux dans le paradis, que quelque homme de bien que ce soit en cette vie mortelle; mais quant à l'espérance du bien à venir, quiconque est assuré de jouir un jour de Dieu en la compagnie des anges, est plus heureux, quoiqu'il souffre, que ne l'était le premier homme, incertain de sa chute, dans toute la félicité du paradis.

CHAPITRE XIII.

Si tous les anges ont été créés dans un tel état de félicité commun à tous, que les bons ont pu prévoir leur persévérance, et les mauvais leur prévarication.

Il est dès-lors aisé de voir que l'union de ces deux choses constitue la béatitude, je veux dire la jouissance de Dieu et la certitude d'en jouir toujours. La foi nous apprend que les anges de lumière possèdent cette béatitude; et la raison nous fait conclure que les anges prévaricateurs ne la possédaient pas même avant leur chute. Il faut croire cependant qu'ils ont eu quelque félicité dont la durée ne leur était pas connue, s'ils ont vécu quelque temps avant leur péché. S'il semble très dur de dire que, lorsque les anges ont été créés, les uns ont ignoré qu'ils persévéreraient, et les autres l'ont su, et qu'on veuille prétendre qu'ils ont tous été créés originairement dans une égale félicité, et qu'ils y sont demeurés jusqu'à ce que ceux qui sont maintenant mauvais aient quitté volontairement la source de leur bonheur ; il est certes beaucoup plus dur de croire que les bons anges sont encore, à cette heure, incertains de leur béatitude, et qu'ils ignorent d'eux-mêmes ce que nous en avons pu apprendre par le témoignage des saintes Écritures. Quel catholique ne sait qu'il ne se fera plus de démons d'aucun des bons anges, comme il ne se fera point de bons anges d'aucun des démons?

En effet, la Vérité promet, dans l'Evangile aux fidèles chrétiens, qu'ils seront semblables aux anges de Dieu (1), et qu'ils jouiront de la vie éternelle (2). Or, si nous sommes certains de ne jamais déchoir de cette félicité immortelle, et que les anges n'en soient pas assurés, non-seulement nous ne leur serons pas égaux, mais encore notre condition sera préférable à la leur. Mais puisque la Vérité ne trompe point, et que nous leur serons égaux, ils sont, sans doute, également certains de l'éternité de leur bonheur. Comme les autres anges n'en étaient pas certains, il faut conclure, ou que leur félicité n'était pas pareille, ou que si elle l'était, les bons n'ont été assurés de leur bonheur qu'après la chute des autres; à moins que de prétendre que ce que Notre Seigneur dit du diable dans l'Évangile, « qu'il était homicide dès le commencement et qu'il » n'est point demeuré dans la vérité (3), » doit s'entendre du commencement de la création; et qu'ainsi il n'a jamais été heureux avec les saints anges, parce que, dès qu'il a été créé, il a refusé de se soumettre à son créateur, et que c'est le sens de cette parole de l'apôtre saint Jean : « Le diable pèche dès le commencement (4), » c'est-à-dire que, dès l'instant de sa création il a rejeté la justice, qu'on ne peut conserver si l'on ne soumet sa volonté à celle de Dieu. Ce sentiment est bien éloigné de l'hérésie des manichéens, et de ces autres

---

(1) Matth., 22, 30.
(2) Matth., 25, 46.
(3) Jean, 8, 44.
(4) I Jean, 3, 8.

pestes, qui attribuent en propre au diable une nature de mal qu'il a tirée d'un principe contraire à Dieu. Ils sont si extravagans, qu'ils ne prennent pas garde que dans cet Évangile dont ils admettent l'autorité aussi bien que nous, notre Seigneur ne dit pas : Il a été éloigné de la vérité, mais : « Il n'est point demeuré » dans la vérité, » pour montrer qu'il en est déchu; et, certainement, s'il y était demeuré, il y participerait encore maintenant et serait bienheureux avec les saints anges.

CHAPITRE XIV.

Explication de cette parole de l'Évangile : « Le diable » n'est point demeuré dans la vérité, parce que la » vérité n'est point en lui. »

Aussi notre Seigneur, comme pour prouver que le diable n'est pas demeuré dans la vérité, ajoute : « Car » la vérité n'est point en lui (1). » Or, elle serait en lui, s'il fût demeuré en elle. Mais cette locution est assez extraordinaire, puisqu'elle semble revenir à ceci : « Il n'est point demeuré dans la vérité, parce que la » vérité n'est point en lui ; » comme si la cause pour laquelle il n'est point demeuré dans la vérité, était que que la vérité n'est point en lui ; tandis qu'au contraire, la cause pour laquelle la vérité n'est point en lui, c'est

---

(1) Jean, 8, 44.

qu'il n'est point demeuré dans la vérité. Cette même façon de parler se trouve aussi dans un pseaume : « J'ai crié, mon Dieu, dit le prophète, parce que vous » m'avez exaucé (1); » au lieu qu'il semble qu'il devait dire : Vous m'avez exaucé, mon Dieu, parce que j'ai crié. Mais c'est comme s'il disait : Pour montrer que j'ai crié, c'est que vous m'avez exaucé.

CHAPITRE XV.

Comment il faut entendre cette parole : « Le diable » pèche dès le commencement »

Quant à ce que saint Jean dit du diable, « qu'il » pèche dès le commencement, » ils ne sentent pas (2) que si le péché lui est naturel, il n'est point coupable. Mais que peuvent-ils répondre à ce témoignage d'Isaïe qui dit du diable, qu'il désigne sous la personne du prince de Babylone : « Comment est tombé Lucifer » qui se levait le matin (3) ? » et cet autre d'Ézéchiel : « Vous avez joui des délices du paradis, orné de toutes » sortes de pierres précieuses (4) ? » On voit par là qu'il a été sans péché pendant quelque temps ; et c'est ce que le prophète lui rappelle un peu après en termes

(1) Ps. 16, 7.
(2) Les manichéens.
(3) Isaïe, 14, 12.
(4) Ézéch., 28, 13.

plus formels : « Vous avez marché sans péché en votre
» temps (1). » Que si ce sens est le plus naturel que
l'on puisse donner à ces paroles, il faut expliquer de
même celle-ci : « Il n'est point demeuré dans la vé-
» rité, » et admettre qu'il a été dans la vérité, mais
qu'il n'y est pas demeuré. Pour cette autre, « que le
» diable pèche dès le commencement, » elle ne lui
impute pas d'avoir péché dès le commencement de sa
création, mais dès qu'il a commencé à être orgueilleux. De même, quand nous lisons dans Job, à propos
du diable : « C'est le commencement de l'ouvrage de
» Dieu, qu'il a fait pour le livrer aux railleries de ses
» anges (2); » à quoi semble se rapporter ce verset du
pseaume : « Ce dragon que vous avez formé pour ser-
» vir de jouet (3); » nous ne devons pas nous imaginer, d'après ces passages, qu'il ait été créé d'abord
pour être moqué des anges, mais que leurs railleries
sont la peine de son péché. Il est donc l'ouvrage du
Seigneur par sa création. Et s'il n'existe point d'être
dans la nature, pas même le plus vil insecte, qui ne
soit l'ouvrage de celui qui est l'auteur de tout ce qu'il
y a de règle, de beauté, d'ordre ; qualités sans lesquelles on ne peut rien trouver ni imaginer dans l'u-
nivers ; à combien plus forte raison la créature angélique, qui surpasse par son excellence tous les autres
ouvrages de Dieu, est-elle sortie des mains de cet
immortel auteur ?

(1) Ézéch., 15.
(2) Job, 40, 14.
(3) Ps. 103, 28.

CHAPITRE XVI.

De la différence que mettent entre les créatures, d'une part le besoin, de l'autre la raison.

Entre les choses qui sont en quelque sorte et ne sont pas ce qu'est Dieu qui les a faites, on préfère les vivantes aux non vivantes, et celles qui ont la faculté d'engendrer, ou même de désirer, à celles qui en sont privées. Parmi les vivantes, celles qui ont du sentiment sont préférées aux autres qui n'en ont point, comme les animaux aux plantes. Entre celles qui ont du sentiment, les êtres intelligens l'emportent sur ceux qui sont dépourvus d'intelligence, comme les hommes sur les bêtes; et entre les intelligens, les immortels sur les mortels, comme les anges sur les hommes. Cette préférence est fondée sur l'ordre de la nature. Il en est une autre qui dépend de l'estime que chacun fait des choses selon l'utilité qu'il en tire ; par où il arrive que nous préférons quelquefois tellement certaines choses insensibles à d'autres qui sont douées de sentiment, que, si cela dépendait de nous, nous exterminerions celles-ci de la nature, soit faute de connaître le rang qu'elles y tiennent, soit que nous les considérions moins que notre avantage personnel. Qui n'aimerait mieux avoir dans sa maison du pain que des souris, et des écus que des puces? Qu'y a-t-il d'étonnant à cela, lorsque les hommes même, dont la nature est si noble, achètent souvent plus cher un cheval ou une pierre précieuse qu'un esclave ou une servante? Ainsi les jugemens de la raison sont bien différens de ceux de la nécessité ou de la volupté : la raison juge des choses en elles-mêmes et selon la vérité, au lieu que la nécessité n'en juge que selon ses besoins et la volupté selon les plaisirs des sens. Mais le poids de la volonté et de l'amour a tant de force dans les êtres raisonnables, qu'encore que, selon l'ordre de la nature, les anges soient plus que les hommes, selon la loi de la justice, les gens de bien sont plus que les mauvais anges.

CHAPITRE XVII.

La malice n'est pas une nature, mais contre nature; et elle a pour auteur, non le Créateur, mais la volonté.

CE n'est donc qu'à l'égard de la nature du diable, et non de sa malice, qu'il est écrit : « C'est le commen- » cement de l'ouvrage de Dieu; » puisque indubitablement une nature ne saurait être viciée, qu'elle n'ait été auparavant sans vice. Or, le vice est tellement contre nature qu'il ne peut nuire qu'à la nature. Ainsi, s'éloigner de Dieu ne serait pas un vice, s'il n'était naturel d'être avec Dieu. C'est pourquoi la mauvaise volonté même est une grande preuve de la bonté de la nature. Mais comme Dieu a créé toutes les natures parce qu'il est bon, il règle et ordonne les mauvaises volontés parce qu'il est juste; et toutes mauvaises qu'elles sont, il se sert bien d'elles, quoique elles-mêmes se servent mal de la nature qui est toujours bonne. C'est ainsi qu'il a voulu que le diable qui était bon par sa création, et qui est devenu mauvais par sa volonté, servît de jouet à ses anges, c'est-à-dire que les tentations dont il se sert pour nuire aux gens de bien leur soient utiles. Quand il le créait, il n'ignorait pas sa malignité future, et comme il savait d'une manière certaine le bien qu'il devait tirer de ce mal, il a dit par l'organe du psalmiste : « Ce dragon » que vous avez formé pour servir de jouet ; » afin de montrer que lors même qu'il le créait bon, sa Providence disposait déjà les moyens de se servir utilement de lui quand il serait devenu mauvais.

CHAPITRE XVIII.

L'univers tire une nouvelle beauté de la disposition des contrastes, telle qu'elle a été réglée par le Créateur.

Assurément Dieu n'aurait créé non-seulement aucun ange, mais aucun homme, qu'il eût prévu devoir être méchant, s'il n'avait su en même temps par quels moyens en tirer parti pour l'avantage des bons, et relever la beauté de l'univers par l'opposition de ces contraires, comme on embellit un poëme par des an-

tithèses. Cette figure de rhétorique, qui consiste à opposer un membre de l'oraison à l'autre, est un des grands ornemens du discours, et il n'y a point de langue qui ne s'en serve. Saint Paul même l'a employée dans ce bel endroit de sa seconde épître aux Corinthiens : « Nous nous montrons en toutes choses
» comme de fidèles serviteurs de Dieu,.... par les ar-
» mes de justice pour combattre à droite et à gauche,
» par la gloire et par l'infamie, par les calomnies et
» par les louanges ; comme des séducteurs, quoique
» nous soyons prédicateurs de la vérité ; comme des
» inconnus, quoique nous soyons bien connus ; com-
» me près de subir la mort, et néanmoins nous vi-
» vons ; comme des hommes que l'on châtie et que
» l'on ne fait pas mourir ; comme tristes, quoique
» nous soyons toujours dans la joie ; comme pauvres,
» quoique nous enrichissions plusieurs personnes ;
» comme n'ayant rien, quoique nous possédions tou-
» tes choses (1). » De même que l'opposition de ces contraires fait la beauté du langage, ainsi la beauté du monde résulte de la sage disposition des contrastes, qui constitue une certaine éloquence de choses et non de paroles. Cela se voit clairement dans le passage suivant de l'Ecclésiastique, lorsqu'il dit : « Le bien
» est contraire au mal, la vie à la mort, l'homme de
» bien au méchant ; et dans tous les ouvrages de Dieu
» vous trouverez toujours ainsi deux choses dont l'une
» est contraire à l'autre (2). »

(1) II Cor., 6, 4, 7, 8, 9 et 10.
(2) Ecclésiasti., 33, 15.

CHAPITRE XIX.

Ce qu'il faut entendre par ces paroles de l'Écriture :
« *Dieu sépara la lumière des ténèbres.* »

Encore que l'obscurité de l'Écriture ait cet avantage que l'on puisse en tirer divers sens conformes à la vérité, et que l'on confirme ou par le témoignage de choses manifestes ou par d'autres passages bien clairs, soit que, dans le cours d'un long travail, on parvienne à découvrir le véritable sens de l'auteur, soit que, dans l'impossibilité de le pénétrer, on ait du moins l'occasion de proclamer d'autres vérités; il me semble qu'il n'est pas indigne des ouvrages de Dieu d'entendre par la création de la première lumière la création des anges, et de voir la distinction des bons et des mauvais dans ces paroles : « Dieu sépara la lumière des
» ténèbres, et nomma la lumière jour et les ténèbres
» nuit (1). » En effet, celui-là seul a pu les séparer, qui a pu prévoir leur chute et connaître qu'ils demeureraient obstinés dans leur présomptueux aveuglement. Pour la séparation de ce jour et de cette nuit qui nous est si connue, Dieu créa au ciel deux grands astres que nous ne connaissons pas moins : « Que des
» astres, dit-il, soient faits dans le firmament du
» ciel pour luire sur la terre et séparer le jour de la

(1) Genès., 1, 4 et 5.

» nuit (1). » Et un peu après : « Et Dieu fit deux » grands astres, l'un plus grand pour présider au jour, » et l'autre moindre pour présider à la nuit, et les » étoiles. Et Dieu les mit dans le firmament du ciel » pour luire sur la terre, et présider au jour et à la » nuit, et séparer la lumière des ténèbres (2). » Quant à la séparation de cette lumière qui est la sainte société des anges toute éclatante des splendeurs de la vérité intelligible, et des ténèbres qui lui sont contraires, c'est-à-dire des esprits corrompus des mauvais anges éloignés par leur faute de la lumière de la justice, celui-là seul pouvait l'opérer, à qui le mal de la mauvaise volonté, et non de la nature, n'a pu être caché, même avant qu'il arrivât.

CHAPITRE XX.

Explication de ce passage : « *Et Dieu vit que la lu-* » *mière était bonne.* »

Il est bon aussi de remarquer qu'après que Dieu a dit : « Que la lumière soit faite, et la lumière fut » faite (3), » l'Écriture ajoute aussitôt : « Et Dieu vit » que la lumière était bonne (4) : » ce qu'elle ne dit

---

(1) Genès., 14.
(2) Ibid., 16, 17 et 18.
(3) Ibid, 1, 3.
(4) Ibid, 4.

pas après qu'il eut séparé la lumière des ténèbres, et appelé la lumière jour et les ténèbres nuit, de peur qu'il ne semblât qu'il eût également approuvé ces ténèbres et cette lumière. A l'égard de ces autres ténèbres incapables de faillir, que les astres séparent de cette lumière qui éclaire nos yeux, l'Écriture ne rapporte le témoignage de l'approbation de Dieu qu'après leur séparation : « Il les mit, dit-elle, dans le firma- » ment du ciel pour luire sur la terre, présider au » jour et à la nuit, et séparer la lumière des ténèbres. » Et Dieu vit que cela était bon. » L'un et l'autre lui plut, parce que l'un et l'autre est sans péché. Mais lorsque Dieu eut dit : « Que la lumière soit faite, et » la lumière fut faite : et Dieu vit que la lumière était » bonne; » l'Écriture ajoute tout de suite : « Et Dieu » sépara la lumière des ténèbres, et appela la lumière » jour et les ténèbres nuit. » Elle n'ajoute pas : Et Dieu vit que cela était bon, de peur que l'un et l'autre ne fût nommé bon, tandis que l'un des deux était mauvais, non par nature, mais par son propre vice. C'est pourquoi, en cet endroit, la seule lumière plut au Créateur ; et, pour les ténèbres, c'est-à-dire les mauvais anges, il ne devait pas les approuver, bien qu'il eût résolu d'en disposer pour quelque bien.

CHAPITRE XXI.

De la science éternelle et immuable de Dieu, par laquelle tout ce qu'il a fait lui a toujours plu comme il l'avait fait.

Que doit-on entendre par ces paroles qui sont répétées après la création de chaque chose : « Dieu vit que » cela était bon, » sinon une approbation de l'ouvrage fait selon l'art qui est la sagesse de Dieu ? En effet, Dieu n'apprit pas que son ouvrage était bon lorsqu'il fut fait, puisqu'il ne l'eût pas fait s'il ne l'avait connu tel avant de le faire. Lors donc qu'il voit qu'il est bon, il le dit afin de nous l'apprendre. Platon a passé même plus avant, quand il a dit que Dieu fut transporté de joie après avoir achevé le monde. Il n'était pas fou au point de croire que Dieu fût devenu plus heureux par la nouveauté de son ouvrage ; mais il a voulu faire entendre par là que l'ouvrage qui avait plu à Dieu avant que de le faire, lui avait plu aussi lorsqu'il fut fait ; non que la science de Dieu éprouve aucune variation, comme s'il connaissait d'une autre façon ce qui est, ce qui a été et ce qui sera. La connaissance qu'il a du présent, du passé et de l'avenir, diffère entièrement de la nôtre. Il ne passe pas comme nous d'une chose à une autre en changeant de pensée, mais il contemple toutes choses immuablement. Le passé, le présent et l'avenir sont toujours présents à son égard, et il embrasse tout cela du même coup d'œil : et il ne voit pas autrement des yeux que de l'esprit, parce qu'il n'est pas composé de corps et d'ame ; ni autrement à cette heure qu'il ne faisait auparavant ou qu'il ne fera ensuite, parce que sa connaissance n'est pas changeante comme la nôtre, selon la variété des temps. N'est-ce pas de lui qu'il a été dit : « qu'il n'est susceptible d'aucun changement ni » du moindre obscurcissement (1) ? » Il connaît les temps d'une connaissance qui est au-dessus de tous les temps, comme il meut tout ce qui est dans le temps sans être mu lui-même dans le temps. Il a donc vu que ce qu'il a fait est bon, par la même vue qu'il a vu qu'il était bon de le faire ; et il n'a pas doublé ou accru sa connaissance pour l'avoir vu fait, comme si elle eût été moindre auparavant ; lui dont les ouvrages ne seraient pas si parfaits s'ils pouvaient ajouter quelque chose à la perfection de sa connaissance. C'est pourquoi, s'il n'eût été question que de nous apprendre quel est l'auteur de la lumière, il aurait suffi de dire : Dieu fit la lumière ; ou si l'Écriture eût voulu se borner à nous faire savoir en outre par quel moyen il l'a faite, c'était assez de ces paroles : « Dieu dit que la » lumière soit faite, et la lumière fut faite, » et nous aurions su que non-seulement Dieu a fait la lumière, mais qu'il l'a faite par sa parole. Mais comme il était important de nous apprendre trois choses touchant la créature : qui l'a faite, par quel moyen elle a été faite, et pourquoi ; l'Écriture a marqué tout cela en disant :

(1) Jac., I, 17.

« Dieu dit : Que la lumière soit faite, et la lumière
» fut faite. Et Dieu vit que la lumière était bonne. »
Ainsi, c'est Dieu qui a fait toutes choses; c'est par sa
parole qu'il les a faites; et il les a faites parce qu'elles
sont bonnes. Il n'y a point de plus excellent ouvrier
que Dieu, ni d'art plus efficace que sa parole, ni de
meilleure raison de faire quelque chose que la création
de ce qui est bon par un Dieu qui est la bonté même.
Platon apporte aussi cette raison de la création du
monde, et dit qu'il était bien juste que des ouvrages
si bons fussent faits par un Dieu souverainement bon;
soit qu'il ait lu cela dans nos livres, ou qu'il l'ait
appris de ceux qui l'y avaient lu, ou qu'il se soit élevé
par la force de son génie, de la connaissance des ouvrages visibles de Dieu, à celle de ses grandeurs invisibles, ou qu'il en ait été instruit par ceux qui étaient
montés jusque là.

CHAPITRE XXII.

De ceux qui reprennent différentes choses dans cet univers si bien organisé par Dieu, et croient à l'existence d'une mauvaise nature.

Cependant, quelques hérétiques n'ont pas vu cette bonté de Dieu à créer de bonnes choses, ou en d'au-
tres termes, cette raison de la création universelle, qui est si juste et si convenable, que son aspect seul suffit pour résoudre toutes les difficultés sur l'origine

du monde, aux yeux d'un homme capable de bien voir et de méditer sur ce qu'il voit. Ces impies n'ont vu que notre corps mortel et fragile, qui n'est tel qu'en punition du péché, exposé ici-bas à une foule d'accidens dont les uns lui sont contraires et d'autres le détruisent, comme le feu, le froid, les bêtes farouches et autres choses semblables. Ils ne prennent pas garde combien ces choses sont excellentes dans leur essence et dans la place qu'elles occupent, comme elles sont admirablement ordonnées, à quel point elles contribuent chacune en particulier à la beauté de l'univers, quels avantages elles nous apportent quand nous savons en bien user, en sorte que les poisons même deviennent des remèdes quand ils sont employés à propos, et qu'au contraire les choses qui nous flattent le plus, comme la lumière, le boire et le manger, sont nuisibles par l'abus que l'on en fait. La divine providence nous avertit par là de ne pas blâmer témérairement les choses, mais d'en rechercher soigneusement l'utilité, et, lorsque notre intelligence se trouve en défaut, de croire que ces choses sont cachées comme l'étaient plusieurs autres que nous avons eu peine à découvrir. Si Dieu permet qu'elles nous soient cachées, c'est, ou pour exercer notre humilité, ou pour abaisser notre orgueil. En effet, il n'y a aucune nature mauvaise, et le mal n'est qu'une privation du bien ; mais depuis les choses de la terre jusqu'à celles du ciel, depuis les visibles jusqu'aux invisibles, il en est qui sont meilleures les unes que les autres, et leur existence à toutes tient essentiellement à leur inégalité. Or, Dieu n'est pas moins grand dans les petites que dans les grandes; car il ne faut pas mesurer les petites par leur grandeur naturelle, qui est presque nulle, mais par la sagesse de leur auteur. C'est ainsi qu'en rasant un sourcil à un homme on ôterait fort peu de son corps, mais on ôterait beaucoup de sa beauté, parce que la beauté du corps ne consiste pas dans la grandeur de ses membres, mais dans leur proportion. Au reste, il ne faut pas trop s'étonner de ce que ceux qui croient à l'existence de quelque nature mauvaise engendrée d'un mauvais principe, ne veuillent pas reconnaître la bonté de Dieu pour la cause de la création du monde. Ces gens là tiennent au contraire que Dieu n'a été obligé de créer cette machine de l'univers que dans la dernière nécessité, et pour se défendre du mal qui se révoltait contre lui; qu'ainsi, il a mêlé sa nature qui est bonne avec celle du mal, afin de le réprimer et de le vaincre; qu'il a bien de la peine à la purifier et à la délivrer, parce que le mal l'a étrangement corrompue, et qu'il ne la purifie pas même toute entière; mais que ce qui demeurera de sa corruption servira comme de prison et de fers à son ennemi vaincu. Les manichéens ne donneraient pas dans ces extravagances, s'ils croyaient, ainsi qu'il est vrai, que la nature de Dieu est immuable, incorruptible, inaltérable; et s'ils étaient convaincus, par une foi vraiment chrétienne, que l'ame, qui a pu être changée en pis par sa volonté, et corrompue par le péché, n'est pas une partie de la nature de Dieu, mais une créature infiniment éloignée de la perfection de son Créateur.

CHAPITRE XXIII.

De l'erreur reprochée à la doctrine d'Origène.

Il est bien plus surprenant que quelques-uns, qui croient comme nous qu'il n'y a qu'un seul Principe de toutes choses, et que nulle nature qui n'est pas Dieu ne peut avoir d'autre créateur que Dieu, ne veuillent pas croire que la cause de la création du monde est la bonté de Dieu. Ceux-là disent que les ames, qui ne sont pas à la vérité des parties de Dieu, mais ses créatures, ont péché en s'éloignant de leur Créateur; qu'elles ont mérité par la suite d'être enfermées, depuis le ciel jusqu'en terre, dans divers corps, comme dans une prison, selon la diversité de leurs crimes; que c'est là le monde, et qu'ainsi la cause de sa création n'a pas été de faire de bonnes choses, mais d'en réprimer de mauvaises. Tel est le sentiment d'Origène, qu'il a consigné dans ses livres des principes. Je ne saurais assez m'étonner de ce qu'un homme si savant et si versé dans les lettres sacrées, n'ait pas vu combien cette opinion est contraire à l'Écriture sainte, qui, après chaque ouvrage de Dieu qu'elle rapporte, ajoute : « Et Dieu vit que cela était bon; » et après les avoir rapportés : « Et Dieu vit, dit-elle, toutes les » choses qu'il avait faites, et elles étaient très bon- » nes; » pour montrer qu'il n'y a point eu d'autre raison de créer le monde, sinon la nécessité que des choses parfaitement bonnes fussent créées par un dieu tout bon, et que si personne n'eût péché, le monde ne serait plein et orné que de bonnes natures. Mais, de ce que le péché a été commis, il ne s'ensuit pas que toutes choses soient remplies de crimes, puisque dans le ciel le nombre des créatures angéliques qui gardent l'ordre de leur nature, est le plus grand. D'ailleurs, la mauvaise volonté, pour s'être écartée de cet ordre, ne s'est pas soustraite aux lois de la justice de Dieu, qui dispose bien de toutes choses. De même qu'un tableau plaît avec ses ombres quand elles sont bien distribuées; ainsi, l'univers est beau même avec les pécheurs, quoique, considérés en eux-mêmes, ils soient laids et difformes.

Origène devait en outre considérer que si le monde a été créé afin que les ames, en punition de leurs péchés, fussent enfermées dans des corps comme dans une prison, en sorte que celles qui sont moins coupables eussent des corps plus légers, et les autres plus pesans ; il faudrait que les démons, qui sont les plus méchans de toutes les créatures, eussent des corps terrestres plutôt que les hommes. Cependant, pour montrer que ce n'est pas par là qu'on doit juger du mérite des ames, les démons ont des corps aériens; et l'homme, quoique beaucoup moins coupable, même avant son péché, en a reçu un de terre. Qu'y a-t-il au reste de plus impertinent que dire, que s'il n'y a qu'un soleil dans le monde, cela ne vient pas de la sagesse admirable de Dieu qui l'a voulu ainsi, et pour la beauté et pour l'utilité de l'univers, mais parce qu'il est arrivé qu'une ame a commis un péché qui méritait qu'on l'enfermât dans un tel corps? De sorte que s'il fût arrivé que non pas une ame, mais cent, eussent commis le même péché, il y aurait cent soleils dans le monde. Il est heureux en ce cas qu'une seule ame pécheresse ait fait tant de progrès qu'elle ait exclusivement mérité d'être logée dans le soleil. Au reste, la création de chaque chose par Dieu, par sa parole et parce qu'elle est bonne, nous insinue-t-elle le mystère de la Trinité, Père, Fils et saint Esprit; ou y a-t-il quelque empêchement à ce que nous interprétions ainsi ce passage de l'Écriture? C'est une question qui demanderait un long discours, et rien ne nous oblige à tout expliquer dans un seul livre.

CHAPITRE XXIV.

La Trinité a répandu dans tous ses ouvrages quelques indices de sa signification.

Nous croyons, et nous prêchons fidèlement, que le Père a engendré le Verbe, c'est-à-dire la sagesse, par qui toutes choses ont été faites, son fils unique, un comme lui, éternel comme lui, souverainement bon comme lui, et que le saint Esprit est ensemble l'esprit du Père et du Fils, consubstantiel et coéternel à tous deux; et que tout cela est Trinité, à cause de la propriété des personnes, et un seul Dieu à cause de la divinité inséparable, comme un seul tout-puissant à cause de la toute-puissance inséparable, en sorte néanmoins que chaque personne est Dieu et tout-puissant, et que toutes les trois ensemble ne sont point trois dieux ni trois tout-puissans, mais un seul Dieu tout-puissant; tant l'unité de ces trois personnes divines est inséparable! Or, le saint Esprit du Père qui est bon, et du Fils qui est bon aussi, peut-il avec raison s'appeler la bonté des deux, parce qu'il est commun aux deux? Je n'ai pas la témérité de l'assurer. Je dirais plutôt qu'il est la sainteté des deux, en ne prenant pas ce mot pour une qualité, mais pour une substance, et pour la troisième personne de la Trinité. Ce qui me déterminerait à hasarder cette réponse, c'est qu'encore que le Père soit Esprit et soit saint, et le Fils de même, la troisième personne divine ne laisse pas, toutefois, de s'appeler proprement l'Esprit saint, comme la sainteté substantielle et consubstantielle de tous deux. Cependant, si la bonté divine n'est autre chose que la sainteté divine, une raison active contribue certainement plus qu'un orgueil téméraire à nous faire découvrir le mystère de la Trinité dans ces trois choses, dont on peut s'enquérir en chaque créature : qui l'a faite, par quoi elle a été faite, et pour quelle raison elle a été faite. En effet c'est le Père du Verbe qui a dit : « Que cela soit fait; » ce qui a été fait à sa parole, l'a sans doute été par le Verbe; et lorsque l'Écriture ajoute : « Dieu vit que » cela était bon; » cela nous montre assez que ce n'a point été par nécessité ni par indigence, mais pour la seule bonté, que Dieu a fait ce qu'il a fait, c'est-à-dire parce que c'est une bonne chose. Par cette raison, la créature n'a été appelée bonne qu'après sa création, afin de marquer qu'elle est conforme à cette bonté pour laquelle elle a été faite. Que si par cette bonté on peut fort bien entendre le saint Esprit, toute la Trinité nous est insinuée dans ses ouvrages. De là procède l'origine, la beauté, et la béatitude de la sainte Cité qui est là-haut dans les saints anges. Si l'on demande quel est l'auteur de son être, c'est Dieu qui l'a créée; si l'on s'informe pourquoi elle est sage, c'est que Dieu l'éclaire; si l'on veut savoir d'où vient qu'elle est heureuse, c'est qu'elle jouit de Dieu. Ainsi, Dieu est le principe de son être, de sa lumière et de sa joie. Elle subsiste dans son éternité, luit dans sa vérité, et se réjouit dans sa bonté.

CHAPITRE XXV.

De la division de la philosophie en trois parties.

Autant qu'on en peut juger, c'est de là que les philosophes ont divisé l'étude de la sagesse en trois parties; ou, pour mieux dire, ils ont adopté cette division, après en avoir reconnu l'existence, savoir en physique, logique et morale (1). Je ne prétends pas inférer de là qu'ils aient songé à la Trinité en cette triple division; quoique Platon, qui l'a trouvée, ait reconnu Dieu comme l'unique auteur de toute la nature, le dispensateur de l'intelligence, et l'inspirateur de cet amour qui est la source d'une bonne et heureuse vie. Je dis seulement, qu'encore que les philoso-

(1) Voyez le premier volume de cet ouvrage, l. 8, ch. 4 et suivans.

phes aient des opinions différentes de la nature des choses, du chemin qui mène à la vérité et de la fin du bien auquel nous devons rapporter toutes nos actions, ils adoptent tous néanmoins cette division générale, et nul d'entre eux, de quelque secte qu'il soit, ne révoque en doute qu'il n'y ait quelque cause de la nature, quelque méthode pour apprendre, et quelques règles pour se conduire. En tout ouvrier de même, trois choses concourent à la production de ses ouvrages, la nature, l'art et l'usage. On reconnaît la nature par l'esprit, l'art par la science, et l'usage par le fruit et le progrès. Je sais bien qu'à proprement parler, le fruit appartient à la jouissance, et qu'il y a cette différence entre jouir d'une chose et s'en servir, qu'en jouir c'est l'aimer pour elle-même, et s'en servir c'est l'aimer pour une autre ; d'où vient que nous ne devons qu'user des choses passagères, afin de mériter de jouir des éternelles, et ne pas faire comme ces misérables qui veulent jouir de l'argent et se servir de Dieu, n'employant pas l'argent pour Dieu, mais adorant Dieu pour l'argent. Toutefois, à prendre ces mots dans l'acception la plus ordinaire, nous usons des fruits, et nous jouissons de l'usage; car nous disons les fruits de la terre, quoique nous ne fassions que nous en servir. C'est donc en ce sens que j'emploie le nom d'usage, en parlant des trois choses propres à l'artisan, savoir la nature, la doctrine et l'usage. Les philosophes ont tiré de là leur triple division de la science qui sert à acquérir la vie bienheureuse, en naturelle à cause de la nature, en rationnelle à cause de la doctrine, et en morale à cause de l'usage. Si nous étions les auteurs de notre nature, nous serions aussi les auteurs de notre science, et nous n'aurions que faire de l'instruction d'autrui ; il suffirait pareillement, pour être heureux, de rapporter notre amour à nous-mêmes et de jouir de nous ; mais puisque Dieu est l'auteur de notre nature, il faut, si nous voulons connaître la vérité et le bonheur, qu'il soit notre maître et l'objet de notre amour.

CHAPITRE XXVI.

L'image de la Trinité est en quelque sorte empreinte dans l'homme, avant même qu'il soit devenu bienheureux.

Nous trouvons véritablement en nous une image de Dieu, c'est-à-dire de cette souveraine Trinité ; et bien qu'elle ne soit pas égale à lui, ou, pour mieux dire, qu'elle en soit infiniment éloignée, puisqu'elle ne lui est ni coéternelle ni consubstantielle, et qu'elle a même besoin d'être réformée pour lui ressembler en quelque sorte, il n'est rien néanmoins, entre tous ses ouvrages, qui approche de plus près de sa nature. En effet, nous sommes, nous connaissons que nous sommes, et nous aimons notre être et la connaissance que nous en avons. Nous sommes bien assurés de la vérité de ces trois choses, attendu que nous ne les touchons par aucun sens corporel, ainsi que nous le pratiquons pour celles qui sont hors de nous, telles que les couleurs, les sons, les odeurs, les saveurs, les résistances plus ou moins fortes, tous objets sensibles dont nous avons aussi dans l'esprit et dans la mémoire des images très ressemblantes et incorporelles, et qui nous portent à les désirer ; mais je suis très certain par moi-même, sans fantôme et sans illusion, que je suis, que je connais, et que j'aime mon être. Je ne redoute point ici les argumens des académiciens ; je ne crains pas qu'ils me disent : Mais si vous vous trompez ? Si je me trompe, je suis, vu que l'on ne peut se tromper si l'on n'est. Puis donc que je suis, moi qui me trompe, comment me puis-je tromper, en croyant que je suis dès-lors qu'il est certain que je suis si je me trompe ? Ainsi, puisque je serais toujours, moi qui serais trompé, quand il serait vrai que je me tromperais, il est indubitable que je ne puis me tromper lorsque je crois que je suis. Il suit de là que, quand je connais que je connais, je ne me trompe pas non plus ; car je connais que j'ai cette connaissance de la même manière que je connais que je suis. Lorsque j'aime ces deux choses, j'y en ajoute une troisième qui est mon amour, dont je ne suis pas moins assuré que des deux autres. Je ne me trompe pas lorsque je pense aimer, puisque je ne me trompe pas dans les choses que j'aime : lors même que ce que j'aime serait faux, il serait toujours vrai que j'aime une chose fausse. Et comment serait-on fondé à me blâmer d'aimer une chose fausse, s'il était faux que je l'aimasse ? Mais comme ce que j'aime est certain et véritable, qui peut douter de la certitude et de la vérité de mon amour ? Or, il n'y a personne qui ne veuille être, de même qu'il n'y a personne qui ne veuille être heureux. Dans le fait, comment celui qui n'est point pourrait-il être heureux ?

CHAPITRE XXVII.

De l'être, de la science, et de l'amour de l'un et de l'autre.

L'EXISTENCE est naturellement si douce, que ce n'est que pour cela que les misérables même ne veulent pas mourir ; lorsqu'ils sentent qu'ils sont misérables, ce n'est pas eux, mais leur misère, dont ils souhaitent l'anéantissement. Cela est si vrai, que, si quelqu'un leur donnait le choix, ou de demeurer toujours dans cet état de misère sans mourir, ou d'être anéantis au cas qu'ils n'y voulussent pas demeurer, vous les verriez sauter de joie et s'arrêter au premier parti. J'en atteste leur propre sentiment. Pourquoi craignent-ils de mourir, et aiment-ils mieux vivre misérables que de voir finir leur misère par la mort, sinon parce que la nature abhorre le néant ? Aussi, lorsqu'ils sont près de mourir, ils regardent comme une grande faveur tout ce qu'on fait pour leur conserver la vie, c'est-à-dire pour prolonger leur misère. Ils montrent bien avec quelle allégresse ils recevraient l'immortalité, quand ils seraient assurés d'être toujours malheureux. Que dirai-je de tous les animaux irraisonnables ? Tous, depuis les plus grands dragons jusqu'aux plus petits vers de terre, ne témoignent-ils pas, par tout ce qu'il y a de mouvement en eux, qu'ils sont bien aises d'être, et conséquemment qu'ils abhorrent le néant? Les arbres et les plantes, quoique privés de sentiment, ne jètent-ils pas des racines en terre à proportion qu'ils s'élèvent dans l'air, afin d'en tirer leur nourriture et de conserver ainsi en quelque façon l'être qu'ils ont reçu? Enfin, les corps même insensibles et inanimés ne tendent-ils pas toujours vers leur centre, comme pour ne point s'éloigner du lieu où la nature les a placés et où ils se conservent mieux?

Pour ce qui regarde maintenant le désir de connaître et la crainte naturelle à l'homme d'être trompé, j'en apporterai pour preuve qu'il n'est personne qui n'aime mieux être sage et s'affliger, que d'être fou et se réjouir. L'homme est le seul de tous les animaux mortels qui soit capable d'un sentiment si grand et si noble. Quelques-uns d'eux ont les yeux meilleurs que nous pour voir la lumière d'ici-bas; mais ils ne peuvent atteindre à cette lumière incorporelle qui éclaire notre ame et nous fait juger sainement de toutes choses; car nous n'en saurions juger qu'à proportion qu'elle nous éclaire. Mais, quoiqu'il n'y ait point de science dans les bêtes, elles en ont toutefois quelque ressemblance; au lieu que, pour le reste des choses corporelles, on ne les appelle pas sensibles parce qu'elles sentent, mais parce qu'on les sent, encore que les plantes soient douées d'une qualité peu éloignée du sentiment, en ce qu'elles se nourrissent et qu'elles engendrent. En définitif, toutes ces choses ont leurs causes secrètes dans la nature; quant à leurs formes, qui servent à l'embellissement de ce monde visible, elles les exposent à nos sens, afin que si elles ne peuvent connaître elles soient du moins connues. Mais, quoique nos sens corporels en soient frappés, ce ne sont pas eux toutefois qui en jugent. Nous avons un sentiment intérieur beaucoup plus excellent, qui connaît ce qui est juste et ce qui ne l'est pas, l'un par une espèce intelligible, et l'autre par la privation de cette espèce. Par ce sentiment intérieur, je suis certain que je suis, que je connais que je suis, et que j'aime mon être et ma connaissance.

CHAPITRE XXVIII.

Si nous devons aimer l'amour même par lequel nous aimons notre être et notre connaissance, pour mieux ressembler à la Trinité.

Mais c'est assez parlé de notre être, de notre connaissance, et de l'amour que nous avons pour l'un et pour l'autre, aussi bien que de la ressemblance qui s'en trouve en quelque sorte dans les autres choses qui sont au-dessous de nous. Quant à l'amour par lequel nous aimons ces trois choses, savoir si nous l'aimons aussi, c'est ce dont nous n'avons rien dit. Mais il est aisé de montrer que nous l'aimons, puisqu'en ceux que nous aimons d'un amour plus pur et plus parfait, nous aimons cet amour là encore plus que nous ne les aimons eux-mêmes. On n'appelle pas homme de bien celui qui sait ce qui est bon, mais celui qui l'aime. Comment donc n'aimerions-nous pas en nous l'amour même qui nous fait aimer tout ce que nous aimons de bon? En effet, il y a un autre amour par lequel on aime ce qu'il ne faut pas aimer; et celui qui aime cet amour par lequel on aime ce qu'on doit aimer, hait cet autre amour là. Le même homme peut les réunir tous les deux; et cette réunion lui est profitable lorsque l'amour qui fait que nous vivons bien augmente, et que l'autre diminue, jusqu'à ce qu'il soit entièrement détruit, et que tout ce qu'il y a de vie en nous soit changé en bien. Si nous étions brutes, nous aimerions la vie de la chair et des sens, et ce bien suffirait pour nous rendre contens, sans que nous eussions la peine d'en chercher d'autre. Si nous étions arbres, quoique nous ne pussions rien aimer de ce qui flatte les sens, toutefois nous semblerions comme désirer tout ce qui pourrait nous rendre plus fertiles. De même encore, si nous étions pierres, flots, vent ou flamme, ou quelque autre chose semblable, nous serions privés à la vérité de vie et de sentiment, mais nous ne laisserions pas d'éprouver comme un certain désir de conserver le lieu et l'ordre où la nature nous aurait mis. Le poids des corps, soit qu'il les fasse tendre en haut ou en bas, peut être considéré comme leur amour; et de même que l'esprit est entraîné par l'amour, ainsi le corps est entraîné par son poids. Puis donc que nous sommes hommes, faits à l'image de notre Créateur, dont l'éternité est véritable, la vérité éternelle, et la charité éternelle et véritable, et qui est lui-même l'aimable, l'éternelle et la véritable Trinité, sans confusion ni division, parcourons tous ses ouvrages d'un pas miraculeusement immobile, et recueillons des vestiges plus ou moins grands de sa divinité dans les choses qui sont au-dessous de nous et qui ne seraient en aucune façon, ni n'auraient aucune beauté, ni ne demanderaient et ne garderaient aucun ordre, si elles n'avaient été créées par celui qui possède un être souverain, une sagesse souveraine, et une souveraine bonté. Quant à nous, après avoir contemplé son image en nous-mêmes, levons-nous et rentrons dans notre cœur à l'exemple de l'enfant prodigue de l'Évangile (1), et retournons à celui de qui nous nous étions éloignés par nos péchés. Là, notre être ne sera point sujet à la mort, ni notre connaissance à l'erreur, ni notre amour au désordre. Bien que nous soyons assurés maintenant que ces trois choses sont en nous, et que nous n'ayons point besoin de nous en rapporter à d'autres, parce que nous les sentons et que nous en sommes convaincus intérieurement; toutefois, comme nous ne pouvons savoir par nous-mêmes combien de temps elles dureront, si elles ne finiront jamais, et où elles doivent aller, selon le bon et le mauvais usage que nous en aurons fait, nous en cherchons ou nous en avons déjà d'autres témoignages, que nous prouverons ailleurs être à couvert de toute suspicion. Il faut achever en ce livre ce que nous avions commencé d'expliquer touchant la Cité de Dieu, qui n'est point pélerine en cette vie mortelle, mais qui est toujours immortelle dans les cieux, c'est-à-dire ce qui

(1) Luc, 15, 18.

regarde les saints anges demeurés pour jamais fidèles à Dieu, et que Dieu sépara, comme nous l'avons dit, de ceux qui, s'éloignant de la lumière éternelle, sont devenus ténèbres.

CHAPITRE XXIX.

De la science des anges qui ont connu la Trinité dans la Divinité même, et la créature dans l'art qui l'a produite.

Ces saints anges n'apprennent pas à connaître Dieu par des paroles sensibles, mais par la présence même de la vérité immuable, c'est-à-dire par le Verbe, qui est son fils unique; et ils connaissent tellement le Verbe, et le Père, et leur Esprit, et l'indivisibilité de cette Trinité dont chaque personne est une seule et même substance, sans néanmoins être ensemble trois dieux, que cette connaissance est plus claire pour eux que ne l'est pour nous celle que nous avons de nous-mêmes. Ils connaissent mieux encore la créature dans la sagesse de Dieu, comme dans l'art qui l'a produite, que dans la créature même; et par conséquent ils se connaissent mieux là eux-mêmes que dans eux-mêmes, quoiqu'ils se connaissent aussi dans eux-mêmes. Mais comme ils ont été créés, ils sont autre chose que celui qui les a créés : ainsi, ils se connaissent là comme dans la lumière du jour, et eux-mêmes comme dans celle du soir, ainsi que nous l'avons dit ci-dessus. Or, il y a une grande différence entre connaître une chose dans la raison qui est la cause de son être, ou la connaître dans elle-même ; comme on connaît autrement les figures de mathématiques lorsqu'on les contemple par l'esprit, que quand on les voit tracées sur le sable ; ou comme la justice est autrement représentée dans la vérité immuable que dans l'ame du juste. Il en est ainsi du firmament étendu entre les eaux supérieures et inférieures, qui fut appelé ciel ; du rassemblement des eaux en un lieu plus bas ; de la découverte de la terre ; de la production des herbes et des arbres ; de la la création du soleil, de la lune et des étoiles ; des animaux aquatiques, oiseaux, poissons et amphibies ; des autres animaux terrestres, tant quadrupèdes que reptiles ; de l'homme même qui surpasse en excellence toutes les créatures de la terre et de tout le reste. Toutes ces merveilles de la création sont autrement connues des anges dans le Verbe de Dieu, où elles ont leurs causes et leurs raisons éternellement subsistantes selon lesquelles elle ont été faites, que dans elles-mêmes. Là, ils les connaissent d'une connaissance plus claire, comme dans l'art même, et ici d'une connaissance plus obscure, comme dans les ouvrages de l'art. Cependant, lorsque ces ouvrages sont rapportés à la louange et à l'honneur du Créateur, il se fait comme un matin dans l'esprit de ceux qui les contemplent.

CHAPITRE XXX.

De la perfection du nombre senaire, qui, le premier de tous les nombres, se compose de ses parties.

Or, l'Écriture dit qu'ils furent achevés en six jours (1), non que Dieu ait eu besoin de ce temps, comme s'il eût pu les créer tous à la fois, et leur faire ensuite marquer les temps par des mouvemens convenables; mais pour montrer la perfection de ces ouvrages par celle du nombre six. Il est le premier de tous les nombres qui se compose de ses parties : j'entends de ses fractions qui ont l'unité pour numérateur et peuvent s'exprimer par un nombre abstrait, tels que sont le sixième [1], le tiers [2] et la moitié [3]. Le nombre quatre, par exemple, est bien une partie de neuf, mais non une de ses fractions de la nature de celles dont nous venons de parler, comme un, qui en est le neuvième, ou trois, qui en est le tiers. Or, ces deux nombres fractionnaires un et trois, pris ensemble, sont bien éloignés de faire neuf. De même, quatre est une fraction de dix, mais on ne saurait lui attribuer l'unité pour numérateur, comme on peut le faire pour un, qui en est le dixième. Il a aussi un cinquième, qui est deux, et une moitié, qui est cinq. Mais le total

---

(1) Genès., I, 31.

de ces trois nombres, un, deux et cinq, ne donne que huit et non dix. Pour le nombre douze, la réunion de ses fractions, à entendre toujours ce mot dans le même sens, forme un nombre plus grand, puisque un, deux, trois, quatre et six, c'est-à-dire son douzième, son sixième, son quart, son tiers et sa moitié, ne font pas douze, mais seize. J'ai cru devoir toucher ceci en passant, afin de montrer la perfection du nombre senaire, qui, comme j'ai dit, est le premier de tous qui se compose de la somme de ses parties, telles que je les ai déterminées. C'est dans ce nombre parfait de six que Dieu acheva ses ouvrages : on aurait donc tort de mépriser les raisons qu'on peut tirer des nombres; et ceux qui y regardent de près reconnaissent combien elles sont considérables en plusieurs endroits de l'Écriture. Elle ne donne pas en vain à Dieu cette louange, d'avoir fait toutes ces choses avec poids, nombre et mesure (1).

CHAPITRE XXXI.

De la sanctification et du repos du septième jour.

Quant au septième jour, c'est-à-dire au même jour répété sept fois, nombre qui est aussi parfait pour une autre raison, il marque le repos de Dieu (2) avec sa propre

---

(1) Sagesse, 11, 21.
(2) Genès., 2, 1.

sanctification (1). Ainsi, Dieu n'a pas voulu sanctifier ce jour par ses ouvrages, mais par son repos, qui n'a point de soir; car il n'y a plus dès-lors de créature, qui, connue dans le Verbe de Dieu autrement qu'en elle-même, constitue la distinction du jour en matin et en soir. Il y aurait beaucoup de choses à dire touchant la perfection du nombre sept; mais ce livre est déjà bien long, et je crains que l'on ne m'accuse de vouloir faire un vain étalage de ma suffisance. Je dois donc montrer de la modération et avoir égard à la gravité de mon sujet, de peur que, parlant trop du nombre, il ne semble que je néglige le poids et la mesure. Il suffira d'avertir ici que trois est le premier nombre impair, et quatre le premier pair, et que ces deux nombres pris en semble, font celui de sept. On l'emploie souvent par cette raison, pour marquer indéfiniment tous les nombres, comme quand il est dit : « Le juste tombera sept fois et se relevera (2), » c'est-à-dire : Il ne périra point autant de fois qu'il tombera. Il ne faut pas entendre par ces chutes, des péchés, mais des afflictions qui servent à rendre humble. Le psalmiste dit aussi : « Je vous louerai sept fois le » jour (3); » ce qui est exprimé ailleurs ainsi : « Ses » louanges seront toujours en ma bouche (4). » Il y a beaucoup d'autres endroits de la sorte dans l'Écriture, où le nombre sept est mis pour marquer une généra-

---

(1) Genès., 2, 3.
(2) Prov., 24, 16.
(3) Ps. 118, 164.
(4) Ps. 33, 1.

lité de choses. Il est encore souvent employé pour signifier le saint Esprit, dont notre Seigneur dit : « Il » vous enseignera toute vérité (1). » C'est là qu'est le repos de Dieu, par lequel on se repose en Dieu ; car le repos se trouve dans le tout, et le travail dans la partie. Aussi, est-ce le temps du travail maintenant que nous n'avons que des connaissances imparfaites (2); mais lorsque ce qui est parfait sera arrivé, ce qui n'est qu'en partie s'évanouira. De là vient aussi que nous avons de la peine à découvrir le sens de l'Écriture. Quant aux saints anges, après l'heureuse compagnie desquels nous soupirons dans ce laborieux pélerinage, comme ils jouissent d'un état permanent et immuable, la facilité qu'ils ont pour comprendre égale la félicité de leur repos. Véritablement, s'ils nous aident sans peine, c'est que leurs mouvemens sont libres et célestes.

CHAPITRE XXXII.

De ceux qui croient que la création des anges a précédé celle du monde.

Quelqu'un prétendra-t-il que ces paroles de la Genèse : « Que la lumière soit faite, et la lumière fut faite, » ne doivent point s'entendre de la création des anges,

---

(1) Jean, 16, 13.
(2) I Cor., 13, 9.

mais d'une lumière corporelle, quelle qu'elle soit; et que les anges ont été créés, non-seulement avant le firmament, mais aussi avant toute autre créature? Alléguera-t-il, à l'appui de cette opinion, que le premier verset de la Genèse ne signifie pas que le ciel et la terre furent les premières choses que Dieu créa, puisqu'il avait déjà créé les anges, mais que toutes choses furent créées dans sa sagesse, c'est-à-dire dans son Verbe que l'Écriture nomme ici *commencement*, nom qu'il prend lui-même dans l'Évangile (1), lorsqu'il répond aux Juifs qui lui demandaient qui il était? Je ne combattrai point cette interprétation, attendu la vive satisfaction que j'éprouve à voir la Trinité marquée dès le commencement du saint livre de la Genèse. On lit d'abord : « Au commencement Dieu créa le ciel et la » terre, » pour signifier que le Père a créé le monde par son Fils, suivant ce témoignage du pseaume : « Que » vos œuvres, Seigneur, sont magnifiques ! vous avez » fait toutes choses par la sagesse (2); » mais l'Écriture ne tarde pas à faire mention du saint Esprit. Après avoir rapporté quelle était la terre qui fut le premier ouvrage de Dieu, ou quelle masse ou matière Dieu avait préparée pour la structure de l'univers sous le nom du ciel et de la terre, qu'elle décrit ainsi : « Or la » terre était déserte et informe, et les ténèbres étaient » répandues sur l'abîme; » elle ajoute aussitôt, pour accomplir le nombre des personnes de la Trinité : « Et » l'esprit de Dieu était porté sur les eaux. » Chacun

---

(1) Jean, 8, 25.
(2) Ps. 103, 25.

au reste est libre d'entendre comme il le voudra ce qui est si profond, que les lecteurs peuvent en tirer des opinions différentes toutes conformes à la foi; pourvu cependant que personne ne doute que les saints anges ne sont pas à la vérité coéternels à Dieu, mais qu'ils sont néanmoins certains de leur véritable et éternelle félicité. C'est à la société bienheureuse de ces anges que notre Seigneur enseigne qu'appartiennent ses petits enfans, lorsqu'il dit : « Le royaume du ciel » est pour ceux qui leur ressemblent (1). » Il nous apprend encore, par les paroles suivantes, de quelle félicité les anges jouissent au ciel : « Prenez garde, dit-il, » de ne mépriser aucun de ces petits ; car je vous déclare, que leurs anges voient sans cesse la face de mon » Père, qui est dans les cieux (2). »

CHAPITRE XXXIII.

On peut entendre par la lumière et les ténèbres les deux sociétés des bons et des mauvais anges.

Que quelques anges aient péché, et qu'ils aient été précipités dans la plus basse partie du monde, où ils sont comme en prison, jusqu'à la dernière condamnation qui sera prononcée au jour du jugement, l'apôtre saint Pierre le montre clairement lorsqu'il dit que

(1) Matth., 19, 14.
(2) Matth., 18, 10.

» Dieu n'a point épargné les anges prévaricateurs,
» mais qu'il les a précipités dans les prisons obscures
» de l'enfer, en attendant qu'il les punisse au jour du
» jugement (1). » Qui doutera dès-lors que Dieu
n'ait séparé ceux-ci des autres, ou par sa prescience,
ou par le fait? Qui niera que ces derniers ne soient fort
bien appelés lumière, lorsque l'apôtre nous donne ce
nom, à nous qui vivons encore par la foi, et qui espérons leur devenir égaux, mais qui ne le sommes pas
encore? « Autrefois, dit-il, vous étiez ténèbres, mais
» maintenant vous êtes lumière en notre Seigneur (2). »
À l'égard des anges infidèles, ceux qui savent ou croient
qu'ils sont pires que les païens, reconnaissent que
l'Écriture les a pu nommer très justement ténèbres.
Ainsi, quand on devrait entendre une autre lumière
par ce passage de la Genèse : « Dieu dit que la lu-
» mière soit faite, et la lumière fut faite; » et d'autres
ténèbres par celui-ci : « Dieu sépara la lumière des
» ténèbres; » on ne saurait toutefois nous blâmer de
les avoir interprétés des deux sociétés des anges, l'une
qui jouit de Dieu, et l'autre qui est enflée d'orgueil;
l'une à qui l'on dit : « Vous tous qui êtes ses anges,
» adorez le (3), » et l'autre dont le prince dit : « Je
» vous donnerai tout cela, si vous voulez vous pros-
» terner devant moi et m'adorer (4); » l'une embrasée
du saint amour de Dieu, et l'autre consumée des flam-

---

(1) II Pierre, 2, 4.
(2) Éphés., 5, 8.
(3) Ps. 96, 8.
(4) Matth., 4, 9.

mes impures de sa propre grandeur ; et parce qu'il est écrit que « Dieu résiste aux superbes, et donne sa grace » aux humbles (1), » l'une habitant dans les cieux des cieux, et l'autre précipitée de ce bienheureux séjour, et reléguée dans cette basse région de l'air ; l'une tranquille et remplie d'une piété éclairée, l'autre turbulente et agitée de convoitises aveugles ; l'une qui secourt avec bonté et punit avec justice selon le bon plaisir de Dieu, et l'autre à qui son orgueil inspire une passion furieuse de nuire et de dominer ; l'une ministre de la bonté de Dieu pour faire du bien autant qu'il lui plaît, et l'autre liée par la puissance de Dieu pour l'empêcher de nuire autant qu'elle le voudrait ; celle-là se moquant de celle-ci de ce qu'elle profite, malgré elle, de ses persécutions, et celle-ci jalouse de l'autre lorsqu'elle recueille ses pèlerins. Si, d'après d'autres passages de l'Écriture qui nous représentent plus clairement comme si contraires ces deux sociétés d'anges, l'une bonne de sa nature et par sa volonté, et l'autre mauvaise par sa volonté et bonne de sa nature, nous avons cru les voir marquées dans le premier chapitre de la Genèse sous les noms de lumière et de ténèbres, quoique ce n'ait peut-être pas été le sentiment de celui qui a écrit ce livre ; ce que nous en avons dit n'est pas inutile, puisque nous ne nous sommes point éloignés de la règle de la foi qui est assez connue aux fidèles par d'autres endroits de la même Écriture. En effet, bien que le livre de la Genèse ne semble faire mention que des ouvrages corporels de Dieu, ces ouvrages même ne

(1) Jacq., 4, 6.

laissent pas d'avoir quelque rapport avec les spirituels, suivant cette parole de saint Paul : « Vous êtes tous en-
» fans de lumière et enfans du jour ; nous ne sommes
» point enfans de la nuit ni des ténèbres (1). » Mais si l'auteur de ce livre a eu la même pensée que nous, la discussion dans laquelle nous sommes entrés en tire une nouvelle force. Au fond, il est très présumable que cet homme rempli d'une sagesse divine, ou plutôt l'esprit de Dieu qui parlait en lui, n'a pas oublié les anges dans l'énumération des ouvrages de Dieu, soit qu'on entende par ces paroles : « Au commencement Dieu
» créa le ciel et la terre, » que c'est ce qu'il fit d'abord, soit, ce qui me paraît plus raisonnable, qu'on l'explique de son Verbe et de son Fils unique par qui il a créé toutes choses. De même, par *le ciel* et par *la terre*, on peut entendre toutes les créatures, tant spirituelles que corporelles, explication la plus vraisemblable ; ou ces deux grandes parties du monde qui contiennent tout le reste des créatures, et que Moïse propose d'abord en général, pour en faire ensuite une description détaillée selon le nombre mystique des six jours.

(1) I Thess., 5, 5.

CHAPITRE XXXIV.

De ceux qui croient que par les eaux que sépara le firmament, il faut entendre les anges ; et de quelques autres qui pensent que les eaux n'ont point été créées.

Quelques-uns ont cru que les eaux marquent la multitude des anges, et que c'est ce qu'on doit entendre par ces paroles : « Que le firmament soit fait entre l'eau » et l'eau (1); » en sorte que les eaux qui sont au-dessus du firmament soient les anges ; et celles qui sont au-dessous, soient ou les eaux que nous voyons, ou la multitude des mauvais anges, ou tous les peuples et toutes les nations de la terre. S'il en est ainsi, l'on ne voit pas par là quand les anges ont été créés, mais quand ils ont été séparés. Croira-t-on qu'il se soit aussi trouvé des gens assez fous et assez impies pour nier que Dieu ait créé les eaux, sous prétexte qu'il n'est écrit nulle part : Dieu dit, que les eaux soient faites ? Par la même raison, ils pourraient en dire autant de la terre, puisqu'on ne lit nulle part : Dieu dit, que la terre soit faite. Mais disent-ils, il est écrit : « Au commencement Dieu créa le ciel et la terre. » Il faut donc aussi entendre l'eau par là ; car ces deux choses ont été exprimées sous un même nom. En effet,

---

(1) Genès., 1, 6.

» la mer est à lui, » comme le dit le psalmiste, « et
» c'est lui qui l'a faite; et ses mains ont formé la
» terre (1). » Pour ceux qui veulent que par les eaux
qui sont au-dessus des cieux, on entende les anges, ils
n'adoptent cette opinion qu'à cause de la nature pesante et liquide de cet élément, qu'ils ne croient pas
pouvoir demeurer ainsi suspendu. D'après cela, s'ils
pouvaient faire un homme, ils ne mettraient pas dans
sa tête le flegme ou la pituite, qui est comme l'eau
dans les quatre élémens dont notre corps est composé.
La tête est, dans le fait, le siége de la pituite; et cela est
fort bien ordonné ainsi relativement à l'ouvrage de
Dieu; mais quant à la conjecture de ces gens là, elle
est si absurde, que si nous ignorions ce qui en est, et
qu'il fût écrit de même dans le livre de la Genèse que
Dieu a mis une humeur froide et liquide, et par conséquent pesante dans la plus haute partie du corps de
l'homme, ces peseurs d'élémens ne le croiraient pas, et
diraient que c'est une expression allégorique. Mais si
nous voulions examiner en particulier toutes les choses qui sont écrites dans ce livre divin de la création
du monde, l'entreprise demanderait trop de temps et
nous mènerait trop loin. Comme il nous semble avoir
assez parlé de ces deux sociétés contraires des anges,
où se trouvent quelques commencemens des Cités dont
nous avons dessein de traiter dans la suite, il est à propos de terminer ici ce livre.

(1) Ps. 94, 5.

REMARQUES

sur

LE LIVRE XI.

Page 293, ligne 12. « Le Seigneur est grand et digne des » plus hautes louanges.... Il augmente, etc. » Saint Augustin rapporte ce passage du pseaume 47 autrement qu'il ne se trouve dans la Vulgate. Si nous ne l'avons pas rétabli conformément à cette édition des livres saints, c'est qu'il nous a semblé que l'auteur avait abrégé à dessein le second verset, dont la citation textuelle ne faisait rien à son sujet. (*Note des nouveaux éditeurs.*)

Page 294, l. 23. « Je dois maintenant parler.... avec la » même assistance. » Avant cela au latin il y a *quantùm valeo disputare*. Tous nos manuscrits ont *quantùm valuero*, etc.

Page 297, l. 4. « Ce Dieu, après avoir parlé, etc. » Nous avons traduit de nouveau ce chapitre très abrégé par Lombert. (*Note des nouveaux éditeurs.*)

Page 340, l. 8. « En tout ouvrier, de même il y a trois » choses qui concourrent à la production de ses ouvrages. » Tous nos manuscrits, hors un, ont : *Tria etiam sunt quæ*, pour, *Tria etiam quæ sunt*.

Page 345, l. 22. « Mais il est aisé de montrer que nous » l'aimons, puisqu'en ceux que nous aimons d'un amour plus » pur et plus parfait, nous aimons cet amour là encore plus

» que nous ne les aimons eux-mêmes. » Le latin a : *Et hinc probamus quòd hominibus quæ rectiùs amantur, ipse magis amatur ;* où il ne me paraît aucun sens. Mais deux manuscrits du Vatican rétablissent, à mon avis, la vraie leçon de cet endroit, et portent : *Et hinc probamus, quòd in hominibus qui rectiùs amantur, ipse magis amatur.*

Page 350, l. 10. « J'entends de ses fractions qui ont l'u-
» nité pour numérateur, et peuvent s'exprimer par un nom-
» bre abstrait, tels que sont le sixième, etc. » Le latin rendu mot-à-mot porte : « En effet, le nombre senaire est le pre-
» mier qui se compose de ses parties, c'est-à-dire de son
» sixième, de son tiers et de sa moitié, qui sont un, deux
» et trois, dont le total donne six. » Cette énonciation est incomplète : on en concluerait que la perfection d'un nombre tient à ce qu'il soit composé de son sixième, de son tiers et de sa moitié ; il n'y aurait plus alors que des nombres parfaits. Lombert, pour réparer ce que le texte laissait de vague, a ajouté : « J'entends de ses parties aliquotes, comme le
» sixième, etc. » Mais cette addition du traducteur ne rend pas encore l'idée qu'a exprimée saint Augustin, quoique d'une manière très imparfaite. On entend par partie aliquote tout nombre contenu plusieurs fois dans un nombre plus grand ; ainsi *deux* est partie aliquote de *six*, *trois* l'est de *douze* : d'où il suit évidemment que Lombert n'a pas dit précisément ce que l'auteur et lui voulaient dire. Comme, en ces sortes de matières surtout, on ne saurait être trop clair, nous avons jugé devoir corriger la version, au risque d'être un peu plus longs que le texte. La même considération motive les autres changemens que nous avons faits dans le reste du chapitre. (*Note des nouveaux éditeurs.*)

Page 352, l. 3. « Car il n'y a plus dès-lors de créature,
» qui.... constitue la distinction du jour en matin et en soir. »

Lombert a traduit : « qui fasse deux connaissances différentes » du jour et du soir ; » ce qui n'est pas très intelligible. Il est évident que saint Augustin fait allusion ici à cette phrase répétée dans la Genèse à la suite de chaque jour de la création : *Et factum est vespere et mane, dies....* Voyez Gen., ch. 1.er, v. 5, 8, 13, 19, 23 et 31. (*Note des nouveaux éditeurs.*)

Page 355, l. 9. « Le royaume du ciel est pour ceux qui » leur ressemblent. » On ne saurait douter que la dernière phrase de ce chapitre ne roule sur le bonheur dont jouiront les enfans dans le ciel. Comment est-il donc échappé à saint Augustin d'appliquer spécialement aux enfans la dernière partie du verset 30, chapitre 22 de l'évangile selon saint Matthieu ? Ce verset a précisément trait aux époux ; il ne saurait donc concerner les enfans. De deux choses l'une : ou il y a en ceci erreur de copiste, ou le saint docteur, qui savait par cœur les Écritures, a cité de mémoire le verset 30, ch. 22, au lieu du verset 14, ch. 19 du même évangile. Ce dernier seul se rapporte directement à son sujet, et nous l'avons en conséquence substitué à l'autre. Il paraîtra assez étonnant que Hervet, Lombert et les bénédictins, qui ont marqué les endroits des livres saints rapportés par notre auteur, ne se soient pas aperçus de cette citation à contre-temps, et, s'ils s'en sont aperçus, qu'ils ne l'aient pas relevée. (*Note des nouveaux éditeurs.*)

Page 358, l. 2. « Vous êtes tous enfans de lumière et » enfans du jour. » Ou, « enfans de lumière et enfans de » Dieu ; » en lisant *Dei* avec les imprimés et un seul manuscrit ; mais la leçon que j'ai suivie est la meilleure.

LA CITÉ DE DIEU.

LIVRE XII.

CHAPITRE PREMIER.

Unité de la nature des bons et des mauvais anges.

Avant de passer à la création de l'homme, où j'exposerai le commencement des deux Cités dans les hommes, comme on en a déjà vu quelque chose au livre précédent dans les anges, je crois devoir encore parler un peu des mêmes anges, pour montrer que la société des hommes et des anges n'est pas incompatible, et qu'ainsi il n'y a pas quatre Cités ou sociétés, deux des anges et deux des hommes ; mais qu'il n'y en a que deux, l'une composée de bons et l'autre de méchans, soit anges ou hommes.

Il n'est pas permis de douter que les inclinations contraires des bons et des mauvais anges ne proviennent de leur volonté et non de leur nature, puisque Dieu, qui n'a rien fait que de bon, est le Créateur des uns et des autres. Cette différence tient à ce que les uns sont demeurés constamment attachés au bien commun à tous, qui est Dieu, sans se départir jamais de son éternité, de sa vérité et de sa charité; tandis que les autres, enivrés de leur pouvoir, comme s'ils se fussent appartenus à eux-mêmes, se sont détachés du bien commun à tous pour s'attacher à leur bien particulier; et, réduits à n'avoir plus désormais qu'une élévation fastueuse au lieu de la gloire éminente de l'éternité, une astucieuse vanité au lieu de la vérité constante, et un esprit de faction au lieu de l'union de la charité, ils sont devenus superbes, trompeurs et envieux. Ainsi, l'attachement à Dieu est la cause de la béatitude des uns, comme celle de la misère des autres est leur séparation de Dieu. Il est évident par là que Dieu seul peut rendre heureuse la créature raisonnable et intellectuelle. Conséquemment, bien que toute créature ne puisse pas être heureuse (car une bête, du bois, une pierre, ne le sauraient être), celle néanmoins qui le peut ne le peut pas par elle-même, attendu qu'elle a été créée de rien, mais par celui qui l'a créée. Elle est heureuse en effet par la possession de celui dont la perte la rend malheureuse; au lieu que celui qui est heureux, non par un autre, mais par lui-même, ne saurait devenir malheureux, parce qu'il ne saurait se perdre.

Nous disons donc qu'il n'y a point d'autre bien immuable que le seul vrai Dieu : et, à l'égard des créatures, qu'elles sont bonnes à la vérité, parce qu'elles viennent de lui; mais qu'elles sont muables, parce qu'elles ne sont pas faites de lui, mais de rien. Toutes muables qu'elles sont, elles ne laissent pas cependant d'être de grands biens, par cela seul que, pour être heureuses, il leur suffit de s'unir au bien immuable, qui est tellement leur bien que, sans lui, elles sont nécessairement misérables. Il ne suit pas de là que les autres créatures soient plus excellentes parce qu'elles ne peuvent être malheureuses, comme les autres membres de notre corps ne sont pas plus nobles que les yeux, parce qu'ils ne peuvent devenir aveugles : mais, de même que la nature sensitive est meilleure, lors même qu'elle souffre, qu'une pierre qui ne peut rien souffrir ; ainsi la nature raisonnable l'emporte, quoique malheureuse, sur celle que la privation de sentiment ou de raison rend incapable de misère. Ainsi, puisque cette créature si excellente, que sa mutabilité n'empêche pas de devenir heureuse, si elle s'attache au bien immuable, ne peut combler son indigence qu'autant qu'elle est bienheureuse et que Dieu seul lui en offre le moyen, c'est sans doute un vice à elle de ne pas s'attacher à Dieu. Or, tout vice nuit à la nature, et par conséquent lui est contraire. Dès-lors la créature qui n'adhère pas à Dieu diffère de celle qui y adhère, non par nature, mais par vice. Ce vice même marque la grandeur et la dignité de sa nature, vu que le vice n'est blâmable qu'en tant qu'il déshonore la nature. Lorsque l'on dit que l'aveuglement est le vice des yeux, et la surdité celui des oreilles, on témoigne que l'ouïe est naturelle aux oreilles et la vue aux yeux ; de même, quand on dit que le vice de la créature angélique est de n'être pas unie à Dieu, on déclare qu'il est de sa nature de lui être unie. Quelle gloire n'est-ce pas d'être uni à Dieu de manière à ne vivre que pour lui, à n'être sage que par lui, à ne se réjouir qu'en lui, et à participer à un si grand bien, sans que la mort, l'erreur, ni aucun déplaisir, puissent traverser cette jouissance? Qui peut concevoir ou exprimer dignement cette suprême félicité? Aussi, le vice même des mauvais anges qui ne sont pas unis à Dieu ne sert-il qu'à faire éclater l'excellence de leur nature, puisque rien ne leur peut être plus désavantageux que de n'être pas avec Dieu.

CHAPITRE II.

Aucune nature ne peut être contraire à Dieu, parce que ce qui n'est point paraît différer de celui qui est souverainement et toujours.

J'AI dit tout ceci de peur que, lorsque nous parlons des anges prévaricateurs, quelqu'un ne s'imagine qu'ils tiennent leur nature d'un autre principe et que Dieu n'en est pas l'auteur. Mais il sera d'autant plus aisé de se défendre de cette erreur impie, que l'on comprendra mieux ce que Dieu dit à Moïse par un ange, quand il l'envoya vers les enfans d'Israël : « Je suis » celui qui est. » En effet, comme Dieu est la souveraine essence, c'est-à-dire est souverainement, et qu'il est par conséquent immuable, il a donné l'être aux choses qu'il a tirées du néant, aux unes plus, aux autres moins, mais en se réservant l'être suprême, et il a gradué ainsi la nature des différentes essences. Or, ce mot d'essence vient de celui d'être, et a été introduit récemment en latin : les anciens auteurs ne s'en sont point servis ; mais il est aujourd'hui en usage, afin que nous eussions un terme correspondant à l'ο γ- σ ι α des Grecs. Il résulte de ce qui précède que, du moment où la souveraine essence a fait les autres ce qu'elles sont, rien ne saurait être contraire à sa nature que ce qui n'est pas, parce que le non-être est contraire à l'être. Conséquemment, nulle essence n'est contraire à Dieu, qui est la souveraine essence et l'auteur de toutes les essences, quelles qu'elles soient.

CHAPITRE III.

Des ennemis de Dieu, qui sont tels, non par nature, mais par une volonté contraire, laquelle nuit tout à la fois à eux-mêmes et à la nature, parce que le propre du vice et ce qui en constitue l'existence est de nuire.

Les ennemis de Dieu dont il est parlé dans l'Écriture ne sont pas tels par nature, mais par leurs vices, et ils ne sauraient nuire à ce Dieu immuable et incorruptible, mais seulement à eux-mêmes, par la résistance impuissante qu'ils osent lui opposer. Or, le vice de leur mauvaise volonté leur nuit, parce qu'il corrompt en eux le bien de la nature. Ce n'est donc pas la nature qui est contraire à Dieu, mais le vice, parce que le mal est contraire au bien, et que Dieu est le souverain bien. Mais, quoiqu'il lui soit contraire, il ne lui nuit pas; il ne nuit qu'à la nature qu'il corrompt. Nul mal en effet ne nuit à Dieu; il n'a ce pouvoir que sur les natures muables et corruptibles, mais bonnes après tout, ainsi que l'attestent leurs vices même, puisque, si elles n'étaient bonnes, elles ne sauraient être viciées. Dans le fait, en quoi le mal leur nuit-il, sinon en ce qu'il leur ôte leur intégrité, leur beauté, leur force, leur vertu, et tous les autres biens de la nature que le vice a coutume d'emporter ou de diminuer? Et s'il ne leur ôte rien, il ne leur nuit point; et par conséquent n'est point un mal, attendu que la nature du mal est de nuire. Ainsi, quoique le mal ne puisse nuire au bien immuable, il ne peut toutefois nuire qu'au bien, parce qu'il n'est qu'où il nuit. Il n'y a que le bien qui puisse être seul quelque part; le mal est toujours accompagné de quelque préjudice. Il n'y a pas jusqu'aux natures corrompues par une mauvaise volonté, qui ne soient bonnes en tant que natures; elles ne sont mauvaises qu'en tant qu'elles sont corrompues. Lors même qu'une nature corrompue est punie, outre qu'elle ne cesse pas d'être bonne comme nature, il est bon encore qu'elle ne demeure pas impunie; car sa punition est juste, et tout ce qui est juste est bon. En effet, personne n'est puni des défauts naturels, mais des volontaires. Or, le vice que l'habitude a converti en seconde nature, est volontaire dans son origine; aussi ne parlons-nous maintenant que des vices de cette nature dont l'esprit est susceptible de la lumière intellectuelle qui apprend à discerner le juste de l'injuste.

CHAPITRE IV.

Les créatures dépourvues de vie ou de raison n'altèrent pas en leur genre la beauté du système général de l'univers.

Il est absurde de condamner les défauts des bêtes, des arbres et des autres choses muables et mortelles privées d'intelligence, de sentiment ou de vie. Ces défauts, il est vrai, corrompent leur nature; mais il faut considérer que l'unique destination de ces créatures est d'accomplir, par leur succession, la moindre beauté du monde, mais néanmoins une beauté convenable au rang qu'elles tiennent dans l'univers. Les choses de la terre ne devaient pas dans le fait être égalées à celles du ciel, et il ne fallait pas priver le monde des premières, sous prétexte que les autres sont meilleures. Lors donc que nous voyons des choses naître de la ruine les unes des autres dans les lieux où il fallait qu'elles trouvassent leur place, les plus faibles céder aux plus puisssantes, et les vaincues acquérir les qualités de celles qui les ont surmontées, considérons que tel est l'ordre des choses passagères. Si la beauté de cet ordre ne nous plaît pas, c'est que la condition de notre nature mortelle, qui nous range dans le même ordre, nous empêche de bien comprendre ce tout avec lequel chacune des particules dont la vue nous blesse, est dans une si juste harmonie. Il convient dès-lors que dans les choses où nous ne sommes pas capables d'apercevoir les raisons de la providence de Dieu, on nous commande de la croire, de peur que nous ne blâmions témérairement l'ouvrage d'un si grand ouvrier : quoique si nous faisions une sérieuse réflexion sur les défauts même des choses terrestres, qui ne sont ni volontaires, ni des peines du péché, nous trouverions qu'ils ne servent qu'à recommander l'excellence des natures, dont il n'en est pas une qui n'ait Dieu pour auteur et pour créateur. Ce qui nous déplaît en elles, c'est que ces défauts altèrent précisément celles de leurs qualités qui nous plaisent. Il est vrai que les natures même déplaisent souvent aux hommes lorsqu'elles leur nuisent, parce qu'ils ne les considèrent pas tant en elles-mêmes, que par l'utilité qui leur en revient : ainsi les Égyptiens n'aimaient pas ces petits animaux que Dieu leur envoya pour châtier leur orgueil (1). Mais de cette façon on pourrait aussi blâmer le soleil, par la raison que les juges condamnaient quelquefois les malfaiteurs ou les banqueroutiers à y être exposés. C'est donc la nature considérée en elle-même, et non pas la commodité ou l'incommodité que nous en recevons, qui fait la gloire de son Créateur. Bien que le feu éternel doive être le supplice des méchans, il n'en est pas moins bon de sa nature. Qu'y a-t-il de plus beau que le feu, qui jète de la flamme et de la lumière? Qu'y a-t-il de plus utile que ce même feu, qui échauffe, qui cuit, qui purifie? Cependant, il n'est rien de plus fâcheux que lorsqu'il brûle et qu'il

---

(1) Exod., 8.

consume. Donc, un même feu est nuisible et utile, selon les différens usages auxquels il est employé. Et qui pourrait raconter en détail tous les services qu'il rend au monde ? Il ne faut point écouter ceux qui louent la lumière du feu et blâment son ardeur, à cause qu'ils sont bien aises de voir, et qu'ils ne voudraient pas être brûlés; en jugeant de cet élément plutôt par leur commodité ou leur incommodité que par sa nature, ils ne considèrent pas que cette lumière qui leur plaît blesse les yeux malades, et que cette ardeur qu'ils condamnent donne la vie à certains animaux.

CHAPITRE V.

Toute espèce de nature honore le Créateur.

Il est hors de doute que toutes les natures sont bonnes, parce qu'elles sont, qu'elles ont dès-lors leur mesure et leur beauté, et qu'elles concourent à l'harmonie du systême universel. Une fois placées où elles doivent être, elles se maintiennent dans le degré qui leur est assigné. Celles qui n'ont pas reçu un être permanent sont changées en mieux ou en pis, selon l'usage et les mouvemens des autres à qui elles sont soumises par la loi du Créateur, et se portent d'elles-mêmes à la destruction que la providence divine leur a marquée, et qui a sa raison dans le gouvernement général de l'univers; en ce que la corruption des natures muables et mortelles ne les anéantit pas, de telle sorte que leur ruine ne donne naissance aux autres qui doivent prendre leur place. Dans cet état de choses, Dieu, qui est souverainement, et qui, pour cette raison, est auteur de toute essence qui n'est pas souverainement, parce qu'elle ne doit pas lui être égale, puisqu'elle a été faite de rien, et qu'elle ne pourrait être en aucune façon, si elle n'avait point été faite par lui ; Dieu, dis-je, ne doit pas être blâmé des défauts qui se rencontrent dans les natures, et on le doit louer de l'être qu'il leur a donné.

CHAPITRE VI.

De la cause de la félicité des bons anges, et de la misère des mauvais.

Ainsi, la véritable cause de la béatitude des bons anges, c'est qu'ils s'attachent à l'Être suprême ; et la véritable cause de la misère des mauvais anges, c'est qu'ils se sont détournés de cet Être souverain pour se tourner vers eux-mêmes qui ont moins d'être. Ce vice n'est-il pas ce qu'on appelle orgueil ? « L'orgueil en » effet est le commencement de tout péché (1). » Ils n'ont pas voulu lui rapporter leur grandeur (2) ; et lorsqu'il ne tenait qu'à eux d'agrandir leur être, en

(1) Ecclésiasti., 10, 15.
(2) Ps. 58, 10.

s'attachant à l'Essence souveraine, ils ont préféré ce qui a moins d'être, en se préférant à lui. Voilà la première défaillance et le premier vice de cette nature qui n'avait pas été créée pour posséder la perfection de l'être, et qui néanmoins pouvait être heureuse par la jouissance de l'Être souverain, tandis que sa désertion ne l'a pas à la vérité précipitée dans le néant, mais l'a rendue moindre qu'elle n'était, et par conséquent misérable. Demandera-t-on la cause efficiente de cette mauvaise volonté ? il n'y en a point. Rien ne fait la volonté mauvaise, puisque c'est elle qui fait ce qui est mauvais. La mauvaise volonté est donc la cause d'une mauvaise action ; mais rien n'est la cause de cette mauvaise volonté. En effet, si quelque chose en est la cause, cette chose a quelque volonté, ou elle n'en a point. Si elle en a une, elle est bonne ou mauvaise. Si elle est bonne, qui serait assez déraisonnable pour prétendre qu'une bonne volonté en engendre une mauvaise ? Dans ce dernier cas, la bonne volonté serait cause du péché : ce qu'on ne peut avancer sans une absurdité monstrueuse. Que si la chose qu'on dit être cause de la mauvaise volonté a aussi une cause qui soit mauvaise, je demande qui l'a faite ; car cela ne peut pas aller à l'infini. Si l'on répond que rien ne l'a faite, et qu'ainsi elle a toujours été, je demande si elle a été en quelque nature. Si elle n'a été en aucune nature, elle n'a point du tout été ; et si elle a été en quelqu'une, elle la corrompait, elle lui était nuisible, et conséquemment elle la privait du bien. A partir de là, la mauvaise volonté ne pouvait être dans une mauvaise nature, mais dans une bonne, quoique muable, à qui le vice pouvait nuire. Que si le vice ne lui a point nui, ce n'était point un vice, et dès-lors il ne faut point dire que ce fût une mauvaise volonté. Et s'il lui a nui, ce n'a été qu'en ôtant ou diminuant le bien qui était en elle. Il n'est donc pas possible qu'il y ait eu éternellement une mauvaise volonté dans une chose en qui il y avait auparavant un bien naturel qu'une mauvaise volonté pouvait ôter en lui nuisant. Si donc cette mauvaise volonté n'a pas été éternelle, je demande qui l'a faite. Tout ce qu'on peut dire, c'est que cette volonté ait été rendue mauvaise par une chose en qui il n'y avait point de volonté. Or, je demande si cette chose est supérieure, ou inférieure, ou égale. Si elle est supérieure, elle est meilleure. Comment n'a-t-elle aucune volonté? comment n'en a-t-elle pas une bonne? De même, si elle est égale; puisque tant que deux choses ont une bonne volonté, l'une n'en produit point de mauvaise dans l'autre. Il reste que le principe de la mauvaise volonté de la nature angélique qui a péché la première, soit une chose inférieure à cette nature, et privée elle-même de volonté. Mais cette chose, quelque inférieure qu'elle soit, quand ce ne serait que de la terre, le dernier et le plus bas des élémens, ne laisse pas, en sa qualité de nature et de substance, d'être bonne et d'avoir sa mesure et sa beauté dans son genre et dans son ordre. Comment donc une bonne chose peut-elle produire une mauvaise volonté? Comment, je le répète, un bien peut-il être cause d'un mal? Lorsque la volonté quitte ce qui est au-dessus d'elle pour se tourner vers ce qui lui est inférieur, elle devient mauvaise, non parce que la chose vers laquelle elle se tourne est mauvaise, mais parce que c'est un mal que de s'y tourner. Ainsi, ce n'est pas une chose inférieure qui a fait la volonté mauvaise, mais c'est que la volonté même s'est portée vers une chose inférieure par un désir déréglé. Quand deux personnes également disposées de corps et d'esprit voient une beauté, que l'un la regarde avec des yeux lascifs, tandis que l'autre conserve son cœur chaste, d'où vient que l'un a cette mauvaise volonté, et que l'autre ne l'a pas? Quelle est la cause de ce désordre? Ce n'est pas la beauté du corps, puisque tous deux l'ont vue également et que tous deux n'en ont pas été également touchés. Ce n'est point non plus la différente disposition du corps ou de l'esprit de ces deux personnes, puisque nous les supposons également disposés. Dirons-nous que l'un a été tenté par une secrète suggestion du malin esprit; comme si ce n'était pas par sa volonté qu'il a consenti à cette suggestion? C'est donc ce consentement de sa volonté qu'il a donné aux persuasions du démon, dont nous recherchons la cause. Pour ôter toute difficulté, si tous deux sont tentés de même, et que l'un cède à la tentation et l'autre y résiste, que peut-on dire autre chose, sinon que l'un a voulu demeurer chaste, et que l'autre ne l'a pas voulu? Et comment cela s'est-il fait, sinon par leur propre volonté, attendu que nous supposons la même disposition de corps et d'esprit en l'un et en l'autre? Tous deux ont vu la même beauté, tous deux ont été également tentés; qui a donc produit cette mauvaise volonté en l'un? Certainement, si nous y regardons de près, nous trouverons que rien n'a pu la produire.

Dirons-nous que lui-même l'a produite? Mais qu'était-il lui-même avant cette mauvaise volonté, si ce n'est une bonne nature, dont Dieu, qui est le bien immuable, est l'auteur? Comment, lorsqu'il était bon avant cette mauvaise volonté, a-t-il pu faire cette volonté mauvaise? L'a-t-il faite comme nature, ou comme une nature tirée du néant? Si l'on y prend garde, on trouvera que c'est à ce dernier titre. Si la nature est cause de la mauvaise volonté, ne serons-nous pas obligés de dire que le mal ne vient que du bien, et que c'est le bien qui est la cause du mal? Mais comment se peut-il faire qu'une bonne nature, quoique muable, fasse quelque chose de mal, c'est-à-dire produise une mauvaise volonté, avant que d'avoir cette mauvaise volonté?

CHAPITRE VII.

Il ne faut point chercher de cause efficiente de la mauvaise volonté.

Que personne ne cherche donc la cause efficiente de la mauvaise volonté. Elle n'en a point de la sorte. La cause de la mauvaise volonté est une cause défaillante; vu que, déchoir de ce qui possède un être souverain pour se porter vers ce qui a moins d'être, c'est commencer à avoir une mauvaise volonté. Or, vouloir trouver des causes efficientes de ces défaillances, c'est chercher à voir les ténèbres ou à entendre le silence. Cependant,

l'un et l'autre nous est connu, et ne nous est connu que par les yeux et par les oreilles, non par leurs espèces, mais par la privation de ces espèces. Ainsi, que personne ne me demande ce que je sais ne pas savoir, si ce n'est pour apprendre de moi qu'on ne le saurait savoir. Les choses qui ne se connaissent que par leur privation, ne se connaisssent, pour ainsi dire, qu'en ne les connaissant pas. En effet, lorsque la vue se promène sur les objets sensibles, elle ne voit les ténèbres que quand elle commence à ne rien voir. Les oreilles de même n'entendent le silence que lorsqu'elles n'entendent rien. Il en est ainsi des choses spirituelles. Nous les concevons par notre entendement; mais, lorsqu'elles viennent à manquer, nous ne les concevons qu'en ne les concevant pas, car « qui peut compren-
» dre les péchés (1) ? »

CHAPITRE VIII.

De l'amour déréglé par lequel la volonté s'écarte d'un bien immuable pour un bien muable.

CE que je sais, c'est que la nature de Dieu n'est sujète à aucune défaillance, et que les choses qui ont été tirées du néant y sont sujètes : que néanmoins plus celles-ci ont d'être, et plus elles font de bien ; car lorsqu'elles font quelque chose, elles ont des causes

(1) Ps. 18, 13.

efficientes ; mais quand elles défaillent, c'est-à-dire qu'elles font mal (et que font-elles alors que des choses vaines ?), elles n'ont que des causes défaillantes. Je sais encore que la mauvaise volonté n'est en celui en qui elle est que parce qu'il le veut ; et qu'ainsi on punit justement une défaillance qui est entièrement volontaire. Cette défaillance ne consiste pas en ce que la volonté se porte vers une mauvaise chose, puisqu'elle ne peut se porter que vers une nature, et toutes les natures sont bonnes, mais parce qu'elle s'y porte mal, c'est-à-dire contre l'ordre même des natures, en quittant l'être souverain pour tendre vers ce qui a moins d'être. L'avarice, par exemple, n'est pas le vice de l'or, mais de l'homme qui aime l'or avec excès, en abandonnant pour ce métal la justice qui doit lui être infiniment préférée. L'impureté de même n'est pas le vice des corps qui sont beaux, mais de l'ame qui aime les voluptés corporelles d'un amour déréglé, en négligeant la tempérance qui nous unit à des choses bien plus belles, parce qu'elles sont spirituelles et incorruptibles. La vaine gloire aussi n'est pas le vice des louanges humaines, mais de l'ame qui méprise le témoignage de sa conscience, et ne se soucie que d'être louée des hommes. Enfin l'orgueil n'est pas le vice de celui qui donne la puissance, ou de la puissance même, mais de l'ame qui a une passion désordonnée pour sa propre puissance, et méprise celle d'un autre qui est plus puissant que lui. Ainsi, quiconque aime mal le bien de quelque nature que ce soit, ne laisse pas, quoiqu'il l'acquière, d'être mauvais et misérable dans le bien même qu'il possède, parce qu'il est privé d'un plus grand bien.

CHAPITRE IX.

Si Dieu est l'auteur de la bonne volonté des anges aussi bien que de leur nature.

Il n'y a donc point de cause efficiente, ou, s'il est permis de le dire, de cause essentielle de la mauvaise volonté, puisque c'est d'elle-même que prend naissance le mal qui corrompt le bien de la nature; et rien ne la rend telle que la défaillance qui fait qu'elle quitte Dieu, et qui n'a point non plus d'autre cause que la privation et le défaut. Quant à la bonne volonté, si nous disons qu'elle n'a point aussi de cause efficiente, prenons garde qu'il ne s'ensuive que la bonne volonté des bons anges n'a pas été créée, mais qu'elle est coéternelle à Dieu; ce qui serait une absurdité manifeste. Puisque eux-mêmes ont été créés, comment ne l'aurait-elle point été aussi? Mais si elle a été créée, l'a-t-elle été avec eux, ou s'ils ont été quelque temps sans elle? Si l'on répond que c'est avec eux, il n'y a point de doute qu'elle n'ait été créée par celui qui les a créés eux-mêmes; et ainsi, dès le premier instant de leur création, ils se sont attachés à leur Créateur par l'amour avec lequel ils ont été créés; et ils se sont séparés de la compagnie des autres, parce qu'ils sont toujours demeurés dans la même bonne volonté, au lieu que les autres s'en sont départis en abandonnant volontairement le souverain bien. Que si les bons anges ont été quelque temps sans la bonne volonté, et qu'ils l'aient produite en eux-mêmes sans le secours de Dieu, ils sont donc devenus par eux-mêmes meilleurs qu'il ne les a créés. Dieu nous garde de cette pensée! Qu'étaient-ils sans la bonne volonté, que des méchans? Ou s'ils n'étaient pas méchans par la raison qu'ils n'avaient pas une mauvaise volonté (car ils ne s'étaient point départis de la bonne qu'ils n'avaient pas encore), au moins n'étaient-ils pas si bons que lorsqu'ils ont commencé à avoir une bonne volonté. Ou s'il est vrai de dire qu'ils n'ont pas pu se rendre eux-mêmes meilleurs que Dieu ne les avait faits, puisque personne ne peut rien faire de meilleur que lui, il faut conclure que cette bonne volonté est l'ouvrage du Créateur. Lorsque cette bonne volonté a fait qu'ils ne se sont pas tournés vers eux-mêmes qui avaient moins d'être, mais vers le souverain Être, afin d'être en quelque façon davantage en s'attachant à lui, et de participer à sa sagesse et à sa félicité souveraine; qu'est-ce que cela nous apprend, sinon que la volonté, quelque bonne qu'elle fût, serait toujours demeurée pauvre et n'aurait eu que des désirs imparfaits, si celui qui a créé la nature capable de le posséder ne remplissait lui-même cette capacité, en se donnant à elle, après lui en avoir inspiré un violent désir.

Si les bons anges ont produit en eux-mêmes cette bonne volonté, on peut fort bien demander aussi, s'ils l'ont ou non produite par quelqu'autre volonté. Ils n'y seront assurément point parvenus sans volonté ; mais cette volonté était nécessairement bonne ou mauvaise. Si elle était mauvaise, comment une mauvaise volonté en a-t-elle pu produire une bonne ? Et si elle était bonne, ils avaient donc déjà une bonne volonté. Qui l'avait faite, sinon celui qui les a créés avec une bonne volonté, c'est-à-dire avec cet amour chaste qui les unit à lui, dont ils ont reçu en même temps la nature et la grace ? Ainsi, il faut croire que les bons anges n'ont jamais été sans la bonne volonté, c'est-à-dire sans l'amour de Dieu. Pour les autres qui, après avoir été créés bons, sont devenus méchans par leur mauvaise volonté, laquelle ne s'est corrompue que lorsque la nature, par sa propre défaillance, s'est séparée d'elle-même du souverain bien, en sorte que la cause du mal n'est pas le bien, mais l'abandon du bien ; il faut dire qu'ils ont reçu un moindre amour que ceux qui y ont persévéré, ou que s'ils ont été créés également bons, tandis que ceux-ci sont tombés par leur mauvaise volonté, ceux-là ont reçu un plus grand secours pour arriver à ce comble de bonheur d'où ils ont été assurés de ne point déchoir, comme nous l'avons déjà montré au livre précédent. Avouons donc, à la juste louange du Créateur, que ce n'est pas seulement des gens de bien, mais des saints anges, que l'on peut dire que l'amour de Dieu est répandu en eux par le saint Esprit qui leur a été donné (1), et que c'est autant leur bien que celui des hommes d'être étroitement unis à Dieu (2). Ceux qui ont part à

---

(1) Rom., 5, 5.
(2) Ps. 72, 27.

ce bien ont entre eux et avec celui à qui ils sont unis une sainte société, et ne composent ensemble qu'une même Cité de Dieu, qu'un même temple et qu'un même sacrifice. Il est temps maintenant de parler de ceux-là, dont les uns voyagent encore sur cette terre composée d'hommes mortels qui doivent être unis aux anges immortels, et les autres se reposent dans les demeures destinées aux ames des gens de bien; il faut voir l'origine de cette partie de la Cité de Dieu, comme nous avons déjà vu celle des anges; car tout le genre humain prend son commencement d'un seul homme que Dieu a créé le premier, selon le témoignage de l'Écriture sainte, qui s'est acquise avec raison une merveilleuse autorité dans toute la terre et parmi toutes les nations; puisqu'entre autres choses qu'elle a prédites, elle a annoncé aussi la foi que lui accorderaient toutes ces nations.

CHAPITRE X.

De la fausseté de l'histoire qui compte dans le passé plusieurs milliers d'années.

LAISSONS là les conjectures de ceux qui déraisonnent sur l'origine du genre humain. Les uns croient que les hommes ont toujours été aussi bien que le monde; d'où vient qu'Apulée dit que chaque homme est mortel en particulier, mais que tous les hommes ensemble sont immortels. Lorsqu'on leur demande comment cette opinion peut s'accorder avec ce que leurs histoires rapportent des premiers inventeurs des arts, ou de ceux qui ont habité les premiers certains pays, ils répondent que de temps en temps il arrive des déluges et des embrasemens qui désolent et dépeuplent une partie de la terre, ce qui fait perdre l'origine des arts; de sorte que ceux qui viennent ensuite les renouvellent en quelque sorte, mais qu'au reste un homme ne saurait venir que d'un autre homme.

Ils sont encore induits en erreur par certaines histoires fabuleuses qui font mention de plusieurs milliers d'années, au lieu que selon l'Écriture sainte il n'y a pas encore six mille ans accomplis depuis la création de l'homme (1). Pour montrer en un mot que l'on ne doit point s'arrêter à ces sortes d'histoires, c'est que cette lettre qu'Alexandre le Grand écrivit à sa mère, sur le rapport d'un certain prêtre égyptien tiré des archives sacrées de son pays, parle aussi des monarchies dont l'histoire grecque fait mention. Or, la monarchie

---

(1) Selon la supputation des Septante, suivie par les Pères grecs et latins. *Il y a déjà près de six mille ans*, dit saint Cyprien en son traité de l'Exhortation au martyre, *que le diable fait la guerre à l'homme.* (Voyez Théophile *ad Autolic.*, p. 138 et précédentes; S. Clément d'Alex. strom., l. 1, p. 339 ; Hippolyte dans Photius; le livre apocryphe de Nicodème; Sevère Sulpice, l. 1.er de son Histoire sacrée, section 2 ; Origène, *Homel.* 10 *in Ezech.*, p. 411 ; *D. et Tract.* 29 *in Matth.*, vol. 2, *p.* 89.) C. Arnobe, *L.* 1 *adv. Gentes*, *p.* 5, compte plus de dix mille ans avant le christianisme, suivant la chronologie des païens, contraire à celle de la Bible, comme le dit Orig. *contra Cels.*, p. 15, au bas.

des Assyriens, selon cette lettre, a duré plus de cinq mille ans, au lieu que selon l'histoire grecque elle n'en a duré qu'environ treize cents (1). Cette lettre donne encore plus de huit mille ans à l'empire des Perses et des Macédoniens, tandis que les Grecs ne font durer ces deux monarchies qu'un peu plus de sept cents ans (2). Mais c'est que les années étaient alors bien plus courtes parmi les Égyptiens et n'avaient que quatre mois, de sorte qu'il en fallait trois pour en faire une des nôtres; encore cela ne suffisait-il pas pour faire concorder la chronologie des Égyptiens avec l'histoire grecque. Il faut dès-lors croire plutôt cette dernière, attendu qu'elle n'excède point le nombre des années qui sont marquées dans la sainte Écriture. Du moment que l'on remarque un si grand mécompte pour le temps dans cette lettre si célèbre d'Alexandre, combien doit-on moins ajouter foi à ces histoires inconnues et fabuleuses dont on veut opposer l'autorité à celle de ces livres fameux et divins, qui ont prédit que toute la terre croirait un jour ce qu'ils contiennent, et que toute la terre croit maintenant suivant ce qu'ils ont prédit, et qui, par l'accomplissement des choses à venir qu'ils ont annoncées, montrent que ce qu'ils rapportent du passé est très véritable.

(1) A compter depuis le règne de Belus, que l'une et l'autre reconnaissent pour le roi des Assyriens.

(2) Celle des Macédoniens, 485 ans; et celle des Perses, 233 ans.

CHAPITRE XI.

De ceux qui, sans admettre l'éternité du monde, en supposent un très grand nombre, ou un seul qui meurt et renaît au bout d'une certaine révolution de siècles.

Quant à ceux qui ne croient pas le monde éternel, soit qu'ils en admettent plusieurs ou qu'ils n'en tiennent qu'un qui meurt et qui naît une infinité de fois par certaines révolutions de siècles, il faut qu'ils avouent qu'ils y a eu des hommes avant qu'il y en eût d'autres pour les engendrer. Ils ne sauraient prétendre en effet que lorsque le monde entier périt, il y reste un petit nombre d'hommes pour réparer le genre humain, comme ils le disent pour les déluges et les incendies qui ne désolent qu'une partie de la terre; mais comme ils estiment que le monde même renaît de sa propre matière, ils sont obligés de convenir que le genre humain sort d'abord du sein de ses élémens, et se multiplie ensuite comme les autres animaux par la voie de la génération.

CHAPITRE XII.

Ce qu'il faut répondre à ceux qui demandent pourquoi l'homme n'a pas été créé plutôt.

A l'égard de ceux qui demandent pourquoi l'homme n'a point été créé pendant les temps infinis qui ont précédé sa création, et pour quelle raison Dieu a attendu si tard que, selon l'Écriture, le genre humain ne compte pas encore six mille ans d'existence, je leur ferai la même réponse qu'à ceux qui élèvent la même difficulté touchant la création du monde, et qui ne veulent pas croire qu'il n'a pas toujours été, du nombre desquels est Platon, quoique quelques-uns prétendent qu'il a dit cela contre son propre sentiment. S'ils ne sont choqués que de la brièveté du temps qui s'est écoulé depuis la création de l'homme, qu'ils considèrent que tout ce qui finit est court, et que tous les siècles ne sont rien en comparaison de l'éternité. Ainsi, quand il y aurait, je ne dis pas six mille ans, mais six cents fois cent mille ans et plus que Dieu eût fait l'homme, on pourrait toujours demander pourquoi il ne l'a pas fait plutôt. A considérer cette éternité de repos où Dieu est demeuré sans créer l'homme, on trouvera qu'elle a plus de disproportion avec quelque nombre d'années imaginable, qu'une goutte d'eau n'en a avec l'Océan, parce qu'au moins l'Océan et une goutte d'eau ont cela de commun qu'ils sont tous deux finis. Ainsi, ce que nous demandons après cinq mille ans et un peu plus, nos descendans pourraient le demander de même après six cents fois cent mille ans, si les hommes allaient jusque là, et qu'ils fussent aussi faibles et aussi ignorans que nous. Ceux qui ont été avant nous vers les premiers temps de la création de l'homme pouvaient faire la même question. Enfin, le premier homme lui-même pouvait demander aussi pourquoi il n'avait pas été créé auparavant, sans que cette difficulté en fût moindre ou plus grande, en quelque temps que ce soit qu'il eût pu être créé.

CHAPITRE XIII.

De la révolution régulière des siècles qui, suivant quelques philosophes, remet toutes choses dans le même ordre et le même état.

Quelques philosophes, pour se tirer de cette difficulté, ont inventé je ne sais quelles révolutions de temps, par lesquelles ils prétendent que toutes choses sont renouvelées et incessamment reproduites, soit que ces révolutions se fassent dans le monde, ou que le monde lui-même, mourant et renaissant sans cesse, leur soit éternellement assujéti. Ils n'en exemptent pas même l'ame immortelle ; lorsqu'elle est parvenue à la sagesse, ils la font toujours passer d'une fausse béatitude à une véritable misère. Comment peut-elle être vraiment heureuse, si elle n'est jamais assurée de son bonheur, ou parce qu'elle ignore la misère qui l'attend, ou parce qu'elle l'appréhende. Que si l'on dit qu'elle passe de la misère à la félicité pour n'y plus retourner du tout, il arrive alors quelque chose de nouveau dans le temps, qui ne finit point par le temps. Pourquoi ne pas dire la même chose du monde, et de l'homme qui a été créé dans le monde, sans avoir recours à ces révolutions chimériques ?

En vain quelques-uns s'efforcent de les appuyer par ce passage de Salomon en son livre de l'Ecclésiaste : « Qu'est-il arrivé ? Ce qui doit encore arriver. Que » s'est-il fait ? Ce qui doit se faire encore. Il n'y a » rien de nouveau sous le soleil, et personne ne peut » dire : Ceci est nouveau ; car il est déjà arrivé dans les » siècles précédens (1). » Ce passage ne doit s'entendre que des choses dont il avait parlé auparavant, comme de la suite des générations, du cours du soleil, de la chute des torrens, ou au moins de tout ce qui naît et qui meurt dans le monde. En effet, il y a eu des hommes avant nous, comme il y en a avec nous, et qu'il y en aura après nous, et ainsi des plantes et des animaux. Les monstres même, quoiqu'ils diffèrent entre eux, et qu'il y en ait qui n'aient paru qu'une fois, sont semblables en cela qu'ils sont tous des monstres, et par conséquent il n'est pas nouveau qu'un monstre naisse sous le soleil. D'autres vont plus loin ; ils prétendent que le sage a entendu par ces paroles, que tout est déjà arrivé dans la prédestination de Dieu, et qu'ainsi il

---

(1) Ecclés., 1, 9, et 10.

n'y a rien de nouveau sous le soleil ; mais à Dieu ne plaise que nous les entendions de ces révolutions imaginaires par lesquelles ils veulent que toutes les choses du monde reviennent ; en sorte par exemple que comme un philosophe nommé Platon a enseigné autrefois la philosophie dans une école d'Athènes appelée l'Académie, le même Platon ait enseigné la même philosophie, dans la même ville, dans la même école, et devant les mêmes auditeurs long-temps auparavant en des temps infiniment reculés, et la doive encore enseigner de même après une révolution de plusieurs siècles. Loin de nous une telle extravagance ! « Jésus-Christ, » qui est mort une fois pour nos péchés, ne meurt » plus, et la mort n'aura plus d'empire sur lui (1); » et nous, après la résurrection, nous serons toujours avec le Seigneur à qui nous disons maintenant comme le psalmiste : « Vous nous conserverez toujours, Sei-» gneur, depuis ce siècle jusqu'en l'éternité (2). » Il me semble encore que ce qui suit dans le même pseaume ne convient pas mal à ces philosophes : « Les impies » vont en tournant (3) ; » non parce qu'ils doivent repasser par ces cercles qu'ils s'imaginent, mais parce qu'ils tournoient dans ce labyrinthe d'erreurs.

(1) Rom., 6, 9.
(2) Ps. 11, 8.
(3) Ibid, 9.

CHAPITRE XIV.

De la condition temporelle du genre humain que Dieu a créé par un dessein éternel.

Faut-il s'étonner de ce qu'égarés dans ces cercles, ils ne puissent trouver ni entrée ni sortie? Ils ignorent et quel commencement a eu le genre humain, et quelle fin il doit avoir, parce qu'ils ne sauraient pénétrer la profondeur des conseils de Dieu, ni concevoir comment étant éternel et sans commencement, il a pu donner un commencement aux temps, et a fait l'homme dans le temps, non par une soudaine et nouvelle résolution, mais par un dessein éternel et immuable. Qui peut sonder cet abîme? Qui peut découvrir ce secret selon lequel Dieu, sans changer de volonté, a créé dans le temps l'homme temporel, et d'un seul a multiplié le genre humain? Aussi, le psalmiste, après avoir dit : « Vous nous conserverez » toujours, Seigneur, depuis ce siècle jusqu'en l'éter- » nité; » et rejeté ensuite l'opinion folle et impie de ceux qui ne veulent pas que la délivrance et la félicité de l'ame soit éternelle, en disant: « Les impies mar- » chent en tournant; » comme si on lui eût objecté : Quel est donc votre sentiment là-dessus? Faut-il croire que Dieu a pris tout d'un coup dessein de créer l'homme, après avoir été une éternité sans le créer, lui à qui rien ne peut survenir de nouveau, et en qui il n'y a rien de muable? il répond aussitôt en s'adressant à Dieu, de peur que cette difficulté ne nous troublât : « Vous avez multiplié les enfans des hommes » selon la profondeur de vos conseils (1). » C'est comme s'il disait : Que les hommes en pensent ce qu'il leur plaira, vous avez multiplié les enfans des hommes selon la profondeur de ces conseils auxquels personne ne saurait atteindre ; attendu qu'il est bien difficile de comprendre que Dieu ait toujours été, et qu'il ait voulu créer l'homme dans le temps, sans changer de dessein et de volonté.

CHAPITRE XV.

Comment Dieu a pu toujours être Seigneur, s'il n'y a toujours eu des créatures ; et de quelle manière, s'il y en a toujours eu, elles ne lui ont point été coéternelles.

Pour moi, comme je n'oserais dire que le Seigneur Dieu n'a pas toujours été Seigneur, je dois dire sans balancer que l'homme n'a point été avant le temps, et qu'il a été créé dans le temps. Mais lorsque je considère de quoi Dieu a pu être Seigneur, s'il n'y a pas toujours eu des créatures, je tremble de rien assurer, parce que je sais qui je suis, et me souviens qu'il est écrit : « Quel homme connaît les desseins de Dieu

---

(1) Ps. 11, 9.

» et peut sonder ses conseils (1)? Car les pensées des
» hommes sont timides et leur prévoyance incertaine;
» parce que le corps corruptible appesantit l'ame, et
» cette demeure de terre et de boue accable l'esprit
» qui pense beaucoup (2). » Peut-être, de ce que je pense plusieurs choses sur ce sujet, y en a-t-il une de vraie à laquelle je ne pense pas, et que je ne puis trouver. Si je dis qu'il y a toujours eu des créatures afin que Dieu ait toujours été Seigneur, mais tantôt l'une et tantôt l'autre, de crainte d'en admettre de coéternelle à Dieu (sentiment que condamnent la foi et la raison), il faut prendre garde qu'il n'y ait de l'absurdité à avancer qu'une créature mortelle ait toujours été, et qu'une immortelle n'ait commencé d'être que de notre temps, lorsque les anges ont été créés, au moins s'ils sont désignés par cette première lumière dont il est parlé au commencement de la Genèse, ou plutôt par ce ciel dont il est dit : « Au commencement
» Dieu créa le ciel et la terre. » Toutefois, mettre en avant que des anges ont toujours été, ce serait donner à croire qu'ils sont coéternels à Dieu. En effet, si je dis qu'ils n'ont pas été créés dans le temps, mais qu'ils ont été avant tous les temps, et qu'ainsi Dieu, qui est leur Seigneur, a toujours possédé cette qualité, l'on demandera comment ceux qui ont été créés ont pu être toujours. On pourrait peut-être répondre qu'ils ont toujours été, puisqu'on peut fort bien dire que ce qui est en tout temps est toujours, et qu'ils n'ont pas

(1) Rom., 11, 34
(2) Sagesse, 9, 13, 14 et 15.

seulement été en tout temps, mais qu'ils ont même été faits avant tous les temps, pourvu néanmoins que les temps aient commencé avec le ciel, et que les anges aient été avant le ciel. Que si le temps, au lieu de commencer avec le ciel, a été antérieurement, non pas à la vérité dans les heures, les jours, les mois et les années, puisqu'il est clair que ces mesures des espaces du temps auxquelles nous donnons proprement le nom de temps, ont commencé avec les mouvemens des astres, d'où vient que Dieu a dit en les créant : Qu'ils servent à marquer les temps, les jours et les années ; si, dis-je, le temps a été avant le ciel dans le mouvement de quelque chose de muable dont les parties se succédaient l'une à l'autre, parce qu'elles ne pouvaient pas être toutes ensemble ; et s'il y a eu quelque chose de semblable dans les anges avant le ciel, et qu'ils aient été sujets à ces mouvemens dès le premier instant de leur création, on peut dire qu'ils ont été en tout temps, puisque les temps ont été faits avec eux. Et qui prétendrait que ce qui a été en tout temps n'a pas toujours été ?

Mais si je réponds ainsi, l'on me répliquera : Comment les anges ne sont-ils point coéternels à Dieu, puisqu'ils ont toujours été aussi bien que lui ? Comment même peut-on dire qu'il les ait créés, s'ils ont toujours été ? Que répondre à cela ? Alléguerons-nous qu'ils ont toujours été, vu qu'ils ont été en tout temps, puisqu'ils ont été faits avec le temps, ou le temps avec eux, et ajouterons-nous que néanmoins ils ont été créés ? Dans le fait, nous ne saurions nier que le temps même n'ait été créé, quoique personne ne doute que le temps ait été en tout temps. S'il en était autrement, il serait donc vrai qu'il y a eu un temps qu'il n'y avait point de temps? Mais il n'est personne d'assez extravagant pour avancer cela. Nous pouvons fort bien dire : Il y avait un temps que Rome n'était point : il y avait un temps que Jérusalem n'était point : il y avait un temps qu'Abraham n'était point : il y avait un temps que l'homme n'était point ; et enfin, si le monde n'a point été fait au commencement du temps, mais après quelque temps, nous pouvons dire aussi : Il y avait un temps que le monde n'était point. Mais dire qu'il y avait un temps qu'il n'y avait point de temps, c'est comme si l'on disait : Il y avait un homme quand il n'y avait aucun homme, ou : Ce monde était quand il n'y avait point de monde. Par la raison que le temps a été créé, bien qu'il ait toujours été, parce que le temps a été de tout temps, il ne s'ensuit pas, de ce que les anges ont toujours été, qu'ils n'aient point été créés. Si l'on dit qu'ils ont toujours été, c'est qu'ils ont été en tout temps ; et s'ils ont été en tout temps, c'est que les temps n'ont pu être sans eux. En effet, il n'y peut avoir de temps où il n'y a point de créature dont les mouvemens successifs forment le temps; et conséquemment, encore qu'ils aient toujours été, ils ne laissent pas d'avoir été créés, et ne sont point pour cela coéternels à Dieu. Dieu a toujours été par une éternité immuable, au lieu que ceux-ci n'ont toujours été que parce que le temps n'a pu être sans eux. Or, comme le temps passe par sa mobilité naturelle, il ne peut égaler une éternité immuable. C'est pourquoi, bien que l'immortalité des anges ne s'écoule pas dans le temps, et qu'elle ne soit pas passée comme si elle n'était plus, ni à venir comme si elle n'était pas encore; néanmoins, leurs mouvemens qui composent le temps vont du futur au passé, et partant, ne sont point coéternels à Dieu, qui n'est point sujet à ces mouvemens.

De cette manière, si Dieu a toujours été Seigneur, il a toujours eu des créatures qui lui ont été assujéties, et qui n'ont pas été engendrées de sa substance, mais qu'il a tirées du néant, et qui par conséquent ne lui sont pas coéternelles. Il était avant elles, quoiqu'il n'ait jamais été sans elles, parce qu'il ne les a pas précédées par un intervalle de temps, mais par une éternité fixe. Si je fais cette réponse à ceux qui demandent comment le Créateur a toujours été Seigneur sans avoir toujours eu des créatures pour lui être asservies, ou comment elles ont été créées, et surtout comment elles ne sont pas coéternelles à Dieu, si elles ont toujours été; je crains qu'on ne m'accuse d'assurer ce que je ne sais pas plutôt que d'enseigner ce que je sais. Je reviens donc à ce que notre Créateur a voulu nous faire connaître; et, quant à ce qu'il a découvert en cette vie à des personnes plus habiles, ou qu'il réserve en l'autre aux parfaits, j'avoue que cela passe ma portée. J'ai cru par cette raison qu'il valait mieux parler de ces choses sans en rien assurer, afin que ceux qui liront ceci apprennent à s'abstenir des questions dangereuses, et qu'ils ne se croient pas capables de tout, mais suivent plutôt cet avertissement salutaire de l'apôtre: « C'est par la grace qui m'a été donnée que j'avertis tous ceux qui sont parmi vous de ne

» pas estimer plus que l'on ne doit ses propres talens ;
» mais de les estimer avec modération et selon la me-
» sure de la foi que Dieu vous a départie à chacun (1). »
Lorsqu'on ne donne à un enfant qu'autant de nourriture qu'il en peut porter, il devient capable en croissant d'en recevoir davantage; au lieu que, lorsqu'on lui en donne trop, il meurt plutôt que de croître.

CHAPITRE XVI.

Comment on doit entendre que Dieu a promis à l'homme la vie éternelle avant les temps éternels.

J'IGNORE, je l'avoue, quels siècles se sont écoulés avant la création du genre humain; je suis certain néanmoins que rien de créé n'est coéternel au Créateur. L'apôtre parle même de temps éternels, non de ceux qui sont à venir, mais, ce qui est plus étonnant, de ceux qui sont passés. Voici comment il s'exprime :
« Nous sommes appelés à l'espérance de la vie éter-
» nelle, que Dieu, qui ne peut mentir, a promise
» avant les temps éternels, et il a publié la parole en
» son temps (2). » C'est dire clairement qu'il y a eu en remontant des temps éternels, qui cependant ne sont pas coéternels à Dieu. Dieu non-seulement était avant les temps éternels, mais il a même promis la

(1) Rom., 12, 3.
(2) Tite, 1, 2 et 3.

vie éternelle qu'il a manifestée en son temps : et qu'est-ce autre chose que sa parole? Comment a-t-il fait cette promesse, puisqu'elle ne s'adressait qu'aux hommes qui n'étaient pas encore avant les temps éternels? Ce ne peut être que par la raison que ce qui devait arriver en son temps était déjà arrêté dans l'éternité et dans son Verbe qui lui est coéternel.

CHAPITRE XVII.

De ce que nous enseigne la foi touchant la volonté immuable de Dieu, contre les philosophes qui soutiennent la révolution des choses du monde.

Je ne doute pas non plus qu'il n'y avait point d'homme avant que le premier homme fût créé, et que ce n'est pas le même, ni un autre semblable, qui a été reproduit dans l'univers après je ne sais combien de révolutions. Les philosophes n'ont point d'argumens qui puissent me détourner de cette créance ; je ne suis pas même ébranlé par cette assertion qui passe pour très subtile et qui proclame l'impossibilité absolue de comprendre l'infini. Ils font résulter de là que Dieu n'a en lui-même que des raisons finies de toutes les choses finies qu'il a faites. Or, il ne faut pas croire que sa bonté ait jamais été oisive, de peur d'en conclure que, si son repos a été éternel, il a commencé à travailler dans le temps, comme s'il s'était repenti de sa première oisiveté. Il est nécessaire, ajoutent-ils, que les mêmes choses reviennent toujours, soit que le monde demeure toujours dans ces révolutions, soit que le monde y soit sujet et qu'il naisse et meure sans cesse ; attendu que, si les mêmes choses ne reviennent continuellement, comme on ne saurait assigner un commencement aux ouvrages de Dieu, elles seraient infinies dans leur diversité, et ainsi il ne pourrait les comprendre.

Quand nous manquerions de raisons pour réfuter ces vaines subtilités dont les impies se servent pour nous détourner du droit chemin et nous engager dans leur labyrinthe, la foi seule nous devrait suffire pour nous en moquer ; mais nous avons plus d'un moyen de ruiner toutes ces révolutions chimériques. Ce qui trompe nos adversaires, c'est qu'ils mesurent à leur esprit muable et borné l'esprit de Dieu qui est immuable et sans bornes, et qui connaît toutes choses par une seule pensée. Il leur arrive ce que dit l'apôtre : « que, pour ne se comparer qu'à eux-mêmes, ils ne » s'entendent pas (1). » De même que, lorsqu'ils font quelque chose de nouveau, ils le font par un nouveau dessein, parce que leur esprit est muable, ils veulent qu'il en soit ainsi à l'égard de Dieu ; et il est dès-lors indubitable qu'ils se mettent en sa place et ne le comparent pas à lui, mais à eux. Pour nous, il ne nous est pas permis de croire que Dieu soit autrement disposé lorsqu'il se repose que lorsqu'il agit, puisqu'on ne doit pas dire même qu'il soit disposé, comme s'il se faisait quelque chose en lui qui n'y fût pas aupa-

---

(1) II Cor., 10, 12.

ravant. En effet, celui qui est disposé de telle ou telle façon souffre, et tout ce qui souffre quelque chose est muable. On ne doit donc pas supposer d'oisiveté et de paresse dans son repos, non plus que de peine et de contention dans son travail. Il sait agir en se reposant, et se reposer en agissant. Il peut faire un nouvel ouvrage par un dessein éternel, et lorsqu'il a commencé à faire quelque chose, ce n'est point pour s'être repenti de ne l'avoir pas fait auparavant. Lors même que l'on dit qu'il s'est reposé d'abord et qu'il a ensuite travaillé, toutes ces différences de temps ne doivent s'entendre que par rapport aux choses qu'il a créées ; car une seconde volonté n'a pas changé en lui la première ; mais sa même volonté éternelle et immuable s'est opposée à ce que les créatures fussent plus tôt, et leur a donné un commencement, afin peut-être de montrer par là à ceux qui sont capables de le comprendre qu'il n'avait aucun besoin d'elles, et qu'il les a créées par une bonté purement gratuite, puisqu'il a été une éternité sans elles et qu'il n'en était pas moins heureux.

CHAPITRE XVIII.

Contre ceux qui disent que Dieu même ne saurait comprendre l'infini.

Quant à leur assertion que Dieu même ne saurait comprendre l'infini, il ne leur reste plus qu'à soutenir, pour mettre le comble à leur impiété, qu'il ne connaît pas tous les nombres, qui bien certainement sont infinis, parce qu'on peut les multiplier à l'infini, outre qu'il n'y a pas deux nombres égaux, et qu'ainsi il y en a une diversité infinie. Dieu ne percevrait-il qu'une certaine quantité de nombres, et ignorerait-il les autres ? Personne n'oserait soutenir une proposition aussi absurde. Prétendre que Dieu ne se met pas en peine des nombres, et qu'ils ne sont pas l'objet de sa science, c'est encore, je pense, ce que ces philosophes n'avanceront pas, lorsque Platon, qui a tant d'autorité parmi eux, introduit Dieu qui crée le monde par les nombres. Lorsque nous lisons dans l'Écriture : « Vous avez fait toutes choses avec poids, » nombre et mesure (1); » dans le prophète : « Il » forme les siècles par nombre (2); » dans l'Évangile : » Tous les cheveux de votre tête sont comptés (3); » comment, après tant de témoignages, pourrions-nous douter que tout nombre ne soit connu à celui « dont l'intelligence, comme dit le pseaume, est au- » dessus de tous les nombres (4) ? » Si tout ce qui se comprend est fini dans l'entendement de celui qui le comprend, il n'y a rien qui ne soit fini à l'égard de Dieu, du moment où rien ne lui est incompréhensible. Qui sommes-nous pour vouloir limiter sa connaissance, et dire que si les mêmes choses ne revenaient toujours, il ne pourrait les comprendre, lui

(1) Sagesse, 11, 21.
(2) Isaïe, 40, 26.
(3) Matth., 10, 30.
(4) Ps. 146, 5.

dont la science est si vaste, que quand il créerait toujours de nouvelles choses, il les connaîtrait toutes distinctement et les aurait prévues de toute éternité?

CHAPITRE XIX.

Sur les siècles des siècles.

Je n'aurai pas la témérité d'affirmer si, par *les siècles des siècles*, l'Écriture entend cette suite de siècles qui se succèdent continuellement les uns aux autres dans un ordre et une diversité admirables, ou si elle veut marquer par là les siècles qui demeurent immuables dans la sagesse de Dieu, et sont comme les causes éternelles de ces autres siècles que le temps entraîne dans sa course. *Le siècle* n'est peut-être autre chose que *les les siècles*, et *le siècle du siècle* que *les siècles des siècles*: comme *le ciel du ciel* et *les cieux des cieux* ne sont qu'une même chose dans le langage de l'Écriture. En effet, Dieu (1) appelle *ciel* le firmament au-dessus duquel sont les eaux, et cependant le psalmiste dit : « Que les eaux qui sont au-dessus des cieux louent le » nom du Seigneur (2). » Il est dès-lors très difficile de savoir lequel c'est des deux, ou si ce n'est point encore quelqu'autre chose ; cela d'ailleurs importe peu à la question que nous traitons maintenant. Il ne s'agit

---

(1) Genès., 1, 8.
(2) Ps. 148, 4.

ici que de l'opinion de ceux qui veulent que toutes choses reviennent après certains intervalles de temps. Or, le sentiment, quel qu'il soit, que l'on peut avoir touchant les *siècles des siècles*, est absolument étranger à ces révolutions, puisque, soit que l'on entende par les siècles des siècles ceux qui s'écoulent ici-bas par une suite et un enchaînement continuels sans aucune révolution, et sans que ceux qui sont une fois bienheureux retombent jamais dans la misère d'où ils sont sortis; soit qu'on les considère comme ces causes éternelles qui règlent les mouvemens de toutes les choses passagères et sujètes au temps; il résulte toujours de l'une et de l'autre opinion que ces tours et retours qui ramènent les mêmes choses sont tout-à-fait imaginaires et complètement réfutés par la vie éternelle des bienheureux.

CHAPITRE XX.

Impiété de ceux qui prétendent que les ames, après avoir joui de Dieu, retourneront dans des corps par une révolution éternelle de félicité et de misère.

Quel homme assez peu religieux peut entendre de sang froid assurer qu'au sortir d'une vie sujète à tant de misères, si toutefois on peut appeler vie une mort véritable et d'autant plus terrible que nous n'en voulons point être délivrés; qu'après tant de maux soufferts et de travaux essuyés; qu'après enfin une vie expiée par la véritable religion et la vraie sagesse, nous deviendrons tellement heureux par la contemplation de la lumière immuable de Dieu, qu'il nous faudra pourtant la quitter un jour, pour retourner dans nos premières misères et dans un état où nous perdrons Dieu, où nous haïrons la vérité, où nous nous souillerons de toutes sortes de crimes pour arriver à la béatitude, et que ces révolutions arriveront sans fin de temps en temps, afin que comme Dieu ne saurait demeurer sans rien faire, il puisse connaître ses ouvrages en les recommençant perpétuellement, ce qu'il ne pourrait pas s'il en faisait toujours de nouveaux? Qui peut supporter de semblables folies? qui peut les croire? Fussent-elles vraies, n'y aurait-il pas non-seulement plus de prudence à les taire, mais même, s'il m'est permis d'expliquer ma pensée, plus de science à les ignorer? Si notre bonheur dans l'autre vie tient à ce que pour lors nous les ignorerons, à quel propos accroître par là notre misère durant celle-ci? S'il nous devient impossible en ce temps là de nous empêcher de les savoir, ignorons-les au moins ici-bas, afin que l'attente du souverain bien nous rende heureux, si la possession ne le peut faire.

Diront-ils que personne ne peut arriver à la félicité de l'autre monde qu'il n'ait connu en celui-ci qu'elle doit être sujète à toutes ces révolutions? Mais comment avouent-ils en ce cas que plus on aura aimé Dieu, plutôt on arrivera à cette béatitude, eux qui enseignent des choses si capables de ralentir cet amour? Quel homme n'aimerait moins vivement celui qu'il sait non-seulement devoir quitter un jour après l'avoir possédé autant qu'il en était capable, mais devoir même combattre en haine de sa vérité et de sa sagesse? Il serait impossible de bien aimer un ami ordinaire, si l'on prévoyait que l'on deviendra son ennemi. A Dieu ne plaise qu'il y ait un mot de vrai dans ce qu'ils nous disent d'une véritable misère qui ne finira jamais, mais qui doit être interrompue de temps en temps par une fausse félicité! Est-il rien de plus faux que cette béatitude où nous ignorerons notre misère à venir, au milieu d'une si grande lumière de vérité dont nous serons éclairés? Est-il rien de plus trompeur que cette félicité sur laquelle nous ne pourrons jamais compter, même lorsqu'elle sera à son comble? Si nous ne devons pas prévoir là-haut la misère qui nous attendrait, quelque misérables que nous soyons ici, nous sommes encore plus savans, puisque nous connaissons la béatitude où nous devons arriver; et si cette misère ne nous est pas inconnue, nous sommes plus heureux lorsque nous sommes misérables et que nous espérons un sort plus heureux, que lorsque nous sommes bienheureux et que nous craignons de cesser de l'être. Ainsi, nous avons plus de sujet de souhaiter notre malheur que notre bonheur; de sorte que comme nous souffrons ici des maux présens, et que là nous en craindrons de futurs, il est plus vrai de dire que nous sommes toujours misérables, que de prétendre que nous soyons quelquefois heureux.

Mais lorsque la piété et la vérité crient que ces révolutions sont imaginaires, et que la Religion nous promet une félicité dont nous serons assurés, et qui ne sera traversée d'aucune misère, suivons le droit chemin qui est Jésus-Christ, et, sous la conduite de ce Sauveur, détournons-nous des routes égarées de ces impies. Si Porphyre, quoique platonicien, n'a point voulu admettre dans les ames ces vicissitudes perpétuelles de félicité et de misère, soit qu'il ait été frappé de l'extravagance de cette opinion, ou qu'il en ait été détourné par la connaissance qu'il avait du christianisme; et si, comme je l'ai rapporté au dixième livre, il a mieux aimé dire que l'ame a été envoyée en ce monde pour y connaître le mal, afin qu'elle n'y soit plus sujète, lorsqu'après en avoir été affranchie, elle sera retournée au Père; à combien plus forte raison les fidèles doivent-ils fuir et détester un sentiment si faux et si contraire à la vraie Religion ? Or, après avoir une fois rejeté toutes ces révolutions, rien ne nous obligera à croire que le genre humain n'a point de commencement. Si l'ame est délivrée sans retour par la mort de toutes ses misères, il lui survient quelque évènement qui ne lui était jamais arrivé, et un évènement très considérable, c'est-à-dire une félicité éternelle. Si donc il survient quelque chose de nouveau à une nature immortelle, pourquoi n'en sera-t-il pas de même pour les natures mortelles ? Diront-ils que ce n'est pas une chose nouvelle à l'ame d'être bienheureuse, parce qu'elle l'était avant que de s'unir au corps ? Au moins est-il nouveau pour elle d'être délivrée de sa misère, et la misère même lui a été nouvelle, puisqu'elle ne l'avait jamais soufferte auparavant. Cependant, si cette nouveauté n'arrive point dans l'ordre de la Providence, mais seulement par hasard, que deviennent toutes ces révolutions mesurées et déterminées dans lesquelles, loin qu'il se fasse rien de nouveau, toutes choses reviennent tour à tour ? Et si cette même nouveauté est dans l'ordre de la Providence, soit que l'ame ait été envoyée dans le corps, ou qu'elle y soit venue d'elle-même, il peut se faire quelque chose de nouveau qui n'ait jamais été fait, et qui néanmoins ne soit pas contraire à l'ordre de l'univers. Si l'ame a pu tomber par son imprudence dans une nouvelle misère, connaissant la Providence qui devait l'enfermer dans l'ordre des choses et en délivrer l'ame un jour, aurons-nous l'audace de nier que Dieu ne puisse faire des choses qui ne sont pas nouvelles pour lui, mais pour le monde, et qu'il a prévues de toute éternité ? Que s'ils disent qu'à la vérité les ames délivrées une fois de leur misère, n'y retourneront plus, mais qu'en cela il n'arrive rien de nouveau, parce qu'il y en a eu et qu'il y en aura toujours de délivrées, ils doivent dès-lors convenir qu'il se fait de nouvelles ames, à qui cette misère et cette délivrance sont nouvelles. En admettant que les ames dont se font tous les jours de nouveaux hommes (mais qui n'en animeront plus d'autres pourvu qu'elles aient bien vécu), soient anciennes et aient toujours été, c'est admettre aussi qu'elles sont infinies ; car quelque nombre d'ames que l'on suppose, elles n'auraient pas pu suffire pour en faire perpétuellement de nouveaux hommes pendant un espace de temps infini. Or, je ne vois pas comment ils pourraient admettre un nombre infini d'ames, lorsque, selon eux, Dieu ne pourrait les connaître, par l'impossibilité où il est de comprendre l'infini.

Que conclure des raisonnemens par lesquels nous avons confondu la chimère de ces révolutions de béatitude et de misère auxquelles certains philosophes prétendent que les ames sont sujètes, sinon qu'il n'est rien de plus conforme à la piété que de croire que Dieu peut, quand bon lui semble, faire de nouvelles choses, sans néanmoins changer de volonté? Quant à la question de savoir si le nombre des ames affranchies de leurs misères et qui n'y doivent plus retourner, peut s'augmenter à l'infini, je la laisse à décider à ceux qui sont si subtils à déterminer jusqu'où doivent aller toutes choses. Pour nous, quoiqu'il en soit, nous trouvons toujours notre compte. Si le nombre des ames peut se multiplier toujours, pourquoi nier que Dieu n'ait pu créer ce qu'il n'avait pas créé auparavant, puisque de nouvelles ames ne cesseront d'être délivrées de leur misère, bien qu'elles ne l'eussent jamais été? Et s'il ne faut pas que ces ames passent un certain nombre, ce nombre, quel qu'il soit, n'a jamais été auparavant. De même, il n'est pas possible que ce nombre croisse et arrive au terme de la grandeur sans quelque commencement. Or, ce commencement n'avait jamais été non plus; et c'est pour qu'il fût que le premier homme a été créé.

LIVRE XII.

CHAPITRE XXI.

De la condition du premier homme et du genre humain renfermé en lui.

A présent que nous avons expliqué, autant qu'il a été en notre pouvoir, la question très difficile de l'éternité de Dieu, qui crée de nouvelles choses sans nouvelle volonté, il est aisé de voir que Dieu a beaucoup mieux fait de ne créer d'abord qu'un homme dont les autres descendissent, que d'en créer plusieurs. A l'égard des autres animaux soit sauvages et solitaires, comme les aigles, les milans, les lions, les loups, soit privés ou vivant en troupes, tels que les pigeons, les étourneaux, les cerfs, les daims et tant d'autres, il ne les a pas fait sortir d'un seul ; mais il les a créés plusieurs à la fois. Quant à l'homme appelé à tenir le milieu entre les anges et les bêtes, en sorte que s'il eût été soumis à son créateur comme à son seigneur véritable, il serait passé sans mourir dans la compagnie des anges pour y jouir d'un bonheur éternel, au lieu que, s'il offensait le Seigneur son Dieu par un orgueil et une désobéissance volontaire, il devait être sujet à la mort et réduit à la condition des bêtes, esclave de ses passions et destiné après sa mort à des supplices éternels ; Dieu a jugé à propos de n'en créer qu'un seul, non pour le laisser sans compagnie, mais pour lui faire aimer davantage par là l'union et la concorde, en faisant que les hommes ne fussent pas seulement unis entre eux par la ressemblance de la nature, mais aussi par les liens de la parenté; tellement qu'il ne voulut pas même créer la femme comme il avait fait l'homme, mais la tirer de l'homme, afin que tout le genre humain sortît d'un seul.

CHAPITRE XXII.

En même temps que Dieu a prévu le péché du premier homme, il a prévu aussi le grand nombre d'hommes pieux que sa grace devait sauver.

Cependant, Dieu n'ignorait pas que l'homme devait pécher, et que devenu mortel il engendrerait des hommes, qui se porteraient à de si grands excès que les bêtes privées de raison et qui ont été créées plusieurs à la fois, vivraient plus sûrement et plus tranquillement entre elles que les hommes, qui devraient être d'autant plus unis, qu'ils viennent tous d'un seul; car jamais les lions ni les dragons ne se sont fait la guerre comme les hommes. Mais Dieu prévoyait aussi que la multitude des fidèles serait appelée par sa grace à la qualité de ses enfans adoptifs, et qu'après leur avoir pardonné leurs péchés, par l'infusion du saint Esprit, il les associerait aux anges pour jouir avec eux d'un repos éternel, après les avoir affranchis de la mort, leur dernière ennemie. Il savait de quelle utilité serait pour cette multitude de fidèles la considération de ce qu'il a fait descendre tous les hommes d'un seul, pour témoigner aux hommes combien l'union lui est agréable.

CHAPITRE XXIII.

De la nature de l'ame humaine créée à l'image de Dieu.

Dieu a fait l'homme à son image, puisqu'il lui a donné une ame qui, douée de raison et d'intelligence, l'élève au-dessus de toutes les bêtes. Après la lui avoir donnée, soit qu'il l'eût déjà créée auparavant, ou plutôt en soufflant contre la face de l'homme qu'il avait formé de la poussière, il lui donna aussi une femme pour la génération, en la formant d'un os qu'il avait tiré de son côté par un effet de la toute-puissance divine; car il ne faut pas concevoir ceci grossièrement, comme si Dieu s'était servi de mains pour cela, ainsi que nous voyons tous les jours les artisans se servir des leurs pour faire leurs ouvrages. La main de Dieu est sa puissance, qui fait invisiblement les choses visibles. Mais cela passe pour une fable dans l'esprit de ceux qui mesurent par ce qu'ils voient journellement la puissance et la sagesse de Dieu, qui peut produire les semences même sans aucune semence; comme si les choses même qu'ils connaissent, telles que la conception et la naissance des hommes, ne leur paraîtraient pas encore plus incroyables, s'ils n'en avaient l'expérience; quoique la plupart d'entre eux attribuent plutôt ces effets aux causes naturelles qu'à la vertu de Dieu.

CHAPITRE XXIV.

Les anges ne sauraient créer la moindre chose.

MAIS nous n'avons rien ici à démêler avec ceux qui ne croient pas que Dieu ait fait ces choses, ou qu'il en prenne soin. Quant aux platoniciens, qui pensent avec leur maître que la création des animaux mortels n'est pas l'ouvrage du Dieu créateur du monde, mais celui d'autres dieux inférieurs qui sont aussi son ouvrage; comme nous avons montré que c'est une superstition de sacrifier à ces dieux, il s'ensuit que c'est aussi une erreur de croire qu'ils nous ont créés. Il n'est permis ni de croire ni de dire qu'un autre que Dieu ait créé la moindre chose du monde même avant qu'on la puisse comprendre. Pour les anges, que les platoniciens appellent ordinairement des dieux, quoiqu'ils emploient leur entremise aux productions de l'univers selon l'ordre ou la permission qu'ils en ont reçu, ils ne sont pas plus créateurs des animaux, que les laboureurs ne le sont des bleds ou des arbres.

CHAPITRE XXV.

Dieu seul est le créateur de toutes choses.

Les peintres et les statuaires peuvent figurer les formes extérieures du corps des animaux; mais pour cette forme intérieure à laquelle ils doivent la vie et le mouvement, elle n'a d'autre auteur que ce Dieu unique qui a créé le monde et les anges, sans anges et sans monde. La même vertu divine, et pour ainsi dire effective, qui est la cause de la rondeur de la terre et du soleil, est la cause de celle de l'œil et d'une pomme, et de toutes les autres figures naturelles; elles n'ont point d'autre principe que la puissance secrète de celui qui a dit: « Je remplis le ciel et la terre (1), » et dont la sagesse « atteint d'un bout à l'autre sans aucun obstacle, » et gouverne toutes choses avec douceur (2). » J'ignore par conséquent quel service les anges créés les premiers ont rendu au Créateur dans la création des autres choses; et comme je n'oserais leur attribuer un pouvoir que peut-être ils n'ont pas, je ne dois pas non plus leur dénier celui qu'ils ont. Toutefois, en quoi que ce soit qu'ils y aient contribué, je ne laisse pas d'attribuer la création toute entière au Dieu, à qui ils reconnaissent avec action de graces qu'ils sont aussi redevables de

---

(1) Jérém., 23, 24.
(2) Sag., 8, 1.

leur être. Non-seulement nous ne disons pas que les laboureurs sont créateurs de quelque fruit que ce soit, puisque nous lisons que » celui qui plante n'est rien, » non plus que celui qui arrose, mais Dieu qui donne » l'accroissement (1); » mais nous ne le disons pas même de la terre, quoiqu'il semble qu'elle soit la mère féconde de toutes choses, parce que nous lisons aussi que « Dieu » lui donne un corps tel qu'il lui plaît, et à chaque » semence le corps qui lui est propre (2). » De même, nous ne devons pas dire que la création d'un enfant appartienne à sa mère, mais plutôt à celui qui a dit à l'un de ses serviteurs : « Je te connaissais avant que » de te former dans le ventre de ta mère (3). » Encore que l'imagination d'une femme grosse puisse faire quelqu'impression sur son fruit, ainsi que le prouvent les agneaux bigarrés qu'eut Jacob en mettant des baguettes de diverses couleurs sous les yeux de ses brebis pleines (4); la femme néanmoins ne crée pas plus son fruit qu'elle ne s'est créée elle-même. Quelques autres causes que l'on suppose dans les générations, soit l'entremise des anges ou des hommes, soit le croisement du mâle et de la femelle, et quelque pouvoir que les désirs et les imaginations des mères aient sur leurs fruits encore tendres et délicats; toujours faudra-t-il reconnaître que Dieu est le seul auteur de toutes les natures. C'est sa vertu occulte, présente dans toutes les occasions, qui donne

(1) I Cor., 3, 7.
(2) I Cor., 15, 38.
(3) Jérém., 1, 5.
(4) Genès., 30, 37.

l'être à tout ce qui est, quel qu'en soit le mode. Si nous ne disons pas que Rome et Alexandrie ont été bâties par les maçons et les architectes, mais par les rois dont l'ordre les a fait construire, et qu'ainsi l'une a eu Romulus et l'autre Alexandre pour son fondateur ; à combien plus forte raison devons-nous dire que Dieu seul est le créateur de toutes les natures, puisqu'il ne fait rien que de la matière qu'il a faite ; qu'il n'a pour ouvriers que ceux même qu'il a créés, et que s'il retirait sa puissance créatrice des choses qu'il a créées, elles retomberaient dans leur premier néant. Je dis premier à l'égard de l'éternité, et non pas du temps ; car y a-t-il quelqu'autre créateur des temps qui a fait les choses dont les mouvemens mesurent les temps ?

CHAPITRE XXVI.

Opinion des platoniciens, que Dieu a créé les anges qui, à leur tour, ont créé les corps.

Platon, il est vrai, attribue à Dieu la création des ames, et veut que les corps seuls des autres animaux aient été créés par les dieux inférieurs créés eux-mêmes par le Dieu souverain. Ainsi, puisque Porphyre dit que, pour purifier l'ame, il faut fuir le commerce de toute sorte de corps, et qu'il tient avec Platon, son maître, et les autres platoniciens, que ceux qui ont mal vécu ici-bas retournent en des corps mortels pour y faire pénitence, il s'ensuit que ces dieux qu'ils veulent que nous honorions comme les auteurs de notre être, ne sont que les auteurs de nos chaines et de notre prison. Que les platoniciens cessent donc de nous menacer du corps comme d'un supplice, ou qu'ils ne proposent point à notre adoration des dieux dont ils nous exhortent à fuir et à rejeter l'ouvrage. Mais l'une et l'autre de ces deux opinions est très fausse : il est faux que les ames retournent dans les corps en punition de ce qu'elles ont mal vécu ; et il est faux encore qu'il y ait un autre créateur de tout ce qui a vie au ciel et en terre, que celui qui a créé le ciel et la terre. En effet, si nous n'avons un corps que pour réparation des crimes que nous avons commis, comment le même Platon dit-il que, pour la beauté et la perfection du monde, il était nécessaire qu'il y eût des animaux de toute sorte, c'est-à-dire des mortels et des immortels ? Or, si nos corps, tout mortels qu'ils soient, sont un bienfait de Dieu, comment est-ce une peine d'y retourner ? D'ailleurs, si Dieu avait en lui des types éternels de toutes choses, comme Platon le repète si souvent, comment n'a-t-il pas créé toutes choses ?

LIVRE XII.

CHAPITRE XXVII.

Le premier homme renfermait toute la plénitude du genre humain, dans laquelle Dieu voyait d'avance la partie qu'il devait sauver et celle qui était réservée à la damnation.

La véritable Religion reconnaît et proclame avec raison Dieu comme le créateur de tout le monde et de tous les animaux, c'est-à-dire des ames aussi bien que des corps. Parmi les animaux terrestres, l'homme tient le premier rang, comme ayant été fait à l'image de Dieu; et c'est pour la raison que j'ai apportée, ou pour quelque autre encore meilleure, que Dieu n'en a créé qu'un, mais qu'il ne l'a pas laissé seul. Il n'est point sur terre d'animal plus sociable de sa nature, quoiqu'il n'y en ait point que le vice rende plus farouche. La nature, pour empêcher ou guérir le mal de la division, n'a point de plus puissant moyen que de faire souvenir les hommes qu'ils viennent tous d'un seul. Sa femme de même n'a été tirée de son côté (1) que pour lui rappeler combien l'union du mari et de la femme doit être étroite. Ces ouvrages de Dieu ne sont extraordinaires que parce qu'ils sont les premiers; et ceux qui ne les croient pas ne doivent non plus croire aucun prodige; car ce qui arrive selon le cours

(1) Genès., 2, 22.

ordinaire de la nature n'est plus un prodige. Mais que pouvons-nous dire qui s'engendre inutilement dans l'ordre d'une si haute Providence, quoique la cause en soit cachée ? « Venez et voyez les ouvrages du Sei- » gneur, dit le psalmiste, quels prodiges il a faits sur » la terre (1). » Je remets ailleurs à dire pourquoi la femme a été tirée du côté de l'homme, et ce que ce premier prodige figure.

Maintenant, puisqu'il faut finir ce livre, pensons que deux sociétés, comme deux grandes Cités, ont pris naissance dans ce premier homme, au moins selon la prescience de Dieu. En effet, de cet homme devaient sortir d'autres hommes, dont les uns, par un secret, mais juste jugement de Dieu, seront compagnons du supplice des mauvais anges, et les autres de la gloire des bons ; et, puisqu'il est écrit que « toutes » les voies du Seigneur sont miséricorde et vérité (2), » sa grace ne peut être injuste, ni sa justice cruelle.

(1) Ps. 45, 8.
(2) Ps. 24, 12.

REMARQUES

SUR

LE LIVRE XII.

On a vu dans l'avertissement du traducteur (tome 1.er, page 17), qu'il n'annonce de remarques que pour les onze premiers livres, bien qu'il n'ait pas laissé d'en faire quelques-unes sur les onze derniers. Il a renvoyé celles-ci à la marge avec les notes courantes; mais comme nous ne voyons aucune raison plausible de cette différence, nous avons jugé à propos de placer à la fin de ce livre et des suivans les remarques qui les concernent, ainsi que nous l'avons pratiqué, d'après Lombert lui-même, pour les onze livres précédens. Nous continuerons de nous dispenser de relever les notes inutiles, spécialement celles qui ont pour objet des suppressions ou abréviations nécessaires, par la raison que nous avons exposée dans les remarques du 7.e livre.

Puisque nous parlons de l'avertissement, il est bon d'expliquer ici la note que nous avons placée au commencement, et que plusieurs personnes semblent avoir mal interprétée. Nous déclarons donc formellement que lorsque nous avons rappelé, à la louange de Lombert, qu'il avait été lié avec MM. de Port-Royal, nous n'avons entendu dire autre chose, sinon que l'on pouvait compter sur l'étendue des connaissances littéraires d'un traducteur qui avait été en quelque

REMARQUES.

sorte agrégé à une aussi savante école. (*Note des nouveaux éditeurs.*)

Page 364, l. 6. « Où j'exposerai le commencement des » deux Cités dans les hommes. » Le latin a : *Quantùm ad rationalium mortalium genus adtinet;* car il faut ôter, avec tous les manuscrits, le *que* qui est après *mortalium.*

Page 376, l. 9. « D'où vient que l'une a cette mauvaise » volonté et que l'autre ne l'a pas ? » Je mets un point d'interrogation après *mala ?* et je reprends : *Quæ illam rem facit in quo facta est ?*

Page 402, l. 6. « Je n'aurai pas la témérité d'affirmer si, » par *les siècles des siècles,* l'Écriture entend cette suite de » siècles, etc. » Il faut lire au latin : *Quod utrum ita faciat,* avec tous les manuscrits, au lieu de : *Quod ut ita faciat.*

Page 406, l. 18. « Il lui survient quelque évènement qui » ne lui était jamais arrivé. » Lisez avec tous les manuscrits : *quod ei nunquam factum est,* au lieu de *quod antea nunquam factum est.*

Page 406, l 21. « Si donc il survient quelque chose de » nouveau. » Otez le *futuræ* qui est ici au latin, avec tous les manuscrits.

Page 407, l. 2. « Et si cette nouveauté n'est point dans » l'ordre de la Providence. » Lisez : *in rerum.... ordinem,* pour *ordine.*

LA CITÉ DE DIEU.

LIVRE XIII.

CHAPITRE PREMIER.

De la chute du premier homme et de la mort qui l'a suivie.

Après avoir traité les questions difficiles et épineuses de la création du monde et de l'homme, l'ordre que nous nous sommes prescrit demande que nous parlions maintenant de la chute du premier homme, ou plutôt des premiers hommes, et de la mort qui l'a suivie. Dieu n'avait pas créé les hommes comme les anges, pour ne point mourir quand ils pécheraient, mais pour passer à la félicité éternelle des anges sans mourir, s'ils fussent demeurés dans l'obéissance qu'ils lui devaient; et pour tomber dans la peine très juste de la mort, au cas qu'ils vinssent à lui désobéir.

CHAPITRE II.

De la mort de l'ame et de celle du corps.

Mais il me semble qu'il est à propos de parler un peu de cette mort. Quoiqu'il soit vrai que l'ame de l'homme est immortelle, elle a néanmoins aussi en quelque façon une mort qui lui est propre. En effet, on ne l'appelle immortelle que parce qu'en sa manière elle ne cesse jamais de vivre et de sentir; au lieu que le corps est mortel parce qu'il peut être entièrement privé de vie et qu'il ne vit point par lui-même. La mort de l'ame arrive donc quand Dieu l'abandonne, comme celle du corps quand l'ame le quitte. Ainsi, la mort de l'homme entier, c'est lorsque l'ame abandonnée de Dieu abandonne le corps; car alors Dieu n'est plus sa vie, comme elle n'est plus la vie du corps. Or, cette mort de l'homme entier est suivie d'une autre que la sainte Écriture nomme la seconde mort (1). Le Sauveur l'a marquée lorsqu'il a dit : « Craignez celui qui peut perdre le corps et l'ame en » l'envoyant dans l'enfer (2). » Comme cela n'a lieu que lorsque l'ame est tellement unie au corps qu'ils ne peuvent plus être séparés, on peut trouver étrange que l'Écriture dise que le corps meurt, vu que l'ame ne le

(1) Apoc., 21, 8.
(2) Matth., 10, 28.

quitte point et qu'il est seulement tourmenté. Quant au dernier et éternel supplice dont nous parlerons plus amplement ailleurs, on peut fort bien dire que l'ame meurt, parce qu'elle ne vit plus de Dieu; mais comment le dire du corps lorsqu'il est vivant? Véritablement, s'il ne l'était, il ne sentirait pas les tourmens qu'il souffrira après la résurrection. N'est-ce point que, comme la vie, quelle qu'elle soit, est un bien, et la douleur un mal, on peut dire qu'un corps ne vit plus lorsque l'ame ne l'anime que pour le faire souffrir? L'ame vit de Dieu quand elle vit bien; car elle ne peut vivre que Dieu ne lui fasse faire ce qu'il faut; et le corps est vivant lorsque l'ame l'anime, soit qu'elle vive de Dieu ou non. Les méchans ne vivent pas de la vie de l'ame, mais de celle du corps, que l'ame lui communique; parce qu'encore qu'elle soit morte, c'est-à-dire abandonnée de Dieu, elle conserve une espèce de vie qui lui est propre et qu'elle ne perd jamais, d'où vient qu'on la nomme immortelle. Mais en la dernière condamnation, bien que l'homme ne laisse pas de sentir, toutefois, comme ce sentiment ne sera pas agréable, mais douloureux, ce n'est pas sans raison que l'Écriture l'appelle plutôt une mort qu'une vie. Elle l'appelle la seconde mort, parce qu'elle arrivera après la séparation de l'ame d'avec Dieu ou d'avec le corps. On peut donc dire de la première mort du corps, qu'elle est bonne pour les bons et mauvaise pour les méchans; et de la seconde, que, comme elle n'est pas pour les bons, elle ne peut être avantageuse à personne.

CHAPITRE III.

La mort qui a suivi le péché des premiers hommes est-elle un châtiment pour les justes ?

Ici se présente la question de savoir si en effet la mort, qui arrive par la séparation du corps et de l'ame, est un bien pour les bons, puisque, si cela est, comment est-ce une peine du péché ? Si les premiers hommes n'eussent péché, ils ne l'auraient point soufferte. Comment donc peut-elle être bonne aux bons, tandis qu'elle n'a pu arriver qu'à des méchans ? Mais d'un autre côté, si elle ne pouvait arriver qu'aux méchans, les bons n'y devraient point être sujets : pourquoi ceux en qui il n'y a rien à punir subiraient-ils quelque peine ? Pour résoudre cette question, il faut avouer, que les premiers hommes furent créés à condition de ne souffrir aucun genre de mort, s'ils ne péchaient point ; mais qu'ayant péché, ils ont été condamnés à la mort, de telle sorte que cette peine a passé à toute leur race. Comme mortels, ils ne pouvaient engendrer que des mortels ; et leur crime a tellement corrompu la nature, que la mort, qui n'était pour eux que la peine de leur péché, est devenue naturelle à leurs enfans. En effet, un homme ne naît pas d'un autre homme de la même manière que le premier homme est né de la poussière. La poussière a servi de matière pour former l'homme, au lieu qu'un homme qui en engendre un autre est son père. Ainsi, la chair n'est pas de même nature que la terre, quoiqu'elle en ait été tirée ; tandis qu'un fils n'est point d'une autre nature que son père. Tout le genre humain était donc dans le premier homme, quand Dieu lui prononça l'arrêt de sa condamnation à lui et à sa femme. De là, l'homme devenu pécheur et mortel a engendré un homme mortel et pécheur comme lui, avec cette différence néanmoins qu'il ne fut pas réduit à cette stupidité ni à cette faiblesse de corps et d'esprit que nous voyons dans les enfans, dont Dieu a voulu que l'entrée dans la vie fût en quelque sorte semblable à celle des bêtes : car « l'homme, dit le prophète, lorsqu'il » était dans l'honneur, ne l'a point connu : il est » tombé dans la condition des bêtes brutes, et leur » est devenu semblable (1). » Il y a plus : les enfans, en venant au monde, ont encore moins d'usage de leurs membres et moins de sentiment que les petits des bêtes ; comme si les hommes s'élevaient ensuite au-dessus des bêtes avec d'autant plus de vigueur, qu'ils ont été d'abord au-dessous d'elles. Le premier homme n'est donc pas tombé par son crime dans cet état de faiblesse où naissent les enfans ; mais la nature humaine a été tellement viciée et changée en lui, qu'il a senti une révolte dans ses membres et est devenu sujet à la mort ; en sorte qu'il a engendré des hommes semblables à lui, c'est-à-dire sujets à la mort et au péché. Quand les enfans sont délivrés de ces liens du péché par la grace du Médiateur, ils ne peuvent souf-

---

(1) Ps. 48, 12.

frir que la mort qui sépare l'ame du corps, et ne passent point à cette seconde mort où l'ame doit endurer des supplices éternels.

CHAPITRE IV.

Pourquoi ceux qui sont absous du péché par le baptême sont encore sujets à la mort, qui est la peine du péché.

Demandera-t-on comment il se fait que, si la mort est une peine du péché, ceux dont le péché est effacé par le baptême y soient encore sujets? Nous avons déjà satisfait à cette objection dans un autre de nos ouvrages intitulé : *Du Baptême des enfans*, où nous avons dit que la séparation de l'ame et du corps est une épreuve de l'ame, qui reste encore, quoique le lien du péché soit déjà ôté; parce que si le corps devenait immortel aussitôt après le baptême, la foi en serait affaiblie. Or, la foi n'est telle que lorsque l'on espère ce qu'on ne voit pas encore; c'est elle qui doit nous élever au-dessus de la crainte de la mort, comme on l'a remarqué surtout dans les martyrs, en qui la foi n'aurait pu remporter tant d'illustres victoires sur la mort, s'ils avaient été immortels. D'ailleurs, qui n'accourrait au baptême avec les petits enfans, pour ne point mourir? Ainsi, tant s'en faut que la foi fût éprouvée par la promesse des récompenses invisibles, qu'il n'y en aurait plus du tout, puisqu'elle recevrait à l'heure même sa récompense ; tandis que, dans la nouvelle loi, par une grace du Sauveur bien plus grande et plus admirable, la peine du péché est devenue un sujet de mérite. On disait autrefois à l'homme : « Vous mour- » rez si vous péchez (1) ; » et l'on dit à présent aux martyrs : Mourez, et vous ne pécherez point. On disait alors : Si vous désobéissez, vous mourrez ; et aujourd'hui on dit : Si vous ne voulez pas mourir, vous désobéirez à Dieu. Ce qu'il fallait craindre alors pour ne point pécher, est ce qu'il faut maintenant souffrir pour éviter le péché. C'est ainsi que par la miséricorde ineffable de Dieu la peine du crime devient l'instrument de la vertu, et le supplice de l'homme pécheur le mérite de l'homme juste. La mort qui fut alors une peine du péché est maintenant l'accomplissement de la justice ; mais cela n'est proposé que pour les martyrs à qui leurs persécuteurs donnent le choix ou de renoncer à la foi, ou de souffrir la mort. Les justes aiment mieux en effet souffrir en croyant ce que les premiers prévaricateurs ont souffert pour n'avoir pas cru. Si ceux-là n'avaient péché, ils ne seraient pas morts ; et ceux-ci pécheront s'ils ne meurent. Ceux-là sont donc morts parce qu'ils ont péché ; et ceux-ci ne pèchent point parce qu'ils meurent. La faute des uns a été cause de la peine, et la peine des autres est cause qu'on évite la faute : non que la mort qui était un mal soit devenue un bien, mais parce que Dieu a tellement favorisé la foi, que la mort même devient un moyen pour passer à la vie.

(1) Genès., 2, 17.

CHAPITRE V.

De même que les méchans usent mal de la loi qui est bonne, ainsi les bons usent bien de la mort qui est mauvaise.

L'apôtre, dans le dessein de montrer combien le péché peut nuire si la grace n'y met ordre, n'a pas craint d'appeler *la force du péché* la loi même qui le défend. « Le péché, dit-il, est l'aiguillon de la mort, » et la loi est la force du péché (1). » La vérité de cette parole est fondée sur ce que la défense du mal en augmente le désir, si l'on n'aime tellement la vertu que le plaisir qu'on y trouve surmonte la passion. Or, la grace de Dieu peut seule nous porter à aimer la vertu. Mais pour ne pas donner à croire que la loi est mauvaise parce qu'il l'appelle la force du péché, il dit dans un autre endroit sur le même sujet : « Ainsi, la loi est » sainte et le commandement est saint, juste et bon. » Quoi donc? ce qui est bon est-il devenu une mort » pour moi? non, mais le péché, pour montrer sa » malice, s'est servi d'un bien pour me donner la » mort, de sorte qu'il est encore augmenté par le com- » mandement. (2). » Il dit qu'il est augmenté parce que le violement de la loi y est encore ajouté. Dans

---

(1) I Cor., 15, 56.
(2) Rom., 7, 12 et 13.

quelle vue avons-nous rapporté ceci ? Notre intention a été de faire voir que comme la loi n'est point un mal quand elle augmente la convoitise des pécheurs ; ainsi la mort n'est point un bien quand elle augmente la gloire de ceux qui souffrent ; celle-là, lorsqu'elle est abandonnée pour l'iniquité et qu'elle fait des prévaricateurs, et celle-ci quand elle est embrassée pour la vérité et qu'elle fait des martyrs : conséquemment la loi est bonne parce qu'elle est une défense du péché, et la mort est mauvaise parce qu'elle est la peine du péché. Mais comme les méchans n'usent pas seulement mal des maux, mais des biens, les bons ne font pas seulement bon usage des biens, mais des maux ; de là vient que les méchans usent mal de la loi, et que les bons se servent bien de la mort.

CHAPITRE VI.

Du mal de la mort générale qui sépare l'ame d'avec le corps.

La mort n'est donc bonne à personne, puisque la séparation du corps et de l'ame a quelque chose qui est contre la nature. Encore qu'elle arrive quelquefois sans aucun sentiment de douleur, comme dans les morts subites; toutefois, lorsqu'on la sent et qu'on la souffre comme il faut, c'est-à-dire avec la patience d'un vrai chrétien, elle ne sert qu'à augmenter le mérite de la vertu. Ainsi, la mort qui est la peine de tous ceux qui naissent d'Adam, est un sujet de gloire pour ceux qui renaissent de Jésus-Christ, quand ils l'endurent pour la foi et pour la justice ; et tandis qu'elle est le prix du péché, il arrive quelquefois qu'elle libère du péché.

CHAPITRE VII.

De la mort que souffrent pour Jésus-Christ ceux qui n'ont point reçu le baptême.

Tous ceux qui meurent pour la confession du nom de Jésus-Christ obtiennent, sans avoir été baptisés, le pardon de leurs péchés, de même que s'ils l'avaient été. Celui qui a dit que « personne n'entrera dans le » royaume des cieux, qu'il ne renaisse de l'eau et du » saint Eprit (1), » les a exceptés de cette règle, lorsqu'il a dit non moins généralement : « Quiconque me » confessera devant les hommes, je le confesserai aussi » devant mon père qui est dans les cieux (2), » Et ailleurs : « Qui perdra sa vie pour moi, la trou- » vera (3). » Voilà pourquoi il est écrit : « La mort » des saints du Seigneur est précieuse devant lui » (4). » Quoi de plus précieux qu'une mort qui

(1) Jean, 3, 5.
(2) Matth., 10, 32.
(3) Matth., 16, 25.
(4) Ps. 115, 5.

efface tous les péchés et qui accroît les mérites ? En effet, ceux-là ne méritent pas tant, qui ne pouvant différer leur mort, sont baptisés et sortent de cette vie après que tous leurs péchés leur ont été remis, que ceux qui pouvant s'empêcher de mourir, ne l'ont pas fait, parce qu'ils ont mieux aimé perdre la vie en confessant Jésus-Christ, que d'être baptisés en le reniant : bien que quand ils l'auraient renié par la crainte de la mort, ce crime leur eût aussi été remis au baptême ; ceux même qui ont fait mourir Jésus-Christ n'ont-ils pas reçu le pardon d'un si horrible attentat quand ils ont été baptisés ? Mais ne faut-il pas que la grace de cet esprit qui souffle où il veut (1) soit bien puissante, pour faire qu'ils aient tellement aimé notre Seigneur, qu'ils ne l'ont pu renier dans un si grand péril de leur vie, avec une si grande espérance de pardon ? La mort des saints est donc précieuse, puisque le mérite de celle de Jésus-Christ leur a été si libéralement appliqué, qu'ils n'ont point hésité à lui sacrifier leur vie pour jouir de lui. Il ne résulte pas de là cependant que la mort soit un bien en soi, pour avoir été cause d'un si grand bien, non par sa propre vertu, mais par le secours de la grace.

(1) Jean, 3, 8.

CHAPITRE VIII.

Les saints, en se soumettant à la première espèce de mort pour la vérité, se sont affranchis de la seconde.

A considérer la chose de plus près, on trouvera que ceux même qui meurent pour la vérité, ne le font que pour se garantir de la mort, et qu'ils n'en souffrent une partie que pour l'éviter toute entière, et de crainte de tomber dans la seconde qui ne finira jamais. En effet, ils n'endurent la séparation de l'ame d'avec le corps que de peur que Dieu ne se sépare de l'ame, et que lorsqu'ils viendront à mourir, cette première mort ne soit suivie de l'autre qui doit être éternelle. Ainsi, comme je l'ai dit, la mort n'est bonne à personne; mais on la souffre pour conserver ou pour acquérir quelque bien. Quant à ce qui arrive après la mort, on peut dire avec raison qu'elle est mauvaise pour les méchans, et bonne pour les bons; attendu que les ames des gens de bien séparées du corps sont en repos, et que celles des méchans sont tourmentées jusqu'à ce que les corps des uns revivent pour la vie éternelle, et ceux des autres pour la mort éternelle qui est la seconde mort.

CHAPITRE IX.

De l'époque précise de la mort.

Le temps pendant lequel les ames séparées du corps sont heureuses ou malheureuses, est-il le temps de la mort, ou d'après la mort ? S'il est après la mort, ce n'est pas la mort qui est déjà passée, mais la vie de l'ame qui la suit, qu'on doit appeler bonne ou mauvaise. A l'égard de la mort, elle était mauvaise pour eux quand elle était présente, c'est-à-dire quand ils mouraient, parce que dans ce moment ils sentaient de grandes douleurs : mal dont les bons savent bien user ; mais comment, lorsqu'elle est passée, peut-elle être bonne ou mauvaise, puisqu'elle a cessé d'être ? Il y a plus : si nous y prenons garde, nous verrons que les douleurs même des mourans ne sont pas la mort. Ils vivent tant qu'ils ont du sentiment, et ainsi ils ne sont pas encore dans la mort, qui ôte tout sentiment, mais dans les approches de la mort qui seules sont douloureuses. Comment appelons-nous donc mourans ceux qui ne sont pas encore morts et qui agonisent, vu que nul n'est mourant s'il n'est encore vivant ? Ils sont donc tout ensemble vivans et mourans, c'est-à-dire qu'ils s'approchent de la mort et s'éloignent de la vie ; mais après tout ils sont encore en vie, parce que l'ame est encore unie au corps. Si lorsqu'elle en sera sortie on ne peut pas dire qu'ils soient dans la mort, mais après la mort, quand sont-ils donc dans la mort? Nul ne sera mourant, si nul ne peut être ensemble mourant et vivant. Dans le fait, tant que l'ame est dans le corps, on ne peut nier qu'on ne soit vivant; ou si l'on dit que celui-là est mourant qui tend vers la mort, je ne sais quand on est vivant.

CHAPITRE X.

La vie des mortels est plutôt mort que vie.

Une fois dans ce corps mortel, on ne cesse de tendre vers la mort, et l'on ne fait autre chose pendant cette vie, si néanmoins on doit la nommer ainsi. Il n'est personne qui ne soit plus proche de la mort dans un an qu'à cet heure, et demain qu'aujourd'hui, et aujourd'hui qu'hier. Tout le temps que l'on vit est autant de retranché de celui que l'on doit vivre, et ce qui reste diminue tous les jours, de sorte que tout le temps de cette vie n'est autre chose qu'une course vers la mort dans laquelle il n'est permis à personne de se reposer, ou de marcher plus lentement; mais tous y courent d'une égale vîtesse. En effet, celui dont la vie est plus courte ne passe pas plutôt un jour, que celui dont elle est plus longue; mais c'est que l'un a moins de chemin à faire que l'autre. Si donc nous commençons à mourir, c'est-à-dire à être dans la mort, du moment que nous commençons à avancer vers la mort, il faut dire que nous commençons à mourir dès que nous commençons à vivre. De cette manière l'homme n'est jamais dans la vie, s'il est vrai qu'il ne puisse être ensemble dans la vie et dans la mort ; ou plutôt ne faut-il point dire qu'il est tout ensemble dans la vie et dans la mort ; dans la vie, parce qu'elle ne lui est pas tout-à-fait ôtée ; et dans la mort, parce qu'il meurt à tout moment pour ce qui lui est ôté de la vie ? S'il n'est pas dans la vie, que lui est-il donc ôté jusqu'à ce qu'il n'en ait plus rien ? Et s'il n'est pas dans la mort, d'où vient qu'il meurt tous les jours à quelque partie de la vie ? Il n'y aurait point de raison de dire *après la mort*, » lorsque toute la vie est ôtée au corps, si la mort n'était déjà lorsque ce retranchement se faisait.

CHAPITRE XI.

Si l'on peut dire qu'un homme est en même temps mort et vivant.

Mais s'il est absurde de dire qu'un homme soit dans la mort avant qu'il soit arrivé à la mort, ou qu'il soit ensemble vivant et mourant, par la raison qu'il ne peut être ensemble veillant et dormant, je demande quand il sera mourant. Avant que la mort ne vienne, il n'est pas mourant, mais vivant ; et lorsqu'elle sera venue, il ne sera pas mourant, mais mort. Or, l'une de ces deux choses est avant la mort, et l'autre après ; quand sera-t-il donc dans la mort pour pouvoir dire qu'il est mourant ? Comme il y a trois temps, avant la mort, dans la mort et après la mort, il faut aussi qu'il y ait trois états qui y répondent, c'est-à-dire, vivant, mourant et mort. Il est donc très difficile de déterminer quand un homme est mourant, c'est-à-dire dans la mort, en sorte qu'il ne soit ni vivant ni mort : car tant que l'ame est dans le corps, surtout s'il a du sentiment, il est certain que l'homme vit ; et dès-lors il ne faut pas dire qu'il est dans la mort, mais avant la mort ; et lorsque l'ame a quitté le corps et qu'elle lui a ôté tout sentiment, c'est après la mort, et l'on dit qu'il est mort. Je ne vois pas comment il peut être mourant, c'est-à-dire dans la mort, puisque s'il vit encore il est avant la mort, et s'il a cessé de vivre il est après la mort. De même, dans le cours des temps, on cherche le présent, et on ne le trouve point, parce que le passage du futur au passé n'a aucun espace. Ne concluerait-on pas de là qu'il n'y a point de mort du corps ? S'il y en a une, quand est-elle, puisqu'elle n'est en personne et que personne n'est en elle ? En effet, si l'on vit, elle n'est pas encore ; et si l'on a cessé de vivre, elle n'est plus. D'ailleurs, s'il n'y a point de mort, pourquoi dit-on avant ou après la mort ? Plût à Dieu que nous eussions si bien vécu dans le paradis qu'en effet il n'yen eût point ! Au lieu que maintenant non-seulement il y en a une, mais elle est même si fâcheuse qu'on ne saurait ni l'expliquer ni l'éviter.

Parlons-en donc comme l'Écriture en parle (aussi bien ne devons-nous point suivre d'autre règle), et

disons avec elle avant que la mort soit arrivée : « Ne
» louez personne avant sa mort (1). » Disons aussi
lorsqu'elle est arrivée : Telle ou telle chose s'est faite
après la mort de celui-ci ou de celui-là. Disons encore
du temps présent : En mourant il a fait son testament,
et il a laissé telle et telle chose à tels en mourant,
quoiqu'il n'ait pu faire ce que je dis s'il n'était vivant,
et qu'il l'ait plutôt fait avant la mort que dans la
mort. Parlons aussi comme parle l'Écriture, qui déclare positivement que les morts même sont dans la
mort. Voici comment elle s'exprime : « Personne ne
» se souvient de vous dans la mort (2). » Jusqu'à ce
qu'ils ressuscitent, on dit fort bien qu'ils sont dans la
mort, comme on dit qu'une personne est dans le sommeil jusqu'à ce qu'elle se réveille ; mais, quoique nous
appellions dormans ceux qui sont dans le sommeil,
nous ne pouvons pas appeler de même mourans ceux
qui sont déjà morts. Ceux dont l'ame est séparée du
corps, en quoi consiste la mort dont nous parlons
maintenant, ne meurent plus ; et c'est précisément ce
que j'ai dit ne pouvoir s'expliquer ni s'éviter ; mais
au moins pouvons-nous éviter la seconde mort avec
la grace de notre Rédempteur. Celle-là est la pire de
toutes ; elle n'a pas lieu par la séparation de l'ame et
du corps ; mais plutôt par l'union de l'une et de l'autre
pour souffrir ensemble une peine éternelle. C'est là
que les hommes seront toujours dans la mort et toujours mourans, parce que cette mort sera immortelle.

(1) Ecclésiasti., 11, 30.
(2) Ps. 6, 5.

CHAPITRE XII.

De quelle mort Dieu entendait parler, quand il menaça de la mort les premiers hommes, s'ils contrevenaient à son commandement.

Quand on demande de quelle mort Dieu menaça les premiers hommes, s'ils transgressaient son commandement, si c'était de celle de l'ame ou de celle du corps, ou de toutes les deux ensemble, ou de celle qu'on nomme la seconde mort, il faut répondre, de toutes. De la même manière que toute la terre est composée de plusieurs terres, et toute l'Église de plusieurs Églises, ainsi toute la mort est composée de toutes les morts. La première mort en effet comprend celle de l'ame et celle du corps, et la seconde les comprend toutes. La première est quand l'ame, séparée de Dieu et du corps, souffre pour un temps ; et la seconde quand l'ame, séparée de Dieu, souffre avec le corps des peines éternelles. Lors donc que Dieu dit au premier homme qu'il avait mis dans le paradis terrestre, en lui parlant du fruit défendu : « Du jour que vous » en mangerez vous mourrez (1), » cette menace ne comprenait pas seulement la première partie de cette première mort qui sépare l'ame de Dieu, ni seulement la dernière qui sépare l'ame du corps, ni seule-

---

(1) Genès., 2, 17.

ment toute cette première mort qui consiste dans le châtiment de l'ame séparée de Dieu et du corps, mais toutes les morts, jusqu'à la dernière, qui est la seconde et après laquelle il n'y en a point.

CHAPITRE XIII.

Quel fut le premier châtiment de la désobéissance de nos premiers parens.

Abandonnés de la grace de Dieu aussitôt qu'ils eurent désobéi, ils rougirent de leur nudité. C'est pour cela qu'ils se couvrirent de feuilles de figuier, les premières peut-être qui se présentèrent à eux dans le trouble où ils étaient, et en cachèrent leurs parties honteuses, qui n'étaient pas telles auparavant, quoique ce fussent les mêmes membres. Ils sentirent donc un nouveau mouvement dans leur corps qui ne leur était point soumis, en punition de leur désobéissance. Comme l'ame s'était plue dans un mauvais usage de sa liberté et avait dédaigné de se soumettre à Dieu, le corps refusa de s'assujétir à elle ; et de même qu'elle avait abandonné volontairement son Seigneur, elle ne put plus disposer à sa volonté de son esclave, ni conserver son empire sur son corps, comme elle aurait fait, si elle fût demeurée soumise à son Dieu. Ce fut alors que la chair commença à convoiter contre l'esprit (1) ; et nous naissons avec le combat de ces deux

(1) Galat., 5, 17.

parties, qui tire son origine de cette première prévarication.

CHAPITRE XIV.

L'homme créé innocent ne s'est perdu que par le mauvais usage de son libre arbitre.

Dieu, auteur des natures et non des vices, a créé l'homme droit et innocent; mais l'homme, corrompu par sa propre malice et justement condamné, a engendré des enfans corrompus et condamnés comme lui. Nous étions véritablement tous en lui quand nous étions tous cet homme que fit tomber dans le péché sa femme qui avait été tirée de lui avant le péché. Nous n'avions pas encore reçu à la vérité notre propre existence, mais le germe d'où nous devions sortir était déjà; et comme il était corrompu par le péché, et la nature justement condamnée à la mort, l'homme ne pouvait pas naître de l'homme d'une autre condition que lui. Toute cette suite de misères auxquelles nous sommes sujets ne vient donc que du mauvais usage du libre arbitre, et elle nous conduit jusqu'à la seconde mort, qui ne doit jamais finir si la grace de Dieu ne nous en préserve.

CHAPITRE XV.

Adam pécheur a plutôt abandonné Dieu que Dieu ne l'a abandonné, et sa séparation d'avec Dieu a été la première cause de la mort de l'ame.

Ainsi, quand par la mort dont Dieu menaça l'homme en cas de désobéissance, nous n'entendrions que celle qui a lieu quand l'ame est abandonnée de Dieu, quoique ce ne soit pas lui qui l'ait abandonnée le premier (car la volonté de l'homme prévient Dieu pour le mal, comme la volonté de Dieu prévient l'homme pour le bien, soit pour le former quand il n'était pas encore, ou pour le réformer après sa chute); quand, dis-je, nous n'entendrions que cette mort par la menace que Dieu fit à l'homme : « Du jour que vous en mangerez, » vous mourrez de mort (1), » comme s'il disait : Du jour que vous m'abandonnerez par désobéissance, je vous abandonnerai par justice; certainement dans cette mort étaient comprises toutes les autres qui devaient infailliblement suivre celle-là. Dans le mouvement de rebellion qui s'éleva dans la chair contre l'ame désobéissante, et qui les obligea à couvrir leur nudité, ils sentirent l'effet de cette mort qui arrive quand Dieu abandonne l'ame. C'est cette mort qu'il a voulu marquer quand il dit à l'homme qui se cachait tout éperdu :

(1) Genès., 2, 27.

« Adam où êtes-vous (1)? » Car il ne le cherchait pas comme s'il eût ignoré où il était, mais il l'avertissait par là de l'état où il était tombé en quittant son Dieu. Mais lorsque l'ame abandonna leur corps cassé de vieillesse, ils éprouvèrent cette autre mort dont Dieu châtiant encore le péché de l'homme lui avait dit: « Vous » êtes terre, et vous retournerez en terre (2); » afin que ces deux morts accomplissent ensemble la première qui est de l'homme entier, et qui est à la fin suivie de la seconde, si la grace de Dieu ne nous en délivre. En effet, le corps qui est de terre ne retournerait point en terre, si l'ame qui est sa vie ne le quittait; et c'est pour cela que les catholiques croient fermement que la mort même du corps ne vient point de la nature, mais est une peine du péché, et un effet de cette parole que Dieu châtiant le péché dit au premier homme en qui nous étions tous alors: « Vous êtes terre, et vous » retournerez en terre. »

CHAPITRE XVI.

Contre les platoniciens, qui ne veulent pas que la séparation du corps et de l'ame soit une peine du péché.

Les philosophes contre qui nous avons entrepris de défendre la Cité de Dieu, c'est-à-dire son Église, pen-

---

(1) Genès., 3, 9.
(2) Genès., 3, 19.

sent être bien sages quand ils se moquent de ce que nous disons, que la séparation de l'ame d'avec le corps est une des peines de l'ame ; parce qu'ils ne l'estiment parfaitement heureuse, que lorsqu'entièrement dépouillée du corps, elle retourne toute seule à Dieu. Si je ne trouvais rien dans leurs livres pour réfuter cette opinion, je serais obligé de m'étendre davantage pour montrer que le corps n'est à charge à l'ame que parce qu'il est corruptible. De là vient ce mot de l'Écriture que j'ai rapporté au livre précédent : « Le corps corrup-
» tible appesantit l'ame (1). » Elle ajoute *corruptible*, pour faire voir que ce n'est pas le corps en soi qui appesantit l'ame, mais dans l'état où il est tombé par le péché; et, quand elle ne l'aurait pas ajouté, nous ne devrions pas l'entendre autrement. Mais lorsque Platon déclare positivement que les petits dieux qui ont été créés par le dieu souverain ont des corps immortels, et qu'il introduit ce même dieu qui leur promet, comme une grande faveur, qu'ils demeureront éternellement avec leur corps, sans qu'aucune mort les en sépare ; pourquoi nos adversaires, dans l'intention de calomnier la foi chrétienne, feignent-ils de ne pas savoir ce qu'ils savent, et s'exposent-ils volontiers à parler contre leurs propres sentimens, pourvu qu'ils nous contredisent? Voici, d'après la traduction de Cicéron, les propres paroles que Platon prête au dieu souverain s'adressant aux dieux créés : « Vous
» qui tirez votre origine des dieux, considérez quels
» sont mes ouvrages. Ils sont indissolubles par ma vo-

---

(1) Sagesse, 9, 15.

» lonté, quoique tout ce qui est composé de parties
» différentes puisse naturellement se dissoudre ; mais
» il n'est pas à propos de vouloir séparer ce que la rai-
» son a uni. Comme donc vous avez été créés, vous ne
» sauriez être immortels et indissolubles. Cependant
» vous ne serez jamais dissous, ni détruits par la mort,
» parce que la mort ne peut rien contre ma volonté
» qui lie ensemble plus étroitement les parties qui vous
» composent, que ne font les liens même de la nature. »
Ainsi Platon assure que les dieux sont mortels à cause
qu'ils sont composés de corps et d'ame, et que néanmoins ils sont immortels par la volonté de Dieu qui
les a faits. Si donc c'est une peine pour l'ame d'être
unie à quelque corps que ce soit, pourquoi, lorsque
Dieu les rassure contre la crainte de la mort, leur dit-il
qu'ils seront immortels, non par leur nature, mais par
sa volonté?

Or, savoir maintenant si ce sentiment de Platon
touchant les astres est véritable, c'est une autre question. Nous ne tombons pas d'accord que ces globes de
lumière qui éclairent la terre le jour ou la nuit, aient
des ames intellectuelles et bienheureuses qui les animent,
ce que le même Platon assure aussi de l'univers, comme
d'un grand et vaste animal qui contient tous les autres;
mais, je le répète, c'est une autre question que je n'ai
pas entrepris d'examiner ici. J'ai cru seulement devoir
rapporter ceci contre ceux qui se glorifient d'être platoniciens, et à qui ce nom donne tant de vanité qu'ils
ont honte d'être Chrétiens, de peur de déshonorer le
manteau de philosophe. Ce sont eux qui, cherchant à
censurer notre doctrine, se moquent de l'éternité des

corps, comme s'il y avait de la contradiction à vouloir que l'ame soit bienheureuse, et qu'elle soit éternellement unie à un corps; tandis que Platon leur maître dit, que Dieu a accordé comme une grace particulière aux dieux qu'il a faits, de ne point mourir, c'est-à-dire de n'être jamais séparés de leur corps.

CHAPITRE XVII.

Contre ceux qui ne veulent pas que nos corps puissent devenir immortels et incorruptibles.

CES mêmes philosophes soutiennent aussi que des corps de terre ne peuvent être éternels; bien qu'ils ne balancent point à déclarer que toute la terre, qui est un membre de leur dieu, non du souverain, mais pourtant d'un grand dieu, c'est-à-dire du monde, est éternelle. Puis donc que le Dieu souverain leur en a fait un autre qu'ils estiment aussi un dieu, c'est-à-dire ce monde, qui doit être préféré à tous les autres dieux qui lui sont inférieurs, et qu'ils croient que ce dieu est un animal doué d'une ame raisonnable ou intellectuelle, qui a pour membres les quatre élémens dont ils veulent que la liaison soit éternelle et indissoluble, de crainte qu'un si grand dieu ne périsse; pourquoi la terre, qui est comme le nombril dans le corps de ce grand animal, sera-t-elle éternelle, et les corps des autres animaux terrestres ne pourront-ils pas l'être de même si Dieu le veut? Il faut, disent-ils, rendre la terre à la terre ; et ainsi, comme les corps des animaux terrestres en ont été tirés, ils doivent y retourner, et conséquemment mourir. Mais si quelqu'un disait la même chose du feu, et qu'il faut lui rendre tous les corps qui en ont été tirés pour en former les animaux célestes, que deviendra l'immortalité que, suivant Platon, le Dieu souverain a promise à ces dieux là? Dira-t-on que cela ne se fait pas à leur égard, parce que Dieu, dont la volonté est souveraine, comme dit Platon, ne le veut pas? Qui empêche donc que Dieu ne le veuille pas non plus à l'égard des corps terrestres ? Est-ce que Dieu n'est puissant qu'autant que le veulent les platoniciens, et non autant que les chrétiens se l'imaginent ? Vous verrez que les philosophes ont connu le pouvoir et les desseins de Dieu, et que les prophètes n'ont pu y parvenir; c'est-à-dire que ceux qui ont été inspirés de l'esprit de Dieu n'ont point connu sa volonté, et que ceux qui ne se sont appuyés que sur des conjectures humaines l'ont découverte.

Ils devaient au moins prendre garde de ne pas tomber dans une contradiction si manifeste, que de soutenir d'un côté que l'ame ne saurait être heureuse si elle ne fuit toute sorte de corps, et de dire de l'autre que les ames des dieux sont bienheureuses quoiqu'elles soient éternellement unies à des corps, et que celle de Jupiter même, qu'ils veulent être le monde, soit enfermée dans tous les élémens qui compose toute cette grande masse depuis la terre jusqu'au ciel. Platon estime que cette ame s'étend par des nombres de musique depuis le centre de la terre jusqu'aux extrémités du ciel, de telle sorte que le monde soit un grand et heureux animal, dont l'ame parfaitement sage ne doit jamais être séparée de son corps, sans pouvoir en être retardée ni appesantie, bien qu'il soit si massif et composé de tant de corps hétérogènes. Lorsqu'ils donnent tant de liberté à leurs imaginations, qui les empêche de croire que des corps terrestres puissent devenir immortels par la puissance et la volonté de Dieu, et que les ames y vivent éternellement bienheureuses sans en être appesanties, puisque leurs dieux le peuvent bien dans des corps de feu, et Jupiter même, leur roi, dans tous les élémens? S'il faut qu'une ame, pour être heureuse, fuie toutes sortes de corps, que leurs dieux abandonnent donc les globes célestes, que Jupiter quitte le ciel et la terre; ou s'ils ne le peuvent, qu'on les répute misérables. Mais ces philosophes ne veulent ni l'un ni l'autre, et n'osent ni dire que leurs dieux quittent leur corps, de peur qu'ils ne semblent adorer des divinités mortelles, ni les priver de la félicité, de crainte d'avouer qu'ils sont malheureux. Il n'est donc pas nécessaire pour être heureux de fuir toutes sortes de corps, mais seulement ceux qui sont corruptibles, mortels, pesans et incommodes; non tels que ceux que la bonté de Dieu donna aux premiers hommes, mais tels qu'ils sont devenus en punition du péché.

CHAPITRE XVIII.

Des corps terrestres que les philosophes prétendent ne pouvoir convenir aux êtres célestes, parce que tout ce qui est terrestre est attiré vers la terre par son centre de gravité.

Mais il est nécessaire, disent-ils, que les corps terrestres demeurent à terre ou y soient portés par leur centre de gravité; et ainsi, ils ne peuvent être dans le ciel. Il est vrai que les premiers hommes étaient sur la terre, dans le paradis terrestre; mais c'est à quoi aussi il faut répondre, tant à cause du corps avec lequel Jésus-Christ monta au ciel, qu'à cause de ceux que les saints prendront dans la résurrection. Qu'ils considèrent donc un peu de plus près les poids des corps. Si en effet les hommes font nager par leur adresse certains vases composés de métaux qui enfoncent dès qu'on les met sur l'eau, combien est-il plus croyable que Dieu, par des ressorts qui ne nous sont pas connus, peut empêcher les corps pesans de s'abattre contre terre? Si Platon dit que Dieu fait quand il le veut que les choses qui ont un commencement ne finissent point, et que celles qui sont composées de plusieurs parties ne sont point dissoutes, et si d'ailleurs l'union des esprits aux corps est bien plus merveilleuse que celle des corps à quelques autres corps que ce soit, combien plus aisément peut-il faire que des esprits parfaitement heureux meuvent sans peine où il leur plaît des corps terrestres à la vérité, mais incorruptibles ? Ajoutez à cela que les anges ont le pouvoir d'enlever sans difficulté les animaux terrestres d'où bon leur semble, et de les placer comme ils l'entendent. Pourquoi donc ne croirons-nous pas que les ames des bienheureux pourront porter aisément leurs corps partout où il leur plaira? Bien que nous ayons plus de peine à porter les corps qui sont plus pesans, néanmoins l'ame porte plus aisément le sien quand il est sain et robuste, que quand il est maigre et malade; et cependant il est plus lourd à porter aux autres dans son embonpoint que dans sa langueur, pour montrer que, dans les corps même mortels et corruptibles, la complexion et le tempéramment font plus que leur poids et leur masse. Qui peut expliquer au reste l'extrême différence qu'il y a entre ce que nous appelons santé et l'immortalité future ? Que les philosophes ne condamnent donc point notre foi par les poids des corps. Je pourrais leur demander pourquoi ils ne croient pas qu'un corps terrestre peut être dans le ciel, vu que toute la terre est suspendue dans le vide ; mais je m'en abstiens à cause que l'on répondrait peut-être que tous les corps pesans se rendent au centre du monde. Je dis seulement que si les moindres dieux, à qui Platon a donné la commission de créer l'homme avec les autres animaux terrestres, ont pu, comme il l'avance, ôter au feu la vertu de brûler, sans lui ôter celle de luire et d'éclairer par les yeux (1);

(1) Platon, dans son Timée, dit qu'il y a dans nos yeux un feu qui ne brûle point.

douterons-nous que le Dieu souverain, à qui ce philosophe donne le pouvoir d'empêcher que les choses qui ont pris naissance ne périssent, et que celles qui sont composées de parties aussi différentes que les corps et l'esprit ne se démentent, ne puisse ôter la corruption et la pesanteur à la chair qu'il rendra immortelle sans détruire sa nature ni la configuration de ses membres? Nous parlerons plus amplement, s'il plaît à Dieu, sur la fin de cet ouvrage, de la résurrection des morts et de leurs corps immortels.

CHAPITRE XIX.

Contre les dogmes de ceux qui prétendent que les premiers hommes fussent morts, lors même qu'ils n'auraient point péché.

Poursuivons maintenant ce que nous avons commencé des corps des premiers hommes, et disons que cette mort même qui est bonne aux gens de bien, et qui consiste dans la séparation du corps et de l'ame, ne leur serait point arrivée s'ils n'eussent péché. Encore qu'il ne soit pas permis de douter que les ames des justes qui sont morts vivent en repos, il est pourtant si vrai qu'il leur serait plus avantageux de vivre avec leurs corps sains et vigoureux, que ceux même qui estiment que c'est un grand bonheur de n'avoir point de corps se condamnent eux-mêmes par leurs propres sentimens. En effet, personne n'oserait préférer leurs sages aux dieux immortels, soit qu'ils vivent encore ici-bas ou qu'ils aient quitté leurs corps ; et cependant le Dieu souverain promet à ces dieux, dans Platon, comme une faveur signalée, qu'ils ne mourront point, c'est-à-dire que leur ame sera toujours unie à leur corps. Or, le même Platon croit que les hommes qui ont bien vécu en ce monde sont traités très favorablement quand ils ont quitté leur corps, en ce qu'ils sont reçus dans le sein de ces dieux qui ne quittent jamais le leur, « afin qu'oubliant les misères » de cette vie, ils veuillent bien encore retourner dans » des corps, » comme le dit Virgile (1), suivant l'opinion de ce philosophe ; car Platon estime que les ames des hommes ne peuvent pas être toujours dans leur corps, et qu'elles en sont nécessairement séparées par la mort ; et, d'un autre côté, qu'elles ne peuvent pas demeurer toujours sans corps, mais qu'elles le quittent et le reprennent par de continuelles révolutions. Ainsi, il y a cette différence, selon lui, entre les sages et les autres, que les premiers sont portés dans le ciel après leur mort pour y reposer quelque temps, chacun dans son astre, d'où, oubliant leurs misères passées et vaincus du désir d'avoir un corps, ils retournent aux travaux et aux souffrances de cette vie ; au lieu que ceux qui ont mal vécu rentrent aussitôt dans des corps d'hommes ou de bêtes, suivant leurs démérites. Platon a donc assujéti à cette dure condition les ames même des gens de bien : sentiment si étrange, que, comme nous l'avons dit aux livres précédens, Porphyre en a eu honte ; de sorte qu'il n'a

---

(1) Énéid., 6.

pas seulement exclu les ames des hommes du corps des bêtes, mais qu'il a voulu même que celles des gens de bien, une fois délivrées du corps, demeurassent éternellement avec le Père. De cette manière, pour n'en pas dire moins que Jésus-Christ, qui promet une vie éternelle aux saints, il établit dans une éternelle félicité les ames purifiées de leurs souillures, sans les faire retourner désormais à leurs anciennes misères; et, pour contrarier Jésus-Christ, il nie la résurrection des corps et assure que les ames vivront éternellement sans en avoir aucun. Cependant il ne leur défend point d'adorer les dieux qui en ont; ce qui fait voir qu'il ne les a pas cru plus excellentes qu'eux, quoiqu'elles n'aient point de corps. Pourquoi donc trouvent-ils absurde ce que notre Religion enseigne, que les premiers hommes n'auraient point été séparés de leur corps par la mort s'ils n'eussent péché, et que les bienheureux reprendront dans la résurrection les mêmes corps qu'ils ont eus en cette vie, mais tels néanmoins qu'ils ne leur causeront plus aucune peine?

CHAPITRE XX.

Les corps des bienheureux ressuscités seront plus parfaits que ceux des premiers hommes dans le paradis terrestre.

Ainsi les ames des fidèles trépassés ne trouvent point maintenant rude la mort qui les a séparées de leur corps, parce que leur chair repose en espérance, quelques outrages qu'elle ait reçus après la mort. Elles ne désirent pas d'oublier leurs corps, comme Platon le veut ; mais plutôt, comme elles se souviennent de ce que leur a promis celui qui ne trompe personne, et qui les a assurées que le moindre de leurs cheveux ne se perdra point (1), elles souhaitent et attendent en patience la résurrection de leurs corps dans lesquels elles ont beaucoup souffert, mais où elles ne doivent plus souffrir. Et véritablement, s'ils ne haïssaient pas leur chair quand elle se soulevait contre eux et qu'ils la retenaient par l'empire de l'esprit (2), combien l'aiment-ils davantage maintenant qu'elle-même doit devenir spirituelle ? De même que l'on appelle charnel l'esprit quand il obéit à la chair, on peut bien aussi appeler spirituelle la chair lorsqu'elle sera soumise à l'esprit, non qu'elle soit convertie en esprit comme le croient quelques-uns sur cette parole de l'apôtre : « Le » corps est mis animal en terre, et il ressuscitera spi- » rituel (3), » mais parce qu'elle sera parfaitement soumise à l'esprit, et qu'il en pourra disposer à son gré sans trouver en elle aucune résistance. En effet, après la résurrection, le corps ne sera pas seulement tel qu'il est ici-bas dans la meilleure santé, mais il sera même beaucoup mieux qu'il n'était dans les premiers hommes avant le péché. Quoiqu'ils ne dussent point mourir s'ils n'eussent péché, ils ne laissaient pas

(1) Luc, 21, 18.
(2) Éphés., 5, 29.
(3) I Cor., 15, 42.

toutefois de se servir d'alimens, parce que leurs corps n'étaient pas encore spirituels. Il est vrai qu'ils ne vieillissaient point par l'âge, à cause de l'arbre de vie que Dieu avait mis dans le paradis terrestre pour cet effet; mais cela n'empêchait pas qu'ils ne se nourrissent du fruit de tous les arbres du paradis, à l'exception de celui qui leur avait été défendu, non parce qu'il était mauvais, mais pour montrer le bien d'une pure et simple obéissance, une des plus grandes vertus que puisse exercer la créature raisonnable à l'égard de son Créateur. Ils se nourrissaient donc des autres fruits pour se garantir de la faim et de la soif, et ils mangeaient du fruit de l'arbre de vie pour arrêter les progrès de la mort et de la vieillesse, tellement qu'il semble que le fruit de vie était dans le paradis terrestre ce qu'est dans le paradis spirituel la sagesse de Dieu, dont il est écrit : « C'est un arbre de vie pour tous ceux qui l'embrassent (1). »

CHAPITRE XXI.

On peut donner un sens spirituel à ce que l'Écriture dit du paradis terrestre, pourvu que l'on conserve la vérité de l'histoire.

DE là vient que quelques-uns expliquent allégoriquement tout ce paradis où la sainte Écriture rapporte

___
(1) Prov., 3, 18.

que furent mis nos premiers parens, et entendent des vertus et des mœurs ce qui est dit de ces arbres fruitiers, prétendant qu'il n'y en avait point en effet, mais que tout cela doit se prendre spirituellement. Mais il ne s'ensuit pas qu'il n'ait pu y avoir un paradis terrestre, parce qu'il peut figurer un paradis spirituel; c'est comme si l'on voulait dire qu'il n'y a point eu deux femmes, dont l'une s'appelait Agar et l'autre Sara, d'où sont sortis deux enfans d'Abraham, l'un de la servante et l'autre de la femme libre, parce l'apôtre dit que cela figurait les deux Testamens (1); ou qu'il ne sortit point d'eau de la pierre que Moïse frappa de sa baguette (2), parce que cette pierre peut figurer Jésus-Christ, suivant cette parole du même apôtre : « Or la pierre était Jésus-Christ (3). » Rien n'empêche donc que par le paradis terrestre on n'entende la vie des bienheureux; par ses quatre fleuves, les quatre vertus cardinales, c'est-à-dire la prudence, la force, la tempérance et la justice; par ses arbres, toutes les sciences utiles; par les fruits des arbres, les bonnes mœurs; par l'arbre de vie, la sagesse qui est la mère de tous biens; et par l'arbre de la science du bien et du mal, l'expérience du commandement violé. La peine du péché est bonne parce qu'elle est juste; mais elle n'est pas bonne pour l'homme qui l'expérimente. Ces choses se peuvent encore mieux entendre de l'Église par prophétie, en disant que le paradis est

(1) Galat., 4, 22.
(2) Exod., 17, 6.
(3) I Cor., 10, 4.

l'Église même, à laquelle on donne ce nom dans le Cantique des Cantiques (1); les quatre fleuves du paradis, les quatre Évangiles; les arbres fruitiers, les saints; leurs fruits, leurs bonnes œuvres; l'arbre de vie, le saint des saints, Jésus-Christ; l'arbre de la science du bien et du mal, le libre arbitre. L'homme qui a méprisé la volonté de Dieu ne saurait faire qu'un usage funeste de lui-même; ce qui lui fait connaître quelle différence il y a de se tenir attaché au bien commun de tous, ou de se plaire en son propre bien; car celui qui s'aime est abandonné à lui-même, afin que, comblé de craintes et de misères, il chante avec le psalmiste, si toutefois il sent ses maux : « Mon ame » s'étant tournée vers elle-même, est tombée dans la » confusion (2); et qu'il dise, après avoir reconnu sa faiblesse : « Seigneur, je ne mettrai plus ma force » qu'en vous (3). » Ces explications allégoriques du paradis et autres semblables sont très bonnes, pourvu que l'on croie en même temps que tout cela a été en effet comme l'Écriture le rapporte.

---

(1) Cantic., 4, 13.
(2) Ps. 41, 8.
(3) Ps. 58, 10.

LIVRE XIII.

CHAPITRE XXII.

Les corps des saints seront tellement spirituels après la résurrection, que la chair ne sera pas convertie en esprit.

Les corps des saints après la résurrection n'auront plus besoin d'aucun arbre pour les empêcher de mourir de vieillesse ou de maladie, ni d'autres alimens corporels pour se garantir de la faim ou de la soif, parce qu'ils seront revêtus d'une immortalité glorieuse, en sorte que s'ils mangent, ce sera parce qu'ils le voudront, et non par nécessité. C'est ainsi que nous voyons que les anges ont quelquefois mangé avec les hommes lorsqu'ils leur sont apparus, non qu'ils en eussent besoin, mais par complaisance et pour se conformer davantage à eux. Il ne faut pas croire que les anges aient seulement mangé en apparence quand les hommes les ont reçus chez eux, quoique ceux qui ne les connaissaient pas crussent qu'ils le fissent comme nous par besoin. De là vient ce que l'ange dit dans Tobie : « Vous me voyez manger, mais vous ne le » voyez que de vos yeux (1), » c'est-à-dire : Vous croyez que je mangeais comme vous par besoin. Mais si l'on peut se dispenser de croire cela des anges et avoir une autre opinion peut-être plus vraisemblable,

(1) Tobie, 12, 19.

au moins la foi nous oblige-t-elle de croire que Jésus-Christ, après sa résurrection, a vraiment mangé avec ses disciples, bien qu'il eût déjà une chair spirituelle, mais véritable. Ce n'est, comme je l'ai dit, que le besoin, et non le pouvoir de boire et manger, qui sera ôté aux corps spirituels; et ils ne seront pas spirituels parce qu'ils cesseront d'etre corps, mais parce qu'ils vivront de la vie de l'esprit.

CHAPITRE XXIII.

Le corps d'Adam, même avant le péché, n'était pas spirituel, mais animal.

De même que nous appelons corps animaux ceux qui ont une ame vivante; ainsi, on nomme corps spirituels ceux qui ont un esprit vivifiant. Dieu nous garde toutefois de croire qu'ils doivent être esprits, mais bien des corps, qui auront la nature de corps, sans en avoir la pesanteur ni la corruption. Alors l'homme ne sera plus terrestre, mais céleste, non que le corps qui a été tiré de la terre cesse d'être, mais parce que Dieu le rendra capable de demeurer dans le ciel, en ne changeant pas sa nature, mais ses qualités. Or, le premier homme, qui était terrestre comme formé de la terre (1), a été créé avec une ame vivante et non avec un esprit vivifiant, qui lui était réservé pour le récompenser de

(1) I Cor., 15, 47.

son obéissance. C'est pourquoi, comme il avait besoin de boire et de manger pour se garantir de la faim et de la soif, et qu'il n'était pas absolument immortel, mais seulement par le moyen de l'arbre de vie qui le défendait de la vieillesse et de la mort, il ne faut point douter que son corps n'était pas spirituel, mais animal. Il ne serait pourtant point mort, s'il n'eût encourru par son péché l'effet des menaces de Dieu ; et toutefois il ne mourut que long-temps après avoir été chassé du paradis, parce que le secours des alimens ne lui fut pas même alors refusé. Ainsi, quand nous entendrions aussi de cette mort sensible, qui sépare l'ame d'avec le corps, ce que Dieu dit aux premiers hommes : « Du » jour que vous mangerez de ce fruit, vous mourrez (1), » l'on ne doit point trouver étrange que cette séparation de l'ame et du corps ne se fit pas dès le jour même qu'ils mangèrent du fruit défendu. Leur nature fut en effet corrompue dès le même jour, et par une séparation très juste de l'arbre de vie, ils tombèrent dans la nécessité de mourir, avec laquelle nous naissons tous. L'apôtre par cette raison ne dit pas que le *corps* mourra, mais qu'il « est mort à cause du péché, et que l'esprit » est vivant à cause de la justice (2). » Il ajoute : « Que » si l'esprit de celui qui a ressuscité Jésus-Christ ha- » bite en vous, celui qui a ressuscité Jésus-Christ » donnera aussi la vie à vos corps mortels, parce que » son esprit habitera en vous (3). » Le corps donc qui

---

(1) Genès., 2, 17.
(2) Rom., 8, 10.
(3) Ibid., 11.

n'a maintenant qu'une ame vivante, recevra alors un esprit vivifiant; mais, quoiqu'il ait une ame vivante, l'apôtre ne laisse pas de dire qu'il est mort, parce qu'il est soumis à la nécessité de mourir : au lieu que dans le paradis terrestre il avait tellement une ame vivante, que, quoiqu'il n'eût pas encore un esprit vivifiant, on ne pouvait pas dire qu'il fût mort, parce qu'il n'avait point péché et qu'il n'était pas encore sujet à la mort. Or, Dieu ayant marqué la mort de l'ame qui se fait lorsqu'il la quitte, en disant : « Adam, » où êtes-vous (1)? » et celle du corps qui arrive quand l'ame l'abandonne, en disant encore: « Vous êtes terre, » et vous retournerez en terre (2), » il faut croire qu'il n'a rien dit de la *seconde mort* (3), parce qu'il a voulu qu'elle fût cachée dans l'ancien Testament, la réservant pour le nouveau où elle est ouvertement déclarée, afin de faire voir que cette première mort, qui est commune à tous, vient de ce péché, qui d'un seul homme s'est communiqué à tous les hommes. Pour la seconde mort, elle n'est pas commune à tous, à cause de ceux que Dieu a connus et prédestinés de toute éternité, comme dit l'apôtre (4), pour être conformes à l'image de son Fils, afin qu'il fût l'ainé de plusieurs frères; car pour ceux-là la grace du Médiateur les en a délivrés.

Voici comment l'apôtre témoigne que le premier

(1) Genès., 3, 9.
(2) Ibid., 19.
(3) C'est-à-dire de la damnation éternelle.
(4) Rom., 8, 25.

homme a été créé dans un corps animal. Dans l'intention de distinguer notre corps qui est maintenant animal, de ce même corps qui sera spirituel dans la résurrection, il dit : « Le corps, comme une semence,
» est mis en terre prêt à se corrompre, et il ressuscitera
» incorruptible ; il est mis en terre avec honte, et il
» ressuscitera glorieux ; il est mis en terre privé de
» mouvement, et il ressuscitera plein de vigueur ; il
» est mis en terre comme animal, et il ressuscitera
» comme spirituel (1). » Et pour montrer ce que c'est qu'un corps animal : « Il est écrit, ajoute-t-il, que le
» premier homme a été créé avec une ame vivante. »
L'apôtre veut donc qu'on entende par ces paroles de l'Écriture : « Le premier homme a été créé avec une
». ame vivante (2), » qu'il a été créé avec un corps animal ; et il montre ce qu'il faut entendre par un corps spirituel, quand il ajoute : « Mais le second Adam
» a été rempli d'un esprit vivifiant (3), » par où il marque Jésus-Christ, qui est déjà tellement ressuscité, qu'il ne peut plus mourir. Il poursuit encore, et dit :
« Mais ce n'est pas le corps spirituel qui a été formé le
» premier, c'est le corps animal, et ensuite le spiri-
» tuel (4) ; » par où il montre encore plus clairement qu'il a entendu le corps animal dans ces paroles : « Le pre-
» mier homme a été créé avec une ame vivante, » et le spirituel, quand il a dit : « Le second Adam a été

---

(1) I Cor., 15, 42, 43 et 44.
(2) Genès., 2, 7.
(3) I Cor., 15, 45.
(4) Ibid., 46.

» rempli d'un esprit vivifiant. » Le corps animal est le premier, tel que l'a eu le premier Adam, quoiqu'il ne fût point mort s'il n'eût péché; tel que nous l'avons depuis que la nature corrompue par le péché nous a soumis à la nécessité de mourir; tel que Jésus-Christ même a bien voulu l'avoir d'abord; mais après vient le spirituel, tel qu'il est déjà dans Jésus-Christ comme dans notre chef, et qu'il sera dans ses membres lors de la dernière résurrection des morts.

L'apôtre signale ensuite une notable différence entre ces deux hommes, lorsqu'il dit : « Le premier homme » est terrestre et formé de la terre, et le second est cé- » leste et descendu du ciel. Comme le premier homme » a été terrestre, ses enfans aussi sont terrestres; et » comme le second homme est céleste, ses enfans aussi « sont célestes. De même donc que nous portons l'i- » mage de l'homme terrestre, portons aussi l'image » de l'homme céleste. (1). » Ce que dit ici l'apôtre commence maintenant en nous par le sacrement de la régénération, ainsi qu'il le témoigne ailleurs par ces paroles : « Tous tant que vous êtes qui avez été baptisés » en Jésus-Christ, vous vous êtes revêtus de Jésus- » Christ (2); » mais la chose ne s'accomplira entièrement que lorsque ce qu'il y a d'animal en nous par la naissance, sera devenu spirituel par la résurrection; car pour me servir de ces mêmes termes : « Nous som- » mes sauvés par l'espérance (3). » Or, nous portons

(1) I Corinth., 15, 47, 48 et 49.
(2) Galat., 3, 27.
(3) Rom., 8, 24.

l'image de l'homme terrestre, à cause de la désobéissance et de la mort qui sont passées en nous par la génération; et nous portons celle de l'homme céleste, à cause du pardon et de la vie que nous recevons dans la régénération par le médiateur entre Dieu et les hommes, Jésus-Christ homme, qui est cet homme céleste dont veut parler saint Paul, parce qu'il est venu du ciel pour se revêtir d'un corps mortel, afin de le revêtir d'immortalité. S'il appelle aussi les autres célestes, c'est qu'ils deviennent ses membres par sa grace pour faire ensemble un même Christ. Il déclare encore ceci plus expressément dans la même épitre, quand il dit : « La » mort est venue par un homme, et la résurrection » doit aussi venir par un homme. Car comme tous » meurent en Adam, tous revivront aussi en Jésus- » Christ (1), » c'est-à-dire dans un corps spirituel, qui sera animé d'un esprit vivifiant. Ce n'est pas néanmoins que tous ceux qui meurent en Adam doivent devenir membres de Jésus-Christ, puisqu'il y en aura beaucoup plus qui seront punis pour toute l'éternité de la seconde mort ; mais l'apôtre se sert du terme général de *tous*, pour montrer que comme personne ne meurt qu'en Adam dans ce corps animal, personne ne ressuscitera qu'en Jésus-Christ avec un corps spirituel. Il ne faut donc pas s'imaginer que nous ayons en la résurrection un corps semblable à celui du premier homme avant le péché : alors même le sien n'était pas spirituel, mais animal ; et ceux qui sont dans un autre sentiment, ne font pas assez de réflexion sur les paroles

---

(1) I Cor., 15, 21 et 22.

de ce grand docteur : « Comme il y a, dit-il, un corps
» animal, il y a aussi un corps spirituel, ainsi qu'il
» est écrit : Adam le premier homme a été créé avec
» une ame vivante (1). » Peut-on dire que cela soit
arrivé après le péché, puisque c'est le premier état où
l'homme a été créé selon l'apôtre, qui rapporte ce
passage de la Genèse pour montrer ce que c'est que le
corps animal ?

CHAPITRE XXIV.

Comment il faut entendre que Dieu souffla contre la face d'Adam un esprit de vie.

Quelques-uns se sont figurés avec peu de raison que
le passage de la Genèse, où on lit que « Dieu souffla
» contre la face d'Adam un esprit de vie, et que l'homme
» devint une ame vivante (2), » ne doit pas s'entendre
comme si Dieu avait donné alors une ame au premier
homme, mais que par là il ne fit que vivifier par le
saint Esprit celle qu'il avait déjà. Ce qui les porte à en
juger ainsi, c'est que notre Seigneur Jésus-Christ,
après sa résurrection, souffla sur ses disciples et leur
dit : « Recevez le saint Esprit (3); » d'où ils concluent
que, puisque la même chose se passa dans la création

(2) I Cor., 15, 44 et 45.
(2) Genès., 2, 7.
(3) Jean, 20, 22.

de l'homme, le même effet s'ensuivit aussi : comme si l'évangéliste, après avoir rapporté cela, avait ajouté aussi bien que Moïse, qu'ils devinrent une ame vivante. Mais quand il l'aurait ajouté, cela ne signifierait autre chose sinon que l'esprit de Dieu est en quelque façon la vie de l'ame, et que sans lui elle est morte, quoique tant qu'elle est présente dans le corps il soit vivant. Les paroles même du livre de la Genèse ont un sens assez intelligible, attendu qu'il est dit : « Dieu » forma l'homme de la poussière de la terre (1); » ce que quelques interprètes, pour l'expliquer plus clairement, traduisent : « Dieu forma l'homme du limon » de la terre, » parce qu'immédiatement auparavant il y a : « Or, une fontaine s'élevait de la terre, et en » arrosait toute la surface, » ce qui engendrait ce limon dont l'homme fut formé ; et l'Écriture ajoute aussitôt : « Dieu forma l'homme de la poussière de la » terre, » comme le portent les exemplaires grecs sur lesquels l'Écriture a été traduite en latin. C'est donc cet homme ainsi formé de la poussière de la terre, ou du limon, c'est-à-dire d'une poussière trempée d'eau, que saint Paul dit qui devint un corps animal lorsqu'il reçut l'ame : « Et cet homme devint une ame » vivante (2); » c'est-à-dire, cette poussière ainsi pétrie devint une ame vivante.

Mais, disent-ils, il avait déjà une ame, autrement on ne l'appellerait pas homme ; car le corps seul ou l'ame seule n'est pas l'homme, mais ce qui est com-

---

(1) Genès., 2, 7.
(2) I Cor., 15, 45.

posé des deux. Il est vrai que l'ame, non plus que le corps, n'est pas l'homme entier ; mais l'une est la plus noble, et l'autre la moindre partie de l'homme; Lorsqu'elles sont unies ensemble, elles prennent le nom d'homme, qu'elles ne quittent pas néanmoins après leur séparation. Ne disons-nous pas tous les jours : Cet homme là est mort, et maintenant il souffre ou il est en repos, bien que cela ne se puisse dire que de l'ame seule ; ou : Cet homme a été enterré en tel ou tel lieu, quoique cela ne se puisse entendre que du corps seul ? Diront-ils que ce n'est pas la façon de parler de l'Écriture ? Mais elle ne fait point difficulté d'appeler homme (1) l'une et l'autre de ces deux parties, lors même qu'elles sont unies, et de dire que l'ame est l'homme intérieur, et le corps l'homme extérieur, comme si c'était deux hommes, bien qu'en effet ce n'en soit qu'un. Mais il faut entendre dans quel sens l'Écriture dit que l'homme est à l'image de Dieu, et dans quel sens elle l'appelle terre et dit qu'il retournera en terre. Le premier s'entend selon l'ame raisonnable, telle que Dieu la créa par son souffle dans l'homme, c'est-à-dire dans le corps de l'homme; et le second s'entend selon le corps, tel que Dieu le forma de la poussière, et à qui l'ame fut donnée pour en faire un corps animal, c'est-à-dire un homme ayant une ame vivante.

C'est pourquoi, quand notre Seigneur souffla sur ses disciples en disant : « Recevez le saint Esprit, » il voulait nous apprendre que le saint Esprit n'est pas

---

(1) II Cor., 4, 16.

seulement l'Esprit du Père, mais encore du Fils unique; attendu que le même Esprit est l'Esprit du Père et du Fils, avec qui il fait la Trinité, Père, Fils et saint Esprit, qui n'est pas créature, mais Créateur. En effet, ce souffle corporel qui sortit de la bouche de Jésus-Christ n'était point la substance ou la nature du saint Esprit, mais plutôt un signe, comme je viens de le dire, pour nous faire entendre que le saint Esprit est commun au Père et au Fils, parce qu'ils n'en ont pas chacun un, mais qu'il n'y en a qu'un pour tous deux. Or, ce saint Esprit est toujours appelé ΠΝΕΥΜΑ dans l'Écriture, ainsi que notre Seigneur l'appelle ici, lorsque, le marquant par le souffle de sa bouche, il le donna à ses disciples; et je ne me souviens point qu'il y soit appelé autrement : au lieu que dans le passage de la Genèse, où il est dit que « Dieu forma l'homme » de la poussière de la terre, et qu'il souffla contre sa » face un esprit de vie, le grec ne porte pas ΠΝΕΥΜΑ, mais ΠΝΟΗ, terme dont elle se sert plus souvent pour désigner la créature que le Créateur; d'où vient que quelques interprètes, pour en marquer la différence, ont mieux aimé le rendre par le mot *souffle*, que par celui d'*esprit*. Il se trouve de la sorte dans Isaïe où Dieu dit : « J'ai fait tout souffle (1), » c'est-à-dire toute ame. Les interprètes donc expliquent bien quelquefois ce dernier mot par souffle, ou par esprit, ou par inspiration ou aspiration, ou même par ame; mais jamais ils ne traduisent l'autre que par esprit, soit celui de l'homme dont l'apôtre dit : « Quel est

---

(1) Isaïe, 57, 16.

» celui des hommes qui connaît ce qui est en l'homme, » que l'esprit même de l'homme qui est en lui (1)? » soit celui de la bête, comme quand Salomon dit : » Qui sait si l'esprit de l'homme monte en haut dans » le ciel, et si l'esprit de la bête descend en bas dans » la terre (2)? » soit même cet esprit corporel qu'on nomme aussi *vent*, comme dans le pseaume : « Le » feu, la grêle, la neige, la glace, l'esprit de tem- » pête (3) ? » soit enfin l'esprit Créateur, tel que celui dont notre Seigneur dit dans l'Évangile : « Recevez le » saint Esprit (4), » en le marquant par son souffle, et : « Allez, baptisez toutes les nations au nom du Père, » et du Fils et du saint Esprit (5), » paroles qui déclarent clairement et excellemment la très sainte Trinité; et encore : « Dieu est esprit (6); » et en beaucoup d'autres endroits de l'Écriture. Dans tous ces passages, le grec ne porte point le mot équivalant à *souffle*, mais bien celui qui ne peut se rendre que par *esprit*. Ainsi, quand dans le lieu de la Genèse où il est dit que « Dieu souffla contre la face de l'homme » un esprit de vie, » il y aurait au grec ΠΝΕΥΜΑ et non ΠΝΟΗ; il ne s'ensuivrait pas pour cela que nous fussions obligés d'entendre l'esprit Créateur, puisque, comme nous avons dit, l'Écriture ne se sert pas

---

(1) I Cor., 2, 11.
(2) Ecclés., 3, 21.
(3) Ps. 148, 8.
(4) Jean, 20, 22.
(5) Matth., 28, 19.
(6) Jean, 4, 24.

seulement du premier de ces mots pour le Créateur, mais aussi pour la créature.

Mais, repartent-ils, elle n'ajouterait pas *de vie* (esprit de vie), si elle ne voulait marquer le saint Esprit, ni *vivante* (l'homme devint une ame vivante), si elle n'entendait la vie de l'ame qui lui est communiquée par le don de l'esprit de Dieu; puisque l'ame vivant d'une vie qui lui est propre, il n'était pas besoin d'ajouter *vivante*, si l'Écriture n'eût voulu signifier cette vie qui lui est donnée par le saint Esprit. A quoi ressemble ce raisonnement ? N'est-ce pas là défendre avec grand soin ses rêveries, faute de faire assez d'attention au sens de l'Écriture ? Sans aller plus loin, qu'y avait-il de plus aisé que de lire ce qui est écrit un peu auparavant au même livre de la Genèse : « Que la terre produise des ames vivantes (1), » quand tous les animaux de la terre furent créés ? Et quelques lignes après, mais toujours au même livre : « Tout » homme qui était sur la terre et toutes les choses qui » ont un esprit de vie moururent (2), » pour dire que tout ce qui vivait sur la terre périt par le déluge ? Puis donc que nous trouvons une ame vivante et un esprit de vie, même dans les bêtes, selon la façon de parler de l'Écriture, et qu'au lieu même où elle dit : « Toutes » les choses qui ont un esprit de vie, » le grec ne porte pas ΠΝΕΥΜΑ, mais ΠΝΟΗ, que ne disons-nous aussi : Qu'était-il besoin d'ajouter *vivante*, vu que l'ame ne peut être si elle ne vit; ou *de vie*, après avoir dit

---

(1) Genès., 1, 24.
(2) Genès., 7, 22.

esprit? Cela nous fait donc voir que lorsque l'Écriture a usé de ces mêmes termes en parlant de l'homme, elle ne s'est point éloignée de son langage ordinaire; mais elle a voulu que l'on entendît par là le principe de la raison, comme dans les bêtes celui du sentiment.

Le souffle de Dieu, disent-ils encore, est sorti de sa bouche; de sorte que si nous croyons que c'est l'ame, il s'ensuivra que nous serons obligés aussi d'avouer qu'elle est de même substance et égale à cette Sagesse qui a dit : « Je suis sortie de la bouche du Très Haut (1). » Mais la Sagesse ne dit pas qu'elle a été soufflée de la bouche de Dieu, mais qu'elle en est sortie. Or, de même que nous pouvons former un souffle, non de notre ame, qui nous fait hommes, mais de l'air qui nous entoure et que nous respirons; ainsi Dieu, qui est tout puissant, a pu très bien aussi en former un, non de sa nature, ni d'aucune chose créée, mais du néant, et le mettre dans le corps de l'homme. D'ailleurs, afin que ces gens qui veulent parler de l'Écriture, et qui ne considèrent pas comment elle s'exprime, apprennent qu'elle ne fait pas sortir de la bouche de Dieu seulement ce qui est de même nature que lui; qu'ils écoutent ce que Dieu y dit: « Parce » que vous êtes tiède, c'est-à-dire ni froid ni chaud, » je m'envais vous vomir de ma bouche (2). »

Il ne faut donc plus résister aux paroles expresses de l'apôtre, lorsque distinguant le corps animal du corps

---

(1) Ecclésiasti., 24, 5.
(2) Apoc., 3, 16.

spirituel, c'est-à-dire celui que nous avons maintenant de celui que nous aurons un jour, il dit : « Le corps
» est mis en terre animal, et il ressuscitera spirituel.
» Comme il y a un corps animal, il y a aussi un
» corps spirituel, ainsi qu'il est écrit : Adam, le pre-
» mier homme, a été créé avec une ame vivante, et
» le second Adam a été rempli d'un esprit vivifiant.
» Mais ce n'est pas le corps spirituel qui a été formé
» le premier, c'est le corps animal, et ensuite le spi-
» rituel. Le premier homme est le terrestre formé de
» la terre, et le second homme est le céleste descendu
» du ciel. Comme le premier homme a été terrestre,
» ses enfans sont aussi terrestres; et comme le second
» homme est céleste, ses enfans sont aussi célestes.
» De la même manière donc que nous avons porté
» l'image de l'homme terrestre, portons aussi l'image
» de l'homme céleste. » Ainsi, le corps animal, dans lequel l'apôtre dit que fut créé le premier homme, n'était pas composé de sorte qu'il ne pût mourir, mais de façon qu'il ne fût point mort si l'homme n'eût péché. Le corps qui sera spirituel, parce que l'esprit le vivifiera, ne pourra mourir, non plus que l'ame, qui, bien qu'elle meure en quelque façon en se sépa- rant de Dieu, conserve néanmoins toujours une vie qui lui est propre. Il en est de même des mauvais anges qui, pour être séparés de ce Dieu, ne laissent pas de vivre et de sentir, parce qu'ils ont été créés immor- tels, tellement que la seconde mort même où ils seront précipités après le dernier jugement, ne leur ôtera pas la vie, puisqu'elle leur fera souffrir de cruelles dou- leurs. Mais les hommes qui appartiennent à la grace,

et qui seront associés aux saints anges dans la béatitude, seront revêtus de corps spirituels, de manière à ce qu'ils ne pécheront ni ne mourront plus.

Il reste une question à examiner, savoir comment les premiers hommes auraient pu engendrer des enfans, s'ils n'eussent point péché, puisque nous disons que les mouvemens de la concupiscence sont des suites du péché. Mais parce qu'il faut finir ce livre, et que cette question demande à être traitée avec quelqu'étendue, il vaut mieux la remettre au livre suivant.

REMARQUES

SUR

LE LIVRE XIII.

Page 427, ligne 19. « Ce que les premiers prévaricateurs » ont souffert, etc. » Lisez au latin *primi* avec tous les manuscrits, pour *primitus*.

Page 428, l. 5. « L'apôtre, etc. » *Apostolus enim.* Tous les manuscrits ôtent *enim*, et bien.

Page 437, l. 7. « Quoiqu'il n'ait pu faire ce que je dis. » J'ôte le *quisquam* qui est ici, avec tous les manuscrits.

Page 449, l. 3. « Ont le pouvoir d'enlever sans difficulté. » Il faut ôter la parenthèse *sine labore* qui est au latin, avec tous les manuscrits.

Page 449, l. 18. « Que les philosophes ne condamnent » donc point notre foi, » ou « Les philosophes ne détruisent » donc point notre foi, » en lisant *redarguunt* avec tous les manuscrits.

Page 450, l. 25. « Se condamnent eux-mêmes par leurs » propres sentimens. » Lisez, avec tous les manuscrits, *hanc opinionem suam sententiâ repugnante,* au lieu de *suâ,* etc.

LA CITÉ DE DIEU.

LIVRE XIV.

CHAPITRE PREMIER.

Le péché du premier homme eût condamné tous les hommes à la mort de l'ame, si la grace de Dieu n'en sauvait plusieurs.

Nous avons déjà dit, dans les livres précédens, que Dieu a voulu que tous les hommes sortissent d'un seul, afin de les unir plus étroitement ensemble, non seulement par la ressemblance de la nature, mais aussi par les nœuds de la parenté ; et qu'ils ne seraient point morts si les deux premiers ne l'eussent mérité par leur désobéissance, qui a corrompu toute la nature humaine, et transmis leur péché à leurs descendans, aussi bien que la nécessité de mourir. Or, cette mort a tellement établi son empire parmi les hommes, qu'elle les précipiterait tous dans la seconde mort qui n'aura point de fin, si la grace de Dieu toute pure n'en sauvait quelques-uns de ce gouffre. De là vient que tant de nations qui sont dans le monde, si différentes de mœurs, de coutumes et de langage, ne forment toutes ensemble que deux sociétés d'hommes, que nous pouvons justement appeler deux Cités selon l'Écriture. L'une se compose de ceux qui veulent vivre selon la chair, et l'autre de ceux qui vivent selon l'esprit : et quand les uns et les autres ont obtenu ce qu'ils désirent, ils sont en paix chacun dans leur manière.

CHAPITRE II.

Ce qu'il faut entendre par vivre selon la chair.

Il faut voir d'abord ce que c'est que vivre selon la chair, et ce que c'est que vivre selon l'esprit. Quelqu'un qui ne serait pas fort versé dans le langage de l'Écriture pourrait s'imaginer d'abord que les épicuriens vivent selon la chair, parce qu'ils mettent le souverain bien de l'homme dans la volupté du corps, et que les stoïciens qui le mettent dans l'ame vivent selon l'esprit ; mais, dans le sens de l'Écriture, les uns et les autres vivent selon la chair. En effet, elle n'appelle pas seulement chair le corps de tout animal mortel et terrestre, comme quand elle dit : « Toute chair » n'est pas la même chair ; car autre est la chair de » l'homme, autre celle des bêtes, autre celle des oi- » seaux, autre celle des poissons (1) ; mais elle donne

---

(1) I Cor., 15, 39.

à ce mot beaucoup d'autres acceptions; elle lui fait entre autres signifier l'homme même, en prenant la partie pour le tout, comme dans ce passage de l'apôtre : « Nulle chair ne sera justifiée par les œuvres de » la loi (1); » par où l'on doit entendre *nul homme*, ainsi que saint Paul le déclare lui-même dans son épître aux Galates : « Nul homme ne sera justifié par » la loi (2); » et : « Sachant qu'aucun homme ne sera » justifié par les œuvres de la loi (3). » C'est en ce sens que doivent se prendre ces paroles de saint Jean : « Et » le Verbe s'est fait chair (4), » c'est-à-dire homme. Quelques-uns, pour avoir mal entendu ceci, ont pensé que Jésus-Christ n'avait point d'ame humaine. De même que l'on conçoit la partie par le tout dans ces paroles de Marie Magdeleine : « Ils ont enlevé mon » Seigneur, et je ne sais où ils l'ont mis (5), » ne voulant parler que de son corps qu'elle croyait qu'on eût ôté du tombeau; on conçoit aussi quelquefois le tout par la partie, comme en ces autres expressions que nous venons de rapporter.

Lors donc que l'Écriture prend ce mot de chair en plusieurs façons qu'il serait ennuyeux de rapporter, pour concevoir ce que c'est que vivre selon la chair, considérons attentivement ce lieu de l'épître de saint Paul aux Galates, où il dit : « Les œuvres de la chair

(1) Rom., 3, 20.
(2) Galat., 3, 11.
(3) Ibid, 2, 16.
(4) Jean, 1, 14.
(5) Jean, 20, 13.

» sont aisées à connaître, comme l'adultère, la for-
» nication, l'impureté, l'impudicité, l'idolâtrie, les
» empoisonnemens, les inimitiés, les contentions,
» les jalousies, les animosités, les dissentions, les hé-
» résies, les envies, l'ivrognerie, les débauches, et
» autres semblables, dont je vous ai dit et vous le dis
» encore, que ceux qui commettent ces crimes ne
» posséderont point le royaume de Dieu (1). » Parmi
les œuvres de la chair que l'apôtre dit qu'il est aisé de
connaître et qu'il condamne, nous ne trouvons pas
seulement celles qui concernent la volupté du corps,
comme sont la fornication, l'impureté, l'impudicité,
l'ivrognerie, la gourmandise, mais encore celles qui
ne regardent que l'esprit. En effet, qui ne demeurera
d'accord que l'idolâtrie, les empoisonnemens, les inimitiés, les contentions, les jalousies, les animosités,
les dissentions, les hérésies et les envies, sont plutôt
des vices de l'ame que du corps? Il se peut faire qu'on
s'abstienne des plaisirs du corps pour se livrer à l'idolâtrie ou pour former quelque hérésie, et cependant
un homme de la sorte est convaincu par cette autorité
de l'apôtre de vivre selon la chair, et en cela même
qu'il s'abstient des voluptés de la chair, il est clair
qu'il commet des œuvres damnables de la chair. Les
inimitiés ne sont-elles pas dans l'esprit? Qui s'avise-
rait de dire à son ennemi : Vous avez une mauvaise
chair contre moi, pour dire qu'il a une mauvaise volonté? Pourquoi le docteur des gentils appelle-t-il
donc tout cela œuvres de la chair, sinon par cette

(1) Galat., 5, 19 et suiv.

façon de parler qui fait qu'on exprime le tout par la partie, c'est-à-dire l'homme entier par la chair ?

CHAPITRE III.

La chair n'est pas cause de tous les péchés.

Prétendre que la chair est cause de tous les vices, et que l'ame n'y est sujète que parce qu'elle en est revêtue, ce n'est pas faire l'attention qu'il faut à toute la nature de l'homme. Il est vrai que « le corps cor-
» ruptible appesantit l'ame (1); » d'où vient que le même apôtre, parlant de ce corps corruptible, dont il avait dit un peu auparavant : « Quoique notre homme
» extérieur se corrompe (2), » ajoute : « Nous savons
» que si cette maison de terre où nous vivons vient à
» se dissoudre, Dieu nous doit donner dans le ciel
» une autre maison qui ne sera point faite de la main
» des hommes. C'est ce qui nous fait soupirer dans le
» désir d'être bientôt revêtus de la gloire qui est cette
» maison céleste, si toutefois nous sommes trouvés
» vêtus et non pas nuds. Car pendant que nous som-
» mes dans cette demeure mortelle, nous gémissons
» sous ce faix, dont nous ne désirons pas d'être dé-
» pouillés, mais d'être revêtus par-dessus, en sorte que
» ce qu'il y a de mortel en nous soit absorbé par la

(1) Sagesse, 9, 15.
(2) II Cor., 4, 16.

vie (1). » Nous sommes donc tirés en bas par ce corps corruptible comme par un poids; mais parce que nous savons que cela vient de la corruption et non de la substance même du corps, nous ne voulons pas en être dépouillés, mais être revêtus d'immortalité. Pour lors le corps demeurera toujours; mais comme il ne sera pas corruptible, il ne nous appesantira point. « Le corps corruptible appesantit donc l'ame mainte- » nant, et cette demeure de terre abat l'esprit qui est » vif et agissant. » Toutefois c'est une erreur de croire que tous les déréglemens de l'ame viennent du corps.

Quoique Virgile ait exprimé noblement l'opinion de Platon lorsqu'il a dit : « Les ames qui tirent leur » origine du ciel ont une vigueur immortelle, si ce » n'est que le poids du corps arrête cette activité (2), » et que, pour faire entendre que ces quatre principales passions, le désir, la joie, la crainte et la tristesse, qui sont les sources de tous les vices, viennent du corps, il ajoute : « De là vient qu'elles craignent, » qu'elles désirent, qu'elles s'affligent et qu'elles se » réjouissent; et elles ne peuvent contempler le ciel, » enveloppées comme elles le sont de ténèbres, et en- » fermées dans ce corps ainsi que dans un cachot; » néanmoins notre foi nous apprend autre chose. Elle nous enseigne que la corruption du corps qui appesantit l'ame n'est pas la cause, mais la peine du premier péché; de sorte qu'encore qu'elle excite en nous certains désirs déréglés, il ne faut pas cependant at-

---

(1) II Cor., 5, 1 et suiv.
(2) Énéid., 6.

tribuer tous les désordres à la chair, de peur que nous ne justifiions le diable qui n'a point de chair. Bien qu'on ne puisse pas dire qu'il soit fornicateur, ni ivrogne, ni sujet aux autres péchés de la chair, il ne laisse pas néanmoins d'être extrêmement superbe et envieux; il l'est au point que c'est pour cela que, selon l'apôtre saint Pierre (1), il a été précipité dans les prisons obscures de l'air, et destiné à des supplices éternels. Or, saint Paul attribue à la chair ces vices qui règnent principalement dans le diable, encore qu'il soit certain qu'il n'a point de chair. Il dit (2) que les inimitiés, les contentions, les jalousies, les animosités et les envies, sont les œuvres de la chair, aussi bien que l'orgueil qui est la source de tous ces vices et celui qui domine particulièrement dans le diable. En effet, qui est plus ennemi des saints que lui ? qui a plus d'animosité contre eux ? qui est plus jaloux de leur gloire ? Lorsqu'il a tous ces vices et qu'il est privé de chair, comment sont-ce les œuvres de la chair, sinon parce que ce sont les œuvres de l'homme, que saint Paul, comme j'ai dit, entend par le nom de chair ? Ce n'est pas, dans le fond, pour avoir une chair que le diable n'a point, mais pour avoir voulu vivre selon lui-même, c'est-à-dire selon l'homme, que l'homme est devenu semblable au diable. Le diable a voulu vivre aussi selon lui-même, quand il n'est pas demeuré dans la vérité (3); en sorte que quand il men-

---

(1) II Pierre, 2, 4.
(2) Galat., 5, 19.
(3) Jean, 8, 44.

tait, cela ne venait pas de Dieu, mais de lui-même, de lui qui n'est pas seulement menteur, mais aussi le père du mensonge; de lui qui a menti le premier, et qui n'est l'auteur du péché que parce qu'il est l'auteur du mensonge.

CHAPITRE IV.

Ce que c'est que vivre selon l'homme et que vivre selon Dieu.

Lors donc que l'homme vit selon l'homme, et non selon Dieu, il est semblable au diable; parce que l'ange même ne devait pas vivre selon l'ange, mais selon Dieu, pour demeurer dans la vérité, et pour parler le langage de la vérité qui vient de Dieu, et non celui du mensonge qu'il tire de son propre fond. Si le même apôtre dit dans un autre endroit : « La vérité de Dieu » éclate davantage par mon mensonge (1), » n'est-ce pas déclarer que le mensonge est de l'homme, et la vérité de Dieu? Ainsi quand l'homme vit selon la vérité, il ne vit pas selon lui-même, mais selon Dieu; vu que c'est Dieu qui a dit : « Je suis la vérité (2). » Lorsqu'il vit selon lui-même il vit selon le mensonge, non qu'il soit lui-même mensonge, tandis qu'il a pour auteur et pour créateur un Dieu qui n'est point auteur ni

(1) Rom., 3, 7.
(2) Jean, 14, 6.

créateur du mensonge, mais parce que l'homme n'a pas été créé innocent pour vivre selon lui-même, mais pour vivre selon celui qui l'a créé, c'est-à-dire pour faire plutôt la volonté de Dieu que la sienne. Or le mensonge consiste à ne pas vivre de la façon pour laquelle il a été créé. Il veut certainement être heureux, même en ne vivant pas comme il faut pour l'être. Et qu'y a-t-il de plus mensonger que cette volonté? Par cette raison, l'on peut fort bien dire que tout péché est un mensonge. Nous ne péchons en effet que par la même volonté qui nous porte à désirer d'être heureux, ou à craindre d'être malheureux. C'est donc un mensonge lorsque ce que nous faisons pour devenir heureux ne sert qu'à nous rendre malheureux. D'où vient cela, sinon de ce que l'homme ne saurait trouver son bonheur qu'en Dieu qu'il abandonne en péchant, et non en soi-même?

Nous avons dit que tous les hommes sont partagés en deux Cités différentes et contraires entre elles, parce que les uns vivent selon la chair et les autres selon l'esprit; on peut aussi exprimer la même idée en disant que les uns vivent selon l'homme, et les autres selon Dieu. Saint Paul use même de cette expression dans son épître aux Corinthiens, quand il dit: « Puisqu'il y a encore des rivalités et des jalousies » parmi vous, n'est-il pas visible que vous êtes char- » nels et que vous marchez encore selon l'homme (1)? » C'est donc la même chose de marcher selon l'homme et d'être charnel, en prenant la chair, c'est-à-dire

---

(1) I Cor., 3, 3.

une partie de l'homme pour tout l'homme. Il avait appelé un peu auparavant animaux ceux qu'il nomme ici charnels : « Qui des hommes, dit-il, connaît ce qui » est en l'homme, que l'esprit même de l'homme, » qui est en lui ? Ainsi personne ne connaît ce qui est » en Dieu que l'esprit de Dieu. Or, nous n'avons pas » reçu l'esprit du monde, mais l'esprit de Dieu, pour » connaître les dons que Dieu nous a faits ; et nous » les annonçons non par des discours savans et élo- » quens, mais comme instruits par l'esprit de Dieu » en parlant spirituellement des choses spirituelles. » Pour l'homme animal, il ne conçoit point ce qui » est de l'esprit de Dieu ; car cela passe à son sens pour » une folie (1). » Il s'adresse à ces sortes de personnes qui sont encore animaux, lorsqu'il dit un peu après : « Aussi, mes frères, n'ai-je pu vous parler comme à » des personnes spirituelles, mais comme à des gens » qui sont encore charnels (2); » ce que l'on doit encore entendre de la même manière, c'est-à-dire le tout par la partie. Tout l'homme peut être désigné par l'esprit ou par la chair, qui sont les deux parties qui le composent ; et dès lors l'homme animal et l'homme charnel ne sont point deux choses différentes, mais une même chose, c'est-à-dire l'homme vivant selon l'homme ; comme on ne doit entendre que l'homme, soit en ce passage : « Nulle chair ne sera justifiée par » les œuvres de la loi (3); » soit en celui-ci : « Soixante

(1) I Cor., 2, 11 et suiv.
(2) Ibid., 3, 1.
(3) Rom., 3, 20.

» et quinze ames descendirent en Égypte avec Ja-
» cob (1). » Cela paraît encore plus clairement par ces
paroles de saint Paul : « Lorsque l'un dit : Je suis à
» Paul, et l'autre : Je suis à Apollon, n'êtes-vous pas
» encore des hommes (2)? » Il appelle des hommes
ceux qu'il avait auparavant appelés charnels et animaux. Vous êtes des hommes, dit-il, c'est-à-dire vous
vivez selon l'homme, et non pas selon Dieu ; car si
vous viviez selon Dieu, vous seriez des dieux.

CHAPITRE V.

L'opinion des platoniciens touchant la nature de l'ame et celle du corps est plus supportable que celle des manichéens, et toutefois nous la rejetons parce qu'ils pensent que tous les désirs déréglés de l'ame viennent du corps.

Il ne faut donc pas, lorsque nous péchons, accuser la chair en elle-même, pour faire retomber ce repro-che sur le Créateur, puisque la chair est bonne en son genre ; mais il n'est pas bon d'abandonner le Créateur pour vivre selon un bien créé, soit qu'on veuille vivre selon la chair, ou selon l'ame, ou selon l'homme tout entier, qui est composé des deux ensemble. Celui qui loue l'ame comme le souverain bien, et qui condamne

---

(1) Genès., 46, 27.
(2) I Cor., 3, 4.

la chair comme un mal, aime l'une et fuit l'autre charnellement, parce que sa haine, aussi bien que son amour, n'est pas fondée sur la vérité, mais sur une fausse imagination. Les platoniciens, je l'avoue, ne sont pas aussi extravagans que les manichéens, et ne détestent pas avec eux les corps terrestres comme une nature de mal, du moment qu'ils attribuent tous les élémens dont ce monde visible est composé, et toutes leurs qualités, à Dieu comme à celui qui en est le Créateur. Mais ils croient que le corps mortel fait de telles impressions sur l'ame, qu'il engendre en elle la crainte, le désir, la joie et la tristesse, quatre passions qui sont la source de la corruption des mœurs. Que si cela est, d'où vient qu'Énée dans Virgile, entendant dire à son père que les ames retourneront dans les corps après les avoir quittés, est surpris de cette opinion, et s'écrie : « O mon père ! est-il croyable que » les ames reviennent encore au monde, et rentrent » dans des corps mortels ? Qui leur inspirerait une si » cruelle envie (1) ? » Dans la pureté tant vantée que possèdent ces ames, cette fatale envie leur vient-elle d'un corps terrestre ou mortel ? N'assure-t-il pas qu'elles ont été délivrées de toute cette contagion de la chair, lorsqu'elles y veulent retourner ? Il résulte de là que quand cette révolution éternelle des ames serait aussi vraie qu'elle est fausse, on ne pourrait pas dire que tous leurs désirs déréglés leur viennent du corps, puisque, selon eux-mêmes, il est évident que cette cruelle envie, pour user des termes de Virgile, ne

(1) Énéid., 6.

vient pas du corps, que l'ame la conçoit en un temps où elle en est dépouillée et purifiée de toute la contagion des corps. Aussi tombent-ils d'accord que ce n'est pas seulement le corps qui excite dans l'ame des craintes, des désirs, des joies et des tristesses, mais qu'elle peut être agitée d'elle-même de tous ces mouvemens.

CHAPITRE VI.

Les mouvemens de l'ame sont bons ou mauvais, selon que la volonté est bonne ou mauvaise.

Or, il importe beaucoup quelle est la volonté de l'homme. Si elle est mauvaise, ces mouvemens seront mauvais; et si elle est bonne, ils seront louables : attendu que la volonté est en tous ces mouvemens, ou plutôt tous ces mouvemens ne sont que des volontés. En effet, qu'est-ce que le désir et la joie, qu'une volonté qui approuve ce qui nous plaît? Et qu'est-ce que la crainte et la tristesse, qu'une volonté qui improuve ce qui nous déplaît? Mais lorsque nous approuvons ce qui nous plaît en le souhaitant, ce mouvement s'appelle désir, et lorsque c'est en en jouissant, il s'appelle joie. De même, quand nous improuvons ce qui nous déplaît avant qu'il nous arrive, cette volonté s'appelle crainte; et quand c'est après qu'il est arrivé, on la nomme tristesse. En un mot, la volonté de l'homme reçoit des impressions différentes, selon les différens objets qui l'attirent ou qui la blessent. C'est pourquoi il faut que l'homme qui ne vit pas selon l'homme, mais selon Dieu, aime le bien; et il haïra nécessairement le mal; et comme personne n'est mauvais par nature, mais par vice, celui qui vit selon Dieu doit avoir pour les méchans une haine parfaite (1), en sorte qu'il ne haïsse pas l'homme à cause du vice, et qu'il n'aime pas le vice à cause de l'homme, mais qu'il haïsse le vice et aime l'homme. Lorsque le vice sera guéri, il ne restera plus rien qu'il ne doive aimer.

CHAPITRE VII.

De la bonne volonté.

On dit de celui qui se propose d'aimer Dieu et d'aimer son prochain, non pas selon l'homme, mais selon Dieu, comme il s'aime lui-même, qu'il a une bonne volonté. Cette bonne volonté s'appelle ordinairement charité dans l'Écriture sainte, qui la nomme aussi quelquefois amour. L'apôtre veut que celui dont on fait choix pour gouverner le peuple aime le bien; et notre Seigneur demanda trois fois à saint Pierre s'il l'aimait (2).

La bonne volonté est le bon amour, et la mauvaise le mauvais; et les différens mouvemens de cet amour

(1) Ps. 138, 21.
(2) Jean, 21, 15.

font toutes les passions. S'il se porte vers quelqu'objet, c'est désir; s'il en jouit, c'est joie; s'il s'en éloigne, c'est crainte; s'il le sent malgré lui, c'est tristesse. Or, ces passions sont bonnes ou mauvaises, selon que l'amour est bon ou mauvais. Prouvons ceci par l'Écriture. L'apôtre désire de sortir de cette vie (1), et d'être avec Jésus-Christ. « Mon ame, dit le prophète, languit dans le désir dont elle brûle sans cesse pour votre loi (2). » Voilà pour le désir. La joie se prend aussi en bonne part dans le psalmiste : « Réjouissez-vous, justes, dans le Seigneur (3); » et : « Vous avez rempli mon cœur de joie (4); » et encore : « Vous me comblerez de joie, lorsque vous me montrerez votre face (5). » L'apôtre se sert de la crainte pour marquer un bon mouvement de l'ame, quand il dit : « Opérez votre salut avec crainte et frayeur (6); » et : « Ne présumez point trop de vous-même, mais craignez (7); » et encore : « Je crains que comme le serpent séduisit Ève, vous ne vous écartiez de cet amour chaste de Jésus-Christ (8). » Quant à la tristesse, il est plus difficile de savoir si elle peut se prendre en bonne part.

(1) Philipp., 2, 23.
(2) Ps. 118, 20.
(3) Ps. 31, 14.
(4) Ps. 4, 7.
(5) Ps. 15, 10.
(6) Philipp., 2, 12.
(7) Rom., 11, 20.
(8) II Cor., 11, 3.

CHAPITRE VIII.

Les stoïciens n'admettent aucune passion dans l'ame du sage, et y substituent d'autres mouvemens.

Les stoïciens qui substituent d'autres mouvemens de l'ame à la place des passions, parce qu'ils ne veulent pas que leur sage y soit sujet, la *volonté* au lieu du *désir*, *le contentement d'esprit* au lieu de *la joie*, et *la précaution* en place de *la crainte*, disent qu'il ne peut rien y avoir dans l'ame du sage qui tienne la place de la *tristesse*, attendu que la tristesse est la douleur d'un mal présent, et qu'ils croient qu'il ne peut arriver de mal au sage. Lorsque j'ai voulu examiner si ces manières de parler des stoïciens étaient conformes à l'Écriture, j'ai trouvé que le prophète dit, « qu'il n'y » a point de contentement d'esprit pour les impies (1), » le propre des méchans étant plutôt de se réjouir du mal que d'être contens, ce qui n'appartient qu'aux gens de bien. J'ai aussi trouvé dans l'Évangile : « Faites » aux hommes tout ce que vous voulez qu'il vous fas- » sent (2), » comme si l'on ne pouvait vouloir que le bien, au lieu qu'on peut aussi désirer le mal. Il est vrai que quelques versions portent, « tout le bien que vous » voulez qu'ils vous fassent, » et elles l'ont fait pour empêcher que quelqu'un voulant bien souffrir quelque

---

(1) Isaïe, 57, 21.
(2) Matth., 7, 12.

chose de déshonnête, ne crût que cela lui permettait de le faire; mais ce sens n'est point celui de l'original grec.

Bien que ces sortes d'expressions soient les plus propres, il ne faut pas néanmoins toujours nous y assujétir. Il suffit de les prendre en cette acception dans les lieux de l'Écriture où elles n'en peuvent avoir d'autre, comme en ceux que je viens d'alléguer. Il est certain que cette manière de parler ne serait point passée en usage : Ne *veuillez* point mentir, s'il n'y avait aussi une mauvaise volonté, de laquelle est distinguée celle que les anges ont recommandé par ces paroles : « Paix sur la terre » aux hommes de bonne volonté (1). » Ce serait inutilement que l'Évangile ajouterait *bonne*, s'il n'y en avait aussi une mauvaise. D'ailleurs, quelle si grande louange l'apôtre aurait-il donnée à la charité, lorsqu'il a dit, « qu'elle ne prend point son contentement dans » le mal (2), » si la malignité ne l'y prenait? Nous voyons aussi que les auteurs profanes se servent indifféremment de ces termes. « Je désire, sénateurs, dit » Cicéron, de ne point sortir des bornes de la modé- » ration et de la douceur (3). » Il prend ici le désir en bonne part. Dans Térence, au contraire, le désir est pris en mauvaise part. Il introduit un jeune libertin qui, brûlant d'assouvir sa convoitise, s'écrie : « Je ne » désire que Philumène (4). » A l'égard du *contente-*

---

(1) Luc, 2, 14.
(2) I Cor., 13, 6.
(3) I.ᵃ actio in Catilin.
(4) Andr., act. II, 1.

ment d'esprit, qu'ils l'aient aussi employé en mauvaise part, Virgile seul suffit pour le prouver, lorsqu'il décrit avec une merveilleuse briéveté ces quatre passions de l'ame : « De là vient, dit-il, qu'ils craignent, » qu'ils désirent, qu'ils s'affligent et qu'ils sont con- » tens. » Le même poète dit encore : « Les mauvais » contentemens de l'esprit. »

Il est donc commun aux bons et aux méchans de *vouloir*, de *se donner garde*, et d'*être contens*, ou pour m'exprimer d'une autre sorte : Les bons et les méchans *désirent*, *craignent*, et *se réjouissent* également ; mais les uns bien, et les autres mal, selon que leur volonté est bonne ou mauvaise. La *tristesse* même, au lieu de laquelle les stoïciens n'ont pu rien substituer dans l'ame de leur sage, se prend aussi quelquefois en bonne part, surtout dans nos auteurs. L'apôtre loue les Corinthiens de ce qu'ils s'étaient attristés selon Dieu. Quelqu'un dira peut-être que cette tristesse dont saint Paul les félicite, venait du repentir de leurs fautes, vu qu'il s'explique en ces termes : » Mais encore que ma » lettre vous ait attristés pour un peu de temps, je ne » laisse pas maintenant de me réjouir, non de ce que » vous avez été tristes, mais de ce que votre tristesse » vous a portés à faire pénitence. Votre tristesse a été » selon Dieu, et ainsi vous n'avez pas sujet de vous » plaindre de nous ; car la tristesse qui est selon Dieu » produit un repentir salutaire dont on ne se répent » point, au lieu que la tristesse du monde cause la » mort (1). » Ainsi, les stoïciens peuvent répondre,

---

(1) II Cor., 7, 8 et suiv.

que la tristesse est utile pour se repentir, mais qu'elle ne peut pas tomber en l'ame du sage, parce qu'il n'est pas capable de pécher pour s'en repentir, et que nul autre mal ne peut l'attrister. On rapporte qu'Alcibiade, qui se croyait heureux, pleura quand Socrate lui eût prouvé qu'il était misérable, parce qu'il était fou. La folie donc fut cause en lui de cette tristesse salutaire, qui fait que l'homme s'afflige d'être autre qu'il ne devrait; mais les stoïciens ne disent pas que le fou ne peut être triste, mais le sage.

CHAPITRE IX.

Du bon usage que les gens de bien font des passions.

Nous avons déjà répondu là-dessus à ces philosophes au neuvième livre de cet ouvrage, où nous avons montré que ce n'est qu'une question de nom, et qu'ils sont plus amoureux de la dispute que de la vérité. Mais parmi nous, selon l'Écriture et la saine doctrine, les citoyens de la sainte Cité de Dieu qui vivent selon Dieu dans le pélerinage de cette vie, craignent, désirent, s'affligent et se réjouissent; et parce que leur amour est pur, toutes ces passions sont innocentes en eux. Ils craignent les supplices éternels, et désirent l'immortalité bienheureuse. Ils s'affligent en effet, parce qu'ils soupirent encore intérieurement dans l'attente de l'adoption divine (1), qui aura lieu lorsqu'ils seront dé-

(1) Rom., 8, 23.

livrés de leurs corps. Ils se réjouissent en espérance, parce que cette parole qui dit que « la mort sera ab- » sorbée dans la victoire (1), » s'accomplira. Bien plus, ils craignent de pécher, ils désirent de persévérer, ils s'affligent de leurs péchés, ils se réjouissent de leurs bonnes œuvres. Ils craignent de pécher, parce qu'ils entendent que « la charité se refroidira en plusieurs, » à cause qu'ils verront le vice triompher (2). « Ils désirent de persévérer, parce qu'il est écrit, « qu'il » n'y aura de sauvé que celui qui persévèrera jus- » qu'à la fin (3). » Ils s'affligent de leurs péchés, parce qu'il est dit : « Si nous nous prétendons exempts de » tout péché, nous nous abusons nous-mêmes, et » la vérité n'est point en nous. (4) » Ils se réjouissent de leurs bonnes œuvres, parce que saint Paul leur dit : « Dieu aime celui qui donne avec joie (5). » D'ailleurs, selon qu'ils sont faibles ou forts, ils crai- gnent ou désirent d'être tentés, et s'affligent ou se réjouissent de leurs tentations. Ils craignent d'être ten- tés, à cause de cette parole : » Si quelqu'un tombe par » surprise en quelque péché, vous autres qui êtes spi- » rituels, ayez soin de l'en reprendre avec douceur, » dans la crainte d'être tentés comme lui (6). » Ils dé- sirent d'être tentés, parce qu'ils entendent un homme

(1) I Cor., 15, 54.
(2) Matth., 24, 12.
(3) Matth., 10, 22.
(4) Jean, 1, 8.
(5) II Cor., 9, 7.
(6) Galat., 6, 1.

fort de la Cité de Dieu, qui dit : « Éprouvez-moi, » Seigneur, et me tentez, brûlez mes reins et mon cœur (1). » Ils s'affligent dans les tentations, parce qu'ils voient saint Pierre pleurer (2). Ils se réjouissent dans les tentations, parce qu'ils entendent cette parole de saint Jacques : « N'ayez jamais plus de joie, mes » frères, que lorsque vous êtes attaqués de plusieurs » tentations (3) ».

Or, ils ne sont pas seulement touchés de ces mouvemens pour eux-mêmes, mais aussi pour ceux dont ils désirent la délivrance ou s'en réjouissent, dont ils craignent la perte ou s'en affligent. Pour ne parler maintenant que de ce grand homme qui se glorifie de ses infirmités (4), de ce docteur des nations qui a plus travaillé que tous les autres apôtres, et qui a instruit ceux de son temps et toute la postérité par ses admirables épîtres, du bienheureux Paul, ce brave athlète de Jésus-Christ, formé par lui, lié pour lui, crucifié avec lui, glorieux en lui, combattant vaillamment sur le théâtre de ce monde à la vue des anges et des hommes, et s'avançant à grands pas dans la carrière pour remporter le prix de la course ; qui ne serait ravi de le contempler des yeux de la foi se réjouir avec ceux qui se réjouissent, pleurer avec ceux qui pleurent, avoir à soutenir des combats au dehors et des frayeurs

---

(1) Ps. 25, 2.
(2) Matth., 26, 75.
(3) Jacq., 1, 2.
(4) II Cor., 12, 5.

au dedans, souhaiter de mourir et d'être avec Jésus-Christ ; désirer de voir les Romains, pour faire du fruit parmi eux comme il en avait fait parmi les autres nations ; avoir pour les Corinthiens une sainte jalousie, qui lui fait appréhender qu'ils ne se laissent séduire et qu'ils ne s'écartent de l'amour chaste qu'ils avaient pour Jésus-Christ ; être touché pour les Juifs d'une tristesse profonde et d'une douleur continuelle, qui le pénètre jusqu'au cœur, de ce qu'ignorant la justice dont Dieu est auteur, et voulant établir leur propre justice, ils n'étaient point soumis à Dieu ; et enfin, n'être pas seulement touché de douleur, mais éclater en gémissemens et en plaintes au sujet de quelques-uns qui après être tombés dans de grands désordres n'en faisaient point pénitence ?

Si l'on doit appeler vices ces mouvemens qui naissent de l'amour de la vertu et de la charité, il ne reste plus que d'appeler vertus les affections qui sont réellement des vices. Mais puisque ces mouvemens suivent la droite raison lorsqu'on les emploie où il faut, qui oserait alors les appeler des maladies de l'ame ou des passions vicieuses ? Aussi, notre Seigneur, qui a bien daigné vivre ici-bas revêtu de la forme de serviteur, mais sans aucun péché, s'en est servi lui-même lorsqu'il a cru le devoir faire. Comme il avait vraiment un corps et une ame, il avait aussi de véritables passions. Lors donc que l'Évangile rapporte qu'il fut touché d'une tristessse mêlée d'indignation, de voir l'endurcissement des Juifs; qu'il dit : « Je me réjouis pour
» l'amour de vous de ce que je n'étais pas là, afin que

» vous croyez (1); » qu'avant de ressusciter le Lazare il pleura; qu'il désira ardemment de manger la Pâque avec ses disciples ; que son ame fut triste jusqu'à la mort aux approches de sa passion ; nous ne devons point douter que toutes ces choses ne se soient effectivement passées en lui. Il s'est revêtu de ces passions quand il lui a plu pour l'accomplissement de ses desseins, comme il s'est fait homme quand il a voulu.

Mais quelque bon usage que nous fassions de ces passions, il n'en faut pas moins reconnaître que nous ne les éprouverons pas dans l'autre vie, et qu'en celle-ci elle nous emportent souvent plus loin que nous ne voudrions : ce qui fait que nous pleurons même quelquefois malgré nous, quoiqu'en des choses qui ne sont purement que de charité. C'est en nous une suite de notre condition faible et mortelle ; mais il n'en était pas ainsi de notre Seigneur Jésus-Christ, qui était maître de toutes ces faiblesses. Tant que nous sommes dans ce corps fragile, ce serait un défaut d'être exempt de toute passion ; car l'apôtre blâmait et même détestait certaines personnes qu'il accuse d'être sans amitié (2). Le psalmiste de même condamne ceux dont il dit : « J'ai attendu pour voir si quelqu'un ne pren-
» drait point part à mon affliction, et personne n'y a
» pris part (3). » En effet, n'avoir aucun sentiment de douleur, tandis que nous sommes dans ce lieu de

---

(1) Jean, 11, 15.
(2) Rom., 1, 31.
(3) Ps. 68, 25.

misère, est un état que, comme le disait agréablement un ancien (1), nous ne saurions acheter qu'au prix d'une merveilleuse stupidité. C'est pourquoi, ce que les Grecs appellent *apathie*, c'est-à-dire cet état de l'ame dans lequel elle ne soit sujète à aucune passion qui la trouble, et qui soit contraire à la raison, est véritablement une bonne chose et très souhaitable, mais qui n'est pas non plus pour cette vie. Ce n'est pas un homme du commun, mais des plus saints et des plus parfaits qui dit : « Si nous nous prétendons » exempts de tout péché, nous nous abusons nous- » mêmes, et la vérité n'est point en nous (2). » Ainsi, cette *apathie* n'aura lieu que quand l'homme sera affranchi de tout péché. Il suffit maintenant de vivre sans crime, mais croire vivre sans péché est moins le moyen d'en être exempt, que de n'en point obtenir le pardon. Que si l'on appelle *apathie* de n'être touché d'aucune passion, n'est-il pas vrai que cette insensibilité est pire que tous les vices ? On peut donc fort bien dire que la parfaite béatitude dont nous espérons jouir en l'autre vie, sera exempte de crainte et de tristesse ; mais qui peut soutenir avec quelqu'ombre de raison que l'amour et la joie en soient bannis ? Si par cette *apathie* on entend un état entièrement exempt de crainte et de douleur, il faut fuir cet état en cette vie, si nous voulons bien vivre, c'est-à-dire vivre selon Dieu ; mais pour l'autre, où l'on nous promet une félicité éternelle, la crainte n'y entrera point.

(1) L'académicien Crantor, au rapport de Cicéron, *Tuscul.* 3.

(2) I Jean, 1, 8.

Cette crainte dont l'apôtre saint Jean dit : « La
» crainte ne se trouve point avec la charité; car la
» charité parfaite bannit la crainte, parce que la
» crainte est pénible (1); » cette crainte, dis-je, n'est
pas du genre de celle qui faisait redouter à saint Paul
que les Corinthiens ne se laissassent surprendre aux
artifices du serpent (2), attendu que la charité est susceptible de cette crainte, ou, pour mieux dire, il n'y
a que la charité qui en soit capable; mais elle est du
genre de celle dont parle le même apôtre quand il dit :
« Vous n'avez point reçu l'esprit de servitude pour
» vivre encore dans la crainte (3). » Quant à cette
crainte chaste « qui demeure dans le siècle du siècle (4), »
si elle demeure dans le siècle à venir (et comment entendre autrement le siècle du siècle?), ce ne sera pas
une crainte qui nous donne appréhension du mal,
mais qui nous affermira dans un bien que nous ne
pourrons perdre. Lorsque l'amour du bien acquis est
immuable, on est en quelque sorte assuré contre l'appréhension de tout mal. En effet, cette crainte chaste
dont parle le prophète signifie cette volonté par laquelle nous voudrons nécessairement ne point pécher,
en sorte que nous éviterons le péché avec cette tranquillité qui accompagne un amour parfait, et non avec
les inquiétudes qui sont maintenant des suites de notre
infirmité. Que si toute sorte de crainte est incompatible avec cet état heureux où nous serons entièrement

(1) I Jean, 4, 18.
(2) II Cor., 11, 3.
(3) Rom., 8, 15.
(4) Ps. 18, 10.

assurés de notre bonheur, il faut entendre cette parole
de l'Écriture : « La crainte chaste du Seigneur qui
» demeure dans le siècle du siècle, » comme cette
autre : « La patience des pauvres ne périra jamais (1); »
non que la patience sera réellement éternelle, puisqu'elle n'est nécessaire qu'où il y a des maux à souffrir ; mais le bien qu'on acquiert par la patience sera
éternel : de la même manière peut-être que l'Écriture
dit que la crainte chaste demeurera dans le siècle du
siècle, parce que la récompense en sera éternelle.

Dans cet état de choses, puisqu'il faut mener une
bonne vie pour arriver à la vie bienheureuse, il faut
conclure que tous ces mouvemens sont bons en ceux
qui vivent bien, et mauvais dans les autres. À l'égard
de la vie bienheureuse et éternelle, elle sera accompagnée d'un amour et d'une joie qui ne seront pas
seulement bons, mais assurés, et il n'y aura ni crainte
ni douleur. On voit déjà en quelque façon quels doivent être dans ce pélerinage les citoyens de la Cité de
Dieu qui vivent selon l'esprit et non selon la chair,
c'est-à-dire selon Dieu et non selon l'homme, et quels
ils seront un jour dans cette immortalité à laquelle ils
aspirent. Mais pour l'autre Cité, c'est-à-dire pour la
société des impies qui ne vivent pas selon Dieu, mais
selon l'homme, et qui embrassent la doctrine des
hommes et des démons dans le culte d'une fausse divinité et dans le mépris de la véritable, elle est tourmentée de ces passions comme d'autant de maladies;
et si elle a quelques citoyens qui semblent les modé-

(1) Ps., 9, 19.

rer, ils sont tellement bouffis d'orgueil que leur enflure est d'autant plus grande qu'ils en ont moins de sentiment. Si quelques-uns d'eux sont montés jusqu'à cet excès de vanité, de n'être touchés d'aucune passion, non pas même de celle de la gloire, ils ont plutôt perdu toute humanité qu'ils n'ont acquis une tranquillité véritable. Une chose n'est pas droite pour être inflexible, ni saine pour n'avoir plus de sentiment.

CHAPITRE X.

Si les premiers hommes avant le péché étaient exempts de toutes passions.

On a raison de demander si nos premiers parens avaient, dans le paradis terrestre, ces passions dont nous serons un jour exempts dans le ciel. En effet, s'ils les avaient, comment étaient-ils bienheureux ? La béatitude peut-elle s'allier avec la crainte ou la douleur ? Mais, d'un autre côté, que pouvaient-ils craindre ou souffrir au milieu de tant de biens, dans cet état où ils n'avaient à redouter ni la mort ni les maladies, où leurs justes désirs étaient pleinement comblés, et où rien ne les troublait dans la jouissance d'une si parfaite félicité ? L'amour mutuel de ces époux, aussi bien que celui qu'ils portaient à Dieu, était libre de toutes traverses ; et de cet amour naissait une joie admirable, parce qu'ils possédaient toujours ce qu'ils aimaient. Ils évitaient le péché sans peine et sans inquiétude, et ils n'avaient point d'autre mal à craindre. Dirons-nous qu'ils désiraient de manger du fruit défendu, mais qu'ils craignaient de mourir, et qu'ainsi ils étaient agités de crainte et de désir? Dieu nous garde d'avoir cette pensée d'eux en un lieu où ils étaient entièrement exempts de péché. N'est-ce pas déjà un péché de désirer ce qui est défendu par la loi de Dieu, et de s'en abstenir par la crainte de la peine, et non par l'amour de la justice? Loin de nous donc l'idée qu'ils fussent coupables dès-lors, à l'égard du fruit défendu, de cette sorte de péché dont notre Seigneur dit, à l'égard d'une femme : « Quiconque regarde une » femme pour la convoiter, a déjà commis l'adultère » dans son cœur (1). » Tous les hommes seraient maintenant aussi heureux que ces premiers hommes, c'est-à-dire qu'ils ne seraient troublés d'aucune passion dans l'ame, ni affligés d'aucune incommodité dans le corps, si ni eux ni leurs descendans n'eussent point péché; et leur félicité aurait duré jusqu'à ce que, en vertu de cette bénédiction de Dieu : « Croissez et mul- » tipliez (2), » le nombre des prédestinés eût été accompli; après quoi ils seraient passés sans mourir dans cette même félicité dont nous espérons jouir après la mort, et qui doit nous égaler aux anges.

(1) Matth., 5, 28.
(2) Genès., 1, 28.

CHAPITRE XI.

De la chute du premier homme, dans lequel la nature a été créée bonne et ne peut être réparée que par son auteur.

Comme Dieu a tout prévu, et qu'ainsi il n'a pu ignorer que l'homme pécherait, il convient que nous parlions de sa sainte Cité selon sa divine prescience, et non selon ce qui n'a pu parvenir à notre connaissance, parce que cela n'était pas dans l'ordre de la providence de Dieu. L'homme n'a pu troubler par son péché ses desseins éternels, ni l'obliger à changer de résolution, puisque Dieu avait prévu et combien l'homme qu'il a créé bon devait devenir méchant et quel bien il devait tirer de sa malice. En effet, quoique l'on dise que Dieu change ses conseils (d'où vient que, par une expression figurée, on lit dans l'Écriture qu'il s'est repenti (1)), cela ne se dit qu'en égard à ce que l'homme attendait, ou à l'ordre des causes naturelles, et non pas en considérant la prescience de Dieu. Dieu, comme parle l'Écriture (2), a créé l'homme droit, et par conséquent avec une bonne volonté; autrement il n'aurait pas été droit. La bonne volonté est donc l'ouvrage de Dieu, puisque l'homme l'a reçue dès l'instant

(1) Genès., 6, 6.
(2) Ecclés., 7, 30.

de sa création. Quant à la première mauvaise volonté, comme elle a précédé dans l'homme toutes les mauvaises œuvres, elle a plutôt été une défaillance et un abandon de l'ouvrage de Dieu pour se porter vers ses propres ouvrages, qu'aucune œuvre positive. Si ces ouvrages de la volonté ont été mauvais, c'est qu'ils n'ont pas eu Dieu pour fin, mais la volonté même ; en sorte que cette volonté a été comme l'arbre qui a produit ces mauvais fruits, ou, si l'on veut, comme l'homme même en tant qu'il a eu une mauvaise volonté. Bien que la mauvaise volonté, loin d'être selon la nature, lui soit contraire, parce que c'est un vice, toutefois elle est de même nature que le vice, qui ne peut être que dans une nature, mais dans une nature que le Créateur a tirée du néant, et non dans celle qu'il a engendrée de lui-même, telle qu'est le Verbe par qui toutes choses ont été faites. Dieu a formé l'homme de la poussière de la terre, mais la terre elle-même a été créée de rien, aussi bien que l'ame de l'homme. Or, le mal est tellement surmonté par le bien, qu'encore que Dieu permette qu'il y en ait, afin de faire voir comment sa justice en peut bien user, le bien néanmoins peut être sans le mal, comme Dieu qui est le souverain bien, et toutes les créatures célestes et invisibles qui font leur demeure au-dessus de cet air ténébreux ; au lieu que le mal ne saurait subsister sans le bien, parce que les natures en qui il est sont bonnes comme natures. Aussi l'on ôte le mal, non en ôtant quelque nature étrangère, ou quelqu'une de ses parties, mais en guérissant celle qui était corrompue. Le libre arbitre est donc vraiment libre quand il n'est point esclave du péché. Dieu l'avait donné tel à l'homme; et maintenant qu'il l'a perdu par sa faute, il n'y a que celui qui le lui avait donné qui puisse le lui rendre. La vérité dit pour cette raison : « Si le Fils vous met en liberté, c'est alors que vous » serez vraiment libres (1); » ce qui revient à ceci : Si le Fils vous sauve, c'est alors que vous serez vraiment sauvés. Il n'est dans le fait notre libérateur que par cela même qu'il est notre Sauveur.

L'homme vivait donc selon Dieu dans le paradis à la fois corporel et spirituel. Aussi le paradis n'était-il pas corporel pour les biens du corps, ni spirituel en faveur de ceux de l'esprit; ou plutôt il était spirituel afin que l'homme en pût jouir par les sens intérieurs, et non corporel de manière à ce qu'il en jouît par les sens extérieurs. Il était assurément l'un et l'autre pour ces deux usages. Mais depuis que cet ange superbe et envieux qui s'éloigne de son Créateur pour se tourner vers lui-même, et s'érigea en tyran plutôt que de rester sujet, fut tombé du paradis; jaloux du bonheur de l'homme, il choisit le serpent, animal fin et rusé, comme l'instrument le plus propre à l'exécution de son dessein, et s'en servit pour parler à la femme, commençant par la partie la plus faible de ce couple, afin d'arriver au tout par degrés, parce qu'il ne croyait pas l'homme si crédule, ni capable de se laisser aller, si ce n'est à la sollicitation de sa femme. De même qu'Aaron ne se porta pas à fabriquer une idole aux Hébreux de son propre mouvement, mais parce qu'il

---

(1) Jean, 8, 36.

y fut forcé par leurs instances ; de même encore qu'il n'est pas croyable que Salomon ait cru qu'il fallait adorer des simulacres, mais qu'il fut entraîné à ce culte sacrilège par les caresses de ses concubines ; ainsi il n'y a pas d'apparence que le premier homme ait violé la loi de Dieu pour avoir été trompé par sa femme, mais pour n'avoir pu résister à l'amour qu'il lui portait. Si l'apôtre a dit : « Adam n'a point été séduit, » mais la femme (1), » ce n'est que parce que la femme ajouta foi aux paroles du serpent, et que l'homme ne voulut pas se séparer de sa chère moitié, même pour mal faire. Il n'en est pas toutefois moins coupable, attendu qu'il n'a péché qu'avec connaissance. Aussi l'apôtre ne dit pas : Il n'a point péché, mais, « Il n'a point été séduit. » Il témoigne bien au contraire qu'il a péché quand il dit : « Le péché est entré » dans le monde par un seul homme (2) ; » et un peu après, encore plus clairement : « A la ressemblance » de la prévarication d'Adam (3). » Or, il entend que ceux-là sont séduits, qui ne croient pas mal faire : mais Adam savait fort bien qu'il faisait mal ; autrement, comment serait-il vrai qu'Adam n'a pas été séduit ? Comme il n'avait pas encore expérimenté la sévérité de la justice de Dieu, il a pu se tromper en jugeant sa faute vénielle. Ainsi il n'a pas été séduit pour avoir cru ce que crut sa femme, mais pour s'être imaginé que Dieu se contenterait de cette excuse qu'il

---

(1) I Tim., 2, 14.
(2) Rom., 5, 12.
(3) Ibid., 14.

lui allégua ensuite : « La femme que vous m'avez
» donnée pour compagne m'a présenté du fruit, et
» j'en ai mangé (1). » Qu'est-il besoin d'en dire davantage ? Il est vrai qu'ils n'ont pas tous deux été déçus ; mais ils ont tous deux péché et sont tombés tous deux dans les filets du diable.

CHAPITRE XII.

Grandeur du péché du premier homme.

Que si quelqu'un s'étonne de ce que la nature humaine ne soit pas changée par les autres péchés, comme elle l'a été par celui de ces deux premiers hommes, qui est la cause de cette horrible corruption à laquelle elle est sujète, de la mort, et de tant d'autres misères dont on était exempt dans le paradis terrestre, il ne doit pas juger de la grandeur de ce péché par sa matière, mais par la désobéissance qui l'accompagna. En effet, Dieu, dans le commandement qu'il fit à l'homme, ne considérait que son obéissance, vertu qui est la mère et la gardienne de toutes les vertus, puisque la créature raisonnable a été créée de sorte que rien ne lui est plus utile que d'être soumise à son Créateur, ni rien de plus pernicieux que de faire sa propre volonté. Ce commandement était si court à retenir et si facile à observer au milieu d'une si grande abondance

(1) Genès., 3, 12.

d'autres fruits dont il lui était libre de manger ! Il a été d'autant plus coupable de le violer, qu'il lui était plus aisé de s'en abstenir, à une époque surtout où le désir ne combattait pas encore sa volonté ; ce qui n'est arrivé depuis qu'en punition de son péché.

CHAPITRE XIII.

Le péché d'Adam a été précédé d'une mauvaise volonté.

MAIS ils étaient déjà corrompus au-dedans avant que de tomber au-dehors dans cette désobéissance, car une mauvaise action est toujours précédée d'une mauvaise volonté. Or, qui a pu donner commencement à cette mauvaise volonté, que l'orgueil, puisque, selon l'Ecriture (1), tout péché commence par là ? Et qu'est-ce que l'orgueil, sinon le désir d'une fausse grandeur ? N'en est-ce pas une d'abandonner celui à qui l'ame doit être attachée comme à son principe pour devenir en quelque sorte son principe à soi-même ? Cela arrive quand elle se plaît trop en sa propre beauté, en quittant cette beauté souveraine et immuable qui devait faire l'unique objet de ses complaisances. Ce mouvement de l'ame qui se détache de son Dieu est volontaire, puisque si la volonté des premiers hommes fût demeurée stable dans l'amour de ce souverain bien qui

---

(1) Ecclésiasti., 10, 15.

l'éclairait et l'échauffait, elle ne s'en serait pas détournée pour se plaire en elle-même, c'est-à-dire pour tomber dans l'aveuglement et dans la froideur, et la femme n'aurait pas cru le serpent, ni l'homme préféré la volonté de sa femme au commandement de Dieu, dans l'opinion de ne commettre qu'un péché véniel. Ils étaient donc méchans avant que de transgresser le commandement. Ce mauvais fruit ne pouvait venir que d'un mauvais arbre (1), et cet arbre ne pouvait devenir mauvais que par une chose contraire à la nature, c'est-à-dire par le vice de la mauvaise volonté. Or, la nature ne pourrait être corrompue par le vice, si elle n'avait été tirée du néant ; et c'est à cause de cela qu'elle abandonne l'auteur de son être. L'homme néanmoins, en l'abandonnant, n'est pas retombé dans le néant, mais il s'est tourné vers lui-même et a commencé dès-lors à avoir moins d'être qu'il n'en avait lorsqu'il était attaché à l'Être souverain. Être dans soi-même, ou, en d'autres termes, s'y complaire après avoir abandonné Dieu, ce n'est pas encore être un néant, mais c'est approcher du néant. De là vient que l'Écriture sainte appelle superbes ceux qui se plaisent en eux-mêmes (2). Il est bon d'avoir le cœur élevé en haut, non pas cependant vers soi-même, ce qui tient de l'orgueil, mais vers Dieu, ce qui est l'effet d'une obéissance dont il n'y a que les humbles qui soient capables. Il est donc quelque chose dans l'humilité qui élève le cœur en haut,

---

(1) Matth., 7, 18.
(2) II Pierre, 2, 10.

et quelque chose dans l'orgueil qui le porte en bas. On a peine à entendre d'abord que ce qui s'abaisse tende en haut, et que ce qui s'élève aille en bas; mais c'est que notre humilité envers Dieu nous unit à celui qui ne voit rien de plus élevé que lui, et par conséquent nous élève ; tandis que l'orgueil qui refuse de s'assujétir à lui se détache et tombe. Alors s'accomplit cette parole du prophète : « Vous les avez abattus lorsqu'ils » s'élevaient (1). » Il ne dit pas lorsqu'ils s'étaient élevés, comme si leur chute avait suivi leur élèvement ; mais ils ont été abattus, dit-il, lorsqu'ils s'élevaient, parce que s'élever c'est tomber. Aussi est-ce l'humilité, si fort recommandée en ce monde à la Cité de Dieu et si bien pratiquée par Jésus-Christ, son roi, et l'orgueil, appanage de l'ennemi de cette Cité sainte, selon le témoignage l'Écriture, qui mettent cette grande différence entre les deux Cités dont nous parlons, composées, l'une de l'assemblée des bons, et l'autre de celle des méchans, chacune avec les anges de son parti, que l'amour-propre et l'amour de Dieu ont distingués dès le commencement.

Le diable n'aurait donc pas fait tomber l'homme, si l'homme ne s'était plu auparavant en lui-même. Il se flatta de ce qu'on lui dit : « Vous serez comme des » dieux (2); » mais ils l'auraient mieux été, sa moitié et lui, en se tenant unis par l'obéissance à leur véritable et souverain principe, qu'en voulant p r leur orgueil devenir eux-mêmes leur principe. En effet, les

(1) Ps. 72, 18.
(2) Genès., 3, 5.

dieux créés ne sont pas dieux par leur propre vertu, mais par leur union au véritable Dieu. Quand l'homme désire d'être plus qu'il ne doit, il devient moins qu'il n'était, et, en croyant se suffire à lui-même, il perd celui qui lui pourrait réellement suffire. Ce désordre qui fait que l'homme, pour trop se plaire en lui-même, comme s'il était lui-même lumière, se sépare de cette lumière qui le rendrait lumière si elle lui plaisait ; ce désordre, dis-je, était déjà dans le cœur de l'homme avant qu'il passât à l'action qui lui avait été défendue. Il est écrit avec vérité : « Le cœur s'élève avant la chute » et s'humilie avant la gloire (1) ; » c'est-à-dire que la chute qui se fait dans le cœur précède celle qui arrive au dehors, lorsque l'on ne croirait pas qu'on fût encore tombé. Qui s'imaginerait que l'élèvement fût une chute ? Qui ne voit au contraire que l'on tombe quand on viole le commandement ? J'ose dire qu'il est utile aux superbes de tomber en quelque péché évident et manifeste, afin que ceux qui étaient déjà tombés par la complaisance qu'ils avaient en eux-mêmes commencent à se déplaire d'eux-mêmes. Les larmes et le déplaisir de saint Pierre lui furent plus salutaires que la fausse complaisance de sa présomption. C'est ce que le psalmiste dit aussi quelque part : « Couvrez-les de » honte, Seigneur, et ils chercheront votre nom (2) ; » c'est-à-dire ceux qui s'étaient plus dans la recherche de leur gloire se plairont à rechercher la vôtre.

(1) Prov., 16, 18.
(2) Ps. 82, 15.

CHAPITRE XIV.

L'orgueil de la transgression d'Adam et d'Ève ne fit qu'accroître leur péché.

Mais l'orgueil le plus grand et le plus condamnable est de vouloir excuser des péchés manifestes, comme fit Ève, quand elle dit : « Le serpent m'a trompée, » et j'ai mangé du fruit (1), « et Adam, quand il répondit : « La femme que vous m'avez donnée m'a » donné du fruit, et j'en ai mangé (2). » On ne voit point qu'ils demandent pardon de leur crime, ni qu'ils en implorent le remède. Quoiqu'ils ne le désavouent pas comme Caïn (3), leur orgueil néanmoins tâche de le rejeter sur un autre, la femme sur le serpent, et l'homme sur la femme. Mais quand le péché est manifeste, c'est s'accuser que de s'excuser. En effet, l'avaient-ils moins commis parce que la femme le commit à la persuasion du serpent, et l'homme à l'instance de la femme, comme s'il y avait quelqu'un à qui l'on dût plutôt croire ou céder qu'à Dieu ?

(1) Genès., 3, 13.
(2) Ibid., 12.
(3) Idid., 4, 9.

CHAPITRE XV.

La peine du premier péché est très juste.

Lors donc que l'homme eut méprisé le commandement de Dieu qui l'avait créé, qui l'avait fait à son image, qui l'avait établi sur les autres animaux, qui l'avait mis dans le paradis, qui l'avait comblé de tous biens, qui ne l'avait point chargé d'un grand nombre de préceptes fâcheux, mais ne lui en avait donné qu'un seul très facile, pour lui recommander l'obéissance et le faire souvenir qu'il était son Seigneur et qu'il ne pouvait espérer de véritable liberté qu'en le servant ; ce fut avec justice qu'il tomba dans la damnation, et dans une damnation telle, que son esprit devint charnel, lui dont le corps même devait devenir spirituel s'il n'eût point péché : et comme il s'était plu en lui-même par son orgueil, la justice de Dieu l'abandonna à lui-même, non pour vivre dans l'indépendance qu'il affectait, mais pour être esclave de celui à qui il s'était joint en péchant, pour souffrir malgré lui la mort du corps comme il s'était volontairement procuré celle de l'ame, et pour être même condamnée à la mort éternelle si Dieu ne l'en délivrait par sa grace, en punition de ce qu'il avait abandonné la vie éternelle. Quiconque estime cette condamnation ou trop grande ou injuste, ne sait certainement pas peser la malice d'un péché qui était si facile à éviter. De même que l'obéissance d'Abraham a été d'autant plus grande que le commandement que Dieu lui avait fait était plus difficile; ainsi la désobéissance du premier homme a été d'autant plus criminelle qu'il n'y avait aucune difficulté à faire ce qui lui avait été commandé : et comme l'obéissance du second Adam est d'autant plus louable qu'il a été obéissant jusqu'à la mort, la désobéissance du premier est d'autant plus détestable qu'il a été désobéissant jusqu'à la mort. Lorsque la chose commandée par le Créateur était si peu considérable et la peine de la désobéissance si grande, qui peut exprimer quel péché c'est d'avoir manqué à faire une chose si aisée et de n'avoir point redouté un si grand supplice ?

Enfin, pour le dire en un mot, quelle a été la peine de la désobéissance, sinon la désobéissance même ? En quoi consiste au fond la misère de l'homme, si ce n'est dans une révolte de lui-même contre lui-même, en sorte que, comme il n'a pas voulu ce qu'il pouvait, il veut maintenant ce qu'il ne peut ? En effet, bien que dans le paradis il ne fût pas tout-puissant, il ne voulait que ce qu'il pouvait, et ainsi il pouvait tout ce qu'il voulait; mais maintenant, comme dit l'Écriture (1), l'homme n'est que vanité. Qui pourrait compter combien il veut de choses qu'il ne peut, tandis que sa volonté est contraire à elle-même et que sa chair ne lui veut pas obéir ? Ne voyons-nous pas qu'il se trouble souvent malgré lui, qu'il souffre malgré lui, qu'il vieillit malgré lui, qu'il meurt mal-

---

(1) Ps. 143, 5.

gré lui ? Combien endurons-nous de choses que nous n'endurerions pas si notre nature obéissait en tout à notre volonté ? Mais, dit-on, c'est que notre chair est sujète à certaines infirmités qui l'empêchent de nous obéir. Qu'importe pour quelle raison notre chair, qui nous était soumise, nous fait de la peine en refusant de nous obéir, puisqu'il est toujours certain que c'est un effet de la juste vengeance de Dieu, à qui nous n'avons pas voulu nous-mêmes être soumis, quoique cela n'ait pu lui causer aucune peine ? Il n'a pas besoin de notre service comme nous avons besoin de celui de notre corps, et ainsi notre péché n'a fait tort qu'à nous. Pour les douleurs qu'on nomme du corps, c'est l'ame qui les souffre dans le corps, et par son moyen. Et que peut souffrir ou désirer par elle-même une chair sans ame ? Quand on dit que la chair souffre ou désire, l'on entend par là ou l'homme entier, comme nous l'avons montré ci-dessus, ou quelque partie de l'ame que la chair affecte d'impressions fâcheuses ou agréables qui produisent en elle un sentiment de douleur ou de volupté. Ainsi la douleur du corps n'est autre chose qu'un chagrin de l'ame à cause du corps, et l'opposition qu'elle a à ce qui se fait dans le corps ; comme la douleur de l'ame qu'on nomme tristesse est l'opposition qu'a notre ame aux choses qui arrivent contre notre gré. Mais la tristesse est ordinairement précédée de la crainte qui est aussi dans l'ame et non dans la chair, au lieu que la douleur de la chair n'est précédée d'aucune crainte de la chair, qui se sente dans la chair avant la douleur. Pour la volupté, elle est précédée dans la chair même d'un certain aiguillon, comme la faim, la soif et ce libertinage des parties de la génération, que l'on nomme convoitise aussi bien que toutes les autres passions. Les anciens ont défini la colère même une convoitise de se venger, quoique par fois un homme se fâche contre des choses qui ne sont pas capables de ressentir sa vengeance, comme quand il rompt en colère une plume qui ne vaut rien. Mais bien que ce désir de vengeance soit plus déraisonnable que les autres, il ne laisse pas d'être une convoitise et d'être même fondé sur quelque ombre de justice, qui veut que ceux qui font le mal le souffrent. Il y a donc une convoitise de se venger qu'on appelle colère ; il y a une convoitise d'avoir de l'argent, qu'on nomme avarice ; il y a une convoitise de vaincre, qu'on appelle opiniâtreté ; et il y a une convoitise de se louer, qu'on appelle vanité. Il y en a encore bien d'autres, dont les unes ont un nom et les autres n'en ont point ; car quel nom peut-on donner à la convoitise de dominer, qui néanmoins est si forte dans l'ame des tyrans, comme on le voit par les guerres civiles ?

CHAPITRE XVI.

Danger du mal de la convoitise, à n'entendre ce mot que des mouvemens impurs du corps.

Bien qu'il y ait plusieurs espèces de convoitises, lors toutefois que l'on emploie ce mot dans un sens absolu, il s'entend d'ordinaire de ce mouvement qui accompagne l'acte de la génération. Or, cette passion est si forte, qu'elle ne s'empare pas seulement du corps, mais de l'esprit, et qu'elle émeut l'homme tout entier; de sorte qu'au moment où cette volupté, qui est la plus grande de toutes celles du corps, s'accomplit, l'ame en est tellement enivrée que toutes ses fonctions en demeurent suspendues. Quel est l'ami de la sagesse et des joies pures et innocentes, qui, étant marié, mais sachant, comme dit l'apôtre (1), posséder son vase saintement et honnêtement, sans suivre les désirs déréglés de l'intempérance comme les payens, n'aimât beaucoup mieux, s'il pouvait, engendrer des enfans sans cette sorte de plaisir, de manière à ce que les membres destinés à la génération fussent soumis à l'empire de la volonté comme les autres, plutôt qu'emportés par les bouillons impétueux de la convoitise? Mais ceux même qui aiment cette volupté, soit dans la conjonction légitime du mariage, soit dans les commerces honteux de l'impureté, ne sont pas émus quand ils veulent. Ces mouvemens quelquefois nous importunent malgré nous, et quelquefois ils abandonnent ceux qui les désirent avec ardeur; et tandis que leur ame est toute en feu, leur corps demeure glacé. Ainsi, par une étrange merveille, il arrive souvent que non-seulement cette passion déréglée n'obéit pas aux désirs légitimes du mariage, mais qu'elle ne suit pas même les désirs déréglés de l'impudicité; en sorte qu'au lieu que quelquefois elle résiste de tout son pou-

(1) I Thess., 4, 4.

voir à l'esprit qui fait effort pour l'arrêter, d'autres fois elle se divise contre elle-même et ébranle l'ame sans émouvoir le corps.

CHAPITRE XVII.

Comment Adam et Ève connurent qu'ils étaient nus.

C'est avec raison que nous avons honte de cette convoitise, et que ces membres qui sont, pour ainsi dire, de son ressort et indépendans de la volonté, s'appellent honteux ; ce qui n'était pas avant le péché. « Ils » étaient nus, dit l'Écriture, et ils n'en avaient » point de honte (1) ; » non que leur nudité ne leur fût pas connue, mais parce qu'elle n'était pas encore honteuse, d'autant que la concupiscence ne faisait pas alors mouvoir ces membres-là contre le consentement de la volonté, et que la désobéissance de la chair ne reprochait point encore à l'homme sa désobéissance. En effet, ils n'avaient pas été créés aveugles, comme le peuple ignorant se l'imagine, puisque Adam vit les animaux à qui il donna des noms, et qu'il est dit d'Ève (2) qu'elle vit que le fruit défendu était bon à manger et agréable à la vue. Leurs yeux étaient donc ouverts, mais ils ne l'étaient pas pour cela, c'est-à-

(1) Genès., 2, 25.
(2) Genès., 3, 6.

dire qu'ils ne prenaient pas garde à ce que la grace couvrait en eux quand leurs membres ne savaient ce que c'était de désobéir à la volonté. Mais quand ils eurent perdu cette grace, Dieu vengeant leur désobéissance par une autre, un mouvement déshonnête s'éleva tout d'un coup dans leur corps, qui leur fit apercevoir leur nudité et les couvrit de confusion. De là vient qu'après qu'ils eurent violé le commandement de Dieu, l'Écriture dit : « Leurs yeux furent ouverts, » et, connaissant qu'ils étaient nus, ils entrelacèrent » des feuilles de figuier et s'en couvrirent (1). » Leurs yeux, dit-elle, furent ouverts, non pour voir, car ils voyaient auparavant, mais pour connaître le bien qu'ils avaient perdu et le mal qu'ils venaient d'encourir. C'est pour cela que l'arbre même dont le fruit était défendu s'appelait l'Arbre de la science du bien et du mal, parce qu'il devait donner cette connaissance, au cas qu'on en mangeât contre la défense que Dieu en avait faite. Ainsi l'expérience de la maladie fait mieux sentir le prix de la santé. Ils connurent donc qu'ils étaient nus, c'est-à-dire dépouillés de cette grace qui empêchait qu'ils n'eussent honte de leur nudité, parce qu'aucune loi du péché ne résistait à leur esprit ; ils connurent ce qu'ils eussent plus heureusement ignoré, si toujours fidèles et obéissans à Dieu ils n'eussent point commis un péché qui leur eût appris quel mal c'était que l'infidélité et la désobéissance. Confus de la révolte de leur chair comme d'un témoignage honteux de leur rebellion, ils en-

---

(1) Genès., 3, 7.

trelacèrent des feuilles de figuier et s'en couvrirent. De là vient qu'il est tellement naturel à tous les peuples de couvrir les parties honteuses, qu'il y a des Barbares qui ne les découvrent pas même dans le bain ; et les gymnosophistes de l'Inde, espèce de philosophes qui vivent tout nus dans les forêts, ont soin aussi de les couvrir.

CHAPITRE XVIII.

De la honte qui accompagne la génération des enfans.

Lorsque la convoitise veut se satisfaire, non-seulement dans les commerces illicites, mais dans ceux même que la société permet ou tolère, elle ne laisse pas de fuir le jour et la vue des hommes ; ce qui prouve qu'il a été plus aisé à l'impudicité de s'affranchir du joug des lois, qu'à l'impudence d'ôter les retraites de la pudeur. Les débauchés appellent eux-mêmes ces actions déshonnêtes ; et, quoiqu'ils les aiment, ils rougissent de les publier. Que dirai-je de la conjonction légitime du mariage ? Ne cherche-t-elle pas aussi le secret, et, avant la consommation, ne chasse-t-elle pas tous ceux qui avaient été présens jusque-là ? Un grand maître de l'éloquence (1) dit que toutes les bonnes actions veulent paraître au jour, c'est-à-dire

---

(1) Cicéron, *Quæst. tuscul.*

désirent d'être connues ; et celle-ci, quelle que soit sa bonté, désire de l'être, mais de telle sorte cependant qu'elle aurait honte de se montrer. Qui ne sait en effet ce qui se passe entre les mariés dans la génération des enfans, puisque ce n'est que pour cela que l'on épouse des femmes avec tant de solennité ? et néanmoins quand le mari et la femme sont ensemble, ils ne souffrent pas seulement que leurs enfans soient présens. D'où vient cela, sinon de ce que cette action, bien qu'honnête et permise, se ressent toujours de la honte qui accompagne la peine du péché ?

CHAPITRE XIX.

Il est nécessaire d'opposer à l'activité de la colère et de la convoitise le frein de la sagesse.

Voilà pour quel motif ces philosophes qui ont approché le plus près de la vérité (1) sont demeurés d'accord que la colère et la concupiscence sont des parties vicieuses de l'ame, en ce qu'elles se portent avec tumulte et avec désordre aux choses même que la sagesse ne défend point ; et qu'ainsi elles ont besoin d'être conduites et modérées par la raison qui, selon eux, a son siége dans la plus haute partie de l'ame, d'où, comme d'un lieu éminent, elle gouverne ces deux autres parties inférieures, afin que des commande-

(1) Les platoniciens.

mens de l'une et de l'obéissance des autres naisse dans l'homme une justice accomplie. Mais ces deux parties qu'ils reconnaissent être vicieuses, même dans l'homme sage et tempérant, en sorte qu'il faut que la raison les retienne et les arrête pour ne leur permettre de se porter qu'à de bonnes actions, comme la colère à châtier justement, et la concupiscence à engendrer des enfans; ces deux parties, dis-je, n'étaient point vicieuses dans le paradis avant le péché. Elles n'avaient point alors de mouvemens qui ne fussent parfaitement soumis à la droite raison; et si elles en ont maintenant qui lui sont contraires et que les gens de bien tâchent de réprimer, c'est une langueur qui vient du péché. Mais comment n'avons-nous pas honte des mouvemens de la colère et des autres passions, comme de ceux de la concupiscence, et que nous ne nous cachons pas de même pour les suivre, si ce n'est parce que les membres du corps que nous employons pour les exécuter ne se meuvent pas au gré de ces passions, mais par le commandement de la volonté? Lorsque, dans la colère, nous frappons ou injurions quelqu'un, c'est bien certainement la volonté qui meut notre langue ou notre main, et elle les meut aussi lors même que nous ne sommes pas en colère. A l'égard des parties du corps qui servent à la génération, la concupiscence se les est tellement assujéties, qu'elles n'ont de mouvement que ce qu'elle leur en donne. Voilà ce dont nous avons honte, voilà ce qu'on ne peut regarder sans rougir; aussi un homme souffre plus aisément une multitude de témoins quand il se fâche injustement, qu'il n'en souffrirait un seul dans des embrassemens légitimes.

CHAPITRE XX.

Contre l'infamie des cyniques.

C'est à quoi les philosophes cyniques n'ont pas pris garde, lorsqu'ils ont voulu établir cette opinion qui tend à bannir toute pudeur, que, comme ce qui se passe entre un mari et une femme est légitime, on ne doit point avoir honte de le faire en public. La pudeur naturelle néanmoins l'a emporté sur ce sentiment. Quoique l'on rapporte que Diogène en a usé ainsi dans la pensée de rendre sa secte célèbre par une si fameuse impudence, les cyniques ne l'ont point imité depuis en cela, et ont rougi d'affecter d'en agir comme les chiens aux yeux du reste des hommes. J'estime dès-lors que Diogène même, ou ceux qui l'ont suivi, ont feint ces sortes d'actions devant ceux qui ne savaient pas ce que leur manteau cachait, plutôt qu'ils n'ont pu les accomplir en public; car alors des philosophes ne rougissaient point de paraître faire des choses auxquelles la concupiscence même avait honte de prêter son ministère. Nous voyons encore tous les jours des cyniques (ce sont eux qui portent le manteau et la massue); mais si quelqu'un d'eux était assez effronté pour entreprendre quelque action semblable, je ne doute point qu'on ne le lapidât, ou du moins qu'on ne lui crachât à la figure. L'homme donc a naturellement honte de cette concupiscence, et avec raison, puisqu'elle atteste sa désobéissance ; et il fallait que les marques qu'elles lui impriment parussent surtout dans les parties qui servent à la génération de la nature humaine, attendu que cette nature a été tellement corrompue par ce premier et énorme péché, que personne n'est exempt de cette corruption, à moins que la grace de Dieu n'expie en elle le crime commis par tous les hommes lorsqu'ils étaient tous en un seul, et vengé par la justice divine sur le genre humain tout entier.

CHAPITRE XXI.

La prévarication des premiers hommes n'a pas détruit la sainteté du commandement qui leur fut donné de croître et de multiplier.

Loin de nous la pensée que les époux qui étaient dans le paradis eussent accompli, par cette concupiscence dont la honte les obligea à couvrir leur nudité, ce que Dieu leur avait dit en les bénissant : « Croissez et » multipliez, et remplissez la terre (1). » Cette concupiscence est née depuis le péché ; c'est depuis le péché que la nature, déchue de l'empire qu'elle avait sur son corps, la sentit, l'aperçut, en eut honte et la couvrit.

(1) Genès., 1, 28.

Quant à cette bénédiction qu'ils reçurent pour croître et multiplier, et pour remplir la terre, quoiqu'elle soit demeurée depuis le péché, elle leur fut donnée auparavant, afin de montrer que la génération des enfans appartient à la gloire du mariage et n'est pas une peine du péché. Mais maintenant les hommes qui ne savent pas quelle était la félicité du paradis, s'imaginent qu'on n'y aurait pu engendrer des enfans que par le moyen de cette concupiscence dont nous voyons que le mariage même, tout honorable qu'il est, ne laisse pas de rougir. En effet, les uns rejètent avec un mépris insolent cette partie de l'Écriture sainte où il est dit que les premiers hommes, après avoir péché, eurent honte de leur nudité et se couvrirent ; les autres, il est vrai, la reçoivent respectueusement, mais ils ne veulent pas qu'on entende ces paroles : « Crois-» sez et multipliez, » de la fécondité du mariage, parce qu'on lit quelque chose de semblable de l'ame dans les pseaumes : « Vous multiplierez, dit le prophète, la » vertu dans mon ame (1) ; » et quant à ce qui suit dans la Genèse : « Remplissez la terre et vous l'assu-» jétissez ; » par *la terre*, ils entendent le corps que l'ame remplit par sa présence et qu'elle s'assujétit lorsque la vertu est multipliée en elle. Mais ils assurent que les enfans n'eussent point été engendrés dans le paradis autrement qu'ils le sont à cette heure, et que même on n'y en eût point engendré du tout ; ce qui est réellement arrivé. Adam n'a connu sa femme et n'en a eu des enfans qu'après être sorti du paradis.

(1) Ps. 137, 4.

CHAPITRE XXII.

De l'union conjugale instituée originairement par Dieu qui l'a bénie.

Pour nous, nous ne doutons point que croître, multiplier, et remplir la terre en vertu de la bénédiction de Dieu, ce ne soit un don du mariage que Dieu établit dès le commencement avant le péché, en créant un homme et une femme, c'est-à-dire deux sexes différens. Cet ouvrage de Dieu fut immédiatement suivi de sa bénédiction ; ce qui résulte évidemment de l'Écriture qui, après ces paroles : « Il les créa mâle et femelle (1), » ajoute aussitôt : « Et Dieu les bénit, disant : Croissez » et multipliez, et remplissez la terre, et vous l'assu-, » jétissez, etc. » Malgré la possibilité de donner un sens spirituel à tout cela, on ne peut pas dire pourtant que ces mots *mâle* et *femelle* puissent s'entendre de deux choses qui se trouvent en un même homme, sous prétexte qu'en lui autre chose est ce qui gouverne, et autre chose ce qui est gouverné ; mais, comme cela paraît clairement, que deux hommes de différent sexe furent créés, afin que, par le moyen de la génération des enfans, ils crussent, multipliassent, et remplissent la terre. On ne saurait, sans une extrême absurdité, combattre une chose aussi manifeste que celle-là.

(2) Genès., 1, 27.

Ce ne fut ni à propos de l'esprit qui commande et du corps qui obéit, ni de la raison qui gouverne et de la convoitise qui est gouvernée, ni de la vertu active qui est soumise à la contemplative, ni de l'entendement et des sens, mais du lien conjugal qui unit ensemble les deux sexes, que notre Seigneur, interrogé s'il était permis de quitter sa femme, d'autant que Moïse permettait le divorce aux Juifs à cause de la dureté de leur cœur, répondit : « N'avez-vous point lu que » celui qui les créa dès le commencement les créa » mâle et femelle, et qu'il est dit : C'est pour cela » que l'homme quittera son père et sa mère pour » s'unir à sa femme, et ils ne seront tous deux qu'une » même chair? Ainsi ils ne sont plus deux, mais une » seule chair. Que l'homme donc ne sépare pas ce que » Dieu a joint (1). » Il est dès-lors certain que les deux sexes ont été créés d'abord en différentes personnes, comme nous les voyons maintenant ; et qu'on les appelle un seul homme, ou à cause de l'union du mariage, ou à cause de l'origine de la femme qui a été formée du côté de l'homme; et c'est de cette origine que l'apôtre prend sujet d'exhorter les maris à aimer leurs femmes (2).

(1) Matth., 19, 4 et suiv.
(2) Éphés., 5, 25 ; et Coloss., 3, 19.

CHAPITRE XXIII.

Comment on eût engendré des enfans dans le paradis sans aucun mouvement de concupiscence.

Quiconque soutient qu'ils n'eussent point eu d'enfans s'ils n'eussent péché, ne dit autre chose sinon que le péché de l'homme était nécessaire pour accomplir le nombre des saints? Que si cela ne se peut avancer sans absurdité, ne vaut-il pas mieux croire que le nombre des saints nécessaire à l'accomplissement de cette bienheureuse Cité, serait aussi grand quand personne n'aurait péché, qu'il l'est maintenant que la grace de Dieu le recueille de la multitude des pécheurs, tandis que les enfans de ce siècle engendrent et sont engendrés (1)?

Ainsi, de ces mariages dignes de la félicité du paradis, on eût engendré des enfans aimables, et on les eût engendrés sans cette concupiscence honteuse. Comment cela eût-il pu se faire? Nous n'avons point d'exemple pour le montrer; et toutefois il n'est pas croyable que cette partie du corps eût été soumise à la volonté lorsqu'il y en a tant d'autres qui le sont. Si nous remuons les pieds et les mains et tous les autres membres de notre corps avec tant de facilité, pourquoi ne croirons-nous pas qu'il en eût été de même

(1) Luc, 20, 34.

de celui-là s'il n'y eût point eu de concupiscence, qui est la peine du péché? Cicéron, parlant de la différence des empires dans ses livres de la République, ne dit-il pas que l'on commande aux membres du corps comme à des enfans, à cause de leur promptitude à obéir; mais que les parties vicieuses de l'ame sont comme des esclaves qu'il faut gourmander pour en venir à bout? Cependant, selon l'ordre naturel, l'esprit est plus excellent que le corps; et néanmoins l'esprit commande plus aisément au corps qu'à soi-même. Mais cette concupiscence dont nous parlons maintenant est d'autant plus honteuse que l'esprit n'y est absolument maître ni de soi-même ni de son corps, et que c'est plutôt la concupiscence que la volonté qui le meut. Sans cela, nous n'aurions point sujet de rougir de ces sortes de mouvemens; au lieu que maintenant nous rougissons de voir que le corps, qui naturellement devait être soumis à l'esprit, lui résiste. Certainement la résistance que souffre l'esprit dans les autres passions est moins honteuse, parce qu'elle vient de lui-même et qu'il est lui-même le vainqueur et le vaincu; ce qui n'empêche pas néanmoins qu'il soit contraire à l'ordre que les parties de l'ame qui devraient être soumises à la raison lui fassent la loi. Pour les victoires que l'esprit remporte sur soi, en s'assujétissant ses mouvemens brutaux et déréglés, elles lui sont glorieuses quand il est lui-même soumis à Dieu. Mais enfin il est toujours vrai de dire qu'il y a moins de honte pour lui à être son propre vainqueur, de quelque manière que ce soit, que d'être vaincu par son corps qui, outre qu'il est d'une nature inférieure à la sienne, n'a de vie que ce qu'il lui en communique.

La chasteté néanmoins est conservée, lorsque la volonté retient les autres membres, sans lesquels ceux que la concupiscence émeut malgré elle ne peuvent accomplir leur action. C'est cette résistance, c'est ce combat entre la concupiscence et la volonté, qui n'aurait point eu lieu dans le paradis sans le péché ; mais tous les membres du corps y eussent été entièrement soumis à l'esprit. Ainsi le champ de la génération eût été ensemencé par les parties destinées à cela, de même que la main répand des semences sur la terre ; et tandis qu'à cette heure la pudeur nous empêche de parler plus ouvertement de ces matières, et nous oblige de ménager les oreilles chastes, nous eussions pu en discourir librement dans le paradis, sans craindre de donner de mauvaises pensées ; il n'y aurait point même eu de paroles déshonnêtes ; mais tout ce que nous eussions dit de ces parties aurait été aussi honnête que ce que nous disons des autres membres du corps. Quiconque lit ceci avec une méchante disposition d'esprit, qu'il se blâme lui-même et non la nature, qu'il condamne l'impureté de son cœur, et non les paroles dont la nécessité nous oblige de nous servir, et que j'espère que les lecteurs chastes nous pardonneront aisément, jusqu'à ce que nous ayons terrassé l'infidélité (1) qui

---

(1) Cette infidélité ne regardait pas tant les payens que les manichéens, les pélagiens, et généralement tous ceux qui prétendent que la concupiscence aurait été dans le paradis terrestre.

prétend nous combattre par des raisonnemens fondés sur ces sortes de choses. Celui qui n'est point scandalisé d'ouïr saint Paul (1) parler de l'impudicité monstrueuse de ces femmes qui changeaient l'usage qui est selon la nature en un autre qui est contre la nature, lira ceci sans scandale, lors surtout que nous ne parlons pas comme lui de cette abominable infamie, mais qu'en expliquant selon notre pouvoir ce qui se passe dans la génération des enfans, nous évitons, à son exemple, toutes les paroles déshonnêtes.

CHAPITRE XXIV.

Si les hommes fussent demeurés innocens dans le paradis, l'acte de la génération serait soumis à la volonté comme toutes nos autres actions.

L'homme aurait semé et la femme aurait recueilli autant et lorsqu'il en eût été besoin, sans que les parties eussent été mues par la concupiscence, mais par la volonté. Nous ne remuons pas seulement à notre gré les membres où il y a des os et des jointures, comme les pieds, les mains et les doigts, mais aussi ceux où il n'y a que des chairs et des nerfs, et nous les étendons, les plions, les accourcissons comme il nous plaît, ainsi que cela se voit dans la bouche et dans le visage. Les poumons enfin, c'est-à-dire les

---

(1) Rom., 1, 26.

plus mous de tous les viscères, plus mous même que
la moëlle des os, et pour cette raison enfermés dans
le fond de la poitrine qui leur sert de rempart, ne se
meuvent-ils pas à notre volonté comme des soufflets
d'orgue quand nous respirons ou quand nous parlons?
Je ne rappellerai pas ici ces animaux qui donnent un
tel mouvement à leur peau lorsqu'il en est besoin,
qu'ils ne chassent pas seulement les mouches en re-
muant l'endroit où elles sont sans remuer les autres,
mais qu'ils font même par là tomber les flèches dont
on les a percés. Les hommes, il est vrai, n'ont pas
cette sorte de mouvement, mais niera-t-on que Dieu
ne le leur eût pu donner? Ne pouvait-il donc pas faire
de même que ce qui ne se meut maintenant dans son
corps que par la concupiscence ne se fût mu que par
le commandement de la volonté?

Ne voyons-nous pas certains hommes qui font de
leur corps tout ce qu'ils veulent? Il y en a qui re-
muent les oreilles, ou toutes deux ensemble, ou sé-
parément, comme bon leur semble; il en est qui,
sans mouvoir la tête, font tomber tous leurs cheveux
sur le front, puis les redressent et les renversent de
l'autre côté; d'autres, qui après avoir un peu tâté leur
estomac, d'une infinité de choses qu'ils ont avalées, en
tirent comme d'un sac celle qui leur plaît; quelques-
uns contrefont si bien le chant des oiseaux ou la voix
des bêtes et des hommes, qu'on ne les saurait discerner si l'on ne les voyait; il s'en trouve même qui
font sortir par en-bas sans aucune ordure tant de vents
harmonieux, qu'on dirait qu'ils chantent. J'ai vu,
pour mon compte, un homme qui suait à volonté;

Tout le monde sait qu'il y en a qui pleurent quand ils veulent et autant qu'ils veulent. Mais voici un fait bien plus incroyable qui s'est passé depuis peu, et dont la plupart de nos frères sont témoins. Il y avait un prêtre de l'église de Calame, nommé Restitut, qui, toutes les fois que bon lui semblait, s'aliénait tellement l'esprit à certaines voix plaintives que l'on contrefaisait, qu'il restait étendu par terre comme mort, et ne se sentait ni pincer, ni piquer, ni même brûler. Or, pour montrer que son corps ne demeurait ainsi immobile que parce qu'il était privé de tout sentiment, c'est qu'il n'avait plus du tout de respiration non plus qu'un mort. Il disait néanmoins que quand on parlait fort haut, il entendait comme des voix qui venaient de loin. Puis donc qu'il en est même à cette heure à qui leur corps obéit en des choses si extraordinaires, pourquoi ne croirons-nous pas qu'avant le péché et la corruption de la nature, il eût pu nous obéir pour ce qui regarde l'acte de la génération ? L'homme a été abandonné à lui-même parce qu'il a abandonné Dieu par une vaine complaisance en lui-même ; et il n'a pu trouver en soi l'obéissance qu'il n'avait pas voulu rendre à Dieu. De là vient qu'il est manifestement misérable, en ce qu'il ne vit pas comme il l'entend. Il est vrai que, s'il vivait à son gré, il se croirait bienheureux ; mais il ne le serait pas même de la sorte, à moins qu'il ne vécût comme il faut.

CHAPITRE XXV.

On ne saurait être vraiment heureux en cette vie.

A le bien prendre toutefois, celui-là seul est bienheureux, qui vit selon sa volonté, et personne n'est heureux s'il n'est juste ; mais le juste même ne vit pas comme il veut, qu'il ne soit parvenu à un état où il ne puisse plus ni mourir ni être trompé, ni souffrir de mal, et qu'il ne soit assuré d'y demeurer toujours. Tel est l'état que la nature désire ; et elle ne saurait être pleinement et parfaitement heureuse qu'elle n'ait obtenu l'objet de ses vœux. Or, quel est l'homme qui puisse dès-à-présent vivre comme il veut, lorsqu'il n'est pas seulement en son pouvoir de vivre ? Il veut vivre, et il est contraint de mourir. Comment donc vivra-t-il comme il l'entend, cet être qui ne vit pas autant qu'il le souhaite ? Que s'il veut mourir, comment peut-il vivre comme il veut lorsqu'il ne veut pas vivre ? De ce qu'il veut mourir, il ne s'ensuit pas après tout qu'il ne soit bien aise de vivre ; mais il veut mourir pour mieux vivre après la mort. Il ne vit donc pas encore comme il veut, mais il vivra selon son désir quand il sera arrivé en mourant où il désire arriver. A la bonne heure ; qu'il vive comme il veut, puisqu'il a gagné sur lui de ne vouloir que ce qui se peut, suivant cet avis de Térence : « Puisque ce que vous voulez est impossible, tâchez de vouloir ce qui se

» peut (1); » dira-t-on qu'il est heureux parce qu'il souffre son mal en patience? Si l'on n'aime réellement la vie bienheureuse, on ne la possède point. Or, pour l'aimer comme il faut, il est nécessaire de l'aimer par-dessus tout, puisque c'est pour elle que l'on doit aimer tout ce que l'on aime. Mais si on l'aime autant qu'elle mérite d'être aimée (car celui-là n'est pas heureux qui n'aime pas la vie bienheureuse autant qu'elle le mérite), il ne se peut faire que celui qui l'aime ainsi ne désire qu'elle soit éternelle : sa béatitude tient donc essentiellement à son éternité.

CHAPITRE XXVI.

Les hommes auraient rempli sans rougir, dans le paradis, l'office de la génération.

L'homme vivait dans le paradis comme il voulait, tant qu'il voulait ce que Dieu lui avait commandé; il vivait dans la jouissance de Dieu, qui le rendait bon par sa souveraine bonté; il vivait sans aucune indigence, et pouvait vivre éternellement. Il avait toujours de quoi se garantir de la faim et de la soif; et l'arbre de vie le défendait contre la vieillesse. Il ne ressentait aucune corruption en lui qui pût lui causer de la peine. Il n'appréhendait ni les maladies au-dedans, ni les accidens au dehors. Son corps jouissait d'une

---

(1) Andr., act. II, sc. 1.re

pleine santé, et son ame d'une tranquillité absolue. Comme il n'y avait ni froid ni chaud dans le paradis, de même il n'y était agité ni de craintes ni de désirs. Point de tristesse, ni de fausses joies. Toute sa joie venait de Dieu, qu'il aimait d'une ardente charité; et cette charité prenait sa source d'un cœur pur et d'une foi sincère (1). La société conjugale y était accompagnée d'un amour honnête. Le corps et l'esprit vivaient dans un parfait accord, et l'obéissance au commandement de Dieu était facile. Point de lassitude qui le fatigât, point de sommeil qui le surprît. Loin de nous la pensée que dans une si grande félicité, il n'ait pu engendrer sans concupiscence! Les parties destinées à la génération auraient été mues, comme les autres membres, par le seul commandement de la volonté. Il se serait approché de sa femme sans ressentir en sa chair aucun aiguillon de volupté, mais dans une entière tranquillité de corps et d'esprit, et sans que la virginité de sa femme en eût souffert aucune atteinte, comme nous voyons maintenant que les filles ont leurs menstrues sans que cela fasse tort à leur intégrité. La femme, de son côté, eût accouché sans peine et sans douleur, et l'enfant fût sorti de son sein sans aucun effort, comme un fruit qui tombe lorsqu'il est mûr. Nous parlons de choses qui sont maintenant honteuses ; et ainsi, quoique nous tâchions de les concevoir telles qu'elles auraient pu être lorsqu'elles ne l'étaient pas, il vaut mieux néanmoins céder à la pudeur qui nous arrête, que de nous laisser aller à notre peu d'élo-

---

(1) I Timot., 1, 5.

quence qui nous emporte. Nous ne saurions, faute d'expérience, concevoir ces choses autrement qu'elles ne se passent à cette heure, c'est-à-dire avec les mouvemens déréglés qui les accompagnent : de là cette retenue que nous avons à en parler, bien que l'on ne manque pas de raisons pour les prouver. Mais le Dieu tout-puissant et souverainement bon, créateur de toutes les natures, qui aide et récompense les bonnes volontés, abandonne et condamne les mauvaises, et les ordonne toutes; ce Dieu n'a pas manqué de moyens pour tirer de la masse corrompue du genre humain un certain nombre de prédestinés, comme autant de pierres vivantes qu'il veut faire entrer dans la structure de sa Cité, ne les discernant pas par leurs mérites, puisqu'ils étaient tous également corrompus, mais par sa grace, et leur montrant, non-seulement par eux-mêmes qu'il délivre, mais aussi par ceux qu'il ne délivre pas, combien ils lui sont redevables. On ne peut en effet imputer sa délivrance qu'à la bonté gratuite de son Libérateur, quand on se voit délivré de la compagnie de ceux avec qui l'on méritait d'être châtié. Pourquoi donc Dieu n'aurait-il pas créé ceux qu'il prévoyait devoir pécher, puisqu'il était assez puissant pour les punir, ou pour leur faire grace; et que sous un maître si sage, les désordres même des méchans contribuent à l'ordre de l'univers?

CHAPITRE XXVII.

Des hommes et des anges prévaricateurs, dont le péché ne trouble pas l'ordre de la divine providence.

Les anges et les hommes pécheurs ne font rien dèslors qui puisse troubler l'économie des grands ouvrages de Dieu, dans lesquels sa volonté se trouve toujours accomplie (1). Comme il dispense à chaque chose ce qui lui appartient, avec une sagesse égale à sa puissance, il ne sait pas seulement bien user des bons, mais encore des méchans. Ainsi, usant bien du mauvais ange, que sa volonté avait tellement endurci qu'il n'en pouvait plus avoir de bonne, pourquoi n'aurait-il pas permis qu'il tentât le premier homme, qui avait été créé droit, c'est-à-dire avec une bonne volonté? En effet, il avait été créé de sorte qu'il pouvait vaincre le diable en s'appuyant sur le secours de Dieu, et qu'il en devait être vaincu en abandonnant son Créateur et son protecteur pour se complaire vainement en soi-même. Si sa volonté aidée de la grace fût demeurée droite, elle aurait été en lui une source de mérite, comme elle devint une source de péché parce qu'il abandonna Dieu. Quoiqu'il ne pût au fond mettre sa confiance dans ce secours du ciel sans ce secours même, il était néanmoins en son pouvoir de ne s'en

(1) Ps. 110, 2.

pas servir. De même que nous ne saurions vivre ici-bas sans prendre des alimens, et que nous pouvons néanmoins n'en pas prendre, comme font ceux qui se laissent mourir de faim; ainsi, même dans le paradis, l'homme ne pouvait bien vivre sans le secours de Dieu, et toutefois il pouvait mal vivre par lui-même, mais en perdant sa béatitude et tombant dans la peine très-juste qui devait suivre son péché. Qui s'opposait donc à ce que Dieu, lors même qu'il prévoyait la chute de l'homme, permît que le diable le tentât et le vainquît, puisqu'il prévoyait aussi que sa postérité assistée de sa grace remporterait sur le diable une victoire bien plus glorieuse? De cette sorte, rien de ce qui devait arriver n'a été caché à Dieu; sa prescience n'a contraint personne à pécher, et il a fait voir à l'homme et à l'ange, par leur propre expérience, la différence qu'il y a entre la présomption de la créature et la protection du Créateur. Qui oserait dire que Dieu n'ait pu empêcher la chute de l'homme et de l'ange? Mais il a mieux aimé laisser cela en leur pouvoir, afin de montrer de quel mal l'orgueil est capable, et ce que peut sa grace victorieuse.

CHAPITRE XXVIII.

Différence des deux Cités.

Deux amours ont donc bâti deux cités : l'amour de soi-même jusqu'au mépris de Dieu, celle de la terre;

et l'amour de Dieu jusqu'au mépris de soi-même, celle du ciel. L'une se glorifie en soi, et l'autre dans le Seigneur; l'une brigue la gloire des hommes, et l'autre ne veut pour toute gloire que le témoignage de sa conscience; l'une marche la tête levée toute bouffie d'orgueil, et l'autre dit à son Dieu : « Vous êtes ma gloire, et c'est » vous qui me faites marcher la tête levée (1); » en l'une les princes sont dominés par la passion de dominer sur leurs sujets, et en l'autre les princes et les sujets s'assistent mutuellement, ceux-là par leur bon gouvernement, et ceux-ci par leur obéissance; l'une se flatte de sa vertu en la personne de ses souverains, et l'autre dit à Dieu : « Seigneur, qui êtes ma vertu, je vous ai» merai (2). » Aussi, les sages de l'une, vivant selon l'homme, n'ont cherché que les biens du corps, ou de l'ame, ou de tous les deux ensemble; ou si quelques-uns ont connu Dieu (3), ils ne lui ont point rendu l'honneur et l'hommage qui lui sont dus, mais ils se sont perdus dans la vanité de leurs pensées, et sont tombés dans l'erreur et l'aveuglement. En se disant sages, c'est-à-dire en se glorifiant de leur sagesse, ils sont devenus fous, et ont rendu l'honneur qui n'appartient qu'au Dieu incorruptible, à l'image de l'homme corruptible, et à des figures d'oiseaux, de quadrupèdes, et de serpens; car ou ils ont porté les peuples à adorer les idoles, ou ils les ont suivis, et ont mieux aimé rendre le culte souverain à la créature qu'au Créa-

---

(1) Ps. 3, 3.
(2) Ps. 17, 1.
(3) Rom, 1, 21 et suiv.

teur, qui est béni dans tous les siècles. Dans l'autre Cité, au contraire, il n'y a de sagesse que la piété, qui porte à servir le vrai Dieu, et en promet la récompense dans la société des saints, laquelle ne sera pas seulement composée d'hommes, mais d'anges, afin que Dieu soit tout en tous. (1).

(1) I Cor., 15, 28.

REMARQUES

SUR

LE LIVRE XIV.

Page 478, ligne 22. « Sous ce faix dont nous ne désirons » pas d'être dépouillés. » Je lis *in quo* avec tous les manuscrits, pour *eo quòd*.

Page 481, l. 17. « Le mensonge est de l'homme. » Tous les manuscrits portent : *Nostrum dixit mendacium*.

Page 490, l. 23. « Dans Térence au contraire, etc. » Il était nécessaire de rétablir ce passage supprimé par le traducteur, et qui se rapporte évidemment à ce qui suit : « Les bons » et les méchans désirent. » Il fallait donner un exemple du désir pris en mauvaise part, comme il vient d'en être donné un du désir pris en bonne part. (*Note des nouveaux éditeurs.*)

Page 491, l. 8. « Il est donc commun aux bons et aux » méchans de *vouloir*, de se *donner garde*. » Le latin ajoute, de *craindre* ; mais c'est visiblement une faute, quoique les docteurs de Louvain veulent qu'on l'ajoute sur la foi de leur septième manuscrit. Saint Augustin ne se sert ici que des termes des stoïciens : or, ils n'admettaient point la crainte dans l'ame du sage, mais la prévoyance, comme saint Augustin l'a dit au commencement de ce chapitre. C'est pourquoi il ajoute : « ou pour m'exprimer d'une autre sorte, » c'est-à-dire comme le reste des hommes qui ne sont pas stoï-

ciens, « les bons et les méchans désirent, craignent et se ré-
» jouissent ; » ce qui montre clairement qu'il ne faut que trois
termes auparavant. Ces trois-ci se rapportent aux trois autres,
désirer à *vouloir*, *craindre* à *se donner garde* ou à *prévoir*,
et *se réjouir* à *être contens*. Aussi l'édition d'Érasme n'en a-
t-elle que trois, et supprime *timent*.

Page 494, l. 18. « Lié pour lui. » Je lis *vinctum* avec
Vivès.

Page 495, l. 17. « Il ne reste plus que d'appeler vertus les
» affections qui sont réellement des vices. » Les manuscrits
ont : *ea quæ verè vitia sunt*, et non pas *vera*.

Page 504, l. 10. « L'homme vivait donc selon Dieu dans
» le paradis à la fois corporel et spirituel. » Le latin porte :
*Vivebat itaque homo secundùm Deum in paradiso, et cor-
porali et spiritali.* Lombert en fait deux paradis, l'un purement spirituel et l'autre tout corporel ; ce qui est manifestement en contradiction avec cette phrase qui vient quelques
lignes plus bas : *Erat planè utrumque.* Nous avons fait ici
quelques changemens à sa traduction, qui la rapprochent du
texte. (*Note des nouveaux éditeurs.*)

Page 506, l. 12. « De cette horrible corruption à laquelle
» elle est sujète. » Il faut ôter, avec tous les manuscrits, la
conjonction *et* qui est devant *per hanc subjaceret*.

Page 510, l. 4. « Et en croyant se suffire à lui-même, etc. »
Tous nos manuscrits ont *diligit* pour *delegit*, et *deficit* pour
defecit.

Page 529, l. 1.re « N'a de vie que ce qu'il lui en commu-
» nique. » Tous les manuscrits ont : *et cujus sine illo natura
non vivit*, et suppriment *ulla*. C'est la vraie leçon.

LA CITÉ DE DIEU.

LIVRE XV.

CHAPITRE PREMIER.

De la séparation des hommes en deux sociétés, à partir des enfans d'Adam.

On a beaucoup écrit sur le paradis terrestre, sur la félicité dont on y jouissait, sur la vie qu'y menaient les premiers hommes, sur leur crime et leur punition. Nous en avons aussi parlé dans les livres précédens, selon ce que nous en avons lu ou pu entendre de l'Ecriture; mais un examen détaillé de tous ces points ferait naître une infinité de questions qui demanderaient à être traitées avec plus d'étendue, et qui passeraient de beaucoup les bornes de cet ouvrage et de notre loisir. Où en pourrions-nous trouver assez, si nous prétendions répondre à toutes les difficultés que nous pourraient faire des gens oisifs et pointilleux, toujours plus prêts à former des objections, que capables de comprendre les solutions qu'on y donne? J'estime toutefois avoir déjà éclairci les grandes et difficiles questions du commencement et de la fin du monde, de la création de l'ame et de celle de tout le genre humain, que nous avons distingué en deux ordres, l'un composé de ceux qui vivent selon l'homme, et l'autre de ceux qui vivent selon Dieu : ordres que nous appelons aussi Cités, c'est-à-dire deux sociétés d'hommes, dont l'une est prédestinée à vivre éternellement avec Dieu, et l'autre à souffrir un supplice éternel avec le diable. Telle est leur fin, dont nous traiterons dans la suite. Maintenant, puisque nous avons assez parlé de leur naissance, soit dans les anges, soit dans les deux premiers hommes, je suis d'avis que nous en considérions le cours et le progrès, à prendre depuis que les deux premiers hommes commencèrent à engendrer, jusqu'à la fin des générations des hommes. C'est de tout cet espace de temps, où il se fait une révolution continuelle de personnes qui meurent et qui s'en vont, et d'autres qui naissent et qui prennent leur place, que se compose la durée des deux Cités dont nous parlons.

Caïn, qui appartenait à la Cité des hommes, naquit le premier (1) de ces deux premières sources du genre humain ; ensuite vint Abel, qui appartenait à la Cité de Dieu. De même que nous expérimentons dans chaque homme en particulier la vérité de cette parole de l'apôtre (2), que ce n'est pas ce qui est spirituel qui est formé le premier, mais ce qui est animal, d'où

---

(1) Genès., 4, 1.
(2) I Cor., 15, 46.

vient que nous naissons d'abord méchans et charnels comme sortant d'une racine corrompue, et ne devenons bons et spirituels qu'en renaissant de Jésus-Christ; ainsi, de tout le genre humain, lorsque ces deux Cités commencèrent à prendre leur cours dans l'étendue des siècles, le citoyen de ce monde fut celui qui naquit le premier; et après lui, le membre de la Cité de Dieu, prédestiné par la grace, élu par la grace, étranger ici-bas par la grace, et citoyen du ciel par la grace. En ce qui le concerne personnellement, il sortit de la même masse qui avait été toute condamnée dans son origine; mais Dieu, comme un potier de terre (car c'est la comparaison dont se sert saint Paul (1)), fit d'une même masse un vaisseau d'honneur et un vaisseau d'ignominie. Or, le vaisseau d'ignominie a été fait le premier, puis le vaisseau d'honneur; parce que dans chaque homme, comme je viens de le dire, précède ce qui est mauvais, par où il faut nécessairement commencer, mais où il n'est pas nécessaire de demeurer; et après vient ce qui est bon, où nous parvenons par notre avancement dans la vertu, et où nous devons demeurer quand nous y sommes parvenus. Il est vrai dès-lors que tous ceux qui sont méchans ne deviendront pas bons; mais il l'est aussi qu'aucun ne sera bon, qu'il n'ait été originairement méchant. L'Écriture dit donc de Caïn (2), qu'il bâtit une ville; mais Abel, qui était étranger ici-bas, n'en bâtit point. Car la Cité des saints est là-

---

(1) Rom., 9, 21.
(2) Genès, 4, 17.

haut, quoiqu'elle enfante ici-bas des citoyens dans lesquels elle est étrangère en ce monde, jusqu'à ce que le temps de son règne arrive, et qu'elle rassemble tous ses citoyens au jour de la résurrection des corps, quand ils obtiendront le royaume qui leur est promis, où ils régneront éternellement avec le Roi des siècles, leur souverain.

CHAPITRE II.

Des fils de la terre et des fils de promission.

Il est vrai qu'il a existé sur terre une ombre et une image prophétique de cette Cité, pour la marquer plutôt que pour la représenter, et cette image a été appelée elle-même la Cité Sainte, à cause de ce qu'elle figurait, et non à cause de l'expresse vérité qui doit s'accomplir un jour. C'est de la même image et de la Cité libre qu'elle marquait, que l'apôtre parle ainsi aux Galates : « Dites-moi, je vous prie, vous qui vou-
» lez être sous la loi, n'avez-vous point ouï ce que dit
» la loi ? Car il est écrit qu'Abraham a eu deux fils,
» l'un de la servante et l'autre de la femme libre. Mais
» celui qui naquit de la servante, naquit selon la
« chair; et celui qui naquit de la femme libre, na-
» quit en vertu de la promesse de Dieu. Or, tout ceci
» est une allégorie. Ces deux femmes sont les deux al-
» liances, dont la première, qui a été établie sur le
» mont Sina, et qui n'engendre que des esclaves, est

» figurée par Agar. Agar est en figure la même chose que
» Sina, montagne d'Arabie; et Sina représente la Jéru-
» salem terrestre qui est esclave avec ses enfans ; au lieu
» que la Jérusalem d'en-haut est vraiment libre, et
» c'est elle qui est notre mère ; car il est écrit: Réjouis-
» sez-vous, stérile qui n'enfantez point, poussez des cris
» de joie, vous qui ne concevez point ; car celle qui était
» délaissée a plus d'enfans que celle qui a un mari. Nous
» sommes donc, mes frères, les enfans de la pro-
» messe, ainsi qu'Isaac. Et comme alors celui qui était
» né selon la chair persécutait celui qui était né selon
» l'esprit, il en est encore de même aujourd'hui. Mais
» que dit l'Écriture ? Chassez la servante et son fils ;
» car le fils de la servante ne sera point héritier avec
» le fils de la femme libre. Or, mes frères, nous ne
» sommes point les enfans de la servante, mais de la
» femme libre ; et c'est Jésus-Christ qui nous a ac-
» quis cette liberté (1). » Cette explication de l'apôtre
nous apprend comment nous devons entendre les
Écritures des deux Testamens. Une partie de la Cité
de la terre est devenue une image de la Cité du ciel ,
non en se signifiant elle-même, mais en en signifiant
une autre, et par conséquent en servant. Elle n'a pas
été véritablement établie pour elle-même, mais pour
en signifier une autre ; et ainsi la Cité de la terre,
qui était l'image de la Cité du ciel, étrangère ici-bas,
a eu elle-même une image qui la représentait. En effet, Agar, servante de Sara, et son fils étaient en quelque façon une image de cette image, et comme à l'ar-

(1) Galat., 4, 21 et suiv.

rivée de la lumière les ombres devaient s'évanouir; Sara, qui était la femme libre, et signifiait la Cité libre, que figurait encore d'une autre façon la Jérusalem terrestre, dit : « Chassez la servante et son fils; car » le fils de la servante ne sera point héritier avec mon « fils Isaac, » ou, comme dit l'apôtre : « Avec le fils » de la femme libre. » Nous trouvons donc deux choses dans la Cité de la terre, elle-même, et la Cité du ciel qu'elle représentait. Or, la nature corrompue par le péché enfante les citoyens de la Cité de la terre; et la grace, qui délivre la nature du péché, enfante les citoyens de la Cité du ciel; d'où vient que ceux-là sont appelés des vaisseaux de colère, et ceux-ci des vaisseaux de miséricorde. Cela a aussi été figuré dans les deux fils d'Abraham, attendu que l'un d'eux, savoir Ismaël, est né selon la chair de la servante Agar; et l'autre, savoir Isaac, est né de la femme libre, en exécution de la promesse de Dieu. L'un et l'autre à la vérité sont enfans d'Abraham, mais l'un engendré selon le cours ordinaire des choses, qui marquait la nature, et l'autre donné en vertu de la promesse, qui signifiait la grace. En l'un paraît l'usage commun des hommes, et l'on reconnaît dans l'autre un bienfait particulier de Dieu.

LIVRE XV.

CHAPITRE III.

De la stérilité de Sara que Dieu féconda par sa grace.

Sara était réellement stérile (1); et comme elle désespérait d'avoir des enfans, elle résolut d'en avoir au moins de sa servante qu'elle donna à son mari pour habiter avec elle. De cette sorte, elle exigea de lui le devoir conjugal, usant de son droit en la personne d'une autre. Ismaël naquit comme les autres hommes de l'union des deux sexes, suivant la loi ordinaire de la nature : c'est pour cela que l'Écriture dit qu'il naquit selon la chair ; non que les enfans nés de cette manière ne soient des dons et des ouvrages de Dieu, de ce Dieu dont la sagesse (2) atteint sans aucun obstacle d'une extrémité à l'autre, et qui dispose toutes choses avec douceur ; mais parce que, pour marquer un don de la grace de Dieu entièrement gratuit et nullement dû aux hommes, il fallait qu'un enfant naquît contre le cours ordinaire de la nature. En effet, la nature a coutume de refuser des enfans à des personnes aussi agées que l'étaient Abraham et Sara quand ils eurent Isaac, outre que Sara était même naturellement stérile. De ce que des enfans n'étaient pas dus à la nature dans cette disposition, cela signifiait que

---

(1) Genès., 16.
(2) Sag., 8, 1.

la nature humaine, corrompue par le péché, et justement condamnée, ne méritait désormais de jouir d'aucune véritable félicité. Ainsi, Isaac, né en vertu de la promesse de Dieu, figure très bien les enfans de la grace, les citoyens de la Cité libre, les co-héritiers d'une paix immortelle, où ne règne pas l'amour de la propre volonté, mais une charité humble et soumise, qui se réjouit du bien commun et immuable, et qui de plusieurs cœurs n'en fait qu'un.

CHAPITRE IV.

De la paix et des différends de la Cité terrestre.

Mais la Cité de la terre, qui ne sera pas éternelle (car elle ne sera plus Cité quand elle sera condamnée au dernier supplice), possède ici un bien qui la réjouit autant que peuvent réjouir de semblables choses. Comme ce bien n'est pas tel qu'il ne cause quelques traverses à ceux qui l'aiment, il en résulte que cette cité est souvent divisée contre elle-même, que ses citoyens se font la guerre, donnent des batailles, et remportent des victoires sanglantes. Là chaque parti veut demeurer le maître, tandis qu'il est lui-même esclave de ses vices. Que si, lorsqu'il est vainqueur, il s'enfle de ce succès, sa victoire lui devient mortelle; mais si, pensant à la condition et aux disgraces communes, il se modère par la considération des accidens de la fortune, cette victoire lui est plus avantageuse;

mais la mort lui en ôte enfin le fruit; car il ne peut pas toujours dominer sur ceux qu'il s'est assujétis. Or on ne peut pas dire que les choses dont cette Cité fait l'objet de ses désirs, ne soient des biens, puisqu'elle-même en son genre est aussi un bien, et un bien plus excellent que ces autres biens. Elle désire en effet une certaine paix pour jouir de ces mêmes biens, et ce n'est que pour cela qu'elle fait la guerre. Lorsqu'elle demeure victorieuse et qu'il n'y a plus personne qui lui résiste, elle a la paix que n'avaient pas les partis contraires qui se battaient pour posséder des choses qu'ils ne pouvaient posséder ensemble. C'est cette paix qui est le but de toutes les guerres, et qu'obtient celui qui remporte la victoire. Et quand ceux qui combattaient pour la cause la plus juste demeurent vainqueurs, qui doute qu'on ne doive se réjouir de leur victoire et de la paix qui la suit? Ces choses sont bonnes, et sans doute des dons de Dieu; mais si l'on se passionne tellement pour ces moindres biens, qu'on les croie uniques, ou qu'on les aime davantage que ces autres beaucoup plus excellens qui appartiennent à la céleste Cité où il y aura une victoire suivie d'une paix éternelle et souveraine, il faut nécessairement qu'il arrive beaucoup de misères, et que celles qui étaient déjà augmentent encore.

CHAPITRE V.

Le premier fondateur de la Cité de la terre tua son frère, ce qui fut imité depuis par le fondateur de Rome.

C'est ainsi que le premier fondateur de la Cité de la terre (1) fut fratricide. Transporté de jalousie, il tua son frère qui était citoyen de la Cité éternelle et étranger ici-bas. Il n'y a donc rien d'étonnant de ce que ce crime ait été de nouveau commis si long-temps après, lors de la fondation de cette ville qui devait être la maîtresse de tant de peuples, et la capitale de cette Cité de la terre dont nous parlons. Ainsi que l'a dit un de leurs poètes (2), les premiers murs de Rome furent teints du sang d'un frère tué par son frère. Dans le fait, l'histoire rapporte que Romulus tua son frère Rémus, avec cette différence qu'ils étaient tous deux citoyens de la Cité de la terre, et que tous deux prétendaient à la gloire d'être les fondateurs de la république Romaine. Mais tous deux n'en pouvaient avoir autant que si un seul l'eût fondée; car une puissance partagée est toujours moindre. Afin donc qu'un seul la possédât toute entière, il se défit de son compétiteur, et accrut par son crime un empire, qui autrement au-

---

(1) Genès., 4.
(2) Lucain, *Phars.*, 1.

rait été moins grand, mais plus juste. Caïn et Abel n'étaient pas touchés d'une pareille ambition, et ce n'était pas pour régner seul que l'un des deux tua l'autre. Abel ne se souciait pas en effet de dominer sur la ville que son frère bâtissait; en sorte qu'il ne fut tué que par cette malignité diabolique qui fait que les méchans portent envie aux gens de bien, sans autre raison sinon que les uns sont bons et les autres méchans. La bonté ne se diminue pas pour être possédée par plusieurs; au contraire, elle devient d'autant plus grande que ceux qui la possèdent sont plus unis; pour tout dire en un mot, le moyen de la perdre est de la posséder tout seul; et l'on ne la possède jamais plus entière que quand on est bien aise de la posséder avec plusieurs. Or, ce qui arriva entre Rémus et Romulus montre comment la Cité de la terre se divise contre elle-même; et ce qui survint entre Caïn et Abel fait voir la division qui existe entre les deux Cités, celle de Dieu et celle des hommes. Les méchans combattent donc les uns contre les autres, et les méchans combattent aussi contre les bons; mais les bons, s'ils sont parfaits, ne peuvent avoir aucun différend entre eux. Ils en peuvent avoir, quand ils n'ont pas encore atteint cette perfection; comme un homme peut n'être pas d'accord avec soi-même, puisque dans le même homme « la » chair convoite souvent contre l'esprit, et l'esprit con- » tre la chair (1). » Les inclinations spirituelles de l'un peuvent dès-lors combattre les inclinations charnelles de l'autre, et réciproquement; de même que

(1) Galat., 5, 17.

les bons et les méchans se font la guerre les uns aux autres : ou bien les inclinations charnelles de deux hommes de bien, mais qui ne sont pas encore parfaits, peuvent se combattre l'une l'autre, de même que les méchans, jusqu'à ce que la grace victorieuse de Jésus-Christ les ait entièrement guéris de ces faiblesses.

CHAPITRE VI.

Langueurs auxquelles, en punition du péché, sont sujets dans cette vie les citoyens même de la Cité de Dieu, et dont ils sont enfin délivrés par la grace.

Cette langueur, c'est-à-dire cette désobéissance dont nous avons parlé au quatorzième livre, est la peine de la désobéissance du premier homme, et ainsi elle ne vient pas de la nature, mais du vice de la volonté; c'est pourquoi il est dit aux bons qui s'avancent dans la vertu, et qui vivent de la foi dans ce pélérinage : « Portez les fardeaux les uns des autres, et vous ac- » complirez la loi de Jésus-Christ (1); » et en un autre endroit : « Reprenez ceux qui sont turbulens, conso- » lez les affligés, supportez les faibles, et soyez débon- » naires à tout le monde. Prenez garde de ne point » rendre le mal pour le mal (2); » et encore : « Si

---

(1) Galat., 6, 2.
(2) I Thess., 5, 14 et 15.

« quelqu'un est tombé par surprise en quelque péché, » vous qui êtes spirituels, reprenez-le avec douceur, » songeant que vous pouvez être tentés de même (1); » et ailleurs : « Que le soleil ne se couche point sur votre » colère (2); » et dans l'Évangile : « Lorsque votre frère » vous a offensé, reprenez-le en particulier entre vous » et lui (3). » L'apôtre dit aussi, à l'occasion des péchés où l'on craint le scandale : « Reprenez devant tout » le monde ceux qui ont commis quelque crime, afin » de donner de la crainte aux autres (4). » L'Écriture recommande vivement pour cette raison le pardon des injures, afin d'entretenir la paix, sans laquelle personne ne pourra voir Dieu (5). De là cet épouvantable jugement contre ce serviteur que l'on condamne à payer les dix mille talens qui lui avaient été remis, parce qu'il n'en avait pas voulu remettre cent à un autre serviteur comme lui. Après cette parabole Notre Seigneur Jésus-Christ ajouta : « Ainsi vous traitera » votre Père qui est dans le ciel, si chacun de vous » ne pardonne à son frère du fond du cœur (6). » C'est comme cela que sont guéris les citoyens de la Cité de Dieu, qui sont voyageurs ici-bas, et qui soupirent après le repos de la céleste patrie. Mais c'est le saint Esprit qui opère au dedans, qui donne la vertu aux

---

(1) Galat., 6, 1.
(2) Éphés., 4, 26.
(3) Matth., 18, 15.
(4) I Tim., 5, 20.
(5) Hébr., 12, 14.
(6) Matth., 18, 35.

remèdes qu'on emploie au dehors. Quand Dieu lui-même se servirait des créatures qui lui sont soumises, pour nous parler en songe, ou de toute autre manière, cela serait inutile, si en même temps il ne nous touchait l'esprit d'une grace intérieure. Or il en use de la sorte, lorsque, par un jugement très secret, mais très juste, il sépare des vases de colère les vases de miséricorde. En effet, lorsque, à l'aide du secours qu'il nous prête par des voies cachées et admirables, le péché qui habite dans nos membres, ou plutôt la peine du péché, ne règne point dans notre corps mortel (1), et que nous ne nous laissons point aller à ses désirs déréglés, ni ne lui abandonnons nos membres pour accomplir l'iniquité, notre esprit acquiert dès ce monde un empire sur nos passions qui les rend plus modérées, jusqu'à ce que parfaitement guéri et revêtu d'immortalité, il jouisse dans le ciel d'une paix souveraine.

CHAPITRE VII.

La parole de Dieu ne détourna point Caïn de tuer son frère.

Que servit à Caïn ce que je viens d'exposer de mon mieux, lorsque Dieu le lui eut dit, en lui parlant sous la forme dont il avait coutume de se servir pour parler aux premiers hommes ? En accomplit-il moins le

---

(1) Rom., 6, 12.

fratricide qu'il méditait? Comme Dieu avait discerné les sacrifices des deux frères, agréant ceux de l'un parce qu'il était homme de bien, et rejetant ceux de l'autre à cause de sa méchanceté; Caïn qui le reconnut sans doute par quelque signe visible, en conçut un vif déplaisir, et en fut tout abattu. Voici comment l'Écriture s'exprime à ce sujet : « Dieu dit à Caïn : Pourquoi » êtes-vous triste et abattu? Quand vous offrez bien, » et que vous ne partagez pas bien, ne péchez-vous » pas? Tenez-vous en repos. Car il se tournera vers » vous, et vous lui commanderez (1). » Dans cet avertissement que Dieu donna à Caïn, la difficulté de bien entendre ce que veut dire : « Ne péchez-vous pas quand » vous offrez bien, et que vous ne partagez pas bien? » a donné lieu aux commentateurs d'en tirer divers sens. Véritablement l'on offre bien le sacrifice, lorsqu'on l'offre au Dieu véritable à qui seul il est dû; mais on ne partage pas bien, lorsqu'on ne discerne pas comme il faut ou les lieux, ou les temps, ou les choses offertes, ou celui qui les offre, ou celui à qui on les offre, ou ceux à qui l'on fait part du sacrifice pour en manger; comme quand on n'offre pas où il faut, ou ce qu'il y faut offrir, ou lorsqu'on offre dans un temps ce qu'il faudrait offrir dans un autre, ou qu'on offre ce qui ne doit être offert en aucun lieu ni en aucun temps, ou qu'on retient pour soi le meilleur du sacrifice au lieu de l'offrir à Dieu, ou qu'on en fait part à un profane ou à quelqu'autre qu'il n'est pas permis d'y associer. Il est difficile de décider en laquelle de ces

---

(1) Genès., 4, 6 et 7.

choses Caïn déplut à Dieu; toutefois, comme l'apôtre saint Jean dit à propos de ces deux frères : « N'imitez » pas Caïn qui était possédé du malin esprit, et qui » tua son frère. Et pourquoi le tua-t-il ? parce que ses » propres œuvres ne valaient rien, et que celles de son » frère étaient bonnes (1); » nous en pouvons conclure que les offrandes de Caïn n'attirèrent point les regards de Dieu, parce qu'il ne partageait pas bien, en ce qu'il se réservait pour lui-même une partie de ses biens, en même temps qu'il les offrait à Dieu. C'est ce que font tous ceux qui n'accomplissant pas la volonté de Dieu, mais la leur, c'est-à-dire qui n'ayant pas le cœur pur, offrent des présens à Dieu pour le corrompre, afin qu'il ne les aide pas à guérir leurs passions, mais à les satisfaire. Tel est proprement le caractère de la Cité du monde, de servir Dieu ou les dieux pour remporter par leur secours des victoires sur leurs ennemis, et jouir d'une paix humaine, dans le désir non de faire du bien, mais de s'agrandir. Les bons se servent du monde pour jouir de Dieu, et les méchans au contraire veulent se servir de Dieu pour jouir du monde; encore sont-ce ceux qui croient qu'il y en a un, et qu'il prend soin des choses d'ici-bas, car il en est même qui ne le croient pas. Lors donc que Caïn connut que Dieu n'avait point regardé son sacrifice, et qu'il avait regardé celui de son frère, il devait l'imiter et non pas lui porter envie : mais la tristesse et l'abattement qu'il en ressentit constituent principalement le péché que Dieu reprit en lui, de s'attrister de

---

(1) I Jean, 3, 12.

la bonté d'autrui, et surtout de celle d'un frère. Ce fut le sujet de la réprimande qu'il lui adressa, quand il lui dit : « Pourquoi êtes-vous triste et abattu ? » Dieu voyait bien au fond qu'il portait envie à son frère, et c'est de quoi il le reprenait. En effet, comme les hommes ne voient pas le cœur, ils pourraient douter si cette tristesse ne venait point de ce qu'il était fâché d'avoir déplu à Dieu par sa mauvaise conduite, plutôt que du déplaisir de ce que Dieu avait regardé favorablement le sacrifice de son frère. Mais lorsque Dieu déclare pour quelle raison il n'avait pas voulu recevoir son offrande, ce qu'il devait moins imputer à son frère qu'à lui-même, il fait bien voir que Caïn était rongé d'une secrète jalousie.

Comme Dieu ne voulait pas après tout l'abandonner sans lui donner quelque avis salutaire : « Tenez-» vous en repos, lui dit-il ; car il se tournera vers » vous, et vous lui commanderez. » Est-ce de son frère qu'il parle ? Non vraiment, mais bien de son péché, car il avait dit auparavant : « Ne péchez-vous » pas ? » puis il ajoute : « Tenez-vous en repos ; car » il se tournera vers vous, et vous lui commanderez. » On peut entendre par là que l'homme ne doit s'en prendre qu'à lui-même de ce qu'il pèche, et que le véritable moyen d'obtenir le pardon de son péché et l'empire sur ses passions, c'est de s'en reconnaître coupable ; autrement, s'il prétend l'excuser, il ne fera que le renforcer et lui donner plus de pouvoir sur lui. Le péché peut se prendre aussi en cet endroit pour la concupiscence de la chair dont l'apôtre dit « que la chair

» convoite contre l'esprit (1); » car il met aussi l'envie au nombre de ses convoitises, et c'est elle qui anima Caïn contre son frère. D'après cela, ces paroles : « Il » se tournera vers vous, » signifieraient que la concupiscence nous sera soumise, et que nous en deviendrons les maîtres. Lorsqu'en effet cette partie charnelle de l'ame que l'apôtre appelle péché, quand il dit : « Ce n'est pas moi qui fais le mal, mais c'est le péché » qui habite en moi (2), » et que les philosophes avouent être vicieuse et ne devoir pas commander, mais obéir à l'esprit; lors, dis-je, que cette partie charnelle est émue, si l'on pratique ce que prescrit l'apôtre : « N'abandonnez point vos membres au péché » pour lui servir d'instrumens à mal faire (3), » elle se tourne vers l'esprit et se soumet à l'empire de la raison. C'est l'avertissement que Dieu donna à celui qui était transporté d'envie contre son frère, et qui voulait ôter du monde celui qu'il devait plutôt imiter : « Tenez-vous en repos, » lui dit-il ; c'est-à-dire : Ne commettez pas le crime que vous méditez ; que le péché ne règne point en votre corps mortel, et n'accomplissez point ses désirs déréglés ; n'abandonnez point vos membres au péché pour lui servir d'instrumens à mal faire; car il se tournera vers vous, pourvu que, au lieu de le seconder, vous tâchiez de le réprimer, et vous aurez empire sur lui, parce que, lors-

---

(1) Galat., 5, 17.
(2) Rom., 7, 17.
(3) Ibid., 6, 13.

qu'on ne lui permet pas d'agir au dehors, il s'accoutume à ne se plus soulever au-dedans contre la raison. On voit au même livre de la Genèse qu'il est dit quelque chose de semblable de la femme, quand, après le péché, le diable reçut l'arrêt de sa condamnation dans le serpent, et Adam et Ève en leur propre personne. Après que Dieu eut dit à Ève : « Je multi-
» plierai les sujets de vos peines et de vos gémissemens,
» et vous enfanterez avec douleur (1), » il ajoute : « Et
» vous vous tournerez vers votre mari, et il aura em-
» pire sur vous. » Ce qui est dit ensuite à Caïn du péché ou de la concupiscence de la chair, est dit ici de la femme pécheresse, pour montrer que le mari doit gouverner sa femme comme l'esprit gouverne la chair. C'est ce qui fait dire à l'apôtre : « Celui qui aime
» sa femme s'aime soi-même ; car jamais personne ne
» hait sa propre chair (2). » Il faut guérir ces plaies comme étant véritablement en nous, au lieu de les condamner comme si elles ne nous appartenaient pas. Mais Caïn, qui était déjà corrompu, ne tint aucun compte de l'avertissement de Dieu, et l'envie se rendant la maîtresse de son cœur, il égorgea barbarement son frère. Tel était le fondateur de la Cité de la terre. Quant à ce que Caïn figurait aussi les Juifs qui ont fait mourir Jésus-Christ, ce grand pasteur des ames, représenté par Abel, pasteur de brebis, je n'en veux rien dire ici, et je me souviens d'en avoir touché quelque chose contre Fauste le manichéen.

(1) Genès., 3, 16.
(2) Éphés, 5, 28 et 29.

CHAPITRE VIII.

Quelle raison porta Caïn à bâtir une ville dès le commencement du monde.

J'aime mieux défendre maintenant la vérité de l'Écriture contre ceux qui prétendent qu'il n'est pas croyable qu'un seul homme ait bâti une ville, parce qu'il semble qu'il n'y avait encore alors que quatre hommes sur la terre, ou même trois depuis le meurtre d'Abel, savoir Adam, Caïn, et son fils Énoch qui donna le nom à cette ville. Ceux qui raisonnent de la sorte ne considèrent pas que l'auteur de l'Histoire sacrée n'était pas obligé de mentionner tous les hommes qui pouvaient exister alors, mais seulement ceux qui faisaient à son sujet. Le dessein de l'écrivain qui servait en cela d'organe au saint Esprit, était de descendre jusqu'à Abraham par la suite de certaines générations, et de venir des enfans d'Abraham au peuple de Dieu, qui, séparé de tous les autres peuples de la terre, devait annoncer en figure tout ce qui regardait la Cité dont le règne sera éternel, et Jésus-Christ, son roi et son fondateur, sans néanmoins oublier l'autre société d'hommes que nous appelons la Cité de la terre, et d'en dire autant qu'il fallait pour rehausser par son opposition l'éclat de la Cité de Dieu. En effet, lorsque l'Écriture sainte rapporte le nombre des années de la vie de ces premiers hommes, et conclut toujours de sorte qu'elle dit de celui dont elle parlait : « Et il engendra des fils et des filles, et un tel vécut tant de temps, et puis il mourut (1); » dira-t-on, sous prétexte qu'elle ne nomme pas ces fils et ces filles, que pendant tant d'années qu'on vivait alors, il n'ait pu naître assez d'hommes pour bâtir même plusieurs villes? Mais il était de l'ordre de la providence de Dieu, par l'inspiration duquel ces choses ont été écrites, de distinguer d'abord ces deux sociétés d'hommes, en faisant à part les générations des hommes, c'est-à-dire de ceux qui vivaient selon l'homme, et à part les générations des enfans de Dieu jusqu'au déluge que tous les hommes furent noyés, excepté Noé et sa femme, avec leurs trois fils et leurs trois brus, huit personnes qui méritèrent seules d'être sauvées par l'arche de cette ruine universelle.

Lors donc qu'il est écrit : « Caïn connut sa femme, » et elle enfanta Énoch, et il bâtit une ville du nom » de son fils Énoch (2), » il ne s'ensuit pas qu'Énoch ait été son premier fils. L'Écriture dit la même chose d'Adam, lorsqu'il engendra Seth : « Adam, dit-elle, » connut Ève, sa femme, et elle conçut et enfanta » un fils qu'elle nomma Seth (3), » et cependant Adam avait déjà engendré Caïn et Abel. Il ne s'ensuit pas non plus qu'Énoch ait été le premier né de Caïn, de ce qu'il appela sa ville de son nom. Il se pouvait qu'il l'aimât plus que ses autres enfans. En effet, Juda

---

(1) Genès., 5, 4 et suiv.
(2) Ibid., 4, 17.
(3) Ibid., 25.

qui donna le nom à la Judée et aux Juifs, n'était pas l'aîné des enfans de Jacob. Mais quand Énoch serait le fils aîné de Caïn, ce n'est pas à dire qu'il ait donné son nom à cette ville dès qu'il fut né, puisqu'un seul homme ne pouvait pas faire une ville, qui n'est autre chose qu'une multitude d'hommes unis ensemble par le lien de quelque société. Il faut croire plutôt que la famille de Caïn s'étant si fort accrue qu'elle formait un peuple, il bâtit une ville et l'appela du nom de son aîné. Dans le fait, la vie de ces premiers hommes était si longue, que celui qui a le moins vécu avant le déluge, selon le témoignage de l'Écriture, a vécu sept cent cinquante trois ans. Plusieurs même ont passé neuf cents ans, quoique aucun n'ait été jusqu'à mille. Qui peut donc douter que, pendant la vie d'un seul homme, le genre humain n'ait pu tellement se multiplier qu'il ait été suffisant pour peupler plusieurs villes? Cela se peut facilement conjecturer, puisque le peuple Hébreu sorti du seul Abraham s'accrut si fort en l'espace d'un peu plus de quatre cents ans, qu'à leur sortie d'Égypte l'Écriture compte jusqu'à six cents mille hommes capables de porter les armes; pour ne rien dire des Iduméens qui sortirent d'Ésaü, petit-fils d'Abraham, ni de plusieurs autres nations issues du même Abraham, mais non pas par sa femme Sara.

LIVRE XV.

CHAPITRE IX.

Les hommes vivaient plus long-temps et étaient plus grands avant le déluge que depuis.

Il n'est donc point d'esprit tant soit peu sensé qui doute que Caïn n'ait pu bâtir une ville, même fort grande, dans un temps où la vie des hommes était si longue; à moins qu'on ne veuille encore discuter là-dessus et prétendre qu'il n'est pas vrai qu'ils aient vécu aussi long-temps que l'Écriture le rapporte. Ces infidèles ne veulent pas croire non plus que les hommes fussent alors beaucoup plus grands qu'ils ne sont aujourd'hui. Cependant le plus célèbre de leurs poètes, Virgile, à propos d'une grosse pierre qui servait de borne à un champ, et qu'un homme très robuste (1) de ce temps-là leva dans le combat, et lança en courant contre son ennemi: « A peine, dit-il, douze des « plus forts hommes de nos jours l'auraient-ils pu « porter (2); » pour montrer que les hommes étaient bien plus grands alors qu'à présent. Combien donc l'étaient-ils encore davantage dans les premiers âges du monde avant le déluge ? Mais les sépulcres découverts par la suite des années ou par des débordemens de fleuves et autres accidens, où l'on a trouvé des os

---

(1) Turnus.
(2) Énéid., 12.

de mort d'une grandeur incroyable, doivent convaincre les plus opiniâtres. J'ai vu moi-même sur le rivage d'Utique, et plusieurs l'ont vu avec moi, la dent mâchelière d'un homme, si grosse, qu'on en eût pu faire cent des nôtres : elle avait appartenu, je crois, à quelque géant; car les hommes d'alors étaient généralement plus grands que nous, mais moins grands que les géants, tels qu'il s'en est trouvé dans tous les temps et même au nôtre. Pline, ce savant naturaliste, assure que plus le temps avance dans sa marche, plus les corps diminuent; et il ajoute que c'est une chose dont Homère se plaint souvent (1). Mais, comme je l'ai déjà dit, les os que l'on découvre quelquefois dans de vieux monumens peuvent justifier la grandeur des corps des premiers hommes; tandis que l'on ne saurait prouver de même la durée de leur vie, parce que personne ne vit plus aussi long-temps. Cependant cela ne doit pas empêcher d'ajouter foi à l'Histoire sacrée, puisqu'il y aurait d'autant plus d'impudence à ne pas croire ce qu'elle nous raconte du passé, que nous voyons de nos yeux l'accomplissement de ce qu'elle a prédit de l'avenir. Le même Pline dit toutefois qu'il existe encore une nation où l'on vit deux cents ans. Si donc quelques pays qui nous sont inconnus conservent encore des restes de cette longue vie dont nous n'avons point d'expérience, pourquoi ne croirons-nous pas aussi qu'il y a eu des temps où l'on vivait autant que l'Écriture le témoigne? Est-ce qu'il est croyable que ce qui n'est point ici soit ailleurs, et qu'il est in-

---

(1) Iliad., liv. 5 et 12.

croyable que ce qui n'est pas maintenant ait été autrefois ?

CHAPITRE X.

Diversité entre les Hébreux et les Septante quant au nombre des années des premiers hommes.

Ainsi, bien qu'il semble qu'il y ait quelque diversité, quant au nombre des années, entre les livres hébreux et les nôtres, sans que je sache d'où elle provient, elle n'est pas telle néanmoins qu'ils ne s'accordent touchant la longue vie des hommes de ce temps-là. Nos exemplaires portent qu'Adam engendra Seth à l'âge de deux cent trente ans (1), et ceux des Hébreux à l'âge seulement de cent trente ; mais aussi, selon les leurs, il vécut huit cents ans depuis, au lieu que, selon les nôtres, il n'en vécut que sept cents ; et ainsi ils conviennent dans la somme totale. Il en est de même des autres générations ; les cent années que les Hébreux comptent de moins que nous avant qu'un père ait engendré un tel qu'ils nomment, ils les reprennent ensuite, en sorte que cela revient au même. Dans la sixième génération il n'y a aucune diversité. Pour la septième, il y a la même que dans les cinq premières, et elle s'accorde aussi de même. La huitième n'est pas plus difficile à accorder. Il est vrai que,

(1) Genès., 5.

suivant les Hébreux, Énoch, lorsqu'il engendra Mathusalem, avait vingt ans de plus que nous ne lui en donnons; mais aussi lui en donnent-ils vingt de moins lorsqu'il l'eut engendré. Ce n'est que dans la neuvième génération, c'est-à-dire dans les années de Lamech, fils de Mathusalem et père de Noé, qu'il se rencontre quelque différence dans la somme totale, encore n'est-elle pas considérable, puisqu'elle se borne à vingt-quatre années d'existence que les Hébreux donnent de plus que nous à Lamech : ils lui attribuent six ans moins que nous avant qu'il engendrât Noé, et trente plus que nous après qu'il l'eût engendré; de sorte que rabattant ces six ans, restent vingt-quatre, comme nous avons dit.

CHAPITRE XI.

D'après l'âge de Mathusalem, il faut qu'il ait encore vécu quatorze ans après le déluge.

CETTE diversité entre les livres hébreux et les nôtres a fait mettre en question si Mathusalem a vécu quatorze ans après le déluge, tandis que l'Écriture ne parle que de huit personnes qui en furent sauvées par le moyen de l'arche, entre lesquelles elle ne compte point Mathusalem. Selon les Septante, Mathusalem avait cent soixante et sept ans lorsqu'il engendra Lamech, et Lamech cent quatre-vingt-huit ans avant que d'engendrer Noé ; ce qui fait ensemble trois cent cinquante-cinq ans ; ajoutez-y les six cents ans de Noé avant le déluge, cela fait neuf cent cinquante-cinq ans depuis la naissance de Mathusalem jusqu'au déluge. Or, Mathusalem vécut en tout neuf cent soixante et neuf ans, cent soixante et sept avant que d'engendrer Lamech, et huit cent deux depuis ; par conséquent il vécut quatorze ans après le déluge, qui n'arriva que la neuf cent cinquante-cinquième année de la vie de Mathusalem. De là vient que quelques-uns aiment mieux dire qu'il vécut quelque temps avec son père Énoch, que Dieu avait ravi hors du monde, que de demeurer d'accord qu'il y ait faute dans la version des Septante à qui l'Église donne tant d'autorité, et prétendent que l'erreur est plutôt du côté des exemplaires hébreux. Ils allèguent, à l'appui de leur sentiment, qu'il n'est pas croyable que les Septante qui se sont rencontrés mot pour mot dans leur version, aient pu se tromper ou voulu mentir sur un point qui n'était pour eux d'aucun intérêt ; et qu'il est bien plus probable que les Juifs, jaloux de ce que la loi et les prophètes sont venus à nous par le moyen de cette version, ont altéré leurs exemplaires afin de diminuer l'autorité des nôtres. Chacun peut croire là-dessus ce qu'il lui plaira ; toujours est-il certain que Mathusalem ne vécut point après le déluge, mais qu'il mourut la même année, si la chronologie des Hébreux est véritable. Pour les Septante, j'en dirai ce que j'en pense lorsque je parlerai du temps auquel ils ont écrit. Il suffit, pour la difficulté présente, que, selon les uns et les autres, les hommes d'alors aient vécu assez long-temps pour qu'il y en eût suffisamment du temps de Caïn pour bâtir une ville.

CHAPITRE XII.

De l'opinion de ceux qui croient que les années des anciens n'étaient pas aussi longues que les nôtres.

Il ne faut point écouter ceux qui prétendent que l'on comptait alors les années autrement qu'à cette heure, et qu'elles étaient si courtes, qu'il en fallait dix pour en faire une des nôtres. C'est pour cette raison, disent-ils, que, quand l'Écriture dit de quelqu'un qu'il vécut neuf cents ans, on doit entendre quatre-vingt-dix; car dix de leurs années en font une des nôtres, et dix des nôtres cent des leurs. Ainsi, à leur compte, Adam n'avait que vingt-trois ans quand il engendra Seth, et Seth vingt ans et six mois quand il engendra Énos (1). Selon cette opinion, ils divisaient une de nos années en dix parties qu'ils nommaient chacune un an; et chaque partie était composée d'un senaire carré, parce que Dieu acheva ses ouvrages en six jours et se reposa le septième. Or, le carré de six est de trente-six, qui, multipliés par dix, font trois cent soixante jours, c'est-à-dire douze mois lunaires. Quant aux cinq jours qui restaient pour accomplir l'année solaire, et les six

---

(1) 205 ans selon les Septante.

heures qui sont cause que tous les quatre ans nous avons une année bissextile, les anciens suppléaient de temps en temps quelques jours afin de compléter le nombre des années, et les Romains appelaient ces jours intercalaires. De même Énos, fils de Seth, n'avait que dix-neuf ans quand il engendra Caïnan ; ce qui revient aux cent quatre-vingt-dix ans que lui donne l'Écriture. Aussi, poursuivent-ils, nous ne voyons point, selon les Septante, qu'aucun ait engendré avant le déluge qu'il n'eût au moins cent soixante ans, c'est-à-dire seize ans, en comptant dix années pour une, parce que c'est l'âge destiné par la nature pour avoir des enfans. A l'appui de leur opinion, ils ajoutent que la plupart des historiens rapportent que l'année des Égyptiens était de quatre mois, celle des Arcananiens de six, et celle des Laviniens de treize. Pline le naturaliste, à propos de quelques personnes que certaines histoires témoignent avoir vécu jusqu'à huit cents ans, pense que cette assertion tient à l'ignorance de ces temps-là, attendu, dit-il, que des peuples ne faisaient leur année que d'un été ou d'un hiver, et que les autres comptaient les quatre saisons de l'année pour quatre ans, comme les Arcadiens dont les années n'étaient que de trois mois. Il ajoute même que les Égyptiens, dont nous avons dit que les années n'étaient composées que de quatre mois, les réglaient quelquefois sur le cours de la lune, tellement que l'on voit que parmi eux on vivait jusqu'à mille ans.

Telles sont les raisons apparentes sur lesquelles se fondent ceux qui prétendent par là affermir l'autorité de l'Écriture, et empêcher que ce qu'elle rapporte de la longue vie des premiers hommes ne paraisse incroyable. Il est aisé de montrer évidemment que tout cela est très faux ; mais, avant que de le faire, je suis bien aise de me servir d'une autre preuve pour réfuter cette opinion. Selon les Hébreux, Adam n'avait que cent trente ans lorsqu'il engendra son troisième fils. Or, si ces cent trente ans ne reviennent qu'à treize des nôtres, il est certain qu'il n'en avait qu'onze ou peu davantage quand il eut le premier. Et qui peut engendrer à cet âge là selon la loi ordinaire de la nature ? Mais, sans parler de lui, qui peut-être fut capable d'engendrer dès qu'il fût créé, vu qu'il n'est pas croyable qu'il ait été créé aussi petit que nos enfans lorsqu'ils viennent au monde ; son fils, d'après les mêmes Hébreux, n'avait que cent cinq ans quand il engendra Énos, et par conséquent n'avait pas encore onze ans selon nos adversaires. Que dirai-je de son fils Caïnan qui, suivant le texte hébreu, n'avait que soixante et dix ans quand il engendra Malaléhel ? Comment engendrer à sept ans, si soixante et dix ans d'alors n'en font réellement que sept de nos jours ?

CHAPITRE XIII.

Si, dans la supputation des années, il faut plutôt s'arrêter aux exemplaires des Hébreux qu'à la traduction des Septante.

JE prévois bien que l'on me répliquera que c'est une imposture des Juifs qui ont falsifié leurs exemplaires, comme nous l'avons dit plus haut ; et qu'il n'est pas présumable que les Septante, ces hommes si célèbres, aient pu en imposer. Cependant, si je demande lequel des deux est le plus croyable, ou que les Juifs, qui sont répandus en tant d'endroits différens, aient conspiré ensemble pour écrire cette fausseté, et qu'ils se soient privés eux-mêmes de la vérité pour ôter l'autorité aux autres, ou que les Septante, qui étaient aussi Juifs, assemblés en un même lieu par Ptolémée, roi d'Egypte, pour traduire l'Écriture, aient envié la vérité aux gentils, et concerté ensemble cette imposture, qui ne devine la réponse que l'on fera à ma question ? Mais à Dieu ne plaise qu'un homme sage s'imagine que les Juifs, quelque méchans et artificieux qu'on les suppose, aient pu glisser cette fausseté dans un si grand nombre d'exemplaires dispersés en tant de lieux ; ou que les Septante, qui ont acquis une si haute réputation, se soient accordés entre eux pour ravir la vérité aux gentils. Il est donc plus simple de dire que quand on commença à transcrire ces livres de la bibliothèque de Ptolémée, cette erreur se glissa d'abord dans un exemplaire par la faute du copiste, et passa de celui-là dans tous les autres. Cette réponse est assez plausible pour ce qui regarde la vie de Mathusalem, et pour les vingt-quatre années qui se rencontrent de plus dans les exemplaires hébreux. A l'égard des cent années qui sont de plus d'abord dans les Septante, et ensuite de moins pour faire cadrer la somme totale avec le nombre des années du texte hébreu, et cela dans les cinq premières générations et dans la septième, c'est une erreur trop uniforme pour l'imputer au hasard.

Il est plus présumable que celui qui a opéré ce changement, voulant persuader que les premiers hommes n'avaient vécu tant d'années que parce qu'elles étaient extrêmement courtes, et qu'il en fallait dix pour en faire une des nôtres, a ajouté cent ans d'abord aux cinq premières générations et à la septième, parce qu'en suivant l'hébreu, les hommes eussent été encore trop jeunes pour avoir des enfans, et les a retranchés ensuite pour retrouver le compte juste des années. Ce qui porte encore plus à croire qu'il en a usé de la sorte dans ces générations, c'est qu'il n'a pas fait la même chose dans la sixième, parce qu'il n'en était pas besoin, et que Jared (1), selon les Hébreux, avait cent soixante et deux ans lorsqu'il engendra Énoch, c'est-à-dire seize ans et près de deux mois, âge auquel on peut avoir des enfans.

Mais, d'un autre côté, on pourrait demander pourquoi, dans la huitième génération, tandis que l'hé-

___
(1) Genès., 5, 18.

breu donne cent quatre-vingt-deux ans à Mathusalem
avant qu'il engendrât Lamech, la version des Septante
lui en retranche vingt, au lieu qu'ordinairement elle
en donne cent de plus que l'hébreu aux patriarches,
avant que de les faire engendrer. On pourrait penser
peut-être que cela est arrivé par hasard, si, après avoir
ôté vingt années à Mathusalem, il ne les lui redonnait
ensuite, afin de trouver le compte des années de sa
vie. Ne serait-ce point une manière adroite de couvrir
les additions précédentes de cent années, par le retranchement d'un petit nombre d'autres qui n'était
pas d'importance, puisque, malgré cela, Mathusalem
aurait toujours eu cent soixante-deux ans, c'est-à-dire
plus de seize ans, avant que d'engendrer Lamech? Quoi
qu'il en soit, je ne doute point que lorsque les exemplaires grecs et hébreux ne s'accordent pas, il ne faille
plutôt suivre l'hébreu, comme l'original, que les
Septante, qui ne sont qu'une version, attendu surtout que quelques exemplaires grecs, un latin et un
syriaque s'accordent en ce point, que Mathusalem
mourut six ans avant le déluge.

CHAPITRE XIV.

Les années étaient autrefois aussi longues qu'à présent.

JE vais maintenant prouver jusqu'à l'évidence que durant le premier âge du monde les années n'étaient pas
tellement courtes qu'il en fallût dix pour en faire une des

nôtres, et qu'elles étaient même aussi longues qu'à cette heure. Voici en effet ce que porte l'Écriture : « Le déluge » arriva sur la terre l'an 600 de la vie de Noé, au second » mois, le vingt-septième jour du mois (1). » Comment s'exprimait-elle de la sorte, si les années des anciens n'avaient que trente-six jours? Dans ce cas, ou ces années n'auraient point eu de mois, ou les mois n'auraient été que de trois jours pour qu'il s'en trouvât douze. N'est-il pas visible que leurs mois étaient comme les nôtres, puisqu'autrement l'Écriture sainte ne dirait pas que le déluge arriva le vingt-septième jour du second mois? Elle dit encore un peu après, à la fin du déluge : « L'arche s'arrêta sur les montagnes » d'Arménie le septième mois, le vingt-septième jour » du mois. Cependant les eaux diminuaient jusqu'à » l'onzième mois; or, le premier jour de ce mois on » vit paraître les sommets des montagnes (2). » Que si leurs mois étaient semblables aux nôtres, il faut étendre cette similitude à leurs années. Ces mois de trois jours n'en pouvaient pas avoir vingt-sept; ou si la trentième partie de ces trois jours s'appelait alors un jour, un si effroyable déluge, qui, selon l'Écriture tomba durant quarante jours et quarante nuits, se fit donc en moins de quatre de nos jours. Qui pourrait souffrir une si haute absurdité? Loin, bien loin de nous cette erreur qui ruine la foi des Écritures sacrées, en voulant l'établir sur de fausses conjectures! Il est certain que le jour était aussi long alors qu'à présent, c'est-à-

(1) Genès., 7, 10.
(2) Id., 8, 4.

dire de vingt-quatre heures, les mois égaux aux nôtres et réglés sur le cours de la Lune, et les années composées de douze mois lunaires, en y ajoutant cinq jours et un quart, pour les ajuster aux années solaires; et par conséquent ces premiers hommes vécurent plus de neuf cents ans, qui étaient aussi longs que les cent soixante-quinze que vécut ensuite Abraham, que les cent quatre-vingts que vécut Isaac, que les cent cinquante ou environ que vécut Jacob, que les cent vingt que vécut Moïse, et que les soixante-dix ou quatre-vingt que les hommes vivent aujourd'hui, et dont il est dit : « Si les plus robustes vont jusqu'à quatre-vingts » ans, ils en ont d'autant plus de mal (1). »

Quant à la différence qui se rencontre entre les exemplaires hébreux et les nôtres, elle ne concerne point du tout la longueur de la vie des premiers hommes, dont les uns et les autres conviennent; ajoutez à cela que, lorsqu'il y a diversité, il faut plutôt s'en tenir à la langue originale qu'à une version. Cependant, ce n'est pas sans raison que personne n'a encore osé corriger les Septante sur l'hébreu, en plusieurs endroits où ils semblent différens. Cela prouve qu'on n'a pas cru que ce défaut de concordance fût une faute, et je ne le crois pas non plus; mais à la réserve des erreurs de copiste, lorsque le sens est conforme à la vérité, on doit croire qu'ils ont voulu dire autre chose, non en qualité d'interprètes, mais comme des prophètes inspirés par l'esprit de Dieu. De là vient que lorsque les apôtres allèguent quelques témoignages de l'ancien

---

(1) Ps. 89, 11.

Testament dans leurs écrits, ils ne se servent pas seulement de l'hébreu, mais de la version des Septante. Comme j'ai promis de traiter plus amplement cette matière dans un autre endroit de cet ouvrage, où je pourrai le faire plus commodément, je reviens à mon sujet, et dis qu'il ne faut point douter que le premier des enfans du premier homme n'ait pu bâtir une ville à une époque où la vie des hommes était si longue; ville au reste bien différente de celle que nous appelons la Cité de Dieu, pour laquelle nous avons entrepris un si grand ouvrage.

CHAPITRE XV.

S'il est présumable que les hommes du premier âge aient persévéré dans l'abstinence jusqu'à l'époque où l'on rapporte qu'ils ont eu des enfans.

EST-IL croyable, dira-t-on, qu'un homme qui n'avait pas dessein de garder le célibat, se soit contenu cent ans et plus, ou quatre-vingt, soixante-dix ou soixante ans selon les Hébreux, et qu'il n'ait point eu d'enfans auparavant? Il y a deux réponses à cela. Ou l'âge d'avoir des enfans venait plus tard en ce temps-là à proportion des années de la vie; ou, ce qui me paraît plus vraisemblable, l'Écriture n'a pas fait mention des aînés, mais seulement de ceux dont il fallait parler selon l'ordre des générations pour parvenir à Noé et ensuite à Abraham, et pour marquer le progrès de la glorieuse Cité de Dieu qui est étrangère ici-bas, et qui soupire après la céleste patrie. En effet, on ne saurait nier que Caïn ne soit le premier fils d'Adam, puisqu'Adam n'aurait pas dit comme le lui fait dire l'Écriture : « J'ai acquis un homme par la grace » de Dieu (1), » si cet homme n'avait été ajouté en naissant à nos deux premiers parens. Abel vint après, qui fut tué par son frère Caïn, en quoi il fut la première figure de la Cité de Dieu pélerine ici-bas et destinée à être en butte aux injustes persécutions des méchans, c'est-à-dire des hommes du siècle attachés aux biens passagers de la Cité de la terre; mais on ne voit pas à quel âge Adam les engendra l'un et l'autre. Ensuite, sont rapportées les deux branches d'hommes, l'une sortie de Caïn, et l'autre de Seth que Dieu donna à Adam à la place d'Abel. Ainsi, ces deux ordres de générations, l'une de Seth et l'autre de Caïn, marquant distinctement les deux Cités dont nous parlons, l'Ecriture sainte ne dit point quel âge avaient ceux de la race de Caïn quand ils eurent des enfans, parce que l'esprit de Dieu n'a jugé dignes de cet honneur que ceux qui représentaient la Cité du ciel. La Genèse, à la vérité, marque à quel âge Adam engendra Seth, mais il en avait déjà engendré d'autres auparavant, savoir Caïn et Abel; qui sait même s'il n'avait engendré que ceux-là ? De ce qu'ils sont nommés seuls à cause des ordres des générations qu'il fallait rapporter, ce n'est pas à dire qu'Adam n'en ait point eu d'autres. Dans le fait, lorsque l'Ecriture sainte dit en général qu'il engendra des fils et des filles qu'elle ne nomme

(1) Genès., 4, 1.

pas, qui oserait sans témérité en déterminer le nombre? Ce qu'Adam dit après la naissance de Seth : « Dieu m'a donné un autre fils au lieu d'Abel (1), » il a pu fort bien le dire par une inspiration divine, en ce que Seth devait imiter la vertu d'Abel, et non de ce qu'il était né immédiatement après lui. De même, quand il est écrit : « Seth avait deux cent cinq ans (2), » ou cent cinq selon les Hébreux, lorsqu'il engendra Énos; qui serait assez hardi pour assurer qu'Énos fut son premier né? Outre qu'il n'y a point d'apparence qu'il se soit contenu pendant tant d'années n'ayant point dessein de garder la continence, l'Écriture dit aussi de lui : « Et il engendra des fils et des filles, et » Seth vécut en tout neuf cents douze ans (3). » L'Écriture, qui ne se proposait, comme je l'ai déjà dit, que de descendre jusqu'à Noé par une suite de générations, n'a pas marqué celles qui étaient les premières, mais celles où cette suite était gardée.

J'appuierai ces considérations d'un exemple clair et indubitable. Saint Mathieu faisant la généalogie temporelle de Notre Seigneur, et commençant par Abraham pour venir d'abord à David : « Abraham, dit-il, » engendra Isaac (4). » Que ne dit-il Ismaël, qui fut le fils aîné d'Abraham ? « Isaac, ajoute-il, engendra » Jacob (5). » Pourquoi ne dit-il pas Ésaü, qui fut son

---

(1) Genès., 4, 25.
(2) Genès., 5, 6.
(3) Id., 7 et 8.
(4) Matth., 1, 2.
(5) Ibid.

aîné ? C'est sans doute qu'il ne pouvait pas arriver par eux à David. Poursuivons : « Jacob engendra Juda et » ses frères (1). » Est-ce que Juda fut l'aîné des enfans de Jacob ? « Juda, dit-il encore, engendra Pharès et » Zaram (2) ; » et cependant il avait déjà eu trois enfans avant ceux-là. Voilà l'unique et véritable solution qu'il faut apporter pour la Genèse, sans aller s'embarrasser dans cette question obscure et superflue, si les hommes avaient plus tard des enfans en ce temps-là.

CHAPITRE XVI.

Mariages entre proches, permis autrefois à cause de la nécessité.

LE besoin qu'avait le monde d'être peuplé, et le défaut d'autres hommes que ceux qui sortirent de nos premiers parens rendirent indispensables, entre frères et sœurs, les mariages qui seraient maintenant des crimes énormes, à cause de la défense que la Religion en a faite depuis. Cette défense est fondée sur une raison très juste : puisqu'il est nécessaire d'entretenir l'amitié et la société parmi les hommes, ce but est mieux atteint par des alliances entre étrangers qu'entre membres d'une même famille, qui sont déjà unis par les liens du sang. Père et beau-père sont des noms qui

---

(1) Matth., 1, 2.
(2) Ibid, 3.

désignent deux alliances. Lors donc que ces qualités sont partagées entre différentes personnes, l'amitié s'étend et se multiplie davantage. Adam était obligé de les réunir en lui seul, parce que ses fils ne pouvaient épouser que leurs sœurs ; Ève de même était à la fois la mère et la belle-mère de ses enfans, comme les femmes de ses fils étaient ensemble ses filles et ses brus. La nécessité, je le répète, excusait alors ces sortes de mariages.

Depuis que les hommes se sont multipliés, les choses ont bien changé sous ce rapport, même parmi les idolâtres. Encore que ces alliances soient permises en certains pays, une plus louable coutume a proscrit cette licence, et nous en avons autant d'horreur que si cela ne s'était jamais pratiqué. Véritablement, la coutume fait une merveilleuse impression sur les esprits; et comme elle sert ici à arrêter les excès de la convoitise, on ne saurait la violer sans crime. S'il est injuste de remuer les bornes des terres, pour envahir l'héritage d'autrui, combien l'est-il plus de renverser celles des bonnes mœurs par des conjonctions illicites? Nous avons éprouvé, même de notre temps, dans le mariage des cousins germains, combien il est rare que l'on suive la permission de la loi, lorsqu'elle est opposée à la coutume. Bien que ces mariages ne soient point défendus par la loi de Dieu, et que celles des hommes n'en eussent point encore parlé, toutefois on en avait horreur à cause de la proximité du degré, et qu'il semble que ce soit presque faire avec une sœur ce que l'on fait avec une cousine germaine. Aussi voyons-nous que les cousins et les cousines à ce degré s'appellent frères et sœurs. Il est vrai que les anciens patriarches ont eu grand soin de ne pas trop laisser éloigner la parenté, et de la rapprocher en quelque sorte par le lien du mariage; de sorte qu'encore qu'ils n'épousassent pas leurs sœurs, ils épousaient toujours quelqu'une de leur famille. Mais qui peut douter qu'il ne soit plus honnête de nos jours de défendre le mariage entre cousins germains, non-seulement pour les raisons que nous avons alléguées, afin de multiplier les alliances et n'en pas mettre plusieurs en une seule personne; mais aussi parce qu'une certaine pudeur louable fait que nous avons naturellement honte de nous unir, même par mariage, aux personnes pour qui la parenté nous donne du respect.

L'union de l'homme et de la femme est comme la pépinière des villes et des Cités; mais la Cité de la terre se contente de la première naissance des hommes, au lieu que la Cité du ciel en demande une seconde pour effacer la corruption de la première. Or, l'Histoire sainte ne nous apprend pas si, avant le déluge, il y a eu quelque signe visible et corporel de cette régénération, comme fut depuis la Circoncision. Elle rapporte toutefois que les premiers hommes ont fait des sacrifices à Dieu, comme cela se voit clairement par ceux de Caïn et d'Abel, et par celui de Noé au sortir de l'arche: et nous avons dit à ce sujet dans les livres précédens, que les démons qui veulent usurper la divinité et passer pour dieux n'exigent des hommes ces sortes d'honneurs, que parce qu'ils savent bien qu'ils ne sont dus qu'au vrai Dieu.

CHAPITRE XVII.

Des deux chefs de l'une et l'autre Cité issus du même père.

Comme Adam était le père de ces deux sortes d'hommes, tant de ceux qui appartiennent à la Cité de la terre, que de ceux qui composent la Cité du ciel ; après la mort d'Abel qui figurait un grand mystère, il y eut deux chefs de chaque Cité, Caïn et Seth, dans la postérité de qui l'on voit paraître des marques plus évidentes de ces deux Cités. En effet, Caïn engendra Énoch, et bâtit une Cité de son nom, qui n'était pas étrangère ici-bas, mais citoyenne du monde, et qui mettait son bonheur dans la possession paisible des biens temporels. Or, Caïn veut dire *possession*, d'où vient que quand il fut né, son père ou sa mère dit : « J'ai acquis un homme par la grace de Dieu ; » et Énoch signifie *dédicace*, à cause que la Cité de la terre est dédiée en ce monde même où elle est fondée, parce que dès ce monde elle obtient le but de ses désirs et de ses espérances. Seth au contraire veut dire *résurrection*, et Énos, son fils signifie *homme*, non comme Adam qui, en hébreu, est un nom commun à l'homme et à la femme suivant cette parole de l'Écriture : « Il » les créa homme et femme, et les bénit, et il les » nomma Adam (1); » ce qui fait voir qu'Ève s'appe-

(1) Genès., 5, 2.

lait aussi Adam, d'un nom commun aux deux sexes. Mais Énos signifie tellement un homme, que ceux qui sont versés dans la langue hébraïque assurent qu'il ne peut pas être dit d'une femme, comme fils de la résurrection où le mariage n'aura plus lieu; car il n'y aura point de génération dans l'endroit où la régénération nous conduira. Je crois pour cette raison devoir remarquer ici que dans la généalogie de Seth il n'est fait nommément mention d'aucune femme, au lieu que dans celle de Caïn il est dit : « Mathusaël engendra
» Lamech, et Lamech épousa deux femmes, l'une
» appelée Ada et l'autre Sella, et Ada enfanta Jobel.
» Celui-ci fut le premier qui habita dans des cabanes
» et le père des bergers. Son frère s'appelait Jubal,
» l'inventeur de la harpe et de la guitarre. Sella eut
» aussi Thobel, qui travaillait en fer et en cuivre. Sa
» sœur s'appelait Noëma (1). » Là finit la généalogie de Caïn, qui est toute comprise en huit générations en comptant Adam, sept jusqu'à Lamech qui épousa deux femmes, et la huitième dans ses enfans, parmi lesquels l'Écriture fait mention d'une femme. Elle insinue par là qu'il y aura des générations charnelles et des mariages jusqu'à la fin dans la Cité de la terre; et de là vient aussi que les femmes de Lamech, le dernier de la lignée de Caïn, sont désignées par leurs noms, ce qui ne se trouve point d'autres que d'Ève avant le déluge. Or, comme Caïn, fondateur de la Cité de la terre, et son fils Énoch, qui nomma cette Cité, marquent par leurs noms, dont l'un signifie *posses-*

(1) Genès., 4, 18 et suiv.

session, et l'autre *dédicace*, que cette même Cité a un commencement et une fin, et qu'elle borne ses espérances à ce monde-ci ; de même Seth, qui signifie *résurrection*, étant le père d'une postérité dont la généalogie est rapportée à part, il est bon de voir ce que l'Histoire sainte dit de son fils.

CHAPITRE XVIII.

Figure de Jésus-Christ et de son Église dans Adam, Seth et Énos.

« Seth, dit la Genèse, eut un fils, qu'il appela Énos; » celui-ci mit son espérance à invoquer le nom du » Seigneur (1). » Voilà le témoignage qu'en rend la vérité. L'homme donc, fils de la résurrection, vit en espérance ; il vit en espérance tant que la Cité de Dieu, qui est engendrée par la foi en la résurrection de Jésus-Christ, est étrangère en ce monde. La mort et la résurrection du Sauveur sont figurées par ces deux hommes, par Abel qui signifie *deuil*, et par Seth, son frère, qui veut dire *résurrection*. C'est par cette foi qu'est engendrée ici-bas la Cité de Dieu, c'est-à-dire *l'homme* qui a mis son espérance à invoquer le nom du Seigneur. « Car nous sommes sauvés » par l'espérance, dit l'apôtre : or, quand on voit ce » qu'on avait espéré voir, il n'y a plus d'espérance ;

(1) Genès., 4, 26.

» car qui espère voir ce qu'il voit déjà? Que si nous
» espérons voir ce que nous ne voyons pas encore,
» c'est la patience qui nous le fait attendre (1). » En
effet, qui ne jugerait qu'il y a ici quelque grand mystère? Abel n'a-t-il pas mis son espérance à invoquer
le nom du Seigneur, lui dont le sacrifice fut si agréable à Dieu, selon le témoignage de l'Écriture? Seth
n'a-t-il pas fait aussi la même chose, lui dont il est
dit : « Dieu m'a donné un autre fils pour Abel (2)? »
Pourquoi donc attribuer particulièrement à Énos ce qui
est commun à tous les gens de bien, sinon parce qu'il
fallait que celui qui naquit le premier du père des prédestinés à la Cité de Dieu, figurât l'assemblée des hommes qui ne vivent pas selon l'homme dans la possession
d'une félicité passagère, mais dans l'espérance d'un
bonheur éternel? Il n'est pas dit : Celui-ci espérera dans
le Seigneur, ou : Celui-ci invoqua le nom du Seigneur,
mais : « Celui-ci mit son espérance à invoquer le nom
» du Seigneur. » Que signifie « mit son espérance à
» invoquer, » si ce n'est une prophétie qu'il naîtrait
un peuple qui, selon l'élection de la grace, invoquerait le nom de Dieu? C'est ce qui a été dit par un
autre prophète (3); et l'apôtre l'explique de ce peuple
qui appartient à la grace de Dieu : « Tous ceux qui
» invoqueront le nom du Seigneur seront sauvés (4). »
Ces paroles de l'Écriture : « Il l'appela Énos, c'est-à-

(1) Rom., 8, 24 et 25.
(2) Genès., 4, 25.
(3) Joël, 2, 32.
(4) Rom., 10, 13.

» dire homme (1), » et ensuite : « Celui-ci mit son
» espérance à invoquer le nom du Seigneur, » montrent bien que l'homme ne doit pas placer son espérance en lui-même. Comme il est écrit ailleurs : « Maudit
» est quiconque met son espérance en l'homme (2), »
personne par conséquent ne doit non plus la mettre
en soi-même, afin de devenir citoyen de cette autre
Cité qui n'est pas dédiée sur la terre par le fils de
Caïn, c'est-à-dire pendant le cours de ce monde périssable, mais dans l'immortalité de la béatitude éternelle.

CHAPITRE XIX.

Ce que figure le ravissement d'Énoch.

CETTE lignée, dont Seth est le père, a aussi un nom
qui signifie *dédicace* dans la septième génération depuis Adam, en y comprenant Adam lui-même. En
effet, Énoch, qui signifie *dédicace*, est né le septième
depuis lui ; mais c'est Énoch, si agréable à Dieu, qui
fut transporté hors du monde, et qui, dans l'ordre
des générations, tient un rang remarquable, en ce
qu'il désigne le jour consacré au repos. Il est aussi le
sixième, à compter depuis Seth, c'est-à-dire depuis le
père de ces générations qui sont séparées de la lignée

---

(1) Genès., 4, 26.
(2) Jérém., 17, 5.

de Caïn. Or, c'est le sixième jour que l'homme fut créé et que Dieu acheva tous ses ouvrages. Mais le ravissement d'Énoch marque le délai de notre dédicace. Il est vrai qu'elle est déjà faite en Jésus-Christ, notre chef, qui est ressuscité pour ne plus mourir, et qui a été lui-même transporté; mais il reste une autre dédicace de toute la maison dont Jésus-Christ est le fondement, et celle-là est différée jusqu'à la fin des siècles que se fera la résurrection de tous ceux qui ne mourront plus. Il n'importe au fond qu'on l'appelle la maison de Dieu, ou son temple, ou sa Cité, lorsque Virgile même appelle une Cité puissante *la maison d'Assaracus* (1), désignant ainsi les Romains qui tirent leur origine de ce prince par les Troyens. Il appelle aussi le même peuple *la maison d'Énée*, parce que les Troyens, qui bâtirent dans la suite la ville de Rome, arrivèrent en Italie sous la conduite d'Enée. Le poète a imité en cela les saintes Lettres qui nomment le peuple nombreux des Israélites *la maison de Jacob.*

(1) Énéid., 1.

CHAPITRE XX.

Comment la postérité de Caïn est renfermée en huit générations, et pourquoi Noé appartient à la dixième depuis Adam.

Quelqu'un dira : Si celui qui a écrit cette histoire avait l'intention, dans le dénombrement de ces générations, de nous conduire d'Adam par Seth jusqu'à Noé sous qui arriva le déluge, et de Noé à Abraham, auquel l'évangéliste saint Matthieu commence les générations qui mènent à Jésus-Christ, ce roi éternel de la Cité de Dieu ; quel était son dessein dans le dénombrement de celles de Caïn, et jusqu'où prétendait-il aller ? On répond que c'est jusqu'au déluge qui submergea tous les habitans de la Cité de la terre ; mais leur race fut réparée ensuite par les enfans de Noé. Quant à cette société d'hommes qui vivent selon l'homme, elle subsistera jusqu'à la fin du siècle dont notre Seigneur a dit : « Les enfans de ce siècle engen-» drent et sont engendrés (1) ; » mais, pour la Cité de Dieu qui est étrangère en ce siècle, la régénération la conduit à un autre siècle dont les enfans n'engendrent ni ne sont engendrés. Ici donc il est commun à l'une et à l'autre Cité d'engendrer et d'être engendré, quoique la Cité de Dieu ait dès ce monde plusieurs

(1) Luc, 20, 34.

milliers de citoyens qui s'en abstiennent; mais l'autre en a aussi quelques-uns qui les imitent en cela, bien qu'ils soient dans l'erreur. A cette société appartiennent aussi ceux qui, s'écartant de la foi, ont formé diverses hérésies, et qui par conséquent vivent selon l'homme et non pas selon Dieu. Les gymnosophistes des Indes qui philosophent, dit-on, tout nus au milieu des forêts, sont de ses citoyens; et néanmoins ils s'abstiennent du mariage. Aussi, la continence n'est-elle un bien que quand on la garde pour l'amour du souverain bien qui est Dieu. On ne voit pas toutefois que personne l'ait pratiquée avant le déluge, puisque Énoch même, ravi du monde pour son innocence, engendra des fils et des filles, et entre autres Mathusalem qui continue l'ordre de ces générations.

Pourquoi compte-t-on un si petit nombre d'individus dans les générations de Caïn, si elles vont jusqu'au déluge, et que les hommes en ce temps-là fussent en âge d'avoir des enfans aussitôt qu'ils le sont aujourd'hui? Si l'auteur du livre de la Genèse n'avait pas en vue quelqu'un auquel il voulût arriver par une suite de générations, comme c'était son dessein à l'égard de celles de la postérité de Seth qu'il voulait conduire jusqu'à Noé, pour reprendre ensuite l'ordre des générations jusqu'à Abraham; qu'était-il besoin de passer les premiers nés pour arriver à Lamech auquel finit cette généalogie, c'est-à-dire à la huitième génération depuis Adam, et à la septième depuis Caïn, comme si de là il eût voulu passer à quelque autre généalogie pour arriver ou au peuple d'Israël, en qui la Jérusalem terrestre même a servi de figure à la Cité céleste, ou à Jésus-Christ comme homme, qui est le Dieu suprême élevé au-dessus de toutes choses, béni dans tous les siècles (1), et le fondateur et le roi de la Jérusalem du ciel ; qu'était-il besoin, dis-je, d'en user de la sorte, vu que toute la postérité de Caïn fut exterminée par le déluge ? Cela pourrait faire croire que ce sont les premiers nés qui sont nommés dans cette généalogie. Mais pourquoi y a-t-il si peu de personnes, si, comme nous l'avons dit, les hommes avaient des enfans en ce temps-là d'aussi bonne heure qu'ils en ont à présent ? Supposé qu'ils eussent tous trente ans quand ils ont commencé à en avoir, comme il y a huit générations en comptant Adam et les enfans de Lamech, huit fois trente font deux cent quarante ans. Or, est-il croyable qu'ils n'aient point eu d'enfans tout le reste du temps jusqu'au déluge ? Et, s'ils en ont eu, pourquoi l'Écriture n'en fait-elle point mention ? Depuis Adam jusqu'au déluge il s'est écoulé deux mille deux cent soixante et deux ans selon nos exemplaires, et mille six cent cinquante-six selon les Hébreux. Lors donc que nous nous arrêterions à ce dernier nombre comme au plus véritable, si de mille six cent cinquante-six ans on en retranche deux cent quarante, restent mille quatre cents ans et quelque chose de plus. Or, peut-on s'imaginer que la postérité de Caïn soit demeurée pendant tout ce temps-là sans avoir des enfans ?

Mais il faut se rappeler ici ce que nous avons dit, lorsque nous demandions comment il se peut faire que

(1) Rom., 9, 5.

ces premiers hommes qui n'avaient aucun dessein de garder la continence se soient pu contenir si long-temps. Nous avons en effet montré qu'il y a deux moyens de résoudre cette difficulté, ou en disant que, comme ils vivaient si long-temps, il n'étaient pas sitôt en âge d'engendrer, ou que les enfans dont il est parlé dans ces généalogies ne sont pas les aînés, mais ceux qui servent à perpétuer l'ordre des générations jusqu'au déluge. Ainsi, si dans celles de Caïn l'auteur du livre de la Genèse n'a pas eu cette intention comme dans celles de Seth, il faudra avoir recours à l'autre solution, et dire qu'en ce temps-là les hommes n'étaient capables d'avoir des enfans qu'après cent ans. Il se peut faire néanmoins que cette généalogie de Caïn n'aille pas jusqu'au déluge, et que l'Écriture sainte, pour quelque raison que j'ignore, ne l'ait portée que jusqu'à Lamech et à ses enfans. Indépendamment de cette réponse que les hommes avaient des enfans plus tard en ce temps-là, il se peut que la Cité bâtie par Caïn ait étendu au loin sa domination, et ait eu plusieurs rois de père en fils les uns après les autres, sans garder l'ordre de primogéniture. Caïn a pu être le premier de ces rois ; son fils Énoch, qui donna le nom au siége de cet empire, le second ; le troisième, Gaïdad, fils d'Énoch ; le quatrième, Manihel, fils de Gaïdad ; le cinquième, Mathusaël, fils de Manihel ; et le sixième, Lamech, fils de Mathusaël, qui est le septième depuis Adam par Caïn. Il n'était pas nécessaire que les aînés succédassent à leurs pères ; le sort, ou le mérite, ou l'affection du père, appelait indifféremment un de ses fils à la couronne. Rien ne s'oppose à ce que le déluge soit arrivé sous le règne de Lamech, et l'ait fait périr avec les autres. Aussi voyons-nous que l'Écriture ne désigne pas un seul fils de Lamech, comme dans les générations précédentes, mais plusieurs, parce qu'il était incertain quel devait être son successeur, si le déluge ne fût point survenu.

Mais, de quelque façon que l'on compte les générations de Caïn, ou par les aînés, ou par les rois, il me semble que je ne dois pas passer sous silence que Lamech étant le septième en ordre depuis Adam, l'Écriture, qui lui donne trois fils et une fille, parle d'autant de ses enfans qu'il en faut pour accomplir le nombre onze qui signifie le péché. En effet, comme la loi est comprise en dix commandemens, d'où vient le mot *décalogue*, il est hors de doute que le nombre onze, qui passe celui de dix, marque la transgression de la loi, et par conséquent le péché. C'est pour cela que Dieu commanda de faire onze voiles de poil de chèvre dans le tabernacle du témoignage (1), qui était comme le temple portatif de son peuple pendant son voyage; attendu que cette étoffe fait penser aux péchés, à cause des boucs qui doivent être mis à la gauche (2). Aussi, lorsque nous faisons pénitence, nous nous prosternons devant Dieu couverts d'un cilice, comme pour dire avec le psalmiste : « Mon péché est » toujours présent devant moi (3). » La postérité d'Adam par Caïn, qui était un scélérat, finit donc au

---

(1) Exod., 26, 7.
(2) Matth., 25, 33.
(3) Ps. 50, 4.

nombre onze qui signifie le péché; et ce nombre est fermé par une femme, dont le sexe a donné commencement au péché, par lequel nous avons tous été assujétis à la mort. Et ce péché a été suivi d'une volupté charnelle qui résiste à l'esprit; d'où vient que le nom de cette fille de Lamech (1) signifie *volupté.* Mais le nombre dix termine les générations descendues d'Adam par Seth jusqu'à Noé. Ajoutez à ce nombre les trois fils de Noé, dont deux seulement furent bénis, et l'autre fut réprouvé à cause de ses crimes, vous aurez douze : nombre illustre dans les patriarches et dans les apôtres, et composé des parties du nombre sept multipliées l'une par l'autre, puisque trois fois quatre et quatre fois trois font douze. Dans cet état de choses, il nous reste à voir comment ces deux lignées, qui par des générations distinctes marquent les deux Cités, l'une des gens du monde, et l'autre des élus, se sont ensuite tellement mêlées ensemble, que tout le genre humain, à la réserve de huit personnes, a mérité de périr par le déluge ?

CHAPITRE XXI.

L'Écriture ne parle qu'en passant de la Cité de la terre, et seulement pour celle du ciel.

Il faut considérer d'abord pourquoi, dans le dénombrement des générations de Caïn, après que l'Écriture

---

(1) Noëma.

a fait mention d'Énoch, qui donna son nom à la ville que son père bâtit, elle les continue tout de suite jusqu'au déluge, où finit entièrement toute cette branche; au lieu qu'après avoir parlé d'Énos, fils de Seth, elle interrompt le fil de cette généalogie, en disant : « Voici la généalogie des hommes. Lorsque Dieu créa » l'homme, il le créa à son image. Il les créa homme » et femme, et les bénit, et les appela Adam (1). » Il me semble que cette interruption a eu pour objet de recommencer le dénombrement des temps par Adam; ce que l'Écriture n'a pas voulu faire à l'égard de la Cité de la terre, comme si Dieu n'en parlait plutôt en passant qu'il ne la compte. Mais d'où vient qu'après avoir déjà nommé le fils de Seth, cet homme qui mit sa confiance à invoquer le nom du Seigneur, elle y revient encore; sinon de ce qu'il fallait représenter ainsi ces deux Cités, l'une descendant d'un homicide jusqu'à un homicide, car Lamech avoue à ses deux femmes (2) qu'il a tué un homme; et l'autre, fondée par celui qui mit sa confiance à invoquer le nom de Dieu? Voilà en effet quelle doit être l'unique occupation de la Cité de Dieu, étrangère en ce monde pendant le cours de cette vie mortelle, et ce qu'il a fallu lui recommander par un homme engendré de celui en qui revivait Abel assassiné. Cet homme véritablement marque l'unité de toute la Cité céleste, qui recevra un jour son accomplissement, après avoir été représentée ici-bas par cette figure prophétique. D'où

---

(1) Genès., 5, 1.
(2) Genès., 4, 23.

le fils de Caïn, c'est-à-dire *le fils de possession*, pouvait-il prendre son nom, si ce n'est des biens de la terre dans la Cité de la terre à qui il a donné le sien? Il est de ceux dont il est dit dans le pseaume : « Ils ont
» donné leurs noms à leurs terres (1); » aussi tombent-ils dans le malheur dont il est parlé en un autre pseaume : « Seigneur, vous anéantirez leur image dans
» votre Cité (2). » Pour le fils de Seth, c'est-à-dire *le fils de la résurrection*, qu'il mette sa confiance à invoquer le nom du Seigneur ; c'est lui qui figure cette société d'hommes qui dit : « Je serai comme un
» olivier fertile en la maison du Seigneur, parce que
» j'ai espéré en sa miséricorde (3). » Qu'il n'aspire point à la vaine gloire d'acquérir un nom célèbre sur la terre; car « heureux celui qui met son espérance au
» nom du Seigneur, et qui ne tourne point ses re-
» gards vers les vanités et les folies du monde (4). » Après avoir proposé ces deux Cités, l'une établie dans la jouissance des biens du siècle, l'autre mettant son espérance en Dieu, mais toutes deux sorties d'Adam comme d'une même barrière, pour fournir leur course et arriver chacune à sa fin, l'Ecriture commence le dénombrement des temps, auquel elle ajoute d'autres générations en reprenant depuis Adam, de la postérité de qui, comme d'une masse justement réprouvée, Dieu a fait des vases de colère et d'ignominie et des

---

(1) Ps. 48, 11.
(2) Ps. 72, 20.
(3) Ps., 51, 8.
(4) Ps. 39, 6.

vases d'honneur et de miséricorde (1), traitant les uns avec justice et les autres avec miséricorde, afin que la Cité céleste, étrangère ici-bas, apprenne, aux dépens des vases de colère, à ne pas se fier en son libre arbitre, mais à mettre sa confiance à invoquer le nom du Seigneur. La volonté a été créée bonne, mais muable, parce qu'elle a été tirée du néant : ainsi, elle peut se détourner du bien et du mal; mais elle n'a besoin pour l'un que de son libre arbitre, et ne saurait faire l'autre sans le secours de la grace.

CHAPITRE XXII.

Le mélange des enfans de Dieu avec les filles des hommes a causé le déluge qui a anéanti tout le genre humain, à l'exception de huit personnes.

Comme les hommes croissaient et s'augmentaient avec ce libre arbitre, il se fit une espèce de mélange et de confusion de ces deux Cités par un commerce d'iniquité; et ce mal prit encore son origine de la femme, quoique d'une autre manière qu'au commencement du monde. Dans le fait, les femmes de la Cité de la terre ne portèrent pas les hommes au péché, après avoir été séduites elles-mêmes par l'artifice d'un autre; mais les enfans de Dieu, c'est-à-dire les citoyens de la Cité étrangère sur la terre, commencèrent à les

---

(1) Rom., 9, 22.

aimer pour leur beauté, laquelle véritablement est un don de Dieu, mais qu'il accorde aussi aux méchans de peur que les bons ne l'estiment un grand bien. Ainsi, les enfans de Dieu ayant abandonné le bien souverain qui est propre aux bons, se portèrent vers un moindre bien commun aux bons et aux méchans, et épris d'amour pour les filles des hommes, ils abandonnèrent, afin de les épouser, la piété qu'ils gardaient dans la sainte société. Il est vrai, comme je viens de le dire, que la beauté du corps est un don de Dieu; mais comme c'est un bien misérable, charnel et périssable, on ne l'aime pas comme il faut quand on l'aime plus que Dieu qui est un bien éternel, intérieur et immuable. Lorsqu'un avare aime plus son argent que la justice, ce n'est pas la faute de l'argent, mais celle de l'homme : il en est de même de toutes les autres créatures : comme elles sont bonnes, elles peuvent être bien ou mal aimées. On les aime bien quand on garde l'ordre, on les aime mal quand on le pervertit. C'est ce que quelqu'un a exprimé en peu de mots dans un éloge du Créateur : « Toutes ces choses, » dit-il, sont à vous et sont bonnes, parce qu'elles » viennent de vous, qui êtes souverainement bon. Il » n'y a rien de nous en elles que le péché, qui fait » que, renversant l'ordre, nous aimons, au lieu de » vous, ce qui vient de vous. » Quant au Créateur, si on l'aime véritablement, c'est-à-dire si on l'aime lui-même sans aimer autre chose pour lui, on ne le saurait mal aimer. Nous devons même aimer avec ordre l'amour qui fait qu'on aime comme il convient tout ce qu'il faut aimer, si nous voulons être bons et vertueux. D'où je concluerais que la meilleure et la plus courte définition de la vertu, c'est l'ordre de l'amour. L'épouse de Jésus-Christ, qui est la Cité de Dieu, chante pour cette raison dans le cantique des cantiques : « Ordonnez en moi la charité (1). » Les enfans de Dieu, pour avoir confondu l'ordre de cet amour, méprisèrent Dieu, et aimèrent les filles des hommes. Ces deux noms distinguent assez l'une et l'autre Cité. Bien que ceux-là fussent aussi enfans des hommes par nature, la grace avait commencé à les rendre enfans de Dieu. En effet, l'Écriture sainte, dans l'endroit où elle parle de leur amour pour les filles des hommes, les appelle aussi anges de Dieu; ce qui a fait croire à plusieurs que ce n'était pas des hommes, mais des anges.

CHAPITRE XXIII.

Les enfans de Dieu qui, suivant l'Écriture, épousèrent les filles des hommes, dont naquirent les géans, étaient-ils des anges ?

Nous avons touché, sans la résoudre, au troisième livre de cet ouvrage, la question de savoir si les anges en tant qu'esprits, peuvent avoir commerce avec les femmes. Il est écrit en effet : « Il se sert d'esprits pour

---

(1) Cantic., 2, 4.
(2) Genès., 6.

» ses anges (1), » c'est-à-dire que de ceux qui sont
esprits par leur nature, il en fait ses anges, ou, ce qui
revient au même, ses messagers; mais il n'est pas aisé
de décider si le prophète parle de leurs corps lorsqu'il
ajoute : « Et d'un feu allumé pour ses ministres (2), »
ou s'il veut faire entendre par là que ses ministres doivent être embrasés de charité comme d'un feu spirituel.
Toutefois l'Écriture témoigne que les anges ont apparu
aux hommes dans des corps tels que non-seulement
ils pouvaient être vus, mais touchés. Il y a plus, comme
c'est un fait public et que plusieurs ont expérimenté
ou appris de ceux dont la foi ne peut être suspecte,
que les silvains, les satyres et les faunes, appelés ordinairement incubes, ont souvent tourmenté les femmes, et contenté leur passion avec elles, et que beaucoup
de gens d'honneur assurent que quelques démons à qui
les Gaulois donnent le nom de dusiens, tentent et
exécutent tous les jours toutes ces impuretés, en sorte
qu'il y aurait de l'impudence à le nier, je n'oserais
me déterminer là-dessus, ni dire s'il y a quelques esprits revêtus d'un corps aérien qui soient capables d'avoir ce commerce avec les femmes. Je ne pense pas
néanmoins que les saints anges de Dieu aient pu
alors tomber dans ces faiblesses, et que ce soit d'eux
que parle saint Pierre quand il dit : « Car si Dieu n'a
» pas épargné les anges qui ont péché, mais les a pré-
» cipités dans les cachots obscurs de l'enfer, où il les
» réserve pour les peines du dernier jugement; » mais

(1) Ps. 103, 5.
(2) Ibid.

plutôt que cet apôtre parle de ceux qui, après s'être révoltés au commencement contre Dieu, tombèrent du ciel avec le diable leur prince, dont la jalousie déçut le premier homme par une malice de serpent. D'ailleurs, l'Écriture sainte appelle aussi quelquefois anges les hommes de bien, comme quand il est dit de saint Jean : « Voilà que j'envoie mon ange devant vous, » pour vous préparer le chemin (1). » Et le prophète Malachie est appelé ange (2) par une grace particulière.

Ce qui fait croire à quelques-uns que les anges, dont l'Écriture dit qu'ils épousèrent les filles des hommes, étaient de véritables anges, c'est qu'elle ajoute que de ces mariages sortirent des géans; comme si dans tous les temps il n'y avait pas eu des hommes d'une stature extraordinaire. Quelques années avant le sac de Rome par les Goths, n'y vit-on pas une femme d'une grandeur démesurée, et ce qui est plus merveilleux, dont le père et la mère n'étaient pas même si grands que les plus grands hommes parmi nous ? Il a donc fort bien pu y avoir des géans, même avant que les enfans de Dieu, que l'Écriture appelle aussi des anges, se fussent mêlés avec les filles des hommes, c'est-à-dire de ceux qui vivaient selon l'homme, et que les enfans de Seth eussent épousé les filles de Caïn. Voici comment s'exprime l'Écriture : « Comme les » hommes se furent multipliés sur la terre, et qu'ils » eurent engendré des filles, les anges de Dieu voyant

---

(1) Marc, 1, 2.
(2) Malach., 3, 1.

» que les filles des hommes étaient bonnes, choisirent
» pour femmes celles qui leur plaisaient. Alors Dieu
» dit : Mon esprit ne demeurera plus dans ces hom-
» mes ; car ils ne sont que chair ; et ils ne vivront plus
» que cent vingt ans. Or, en ce temps-là, il y avait
» des géans sur la terre. Et depuis, les enfans de Dieu,
» ayant commerce avec les filles des hommes, ils en-
» gendraient pour eux-mêmes, et ceux qu'ils engen-
» draient étaient ces géans, si renommés dans le
» monde (1). » Ces paroles marquent assez qu'il y
avait déjà des géans sur la terre, quand les enfans de
Dieu épousèrent les filles des hommes et qu'ils les aimèrent parce qu'elles étaient *bonnes*, c'est-à-dire
belles; car c'est la coutume de l'Ecriture d'appeler
bons ceux qui sont beaux. Quant à ce qu'elle ajoute,
qu'ils engendraient pour eux-mêmes, cela montre
qu'auparavant ils engendraient pour Dieu, ou en
d'autres termes, qu'ils n'engendraient pas par volupté,
mais pour avoir des enfans ; et qu'ils n'avaient pas
pour but l'agrandissement fastueux de leur famille,
mais le nombre des citoyens de la Cité de Dieu, à
qui, comme des anges de Dieu, il recommandaient
de mettre leur espérance en lui, et d'être semblables
à ce fils de Seth, à cet enfant de résurrection qui mit
sa confiance à invoquer le nom du Seigneur, afin de
devenir tous ensemble avec leur postérité les héritiers
des biens éternels.

Mais il ne faut pas s'imaginer qu'ils aient tellement
été anges de Dieu, qu'ils n'aient point été hommes,

(1) Genès., 6, 1 et suiv.

puisque l'Écriture déclare nettement qu'ils l'ont été. Après avoir dit que les anges de Dieu, épris de la beauté des filles des hommes, choisirent pour femmes celles qui leur plaisaient le plus, elle ajoute aussitôt : « Alors le Seigneur dit : Mon esprit ne demeurera » plus dans ces hommes, car ce n'est que chair. » L'esprit de Dieu les avait rendus anges de Dieu et enfans de Dieu ; mais comme ils s'étaient portés vers les choses basses et terrestres, l'Ecriture les appelle *hommes*, qui est un nom de nature, et non de grace ; elle les appelle aussi *chair*, parce qu'ils avaient abandonné l'esprit, et mérité par là d'en être abandonnés. Entre les exemplaires des Septante, les uns les nomment anges et enfans de Dieu ; et les autres ne leur donnent que cette dernière qualité ; et Aquila, que les Juifs préfèrent à tous les autres interprètes, n'a traduit ni anges de Dieu, ni enfans de Dieu, mais *enfans des dieux*. Or, l'un et l'autre est véritable. Ils étaient enfans de Dieu et frères de leurs pères qui avaient comme eux Dieu pour père ; et ils étaient enfans des dieux, parce qu'ils étaient nés de dieux avec qui ils étaient aussi des dieux, suivant cette parole du pseaume : « Je l'ai dit, vous êtes des » dieux, vous êtes tous enfans du Très-Haut. » On pense avec raison que les Septante ont été animés d'un esprit prophétique, et on ne doute point que ce qu'ils ont changé dans la version, ils ne l'aient fait par une inspiration du ciel ; encore qu'ici l'on dise que le mot hébreu est équivoque, et qu'il peut aussi bien signifier *enfans de Dieu*, comme *enfans des dieux*.

Laissons donc les fables de ces écritures qu'on nomme apocryphes, parce que l'origine en a été inconnue à nos pères, qui nous ont transmis les véritables par une succession très connue et très assurée. Bien qu'il se trouve quelque vérité dans ces écritures apocryphes, elles ne sont d'aucune autorité à cause des diverses faussetés qu'elles contiennent. Nous ne pouvons nier qu'Énoch, qui est le septième depuis Adam, n'ait écrit quelque chose, vu que l'apôtre saint Jude le témoigne dans son épître canonique (1); mais ce n'est pas sans raison que ces écrits ne se trouvent point dans le catalogue des Écritures, qui était conservé dans le temple des Juifs par le soin des prêtres, attendu que ces prétendus livres d'Énoch ont été jugés suspects à cause de leur trop grande antiquité, et parce qu'on ne pouvait justifier que ce fussent les mêmes qu'Enoch avait écrits, dès-lors qu'ils n'étaient pas produits par ceux à qui la garde de ces sortes de livres était confiée. De là vient que les écrits allégués sous son nom, qui portent que les géans n'ont pas eu des hommes pour pères, sont justement rejetés par les sages comme fabuleux, ainsi que beaucoup d'autres que les hérétiques produisent sous le nom d'autres anciens prophètes, ou plus récemment sous celui des apôtres, et qui sont tous mis par l'Église au rang des livres apocryphes. Il est donc certain, selon les Écritures canoniques, tant hébraïques que chrétiennes, qu'il y a eu avant le déluge beaucoup de géans citoyens de la Cité de la terre, et que les enfans de Seth, qui étaient enfans de Dieu par la grace, s'unirent à eux après s'être écartés de la voie de la justice. Il ne faut pas

---

(1) Jud., 14.

s'étonner qu'il ait pu sortir aussi d'eux des géans. Ils ne l'étaient pas tous à la vérité, mais il y en avait plus alors que dans toute la suite des temps qui se sont écoulés depuis ; et il a plu au Créateur de les créer, pour apprendre aux sages à ne faire pas grand cas, non-seulement de la beauté, mais même de la grandeur et de la force du corps, et à mettre plutôt leur bonheur en des biens spirituels et immortels, comme beaucoup plus durables, et propres aux gens de bien. C'est ce qu'un autre prophète déclare en ces termes : « Alors étaient ces géans si fameux, gens d'une haute » stature, et qui entendaient la guerre. Le Seigneur » ne les a pas choisis pour leur donner la véritable » science ; mais ils sont péris, et se sont perdus par » leur imprudence, parce qu'ils ne possédaient pas » pas la sagesse (1). »

CHAPITRE XXIV.

Comment il faut entendre ce que Dieu dit à ceux qui devaient périr par le déluge : « Ils ne vivront plus » que cent vingt ans. »

Quant à ce que Dieu dit : « Ils ne vivront plus que » cent vingt ans, » il ne faut pas l'entendre comme si les hommes ne devaient pas passer cet âge après le déluge, puisque quelques-uns ont vécu depuis plus de

---

(1) Baruch., 3, 26 et suiv.

cinq cents ans ; mais cela signifie que Dieu ne leur donnait plus que ce temps-là jusqu'au déluge. Noé avait alors quatre cent quatre-vingts ans ; ce que l'É- criture, selon sa coutume, appelle cinq cents ans pour faire le compte rond. Or, le déluge arriva l'an six cent de la vie de Noé; en sorte qu'il y avait encore à cette époque cent vingt ans jusqu'au déluge. On croit avec raison que, lorsqu'il arriva, il n'y avait plus sur la terre que des gens dignes d'être exterminés par ce fléau: car, bien que ce genre de mort ne nuise en aucune façon aux gens de bien qui mouraient toujours sans cela, toutefois il est vraisemblable que le déluge ne fit mourir aucun des descendans de Seth. Voici quelle fut la cause du déluge, au rapport de l'Écriture sainte:
« Comme Dieu, dit-elle, eut vu que les hommes de-
» venaient de jour en jour plus méchans, et que toutes
» leurs pensées étaient sans cesse tournées au mal, il
» pensa que c'était lui qui les avait créés, et il dit :
» J'exterminerai de dessus la terre l'homme que j'ai
» créé, depuis l'homme jusqu'à la bête, depuis les
» serpens jusqu'aux oiseaux ; car je suis fâché de les
» avoir créés (1). »

(1) Genès., 6, 5 et suiv.

CHAPITRE XXV.

La colère de Dieu ne trouble point son immuable tranquillité.

La colère de Dieu n'est pas en lui une passion qui le trouble, mais un jugement par lequel il punit le crime ; de même que sa pensée est la raison immuable qu'il a de changer les choses. Il ne se répent pas comme l'homme de ce qu'il a fait, parce que ses desseins ne sont pas moins fermes que sa prescience est certaine ; mais si l'Écriture ne se servait de ces expressions familières, elle ne se proportionnerait pas à la capacité de tous les hommes dont elle veut procurer le bien et l'avantage, soit en étonnant les superbes par sa hauteur, ou en réveillant les paresseux par sa condescendance, ou en exerçant les laborieux par ses difficultés, ou en nourrissant les savans par ses lumières. Quant à ce qu'elle annonce la mort de tous les animaux, et même de ceux de l'air, c'est une image qu'elle donne de la grandeur de cette calamité à venir, et non une menace qu'elle fait aux animaux dépourvus de raison, comme s'ils avaient aussi péché.

CHAPITRE XXVI.

Tout ce qui est de l'arche de Noé dans la Genèse, figure Jésus-Christ et l'Église.

En ce qui regarde le commandement que Dieu fit à Noé, qui était un homme parfait selon le témoignage de l'Écriture même, non de cette perfection qui doit un jour égaler aux anges les citoyens de la Cité de Dieu, mais de celle dont ils sont capables en cette vie; en ce qui regarde, dis-je, le commandement que Dieu lui fit de construire une arche pour s'y sauver de la fureur du déluge avec sa femme, ses enfans, ses brus et les animaux qu'il eut ordre d'y faire entrer, c'est sans doute la figure de la Cité de Dieu étrangère ici-bas, c'est-à-dire de l'Église qui est sauvée par le bois où a été attaché le médiateur entre Dieu et les hommes, Jésus-Christ homme. Les mesures même de sa longueur, de sa hauteur et de sa largeur, signifient le corps humain dont il s'est vraiment revêtu comme il avait été prédit. En effet, la longueur du corps de l'homme de la tête aux pieds a six fois autant que sa largeur d'un côté à l'autre, et dix fois autant que sa hauteur, c'est-à-dire que son épaisseur prise du dos au ventre. C'est pourquoi l'arche avait trois cents coudées de long, cinquante de large et trente de haut. La porte qu'elle avait à côté est la plaie que la lance fit au côté de Jésus-Christ crucifié (1). C'est en effet par là qu'entrent ceux qui viennent à lui, parce que c'est de là que sont sortis les sacremens qui consacrent les fidèles. Dieu commande qu'on la construise de poutres carrées pour figurer la vie stable et égale des saints; car de quelque sens que vous tourniez un carré, il demeure ferme sur son cube. Les autres choses de même qui sont marquées dans la structure de l'arche sont des figures de ce qui se passe dans l'Église.

Il serait trop long d'expliquer tout cela en détail, outre que nous l'avons déjà fait dans nos livres contre Fauste le manichéen, qui prétend qu'il n'y a aucune prophétie de Jésus-Christ dans l'ancien Testament. Il se peut bien faire que des explications qu'on en donnera, les unes soient meilleures que les autres, et même que les nôtres; mais il faut au moins qu'elles se rapportent toutes à cette Cité de Dieu dont nous parlons, qui voyage dans ce monde corrompu comme au milieu d'un déluge, si l'on ne veut point s'écarter du sens de l'Écriture. Par exemple, j'ai dit dans mes livres contre Fauste sur ces paroles : « Vous y ferez en » bas deux et trois étages (2), » que ces deux étages signifient l'Eglise qui doit être assemblée de toutes les nations, à cause des deux genres d'hommes qui la composent, les juifs et les gentils; et que ces trois étages la figurent aussi, parce que toutes les nations sont sorties après le déluge des trois fils de Noé. Un autre, par ces trois étages, entendra peut-être ces trois vertus

---

(1) Jean, 19, 34.
(2) Genès., 6, 16.

principales que recommande l'apôtre, savoir, la foi, l'espérance et la charité (1). On peut aussi et encore mieux les expliquer de ces trois abondantes moissons de l'Évangile (2), dont l'une rend trente pour un, l'autre soixante et l'autre cent, en sorte que la chasteté conjugale occupe le dernier étage, la continence des veuves le second, et celle des vierges le troisième et le plus haut; et ainsi du reste, qu'on peut expliquer de différentes manières, mais où l'on doit toujours prendre garde de ne s'éloigner en rien de la foi catholique.

CHAPITRE XXVII.

On ne doit pas s'arrêter à ceux qui ne voient que l'histoire dans ce que la Genèse dit de l'arche et du déluge, et rejètent les allégories; non plus qu'à ceux qui n'y voient que des allégories et rejètent l'histoire.

On aurait tort de penser que ces choses ont été écrites en vain, ou qu'on n'y doit chercher que la vérité historique sans allégories, ou au contraire que ce ne sont que des allégories, ou enfin, quoique ce soit, qu'elles ne contiennent aucune prophétie de l'Église. Quel homme de bon sens pourrait prétendre que des

---

(1) I Cor., 13, 13.
(2) Matth., 13, 8.

livres si religieusement conservés durant tant de milliers d'années, aient été écrits à l'aventure, ou qu'il y faille seulement considérer la vérité de l'histoire, puisque, pour ne parler que d'un point, il n'y avait aucune nécessité de faire entrer dans l'arche deux animaux immondes de chaque espèce (1), et sept des autres, vu qu'on y en pouvait faire entrer et des uns et des autres en nombre égal : Dieu, qui commandait de les garder ainsi pour en réparer l'espèce, n'était-il pas assez puissant pour les refaire de la même façon qu'il les avait faits ?

Pour ceux qui soutiennent que ces choses ne sont pas arrivées en effet, et que ce ne sont que des figures et des allégories, ce qui les porte à en juger ainsi, c'est surtout qu'ils ne croient pas que ce déluge ait pu être assez grand pour dépasser de quinze coudées la cime des plus hautes montagnes, parce que, dit-on, les nuées n'arrivent jamais au sommet de l'Olympe, et qu'il n'y a point là de cet air épais et grossier où s'engendrent les vents, les pluies et les nuages. Mais ils ne prennent pas garde qu'il y a de la terre, qui est le plus matériel de tous les élémens. N'est-ce point peut-être qu'ils prétendent aussi que le sommet de cette montagne n'est pas de la terre ? Pourquoi ces peseurs d'élémens veulent-ils donc que la terre ait pu s'élever si haut et que l'eau ne l'ait pas pu de même, eux qui avouent que l'eau est plus légère que la terre ?

Ils disent encore que l'arche ne pouvait pas être assez grande pour contenir tant d'animaux. Mais ils ne

---

(1) Genès., 7, 2.

songent pas qu'il y avait trois étages, chacun de trois cents coudées de long, de cinquante de large et de trente de haut, ce qui fait en tout neuf cents coudées en longueur, cent cinquante en largeur, et quatre-vingt-dix en hauteur. Si nous ajoutons à cela, suivant la remarque ingénieuse d'Origène, que Moïse, parfaitement versé au rapport de l'Écriture (1), dans toutes les sciences des Égyptiens, qui s'adonnaient fort aux mathématiques, a pu prendre ces coudées pour des coudées de géomètres, qui en valent six des nôtres ; qui ne voit combien il pouvait tenir de choses dans un lieu aussi vaste ? Quant à la prétendue impossibilité qu'ils allèguent de faire une arche si grande, elle ne mérite pas qu'on s'y arrête, attendu que tous les jours on bâtit des villes immenses, et qu'ils ne remarquent pas que Noé fut cent ans à la construire. Ajoutez à cela que cette arche n'était faite que de planches droites ; qu'il ne fut besoin d'aucun effort pour la mettre en mer, mais qu'elle fut insensiblement soulevée par les eaux du déluge, et que Dieu même la conduisait et l'empêchait de faire naufrage.

Quant à ce que l'on demande, si des souris, des mouches et des puces entrèrent aussi dans l'arche en même nombre que les autres animaux, ceux qui proposent cette question doivent savoir d'abord qu'il n'était point nécessaire qu'il y eût dans l'arche, non-seulement aucun des animaux qui peuvent vivre dans l'eau, comme les poissons, mais même aucun de ceux qui vivent sur sa surface, comme une infinité d'oiseaux

---

(1) Act., 7, 22.

aquatiques. De plus, l'Écriture marque expressément que Noé y fit entrer un mâle et une femelle de chaque espèce, pour montrer que c'était pour en réparer la race, et qu'ainsi il n'était point besoin d'y mettre ceux qui naissent de corruption ; ou que si l'on y en mît, ce fut sans aucun nombre certain, comme ils sont ordinairement dans les maisons ; ou enfin, si l'on prétend que pour l'accomplissement de ce que cette figure représentait, il fallait qu'il y eût un nombre limité de toutes les sortes d'animaux qui ne peuvent vivre naturellement dans l'eau, je réponds que la providence de Dieu pourvut à tout cela sans que les hommes eussent que faire de s'en mêler. Noé ne les prenait pas pour les mettre dans l'arche, mais ils y venaient d'eux-mêmes. Ces paroles de l'Ecriture le font assez entendre : « Ils viendront à vous (1) ; » c'est-à-dire qu'ils n'y viendront pas par l'entremise des hommes, mais par la volonté de Dieu, qui leur en donnera l'instinct. Il ne faut pas s'imaginer néanmoins que les animaux qui n'ont point de sexe y entrèrent, car l'Écriture marque expressément qu'il devait y entrer un mâle et une femelle de chaque espèce. Il existe en effet certains animaux qui s'engendrent de corruption et qui ne laissent pas ensuite de s'accoupler, comme les mouches ; mais il en est d'autres en qui l'on ne remarque aucune différence de sexe, comme dans les abeilles. Pour les bêtes qui ont un sexe, mais qui n'engendrent point, comme les mules et les mulets, je ne sais si elles y eurent place, et peut-être n'y eût-il que celles

---

(1) Genès., 6, 20.

dont elles procèdent, et ainsi des autres animaux hibrides. Si toutefois cela était nécessaire pour le mystère, elles y étaient, puisque cette espèce d'animaux a aussi un mâle et une femelle.

Quelques-uns demandent encore quelle sorte de nourriture pouvaient avoir là les animaux que l'on croit ne vivre que de chair, si Noé en fit entrer dans l'arche quelques autres pour les nourrir, outre ceux que Dieu lui avait commandés; ou, ce qui est plus vraisemblable, s'il y avait quelques alimens communs à tous; car nous savons que plusieurs animaux qui se nourrissent de chair mangent aussi des fruits, et particulièrement des figues et des chataignes. Quelle merveille donc que Noé, qui était si sage et si homme de bien, ait préparé dans l'arche une nourriture convenable à tous les animaux; nourriture qu'au surplus Dieu même avait pu lui indiquer? D'ailleurs, que ne mange-t-on point quand on a faim? Enfin, Dieu n'était-il pas assez puissant pour leur rendre agréables et salutaires toutes sortes d'alimens, lui qui n'en avait pas besoin pour les faire subsister, si cela n'eût fait partie du mystère? Au reste, que tant de choses spécifiées dans le plus grand détail, ne soient des figures de l'Église, c'est ce que l'on ne saurait nier sans opiniâtreté. Les nations, tant mondes qu'immondes, ont déjà tellement rempli l'Église, et sont si bien unies par les liens inviolables de son unité jusqu'à ce que le nombre en soit accompli, que ce fait seul, qui est si évident, suffit pour ne nous laisser aucun lieu de douter des autres choses qui ne le sont pas autant; et par conséquent, il faut croire que c'est avec beaucoup de-

sagesse que ces évènemens ont été mis par écrit; qu'ils sont arrivés en effet; qu'ils signifient quelque chose, et que ce qu'ils signifient concernent l'Église. Mais il est temps de finir ce livre, pour continuer dans le suivant le cours des deux Cités depuis le déluge.

REMARQUES

SUR

LE LIVRE XV.

P<small>AGE</small> 547, ligne 2. « Sina, montagne d'Arabie.... repré-
« sente la Jérusalem terrestre. » Il faut lire avec tous les
manuscrits : *Sina enim est mons in Arabia, qui conjunctus
est huic*, etc., au lieu de *quæ conjuncta est huic*, etc.

Page 565, l. 14. « Un homme très robuste de ce temps-là. »
Tous les manuscrits ont *fortis* pour *fortissimus*.

Page 571, l. 26. « Les réglaient quelquefois sur le cours
» de la lune. » *Lunæ fine eorum limitasse annum*. Otez
eorum avec tous les manuscrits.

Page 571, l. 28. « On vivait jusqu'à mille ans. » Lisez
singuli millia avec neuf manuscrits.

Page 593, l. 23. « Qui donna le nom au siége de cet em-
» pire. » Tous les manuscrits portent : *ubi regnaretur*.

Page 594, l. 19. « Qui était comme le temple portatif de
» son peuple. » On lit dans tous les manuscrits *ambulato-
rium*.

Page 598, l. 22. « Par l'artifice d'un autre. » *Alterius cu-
jusquam*, portent tous les manuscrits.

Page 599, l. 20. « C'est ce que quelqu'un a exprimé en
» peu de mots dans un éloge du créateur. » Ou selon les manuscrits : « C'est ce que j'ai exprimé en peu de mots dans la

» louange d'un cierge. » *Quod in laude quædam cerei breviter versibus dixi* (1).

Page 607, l. 10. « Ne muise en aucune façon aux gens de » bien. » Tous les manuscrits suppriment *hîc* et portent seulement : *Non quò quicquam.*

Page 610, l. 21. « Vous y ferez en bas deux et trois éta-» ges. » Tous les manuscrits ont : *Inferiora bicameratam et tricameratam facies eam.*

Page. 613, l. 6. « Moïse.... parfaitement versé dans » toutes les sciences, etc. » La plupart des manuscrits suppriment *Dei*. (*Note des bénédictins.*)

Page 613, l. 17. « N'était faite que de planches. » Tous les manuscrits portent *fabricetur.*

(1) Les bénédictins ont suivi cette dernière leçon ; celle qu'a adoptée Lombert après Hervet nous semble préférable. (*Note des nouveaux éditeurs.*)

FIN DU TOME IX.

TABLE

DU

TOME SECOND.

LIVRE VII.

PRÉFACE. Page 5.

CHAPITRE I.er Si le vrai Dieu n'est pas dans la théologie civile, peut-on espérer de le trouver parmi les dieux choisis ? 6.

CH. II. Quels sont les dieux choisis, et s'ils ont les mêmes fonctions que les petites divinités. 7.

CH. III. On ne peut apporter de raison du choix qu'on a fait des dieux choisis, puisque entre les dieux inférieurs il y en a plusieurs qui ont des fonctions plus considérables. 9.

CH. IV. On fait mieux de s'adresser aux petits dieux, que n'avilit aucune infamie, qu'aux dieux choisis dont on célèbre tant de turpitudes. 14.

CH. V. De la doctrine secrète et des raisons physiques du paganisme. 16.

CH. VI. De l'opinion de Varron, que Dieu est l'ame du monde, laquelle comprend toutes les autres ames qui, selon cet auteur, sont de nature divine. 18.

CH. VII. Fallait-il faire deux dieux distincts de Janus et de Terme ? 19.

CH. VIII. Pourquoi les adorateurs de Janus ont donné à sa statue deux ou même quatre visages. 21.

Ch. IX. De la puissance de Jupiter, et comparaison de ce dieu avec Janus. Page 23.

Ch. X. A-t-on eu raison de séparer Janus de Jupiter ? 26.

Ch. XI. Des surnoms de Jupiter, que l'on ne rapporte pas à plusieurs dieux, mais toujours à lui seul. 27.

Ch. XII. Jupiter est aussi appelé Pécune. 29.

Ch. XIII. Saturne et le Génie ne sont autre chose que Jupiter. o.

Ch. XIV. Des emplois de Mercure et de Mars. 32.

Ch. XV. De quelques étoiles auxquelles les payens ont donné les noms de leurs dieux. 33.

Ch. XVI. D'Apollon, de Diane, et d'autres dieux choisis, que les payens disent être des parties du monde. 35.

Ch. XVII. Varron même n'a donné que comme douteuses les opinions qu'il avait des dieux. 37.

Ch. XVIII. Cause la plus vraisemblable de la propagation du paganisme. 39.

Ch. XIX. Des interprétations alléguées en faveur du culte de Saturne. 40.

Ch. XX. Des mystères de Cérès Éleusine. 42.

Ch. XXI. De l'infamie des mystères consacrés à Liber ou Bacchus. 43.

Ch. XXII. De Neptune, de Salacie et de Vénilie. 44.

Ch. XXIII. De la Terre, que Varron regarde comme une déesse, parce que l'ame du monde qu'il répute Dieu associe cette partie inférieure du monde à la puissance divine, en la pénétrant. 46.

Ch. XXIV. Explication des divers noms de la terre qui, bien qu'appliqués à diverses vertus, ne devraient pas en faire différentes divinités. 50.

Ch. XXV. Explication que donnent les philosophes grecs de la mutilation d'Atys. 53.

Ch. XXVI. Infamies des mystères de la Mère des dieux. 54.

Ch. XXVII. Des raisons physiques alléguées par certains philosophes, qui ne connaissent ni le vrai Dieu ni le culte qu'il lui faut rendre. Page 57.

Ch. XXVIII. Contradictions de Varron dans sa doctrine théologique. 59.

Ch. XXIX. On peut aisément rapporter au vrai Dieu tout ce que la théologie des payens rapporte au monde et à ses parties. 62.

Ch. XXX. Nécessité de distinguer le Créateur des créatures, pour ne pas adorer autant de dieux qu'il existe d'œuvres de ses mains. 63.

Ch. XXXI. De quels bienfaits de Dieu jouissent spécialement les chrétiens. 65.

Ch. XXXII. Le mystère de l'Incarnation du Verbe a été annoncé dans tous les temps. 66.

Ch. XXXIII. La fourberie des démons, qui se réjouissaient de l'erreur des hommes, n'a pu être démasquée que par la Religion chrétienne. 67.

Ch. XXXIV. Des livres de Numa que le sénat fit brûler, pour ne point divulguer les raisons des mystères du paganisme. 69.

Ch. XXXV. De l'hydromancie, dont les démons se servaient pour tromper Numa. 71.

Remarques sur le livre VII. 74.

LIVRE VIII.

Chapitre I.er De la théologie naturelle, contre les platoniciens. 78.

Ch. II. Des deux sectes de philosophes, l'Italique et l'Ionique. 80.

Cʜ. III. De la philosophie de Socrate. Page 82.

Cʜ. IV. Division de la philosophie en trois parties par Platon, le principal disciple de Socrate. 84.

Cʜ. V. Comme l'opinion des platoniciens est la plus raisonnable de toutes celles des payens, il vaut mieux disputer de théologie avec eux qu'avec les autres philosophes. 87.

Cʜ. VI. Sentiment des platoniciens en ce qui concerne cette partie de la philosophie qui porte le nom de physique. 90.

Cʜ. VII. Les platoniciens sont préférables, pour la logique, à tous les autres philosophes. 93.

Cʜ. VIII. Les platoniciens l'emportent encore sur tous les autres philosophes pour la morale. 94.

Cʜ. IX. De la philosophie qui approche le plus de la vérité du christianisme. 97.

Cʜ. X. Un religieux chrétien est bien au-dessus de toute la science des philosophes. 98.

Cʜ. XI. D'où Platon a appris les choses qui se rapprochent de notre doctrine. 101.

Cʜ. XII. Quoique les platoniciens aient bien pensé du seul et vrai Dieu, ils n'en ont pas moins jugé nécessaire le culte de plusieurs divinités. 103.

Cʜ. XIII. De l'opinion de Platon touchant les dieux, qu'il définit des êtres essentiellement bons et amis des hommes vertueux. 105.

Cʜ. XIV. De la distinction par les platoniciens des ames raisonnables en trois genres, qu'ils considèrent dans les dieux, dans les démons et dans les hommes. 107.

Cʜ. XV. Les corps aériens des démons, ni les lieux supérieurs qu'ils habitent ne les mettent point au-dessus des hommes. 110.

Cʜ. XVI. Sentiment d'Apulée, philosophe platonicien, touchant les mœurs et les actions des démons. 112.

TABLE:

Ch. XVII. L'homme doit-il adorer des esprits dont il doit fuir les vices ? Page 114.

Ch. XVIII. Ce qu'on doit penser d'une religion qui prend les démons pour médiateurs auprès des dieux. 117.

Ch. XIX. De l'impiété de l'art magique, qui s'étaye sur la protection des démons. 118.

Ch. XX. S'il est croyable que les dieux aiment mieux communiquer avec les démons qu'avec les hommes. 121.

Ch. XXI. Si les dieux font les démons leurs messagers et leurs interprètes, et s'ils sont trompés par eux de bon gré ou à leur insçu. 122.

Ch. XXII. Condamnation du culte des démons, contre Apulée. 125.

Ch. XXIII. De l'opinion que Mercure Trismégiste a eue de l'idolâtrie, et d'où il a pu savoir que les superstitions de l'Égypte seraient abolies. 127.

Ch. XXIV. Trismégiste reconnaît l'erreur de ses pères dans la Religion, et néanmoins il s'afflige de ce que cette erreur doit être détruite. 132.

Ch. XXV. De ce qu'il peut y avoir de commun entre les anges et les hommes. 138.

Ch. XXVI. Les dieux des payens n'étaient que des hommes morts. 139.

Ch. XXVII. De l'espèce d'honneur que les chrétiens rendent aux martyrs. 142.

Remarques sur le livre VIII. 146.

LIVRE IX.

Chapitre I.er Fixation du point où se trouve parvenu la discussion, et de ce qui reste encore à examiner. 150.

Ch. II. Parmi les démons, qui sont bien inférieurs aux

dieux, en est-il de bons, dont l'assistance puisse conduire les hommes à la vraie et éternelle félicité. Page 152.

Ch. III. Attributions des démons suivant Apulée, qui, sans leur refuser la raison, ne leur accorde cependant aucune vertu. 153.

Ch. IV. Opinion des péripatéticiens et des stoïciens touchant les passions. 154.

Ch. V. Les passions qui assiégent les cœurs vraiment chrétiens, loin de les pousser au vice, exercent leur vertu. 159.

Ch. VI. De quelles passions sont agités les démons, suivant Apulée, qui les fait intercéder pour les hommes auprès des dieux. 161.

Ch. VII. Les platoniciens affirment que les fictions des poètes ont déshonoré les dieux, en leur attribuant des affections opposées, ce qui ne convient qu'aux démons. 162.

Ch. VIII. Des dieux célestes, des démons aériens et des hommes terrestres, suivant la définition d'Apulée. 164.

Ch. IX. L'intercession des démons peut-elle assurer aux hommes la bienveillance des dieux? 166.

Ch. X. Les hommes, au jugement de Plotin, sont moins malheureux dans des corps mortels que les démons avec leurs corps éternels. 168.

Ch. XI. Les platoniciens pensent que les ames des hommes deviennent des démons après leur mort. 169.

Ch. XII. Des trois contraires qui, suivant Platon, différencient la nature des démons et des hommes. 170.

Ch. XIII. Comment les démons, qui ne participent ni à la béatitude des dieux, ni à la misère des hommes, peuvent-ils être médiateurs entre les deux parties? 171.

Ch. XIV. Les hommes peuvent-ils dans cette vie mortelle posséder la vraie béatitude? 175.

Ch. XV. De Jésus-Christ, qui s'est fait homme pour être

médiateur entre Dieu et les hommes. Page 176.

Ch. XVI. Les platoniciens ont-ils raison de prétendre que les dieux seraient souillés s'ils communiquaient avec les hommes, qui ont recours à l'assistance des démons pour se concilier la faveur des dieux ? 179.

Ch. XVII. L'homme, pour acquérir la vie éternelle et participer au souverain bien, n'a pas besoin de médiateurs tels que les démons, mais du seul bon médiateur qui est Jésus-Christ. 183.

Ch. XVIII. Les démons, au lieu de nous servir de médiateurs auprès de Dieu, s'efforcent de nous éloigner du chemin de la vérité. 185.

Ch. XIX. Le nom des démons, dans le langage même de leurs adorateurs, ne se prend jamais qu'en mauvaise part. 186.

Ch. XX. De la science qui rend les démons superbes. 187.

Ch. XXI. Les démons n'ont connu le Seigneur qu'autant qu'il lui a plu de se découvrir à eux. 188.

Ch. XXII. En quoi la science des anges diffère de celle des démons. 190.

Ch. XXIII. D'après l'autorité de l'Écriture sainte, les anges et les justes peuvent être appelés du nom de dieux, faussement attribué aux dieux des gentils. 191.

Remarques sur le livre IX. 196.

LIVRE X.

Chapitre I.er Les platoniciens conviennent que Dieu est également l'auteur de la béatitude des anges et de celle des hommes ; mais il reste à examiner si les anges qu'ils croient devoir honorer veulent que l'on sacrifie à Dieu seul ou à eux-mêmes avec lui. 199.

Cʜ. II. Sentiment de Plotin sur la lumière d'en haut. Page 204.

Cʜ. III. Du vrai culte de Dieu, dont se sont écartés les platoniciens, en le rendant aux bons et aux mauvais anges, quoiqu'ils aient connu le Créateur de tout ce qui est. 206.

Cʜ. IV. Les sacrifices ne sont dus qu'au seul vrai Dieu. 209.

Cʜ. V. Des dispositions dans lesquelles on doit offrir à Dieu les sacrifices qu'il exige de nous, et dont ceux de l'ancienne loi n'étaient que la figure. 210.

Cʜ. VI. Du vrai et parfait sacrifice. 213.

Cʜ. VII. Les saints anges nous aiment tellement qu'ils ne veulent pas que nous les adorions, mais bien le seul vrai Dieu. 216.

Cʜ. VIII. Des miracles que Dieu a daigné opérer par les anges, à l'appui de ses promesses, pour corroborer la foi des justes. 217.

Cʜ. IX. Des opérations de la magie, que Porphyre, philosophe platonicien, approuve et condamne tour-à-tour. 221.

Cʜ. X. La théurgie, qui ne s'opère que par l'entremise des démons, ne saurait purifier les ames. 224.

Cʜ. XI. De la lettre par laquelle Porphyre prie l'égyptien Anébon de l'instruire des diverses espèces de démons. 226.

Cʜ. XII. Des miracles que Dieu opère par le ministère de ses anges. 231.

Cʜ. XIII. Quoique Dieu soit invisible, il n'a pas laissé d'apparaître souvent d'une manière visible, non pas tel qu'il est de sa nature, mais tel que des hommes en pouvaient soutenir la vue. 233.

Cʜ. XIV. Il ne faut adorer qu'un seul Dieu, non seulement pour les biens éternels, mais même pour ceux d'ici-bas, parce que tous dépendent également de sa providence. 234.

Cʜ. XV. La providence de Dieu se sert du ministère des

anges. Page 236.

Ch. XVI. Pour arriver à la vie éternelle, devons-nous plutôt croire les anges qui veulent qu'on les adore, que ceux qui veulent qu'on n'adore que Dieu. 237.

Ch. XVII. Des miracles que Dieu opéra par l'arche du testament pour fortifier l'autorité de sa loi et les promesses qu'il avait faites à son peuple. 242.

Ch. XVIII. Contre ceux qui nient que l'on doive croire aux miracles rapportés dans les livres de l'ancien Testament. 245.

Ch. XIX. Les sacrifices visibles ne sont que des signes de ceux que la vraie Religion nous prescrit d'offrir au seul Dieu véritable et invisible. 247.

Ch. XX. Du vrai sacrifice effectué par le souverain Médiateur entre Dieu et les hommes. 249.

Ch. XXI. Du degré de pouvoir accordé aux démons pour glorifier les saints qui ont vaincu ces malins esprits, non en leur sacrifiant, mais en restant fidèles à Dieu au milieu des supplices qu'ils ont soufferts. 250.

Ch. XXII. Les saints surmontent les démons par la vertu du Médiateur qui nous purifie de tous nos péchés. 252.

Ch. XXIII. Des principes qui, suivant les platoniciens, opèrent la purification de l'ame. 253.

Ch. XXIV. Du vrai principe, qui seul purifie et renouvelle la nature humaine. 254.

Ch. XXV. Les saints des deux Testamens ont été justifiés par le mystère de la foi en Jésus-Christ. 257.

Ch. XXVI. L'incertitude de Porphyre le fait balancer entre la confession du seul vrai Dieu et le culte des démons. 262.

Ch. XXVII. Impiété de Porphyre qui surpasse l'erreur d'Apulée. 264.

Ch. XXVIII. De l'aveuglement de Porphyre, qui l'a empéché de connaître la vraie sagesse, c'est-à-dire Jésus-Christ. Page 267.

Ch. XXIX. L'impiété des platoniciens les a empêchés de confesser l'incarnation de notre Seigneur Jésus-Christ. 269.

Ch. XXX. Combien Porphyre a combattu ou corrigé d'opinions de Platon. 275.

Ch. XXXI. Du sentiment des platoniciens, que l'ame partage l'éternité de Dieu. 278.

Ch. XXXII. La voie universelle de la délivrance de l'ame dont parle Porphyre, n'est autre chose que la Religion chrétienne. 280.

Remarques sur le livre X. 288.

LIVRE XI.

Chapitre I.er Des deux Cités. 293.

Ch. II. Personne ne peut arriver à la connaissance de Dieu que par Jésus-Christ homme et médiateur entre Dieu et les hommes. 295.

Ch. III. De l'autorité de l'Écriture canonique composée par l'esprit de Dieu. 297.

Ch. IV. Le monde a été créé dans le temps, quoique la volonté de le créer ait été éternelle en Dieu. 298.

Ch. V. Il n'y a point eu de temps avant le monde, comme il n'y a point de lieu hors du monde. 301.

Ch. VI. Le monde et le temps ont été créés ensemble. 303.

Ch. VII. Quels étaient ces premiers jours qui ont eu un soir et un matin avant la création du soleil. 304.

Ch. VIII. Ce qu'il faut entendre par le repos de Dieu après l'œuvre des six jours. 306.

Ch. IX. Ce que l'on doit penser de la condition des anges, d'après les témoignages de l'Écriture sainte. 308.

TABLE.

Ch. X. De l'immuable en indivisible Trinité, un seul Dieu, Père, Fils et saint Esprit. Page 311.

Ch. XI. Doit-on croire que les anges prévaricateurs aient participé à la béatitude dont n'ont pas cessé de jouir les bons anges depuis qu'ils ont été créés. 315.

Ch. XII. Comparaison de la félicité des justes sur la terre, et de celle de nos premiers parens avant le péché. 316.

Ch. XIII. Si tous les anges ont été créés dans un tel état de félicité commun à tous, que les bons ont pu prévoir leur persévérance, et les mauvais leur prévarication. 318.

Ch. XIV. Explication de cette parole de l'Évangile : « Le » diable n'est point demeuré dans la vérité, parce que la » vérité n'est point en lui. 320.

Ch. XV. Comment il faut entendre cette parole : « Le diable » a péché dès le commencement. » 321.

Ch. XVI. De la différence que mettent entre les créatures, d'une part le besoin, de l'autre la raison. 323.

Ch. XVII. La malice n'est pas une nature, mais contre nature ; et elle a pour auteur, non le Créateur, mais la volonté. 324.

Ch. XVIII. L'univers tire une nouvelle beauté de la disposition des contrastes, telle qu'elle a été réglée par le Créateur. 325.

Ch. XIX. Ce qu'il faut entendre par ces paroles de l'Écriture : « Dieu sépara la lumière des ténèbres. » 327.

Ch. XX. Explication de ce passage : « Et Dieu vit que la » lumière était bonne. » 328.

Ch. XXI. De la science éternelle et immuable de Dieu, par laquelle tout ce qu'il a fait lui a toujours plu comme il l'avait fait. 330.

Ch. XXII. De ceux qui reprennent différentes choses dans cet univers si bien organisé par Dieu, et croient à l'existence d'une mauvaise nature. Page 332.

Ch. XXIII. De l'erreur reprochée à la doctrine d'Origène. 335.

Ch. XXIV. La Trinité a répandu dans tous ses ouvrages quelques indices de sa signification. 337.

Ch. XXV. De la division de la philosophie en trois parties. 339.

Ch. XXVI. L'image de la Trinité est en quelque sorte empreinte dans l'homme, avant même qu'il soit devenu bienheureux. 341.

Ch. XXVII. De l'être, de la science, et de l'amour de l'un et de l'autre. 343.

Ch. XXVIII. Si nous devons aimer l'amour même par lequel nous aimons notre être et notre connaissance, pour mieux ressembler à la Trinité. 345.

Ch. XXIX. De la science des anges qui ont connu la Trinité dans la divinité même, et la créature dans l'art qui l'a produite. 348.

Ch. XXX. De la perfection du nombre senaire, qui, le premier de tous les nombres, se compose de ses parties. 350.

Ch. XXXI. De la sanctification et du repos du septième jour. 351.

Ch. XXXII. De ceux qui croient que la création des anges a precédé celle du monde. 353.

Ch. XXXIII. On peut entendre par la lumière et les ténèbres les deux sociétés des bons et des mauvais anges. 355.

Ch. XXXIV. De ceux qui croient que par les eaux que sépara le firmament, il faut entendre les anges; et de quelques autres qui pensent que les eaux n'ont point été créées. 359.

Remarques sur le livre XI. 361.

TABLE.

LIVRE XII.

Chapitre I.er Unité de la nature des bons et des mauvais anges.   Page 364.

Ch. II. Aucune nature ne peut être contraire à Dieu, parce que ce qui n'est point paraît différer de celui qui est souverainement et toujours.   367.

Ch. III. Des ennemis de Dieu, qui sont tels, non par nature, mais par une volonté contraire, laquelle nuit tout à la fois à eux-mêmes et à la nature, parce que le propre du vice et ce qui en constitue l'existence est de nuire.   368.

Ch. IV. Les créatures dépourvues de vie ou de raison n'altèrent pas en leur genre la beauté du système général de l'univers.   370.

Ch. V. Toute espèce de nature honore le créateur.   372.

Ch. VI. De la cause de la félicité des bons anges, et de la misère des mauvais.   373.

Ch. VII. Il ne faut point chercher de cause efficiente de la mauvaise volonté.   377.

Ch. VIII. De l'amour déréglé par lequel la volonté s'écarte d'un bien immuable pour un bien muable.   378.

Ch. IX. Si Dieu est l'auteur de la bonne volonté des anges aussi bien que de leur nature.   380.

Ch. X. De la fausseté de l'histoire qui compte dans le passé plusieurs milliers d'années.   383.

Ch. XI. De ceux qui, sans admettre l'éternité du monde, en supposent un très grand nombre ou un seul qui meurt et renaît au bout d'une certaine révolution de siècles. 386.

Ch. XII. Ce qu'il faut répondre à ceux qui demandent pourquoi l'homme n'a pas été créé plutôt.   387.

Ch. XIII. De la révolution régulière des siècles, qui, suivant quelques philosophes, remet toutes choses dans le même ordre et le même état. Page 388.

Ch. XIV. De la condition temporelle du genre humain que Dieu a créé par un dessein éternel. 391.

Ch. XV. Comment Dieu a pu toujours être Seigneur, s'il n'y a toujours eu des créatures ; et de quelle manière, s'il y en a toujours eu, elles ne lui ont point été coéternelles. 392.

Ch. XVI. Comment on doit entendre que Dieu a promis à l'homme la vie éternelle avant les temps éternels. 397.

Ch. XVII. De ce que nous enseigne la foi touchant la volonté immuable de Dieu, contre les philosophes qui soutiennent la révolution des choses du monde. 398.

Ch. XVIII. Contre ceux qui disent que Dieu même ne saurait comprendre l'infini. 400.

Ch. XIX. Sur les siècles des siècles. 402.

Ch. XX. Impiété de ceux qui prétendent que les ames, après avoir joui de Dieu, retourneront dans des corps par une révolution éternelle de félicité et de misère. 403.

Ch. XXI. De la condition du premier homme et du genre humain renfermé en lui. 409.

Ch. XXII. En même temps que Dieu a prévu le péché du premier homme, il a prévu aussi le grand nombre d'hommes pieux que sa grâce devait sauver. 410.

Ch. XXIII. De la nature de l'ame humaine créée à l'image de Dieu. 411.

Ch. XXIV. Les anges ne sauraient créer la moindre chose. 412.

Ch. XXV. Dieu seul est le créateur de toutes choses. 413.

Ch. XXVI. Opinion des platoniciens, que Dieu a créé les anges qui, à leur tour, ont créé les corps. 415.

Ch. XXVII. Le premier homme renfermait toute la plénitude du genre humain, dans laquelle Dieu voyait d'avance la partie qu'il devait sauver, et celle qui était réservée à la damnation. Page 417.

Remarques sur le livre XII. 419.

LIVRE XIII.

Chapitre I.er De la chute du premier homme et de la mort qui l'a suivie. 421.

Ch. II. De la mort de l'ame et de celle du corps. 422.

Ch. III. La mort qui a suivi le péché des premiers hommes est-elle un châtiment pour les justes ? 424.

Ch. IV. Pourquoi ceux qui sont absous du péché par le baptême sont encore sujets à la mort, qui est la peine du péché. 426.

Ch. V. De même que les méchans usent mal de la loi qui est bonne, ainsi les bons usent bien de la mort qui est mauvaise. 428.

Ch. VI. Du mal de la mort générale qui sépare l'ame d'avec le corps. 429.

Ch. VII. De la mort que souffrent pour Jésus-Christ ceux qui n'ont point reçu le baptême. 430.

Ch. VIII. Les saints, en se soumettant à la première espèce de mort pour la vérité, se sont affranchis de la seconde. 432.

Ch. IX. De l'époque précise de la mort. 433.

Ch. X. La vie des mortels est plutôt mort que vie. 434.

Ch. XI. Si l'on peut dire qu'un homme est en même temps mort et vivant. 435.

Ch. XII. De quelle mort Dieu entendait parler, quand il menaça de la mort les premiers hommes, s'ils contrevenaient à son commandement. 438.

Ch. XIII. Quel fut le premier châtiment de la désobéissance de nos premiers parens. Page 439.

Ch. XIV. L'homme créé innocent ne s'est perdu que par le mauvais usage de son libre arbitre. 440.

Ch. XV. Adam pécheur a plutôt abandonné Dieu que Dieu ne l'a abandonné, et sa séparation d'avec Dieu a été la première cause de la mort de l'ame. 441.

Ch. XVI. Contre les platoniciens qui ne veulent pas que la séparation du corps et de l'ame soit une peine du péché. 442.

Ch. XVII. Contre ceux qui ne veulent pas que nos corps puissent devenir immortels et incorruptibles. 445.

Ch. XVIII. Des corps terrestres que les philosophes prétendent ne pouvoir convenir aux êtres célestes, parce que tout ce qui est terrestre est attiré vers la terre par son centre de gravité. 448.

Ch. XIX. Contre les dogmes de ceux qui prétendent que les premiers hommes fussent morts, lors même qu'ils n'auraient point péché. 450.

Ch. XX. Les corps des bienheureux ressuscités seront plus parfaits que ceux des premiers hommes dans le paradis terrestre. 452.

Ch. XXI. On peut donner un sens spirituel à ce que l'Écriture dit du paradis terrestre, pourvu que l'on conserve la vérité de l'histoire. 454.

Ch. XXII. Les corps des saints seront tellement spirituels après la résurrection, que la chair ne sera pas convertie en esprit. 457.

Ch. XXIII. Le corps d'Adam, même avant le péché, n'était pas spirituel, mais animal. 458.

Ch. XXIV. Comment il faut entendre que Dieu souffla contre la face d'Adam un esprit de vie. 464.

Remarques sur le livre XIII. Page 473.

LIVRE XIV.

Chapitre I.er Le péché du premier homme eût condamné tous les hommes à la mort de l'ame, si la grace de Dieu n'en sauvait plusieurs. 474.

Ch. II. Ce qu'il faut entendre par vivre selon la chair. 475.

Ch. III. La chair n'est pas cause de tous les péchés. 478.

Ch. IV. Ce que c'est que vivre selon l'homme et que vivre selon Dieu. 481.

Ch. V. L'opinion des platoniciens touchant la nature de l'ame et celle du corps est plus supportable que celle des manichéens, et toutefois nous la rejetons, parce qu'ils pensent que tous les désirs déréglés de l'ame viennent du corps. 484.

Ch. VI. Les mouvemens de l'ame sont bons ou mauvais, selon que la volonté est bonne ou mauvaise. 486.

Ch. VII. De la bonne volonté. 487.

Ch. VIII. Les stoïciens n'admettent aucune passion dans l'ame du sage, et y substituent d'autres mouvemens. 489.

Ch. IX. Du bon usage que les gens de bien font des passions. 492.

Ch X. Si les premiers hommes avant le péché étaient exempts de toutes passions. 500.

Ch. XI. De la chute du premier homme, dans lequel la nature a été créée bonne, et ne peut être réparée que par son auteur. 502.

Ch. XII. Grandeur du péché du premier homme. 506.

Ch. XIII. Le péché d'Adam a été précédé d'une mauvaise volonté. 507.

Ch. XIV. L'orgueil de la transgression d'Adam et d'Ève ne

fit qu'accroître leur péché. Page 511.

Ch XV. La peine du premier péché est très juste. 512.

Ch XVI. Danger du mal de la convoitise, à n'entendre ce mot que des mouvemens impurs du corps. 515.

Ch. XVII. Comment Adam et Ève connurent qu'ils étaient nus. 517.

Ch. XVIII. De la honte qui accompagne la génération des enfans. 519.

Ch. XIX. Il est nécessaire d'opposer à l'activité de la colère et de la convoitise le frein de la sagesse. 520.

Ch. XX. Contre l'infamie des cyniques. 522.

Ch. XXI. La prévarication des premiers hommes n'a pas détruit la sainteté du commandement qui leur fut donné de croître et de multiplier. 523.

Ch. XXII. De l'union conjugale instituée originairement par Dieu qui l'a bénie. 525.

Ch. XXIII. Comment on eût engendré des enfans dans le paradis, sans aucun mouvement de concupiscence. 527.

Ch. XXIV. Si les hommes fussent demeurés innocens dans le paradis, l'acte de la génération serait soumis à la volonté, comme toutes nos autres actions. 530.

Ch. XXV. On ne saurait être heureux en cette vie. 533.

Ch. XXVI. Les hommes auraient rempli sans rougir, dans le paradis, l'office de la génération. 534.

Ch. XXVII. Des hommes et des anges prévaricateurs dont le péché ne trouble pas l'ordre de la divine providence. 537.

Ch. XXVIII. Différence des deux Cités. 538.

Remarques sur le livre XIV. 541.

LIVRE XV.

Chapitre I.er De la séparation des hommes en deux socié-

TABLE.

tés, à partir des enfans d'Adam. Page 543.

Cʜ. II. Des fils de la terre et des fils de promission. 546.

Cʜ. III. De la stérilité de Sara que Dieu féconda par sa grace. 549.

Cʜ. IV. De la paix et des différends de la Cité terrestre. 550.

Cʜ. V. Le premier fondateur de la Cité de la terre tua son frère ; ce qui fut imité depuis par le fondateur de Rome. 552.

Cʜ. VI. Langueurs auxquelles, en punition du péché, sont sujets dans cette vie les citoyens même de la Cité de Dieu, et dont ils sont enfin délivrés par la grace. 554.

Cʜ. VII. La parole de Dieu ne détourna point Caïn de tuer son frère. 556.

Cʜ. VIII. Quelle raison porta Caïn à bâtir une ville dès le commencement du monde. 562.

Cʜ. IX. Les hommes vivaient plus long-temps et étaient plus grands avant le déluge que depuis. 565.

Cʜ. X. Diversité entre les Hébreux et les Septante quant au nombre des années des premiers hommes. 567.

Cʜ. XI. D'après l'âge de Mathusalem, il faut qu'il ait encore vécu quatorze ans après le déluge. 568.

Cʜ. XII. De l'opinion de ceux qui croient que les années des anciens n'étaient pas aussi longues que les nôtres. 570.

Cʜ. XIII. Si, dans la supputation des années, il faut plutôt s'arrêter aux exemplaires des Hébreux qu'à la traduction des Septante. 573.

Cʜ. XIV. Les années étaient autrefois aussi longues qu'à présent. 575.

Cʜ. XV. S'il est présumable que les hommes du premier âge aient persévéré dans l'abstinence jusqu'à l'époque où l'on rapporte qu'ils ont eu des enfans. 578.

Cʜ. XVI. Mariages entre proches, permis autrefois à cause

de la nécessité. Page 581.

Ch. XVII. Des deux chefs de l'une et l'autre Cité issus du même père. 584.

Ch. XVIII. Figure de Jésus-Christ et de son Église dans Adam, Seth et Énos. 586.

Ch. XIX. Ce que figure le ravissement d'Énoch. 588.

Ch. XX. Comment la postérité de Caïn est renfermée en huit générations, et pourquoi Noé appartient à la dixième depuis Adam. 590.

Ch. XXI. L'Écriture ne parle qu'en passant de la Cité de la terre, et seulement pour celle du ciel. 595.

Ch. XXII. Le mélange des enfans de Dieu avec les filles des hommes a causé le déluge qui a anéanti tout le genre humain, à l'exception de huit personnes. 598.

Ch. XXIII. Les enfans de Dieu qui, suivant l'Écriture, épousèrent les filles des hommes, dont naquirent les géans, étaient-ils des anges ? 600.

Ch. XXIV. Comment il faut entendre ce que Dieu dit à ceux qui devaient périr par le déluge : « Ils ne vivront plus » que cent vingt ans. » 606.

Ch. XXV. La colère de Dieu ne trouble point son immuable tranquillité. 608.

Ch. XXVI. Tout ce qui est de l'arche de Noé dans la Genèse, figure Jésus-Christ et l'Église. 609.

Ch. XXVII. On ne doit pas s'arrêter à ceux qui ne voient que l'histoire dans ce que la Genèse dit de l'arche et du déluge, et rejètent les allégories ; non plus qu'à ceux qui n'y voient que des allégories et rejètent l'histoire. 611.

Remarques sur le livre XV. 617.

ERRATA.

Page 11, ligne 16 : *de mille considérations*, lisez *de nulle considération*.
—— 13, l. 3 : *envers ceux*, lis. *envers eux*.
—— 44, l. 5 : *cette*, lis. *cet*.
—— 48, l. 17 : *sa*, lis. *la*.
—— 84, l. 17 : *pythagoriens*, lis. *pythagoriciens*.
—— 86, l. 13 : *parce qu'il*, lis. *par ce qu'il*.
—— 90, l. 14 : *christiano*, lis. *christiana*.
—— 104, l. 4 : supprimez *parce qu'en effet je les ai spécialement choisis*.
—— 124, l. 2 : *et au plaisir criminel qu'ils goûtaient personnellement les dieux*, lis. *et du plaisir criminel qu'ils goûtaient personnellement à voir les dieux*, etc.
—— 156, l. 19 : *à Aristippe*, lis. *au stoïcien*.
—— 158, l. 11 : supprimez *ne*.
—— 188, l. 17 : *couverts*, lis. *couvert*.
—— 200, l. 15 : *souverain*, lis. *souverainement*.
—— 238, l. 9 : supprimez *les*.
—— 386, l. 10 : *qu'ils*, lis. *qu'il*.
—— 388, l. 24 : *l'a*, lis. *la*.
—— 419, l. 16 : *7.ᵉ*, lis. *9.ᵉ*
—— 434, l. 13 : *cet*, lis. *cette*.
—— 462, l. 26 : *ces*, lis. *ses*.
—— 496, l. 12 : *elle*, lis. *elles*.
—— 504, l. 15 : supprimez *non*.
—— 504, l. 18 : *s'éloigne*, lis. *s'éloigna*.
—— 512, l. 22 : *condamnée*, lis. *condamné*.
—— 547, l. 3 : *aves*, lis. *avec*.
—— 607, l. 11 : *mouraient*, lis. *mourraient*.
—— 616, l. 3 : *concernent*, lis. *concerne*.

Nota. On a oublié de relever, dans le tome 1.ᵉʳ, une faute assez grossière ; elle se trouve à la page 319, dernière ligne : au lieu de *maux*, lisez *mots*.

www.ingramcontent.com/pod-product-compliance
Lightning Source LLC
Chambersburg PA
CBHW071159230426
43668CB00009B/1010